Herbert Krämer
**PROBLEMFELDER DER INTEGRATION**

**Saarbrücker Beiträge
zur Integrationspädagogik**

Herausgegeben von der Arbeitseinheit
Sonderpädagogik der Universität des Saarlandes

**Band 9**

# PROBLEMFELDER DER INTEGRATION BEHINDERTER SCHÜLER/INNEN
## VERSUCH DER INTERPRETATION UND SYSTEMTHEORETISCHEN REKONSTRUKTION

1997

Röhrig Universitätsverlag
St. Ingbert

Die Deutsche Bibliothek - CIP-Einheitsaufnahme

Krämer Herbert:
Problemfelder der Integration behinderter
Schüler/innen: Versuch der Interpretation und
systemtheoretischen Rekonstruktion /
Herbert Krämer. - St. Ingbert: Röhrig, 1997
  (Saarbrücker Beiträge
  zur Integrationspädagogik; Bd. 9:)
  Zugl.: Saarbrücken, Univ., Diss., 1997
  ISBN 3-86110-139-4

© 1997 by Röhrig Universitätsverlag
Postfach 1806, D-66368 St. Ingbert

Alle Urheber- und Verlagsrechte vorbehalten!
Dies gilt insbesondere für Vervielfältigung, Mikroverfilmung,
Einspeicherung in und Verarbeitung durch elektronische Systeme.

Umschlag: Jürgen Kreher
Herstellung: Printshop Pöhlmann, Frensdorf
Printed in Germany 1997
ISBN 3-86110-139-4

# Inhalt

Einleitung: Schule, Unterricht, Integration 7
1 Integration als Paradoxie 13
1.1 Erziehungsinstitutionen als Antwort auf eine Paradoxie 13
1.2 Trivialisierung als Grundmodell der Pädagogik 14
1.3 Trivialisierung im Ursache-Wirkungsmodell 16
1.4 Trivialisierung als Machtausübung 20
1.5 Zusammenfassung: Was heißt das für die Integration behinderter Schüler/innen? 22
2 Entfaltung der Paradoxie: Gleichheit/Verschiedenheit als Produkt gesellschaftlicher Differenzierung - Formen der Integration 23
2.1 Gesellschaftliche Inklusion/Exklusion 23
2.2 Systemische Integration in der Ausdifferenzierung aus der Lebenswelt 27
3 Komplexitätsverarbeitung im Erziehungssystem besonders bei der Erziehung behinderter/nichtbehinderter Kinder 33
3.1 Codierung und Programmierung als Grundlagen der Komplexitätsverarbeitung 33
3.2 Karriere als Organisationsweise pädagogischer Interaktion - Behinderung als Eigenwert schulischer Organisation 38
3.3 Einbindung in den Unterricht als organisierten Kommunikationsprozeß 44
3.3.1 Entkopplung von Motivationen und Zielsetzungen 47
3.3.2 Systemische und lebensweltliche Einbindung 51
3.3.3 Einbindung durch Rituale und Mythen 53
3.3.4 Emergente Muster der Einbindung 55
3.4 Medium und strukturelle Koppelung 56
3.5 Das zweite Modell der Organisationsweise pädagogischer Interaktion 66

| | | |
|---|---|---|
| 4 | Pädagogische Kommunikation im Rahmen beider Modelle | 72 |
| 4.1 | Schulische Kommunikation in der Differenz beider Modelle | 72 |
| 4.2 | „Praxis" als schulische Verständigungsform | 74 |
| 4.3 | Weiterentwicklung pädagogischer Praxis | 78 |
| 4.4 | Weiterentwicklung pädagogischer Praxis als Organisationsentwicklung | 80 |
| 4.5 | Praxis in der Differenz von Inklusion/Exklusion | 82 |
| 4.6 | Lehrerhandeln als Kommunikation in komplexen Systemen | 83 |
| 5 | Zur Methode | 90 |
| 5.1 | Naive Objektivität und Reflexionsstufen der Erkenntnis | 90 |
| 5.2 | Erkenntnistheoretische Grundlagen | 100 |
| 5.3 | Ein Modell wissenschaftlichen Arbeitens | 104 |
| 5.3.1 | Zum Beobachter | 105 |
| 5.3.2 | Zum Gegenstand | 107 |
| 5.3.3 | Zu Wissenschaft | 109 |
| 5.3.4 | Zu Welt | 111 |
| 5.4 | Zum Verfahren | 115 |
| 6 | Ursula Rothkamp: Stefan - einer von uns | |
| | Praxisbericht als Interpretation eines Integrationsprozesses | 121 |
| 7 | Versuch einer systemtheoretischen Rekonstruktion | 125 |
| 7.1 | Vorbemerkungen zur Rekonstruktion | 125 |
| 7.2 | Rekonstruktion des Praxisberichts | 127 |
| 7.2.1 | Zur Zeitdimension | 127 |
| 7.2.2 | Zur Sozialdimension | 144 |
| 7.2.3 | Zur Sachdimension | 165 |
| 7.2.4 | Zur System/Umwelt-Differenz | 186 |
| 7.2.5 | Zusammenfassung in Schwerpunkten | 207 |
| 8 | Anregungen zur Gestaltung integrativen Unterrichts | 213 |
| 9 | Einige Erfahrungen | 238 |
| Literaturverzeichnis | | 243 |

# Einleitung: Schule, Unterricht, Integration

Ich beschreibe in dieser Arbeit Problemfelder der Integration behinderter Schüler/innen in bezug auf zwei Bereiche: „Schule" und „Unterricht". Zwei Perspektiven der Verknüpfung und Unterscheidung („Definition") beider Begriffe sind mir wichtig: Systemtheoretisch betrachte ich „Schule" als das umfassendere Kommunikationssystem, „Unterricht" als Teilsystem von „Schule", neben „Leitung", „Kollegiale Beratung", „Curriculum" usw.

Unterricht bezeichnet das Subsystem von Schule, das personnahe Kommunikationsprozesse bevorzugt unter den Gesichtspunkten des Lehrens und Lernens ordnet. Differenzierungen und unterschiedliche Verknüpfungen sind damit nicht ausgeschlossen. Die Lehrerfrage „Gehört das hier her?" und die Schulratsfrage „Ist das Unterricht?" setzen jedenfalls schon voraus, daß es Unterricht als sozial sanktionierten Zusammenhang eigener Prägung gibt. Er organisiert sich im Zusammenwirken von Lehrern und Schülern unter dem Einfluß bestimmter Umweltfaktoren (z.B. Schule oder Lehrerpersönlichkeit), z.T. unter Bedingungen ungleicher Macht und Verantwortung als eigenes Interaktionssystem mit unterschiedlichen sozialen Beziehungen. Die vielzitierte Möglichkeit der Lehrer/innen, beim Betreten der Klasse die Tür hinter sich zuzumachen, verweist darauf, daß hier ein eigener sozialer Bereich etabliert ist, der sinnvoll von anderen unterschieden werden kann. Das gilt auch dann, wenn außerhalb des Klassenraumes unterrichtet wird. „Schule" verstehe ich als gesellschaftliche Institution allgemein und als Organisation in ihrer konkreten Ausprägung vor Ort. Sie ist funktional in vielen Hinsichten (der Sozialisation, der Qualifikation, der Individuation, der Verrechtlichung, der Auslese ...) mit Gesellschaft verknüpft. Sie beruht in ihrer Funktionsweise in widersprüchlicher Weise sowohl auf systemischen, als auch auf lebensweltlichen Prinzipien. Neben realitätsgerechten Verarbeitungsweisen zeigt sie als konstitutive Elemente auch institutionelle Formen der Verdrängung, der Projektion und Rationalisierung. Sie kann deshalb nicht zureichend aus Vorschriften und bewußten Abmachungen verstanden werden, sondern bedarf der komplexen „institutionellen Analyse". Neben der systemischen Betrachtungsweise bleibt die handlungstheoretische notwendig. Lehrer und Schüler erleben und handeln in Schulen als Subjekte ihrer persönlichen Biografie, bezogen auf ihre individuell verstandene (konstruierte) Welt. Unterricht und Schule sollen deshalb nicht ausschließlich als überindividuelle Sinnzusammenhänge eigener Art betrachtet werden. Sie sind auch Ergebnis, Anforderung und Voraussetzung, Motivkomplexe individuellen und interaktiven Handelns.

Probleme der Überformung individuellen Handelns durch institutionelle Sinngebungen, der Entfremdung subjektiven Handelns und Interagierens, des individuellen Interpretierens und Unterlaufens institutioneller Regelungen, der Verknüpfung persönlicher, interpersoneller und institutioneller Abwehr und der Brüche und Inkonsistenzen lassen sich nicht additiv auflösen. Deshalb sind beide Perspektiven, die systemtheoretische und die handlungstheoretische, notwendig, um die „Verständigungsverhältnisse" in Schulen im Hinblick auf die Integration behinderter Schüler und Schüler/innen zu untersuchen.

Es gibt keinen einheitlichen Integrationsbegriff, da unterschiedliche Theoriebildungen Integration jeweils in ihrem Sinn definieren (Haeberlin 1991, S.27 ff).Unstrittig scheint zu sein, daß immer von einem Zusammenhang individueller (biographischer und aktueller) und sozialer (interaktiver, institutionell-organisatorischer, gesellschaftlicher) Prozesse die Rede ist, die darüber entscheiden, in welchem Umfang und in welcher Qualität Menschen an den heutigen Lebensmöglichkeiten, an gesellschaftlicher Kommunikation insgesamt partizipieren. Mir scheint es einleuchtend, integrative Prozesse auf verschiedenen Ebenen zu beschreiben, deren komplexe Ganzheit Integration ausmacht. Die Verknüpfung psychoanalytischer und soziologischer Theorie in den Überlegungen von Reiser, Deppe-Wolfinger u.a. kommt diesen Anforderungen entgegen. Integration ist danach ein dialektischer Prozeß von Einigungen zwischen Annäherungen und Abgrenzungen. „Es wird betont, daß Annäherungen und Abgrenzungen sich gegenseitig bedingen und auf die Gegensatzeinheit von Autonomie und Interdependenz zurückzuführen sind. Annäherungen ohne Abgrenzungen führen zur Symbiose, Abgrenzungen ohne Annäherungen zur Entfremdung. Als Kriterium für das Gelingen der Einigungsprozesse wird die gegenseitige Durchdringung von Annäherungen und Abgrenzungen angenommen, also auf der innerpsychischen Ebene die Integration widersprechender Persönlichkeitsanteile mit dem Abbau von Verdrängung und Projektion; auf der interpersonellen Ebene ist das Kriterium das Gelingen des Dialogs im Sinne vom M.Buber; auf der Handlungsebene kann das Gelingen von Kooperation ein Kriterium sein" (Deppe-Wolfinger 1990, S.31/32).

Auf dieser Grundlage lassen sich einige Aspekte im Verständnis der Integration von Menschen mit Behinderungen hervorheben:
- psychische Entwicklung im Austausch mit anderen Personen durch Integration widersprüchlicher Anteile
- dialogische Interaktion zwischen Personen, die sich im Dialog als Ich und als Du, als gleich und verschieden erleben, in Verbundenheit ohne Verschmelzung und Abspaltung, ohne Verteufelung, Idealisierung oder Ausgrenzung des Anderen
- kooperative Aneignung der Welt in der verständigungsorientierten Konstruktion von Realität

- Interaktion in Gruppen durch Entfaltung individueller und gemeinsamer Möglichkeiten der Umweltgestaltung in denen Autonomie und Interdependenz sich wechselseitig bedingen, in Distanz und Nähe, ohne „Kollusionen" oder Entfremdung
- institutionelle Entwicklung durch Einigungen zwischen organisatorischer Effektivität und subjekthafter Partizipation, als Organisationsentwicklung zwischen System und Lebenswelt
- Abbau struktureller Gewalt in der modernen demokratischen Gesellschaft, Abbau systematischer Ausgrenzung durch Idealisierung und Abwertung
- Entfaltung des Humanen in existentiellen Erfahrungen der Selbstbestimmung und des Geschaffenwerdens, der Autonomie und Interdependenz, des Wachstums und des Sterbens, sinnvoller Ganzheit und unveränderlicher Beschädigung.

Diese thematische Differenzierung im Anschluß an Deppe-Wolfinger und Reiser macht eine einheitliche theoretische Strukturierung schwierig - vielleicht unmöglich, setzt aber Schwerpunkte notwendiger Verstehensprozesse und wissenschaftlicher Theoriebildung zum Thema der Integration von Behinderung. Sie nutzt aktuelle und kontroverse Möglichkeiten, sie muß als Preis der Vielfalt die Inkonsistenzen unabgeschlossener Diskussionsprozesse inkaufnehmen. In vielen Fragen ergeben sich fruchtbare Verknüpfungen.

Zum theoretischen Hintergrund der Begriffsbestimmung von Reiser u.a. gehört die psychoanalytische und sozialisationstheoretische Arbeit von Lorenzer, der dialektische Einigungen als den grundlegenden „Mechanismus" menschlicher Entwicklung ansieht. Lorenzer zeigt dies in einer Gegenüberstellung eines gelungenen und eines mißlungenen Einigungsprozesses in der Mutter-Kind-Dyade. Er zitiert Erikson: „Bekommen bedeutet: empfangen und nehmen, was gegeben wird. Das ist die erste soziale Modalität, die im Leben erlernt wird. Es klingt aber einfacher als es ist. Denn der tastende und ungefestigte neugeborene Organismus lernt diese Modalität, indem er lernt, sein Organsystem in Übereinstimmung mit der Art zu regulieren, in der die mütterliche Umgebung ihre Methoden der Säuglingsfürsorge organisiert. Es ist also klar, daß die günstigste Gesamtsituation, in die die Bereitschaft des Kindes `zu bekommen' inbegriffen ist, in seiner wechselseitigen Regulation mit seiner Mutter liegt, die ihm gestattet, seine Mittel des Bekommens zu entwickeln und zu koordinieren, wie auch sie ihre Mittel des Gebens entwickelt und koordiniert. Auf diese Koordination steht eine hohe Prämie an libidinöser Freude ... Die so sich entwickelnde Wechselseitigkeit der Entspannung ist von höchster Bedeutung für die erste Erfahrung eines freundlichen `Anderen'. Man könnte (natürlich etwas mystisch) sagen, daß das kleine Kind, indem es so bekommt, was gegeben wird, und indem es lernt, jemanden dazu zu gewinnen, für es zu tun, was es getan haben möchte, die nötige Ich-Grundlage entwickelt, um ein Gebendes zu werden" (Erikson 1961, S.61; zitiert nach Lorenzer 1972, S.31).

Wesentlich erscheinen mir folgende Aspekte:
- Das Wechselverhältnis hat zwei Akteure, die in einem Ganzen interagieren, das als Regulation zwischen Befriedigung und Versagung realistisch und zuverlässig funktioniert. Damit wird ein neues Funktionsniveau erreicht.
- Es besteht kein einseitiges Anpassungsverhältnis. Durch einen Prozeß wechselseitiger Einigungen wird eine gemeinsame Interaktionsform geschaffen (die zunächst symbiotisch ist und sich dann differenziert).
- In dieser Interaktionsform entsteht erst die Grundlage für die Beziehung und Unterscheidung von Selbst und Objekt, für persönliche Entwicklung als Einheit von Sozialisation und Individuation, für immer neue Formen von Selbständigkeit/Interdependenz und für die Entwicklung differenzierter Beziehungen zur immer größer werdenden Welt.

Massive Störungen können diese Einigungsprozesse in der Mutter-Kind-Dyade und das heißt gleichzeitig in den Grundlagen der Persönlichkeitsentwicklung stark beeinträchtigen. Dies zeigt ein Bericht von Spitz über die Geburt eines ungewollten Kindes in einer sehr schwierigen Situation der Mutter:

„Die Niederkunft fand in einem Entbindungsheim statt und war normal. Das Kind wurde nach 24 Stunden ohne Erfolg angelegt. Das gleiche wiederholte sich bei den nächsten Stillversuchen. Man sagte, die Mutter habe keine Milch. Es war jedoch ohne Schwierigkeiten möglich, Milch aus der Brust herauszudrücken. Auch hatte der Säugling keinerlei Schwierigkeiten, die ausgedrückte Milch aus der Flasche zu trinken. Aber wenn man das Kind an die Brust legte, behandelte die Mutter das Kind, wie wenn es eine Sache, etwas Fremdes sei, und kein lebendes Wesen. Ihre Haltung war abweisend, starr und gespannt, was man am Körper, im Gesicht und an den Händen lesen konnte.

Diese Situation blieb fünf Tage unverändert bestehen. Wir filmten den letzten Versuch des Anlegens, bei dem man beobachten konnte, wie das Kind in eine Art präkomatösen Stupor verfiel ... Das Kind wurde mit Hilfe von Kochsalzzufuhr und Sondenfütterung wieder zum Leben erweckt" (Spitz 1957, S.67; zitiert nach Lorenzer 1972, S.35).

Wesentliche Aspekte dieses Mißlingens sind
- die schwierige soziale Situation der Mutter (aufgrund gesellschaftlicher und individueller Bedingungen und aufgrund des Verhaltens ihrer konkreten Umgebung), ihre Isolation
- die emotionale Kontaktlosigkeit, die Entfremdung zwischen Mutter und Kind statt einer beide integrierenden, realistisch funktionierenden und emotional befriedigenden Interaktionsform
- die „Gemeinsamkeit" des Scheiterns in leiblicher und seelischer Isolation und Erstarrung ohne eine realistische und gleichzeitig libidinöse Regulation in der Dialektik von Befriedigung und Versagen.

Integration, verstanden als Bündel von Einigungsprozessen, erscheint als lebensnotwendiger Prozeß interaktiver und individueller Entwicklung durch Vermittlung von Widersprüchen. „Ob und wie man sich einigt, zeigt sich uns als zentrales - vielleicht *das* zentrale - Problem gestörter menschlicher Beziehungen" (Stierlin 1994, S.93; Hervorhebung im Original). Einigung und Integration sind zentrale Begriffe unterschiedlicher therapeutischer Richtungen auf kommunikations- und systemtheoretischem und/oder psychoanalytischem Hintergrund geworden, deren Hauptproblem die Selbstorganisation und Selbst-Reproduktion eines Ganzen heterogener, evtl. widersprüchlicher Elemente unter z.T. gegensätzlichen Anforderungen der Umwelt ist. „Integration bedeutet daher immer die Bildung einer höheren Funktions- oder Strukturebene, und die Bildung einer höheren Struktur, wie sie der Lösung von Entwicklungskonflikten entspringt, bezeichnet immer das Gelingen einer Integration" (Daser 1991, S.99).

Integration bedeutet im Unterschied zu Regression und Abwehr, Lösungen durch Neuorganisation auf höheren Strukturebenen, d.h. in stimmigeren Formen des „In-Beziehung-Seins" (also der System/Umwelt-Differenz) zu konstruieren. Gegensätze, die sich auf dem bisherigen Niveau ausschließen, bekommen durch Assimilation und Akkommodation in einem neuen beweglichen Ganzen aufeinander bezogen einen neuen Sinn. Standen sie sich vorher starr und unverbunden gegenüber, tragen sie nun als antagonistische Teile zu Beweglichkeit des Ganzen bei (Mentzos 1977; 1982). Diese Auffassungen auf psychoanalytischem Hintergrund lassen sich verknüpfen mit systemtheoretisch orientierten epistemologischen Grundideen Piagets u.a., die Entwicklung begreifen „als einen Prozeß der Differenzierung (oder des Lösens aus dem Eingebundensein) und der Reintegration (Beziehungen zur Welt, anstatt Eingebundensein in die Welt)" (Kegan 1986, S.64).

Es ist ein Schritt zu der grundlegenden soziologischen Frage nach der integrationsfähigen Ordnung, der Organisation des Sozialen. Im Zusammenhang systemtheoretischer Konstruktionen im Sinne Luhmanns werden Einigungen in dieser Arbeit verstanden als Formen der Strukturbildung aufgrund von Paradoxien, die beide Seiten einer Unterscheidung umfassen: a und nicht-a, Befriedigung und Versagen, Vereinigung und Trennung, System und Umwelt, Identität und Differenz. Themen und Begriffe erhalten in der zugrundegelegten Einheit der Differenz (z.B. behindert/nicht-behindert) ihren Sinn. Trotz seiner Abgrenzungen zu einer dialektischen Interpretation läßt sich nach meinem Verständnis die Konstruktion der Einigungen mit den Überlegungen Luhmanns verknüpfen, aktive Entwicklung sei das Handhaben von Paradoxien in der Zeit. Entscheidend ist der Schritt zur „Kybernetik zweiter Ordnung": Indem die Behinderung durch die Unterscheidung „behindert/nicht-behindert" als grundlegender Form der Strukturbildung z.B. in der Organisation pädagogischer

Arbeit selbst zum Gegenstand der Betrachtung wird, kann eine kritische, emanzipatorische Perspektive der Integrationspädagogik entstehen.

Psychologisch und soziologisch entscheidet die Integration eines Phänomens, z.B. von Behinderung, darüber, ob und in welchem Sinn es im Bewußtsein bzw. in der Kommunikation sein darf. Dies läßt sich nicht als konstanter Zustand über die Zeit beschreiben: Integration ist Bewegung in Paradoxien in der individuellen Entwicklung in Interaktionsformen in der gesellschaftlichen Kommunikation. Diese Bewegung geschieht rhythmisch (sie läßt sich so rekonstruieren) auf Stufen wachsender Komplexität zwischen den jeweils notwendigen Gegensätzen, im Wechsel der Einbindung in eine Struktur und der Lösung und Neuorganisation. Auch die Einbindung in soziale Kommunikation („soziale Integration") folgt dem Wechselspiel dieser Funktionen: „Jedesmal, wenn eine bestimmte einbindende Kultur einen einzelnen Menschen `sicher hält', sichert sie die Integrität der größeren Gemeinschaft, von der er ein Teil ist; jedesmal, wenn sie `losläßt', bezeugt sie die stärkere Verpflichtung, die die Gemeinschaft gegenüber dem sich-entwickelnden-Menschen spürt als gegenüber dem Selbst-das-der-Mensch-aufgebaut-hat. Werden beide Funktionen angemessen erfüllt, so heißt das für den einzelnen Menschen, daß er in der Gemeinschaft überleben kann, während die Gemeinschaft ihrerseits damit rechnen kann, daß dieser Mensch weiterhin an ihr teilhaben wird" (Kegan 1986, S.338). Im Sinne Luhmanns: Das Handhaben von Paradoxien gelingt nur prozeßhaft in der Zeit, in der Bewegung, nicht als statische Harmonie.

**Zu dieser Arbeit:**
**Die Integration behinderter Schüler soll als Problem in der autopoietischen Organisationsweise gesellschaftlicher, hier speziell schulischer Kommunikation verstanden werden. Es soll deshalb ausgearbeitet werden, wie diese Organisationsweise das Problem (in einer Gesamtheit von Widersprüchen) produziert. Es ist eine empirische Frage, wie Entwicklungsschritte stattfinden, die als Einigungen in diesen Widersprüchen Behinderung integrieren und so zu einem Bestandteil von flexibleren Kommunikationsstrukturen machen, die in neuer Weise realistisch und befriedigend sind.**

# 1. Integration als Paradoxie

## 1.1 Erziehungsinstitutionen als Antwort auf eine Paradoxie

In pädagogischen Prozessen werden psychische Strukturen verändert, z.b. Wissensstrukturen aufgebaut. Dies geschieht nicht isoliert, sondern innerhalb sozialer (Kommunikations-) Strukturen. Diese glatte Formulierung täuscht leicht darüber hinweg, daß es keinen direkten Zugang von außen zu Systemen gibt. Diese bilden sich selbst: In der Abfolge schnell vergänglicher Ereignisse bilden sich Strukturen selektiver Anschlußfähigkeit, die den Aufbau des Systems bestimmen. Unter diesem Gesichtspunkt (der Autopoiesis) sind Systeme geschlossen und autonom.

„Sozialisation ist somit nur als Eigenleistung des sozialisierten Systems möglich ... Daraus folgt nicht zuletzt, daß Sozialisation nicht intentionalisierbar ist - zumindest nicht in der Weise, die der Intention entsprechen, nämlich Kontrolle über die Effekte einschließen würde" (Luhmann 1987, S.60).
Wir können zwar von unseren Lern- und Erziehungszielen zum Beispiel im Sinne der Integration behinderter Schüler/innen sprechen, die psychischen und sozialen Strukturen der Schüler/innen sind aber dafür entscheidend, was aufgenommen wird, wie es verarbeitet und in veränderten Strukturen (Erwartungen, Normen ...) „gespeichert" und in Interaktionen aktualisiert wird.

Wie geht Gesellschaft mit dieser Grenze um?

Sie interpretiert die grundsätzliche Unverfügbarkeit in einer jeweils typischen Semantik als „Technologiedefizit", „Prozeßhaftigkeit der Erziehung" zwischen „Führen und Wachsenlassen" oder als „Freiheit der Bildung", um ein eigenes Kommunikationssystem auszudifferenzieren, in dem dann Erziehung als intentionaler Prozeß mit Lernzielen und Curricula und Methoden behauptet wird, obwohl (besser: weil) es gar keine garantierte Technik gibt.
Der Widerspruch wird auf diese Weise institutionalisiert, damit nicht aufgelöst, aber handhabbar: Er kann vertuscht oder uminterpretiert, er kann durch schöne Begriffe semantisch überhöht und gegen Enttäuschungen gesichert werden.
„Die Frage ist nicht, ob man das Defizit vermeiden kann, sondern wie man mit ihm arbeitet. Wer das Defizit selbst zu annullieren sucht, erweist sich damit als naiv und uninformiert. Zugleich kanalisiert die Defizit-These aber die Fragestellungen, die sinnvoll bearbeitet werden können. Je prägnanter es formuliert werden kann, desto fruchtbarer werden die anschließenden Forschungen" (Luhmann 1987, S.58).

In den Erwartungen an das Erziehungssystem und in der Konstruktion des Erziehungssystems wird dieses technologische Defizit oft geleugnet. Jede Schwierigkeit gesellschaftlicher Reproduktion (Integration von Ausländern, zu wenig Patente, Gesundheitsprobleme, Vandalismus, Null-Bock, usw.) kann Mängeln des Erziehungssystems angelastet und aus demselben Grund (nämlich der Unklarheit der Grenze des Systems) als Aufgabe übertragen werden. In den Lehrplänen werden Vorgaben gemacht, die suggerieren, Ziele seien aufgrund kompetenten Lehrerhandelns grundsätzlich zu erreichen. Die Gefühle der Überforderung bei Lehrern belegen aber, daß auch aus dieser Perspektive erlebt wird, wie begrenzt die Mittel institutionalisierter Erziehung gegenüber der Komplexität und Eigenständigkeit ihrer Umwelt (besonders der Schüler) sind. Trotz dieser Erfahrungen und trotz einer eindeutigen pädagogischen Tradition, die die Möglichkeit und Zielsetzung sicheren Bewirkens und Kontrollierens verneint (z.B. in der Reformpädagogik; s. Terhart 1987), ist diese Ausgangslage nicht begriffen. „Praxis" besteht oft darin, selbstreflektierende Überlegungen als „theoretisch" abzulehnen.

Die Unklarheit dieser Ausgangslage hat Folgen, die meistens in derselben Unwissenheit Lehrern von sich selbst und von anderen nur als persönliches Versagen angelastet werden: Mißerfolge, Gefühle der Ohnmacht, Allmachtsphantasien, unstillbare Bedürfnisse nach zuverlässigen Interventionstechniken, mangelnde oder überzogene Disziplinvorstellungen, Versagensängste, Gewalt. Folgerichtig ist dieser Widerspruch Anlaß für unzureichende Abwehrformen institutionalisierter Erziehung, die ihren Grundwiderspruch nicht aushält, aber an allen Ecken und Enden wiederentdeckt und in vielen Verkürzungen und Verdrehungen umformuliert und verschleiert.

**1.2 Trivialisierung als Grundmodell der Pädagogik**

Trivialmaschinen produzieren nach einem bestimmten Input aufgrund eines gespeicherten Regelablaufs einen bestimmten Output. „Entscheidend ist, daß die Maschine auf ihren jeweiligen Zustand keine Rücksicht nimmt, sondern nur als regulierte Transformation von Input in Output fungiert. Nicht-triviale Maschinen befragen bei solchen Operationen dagegen sich selbst und reagieren daher bei allen Transformationen von Input und Output immer auch auf ihre eigene momentane Befindlichkeit. Sie geben auf eine Frage einmal diese, das nächste Mal eine andere Antwort je nachdem, wohin ihr vorheriger Output sie geführt hat (Turing-Maschinen) oder wie sie sich fühlen und welche Eindrücke in der Situation sonst noch auf sie einwirken und ihre Befindlichkeit bestimmen" (Luhmann 1987 b, S.192).

Dies läßt sich in einer Schemazeichnung darstellen (Luhmann 1987 b, S.193):

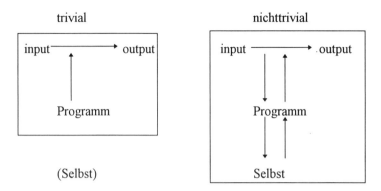

Lehr-Lernprozesse scheinen häufig in dieser Weise trivialisiert zu werden. Die Vorstellung homogener Gruppen oder des durchschnittlichen Schülers, an die sich Lehrer/innen im Unterricht wenden, sind Projektionen der systeminternen (trivialisierenden) Konstruktion auf die tatsächlich nicht-trivialen Prozesse. Das eigene Problem im Widerspruch zwischen technologischem Defizit und gesellschaftlicher Beauftragung wird der Umwelt zugeschrieben. Nach den Vorgaben des pädagogischen Prozesses wird ein Bereich der zumindest hinreichend Erfolgreichen, damit der „Normalität" der Regelschule (d.h. der in diesem Programm trivialisierbaren, unauffälligen Schüler) produziert, von dem schwierige, benachteiligte und behinderte Schüler abweichen. Das „Selbst" nichttrivialer Prozesse wird erst als Störung relevant, in der der Rückbezug auf die Individualität dieses Menschen nicht mehr zu übersehen ist. *Trivialisierung im Sinne eines Regel-Programms schafft „Normalität" und „Behinderung" und die system-interne Notwendigkeit der Separation behinderter Schüler/innen.*

Pädagogische Hilfskonstruktionen der „Disziplin", der „Konzentration" und „Arbeitshaltung", der „Schulreife" oder „Schulfähigkeit", der „Lernbehinderung" usw. haben in diesem Kontext den Sinn, diese Funktionsweise sicherzustellen, indem in einer funktionalen Begriffsebene individuell und sozial wirksam die Komplizierung durch selbst-bestimmte Verarbeitung ausgeschaltet wird. Die konsequenteste Form, das hinderliche Selbst auszuschalten, ist das Programm der „Schwarzen Pädagogik" (Rutschky 1977; Miller 1983).

## 1.3 Trivialisierung im Ursache-Wirkungs-Modell

Trivialisierung erscheint im Schulsystem absolut notwendig, um Komplexität zu reduzieren, so daß das System überhaupt funktionsfähig bleibt. Dies zeigt v.Foerster eindrücklich: „Eine triviale Maschine (TM) verbindet fehlerfrei und unveränderlich durch ihre Operationen „Op" gewisse Ursachen (Eingangssymbole, x) mit gewissen Wirkungen (Ausgangssymbolen, y)" (v.Foerster 1985, S.60): $\quad$ X $\longrightarrow$ Y

Der Überschaubarkeit wegen sollen die „Ursachen" X dabei unterschieden werden in A, B, C, D, die „Wirkungen" Y in 1, 2, 3, 4. Sie können „synthetisch" determiniert werden, so daß eine „Welt" aus diesen Elementen und den gültigen Verknüpfungsgesetzen festgelegt wird.

X    A; B; C; D         Zuordnungstabellen
↓                       im Sinne von Op(A) $\longrightarrow$ 1
Y    1; 2; 3; 4         oder      Op(ACDA) $\longrightarrow$ 1341

In diesem trivialen Modell „X $\longrightarrow$ Y" ergeben sich 256 solcher Zuordnungstabellen (mögliche „Welten" aus Elementen und Gesetzen). Die Zuordnungen sind unveränderlich festgelegt, so daß die Selektion einer „realistischen" Konstruktion anhand der Analyse empirischer Ereignisse relativ einfach ist.
"Zusammenfassend: Eine TM ist:
1. synthetisch determiniert;
2. analytisch determinierbar;
3. vergangenheitsunabhängig;
4. voraussagbar" (v.Foerster 1985, S.62).

Wegen der rigorosen Determiniertheit dieses Modells, ist eine so beschreibbare psychische und soziale Welt ein Wunschtraum für einfache Beschreibungen, für zuverlässig wirksame pädagogische Interventionen und für effektive Organisation. Aber sie ist ein Alptraum für jede lebendige Entwicklung und für jede Neugier auf Vielfalt, Individualität und Kreativität. Wir setzen sie im pädagogischen Handeln und in wissenschaftlichen Untersuchungen oft voraus.
„Der große Unterschied zwischen den trivialen und den nicht-trivialen Maschinen besteht darin, daß die Operationen dieser Maschinen von ihren jeweiligen 'inneren Zuständen' z abhängen, die selbst wieder von den vorangegangenen Operationen beeinflußt werden" (v.Foerster 1985, S.62).
Die Operationen (x $\longrightarrow$ y) verändern gleichzeitig die inneren Zustände z in z', und im Zustand I gelten andere Verknüpfungen als im Zustand II (wenn das Modell auf nur 2 Zustände begrenzt ist).

Im Beispiel:

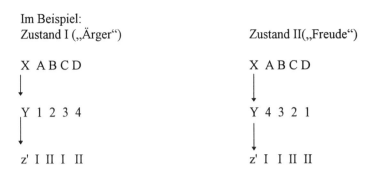

Ist die Maschine verärgert (I) reagiert sie auf den Auslöser B mit der Antwort 2 und verändert gleichzeitig ihren Zustand in II, also Freude. Wird der Auslöser B jetzt einfach wiederholt, gibt sie eine ganz andere Antwort (3) und ärgert sich. Damit beginnen Kreisprozesse:

Damit ist eine neue Ebene in die Betrachtung eingeführt. Der Zustand des Ganzen ist selbst in einem Kreisprozeß veränderlicher und verändernder Faktoren in die Betrachtung einbezogen. Das emergente System und damit die Steuerung der funktionalen Abhängigkeiten zwischen Elementen und Relationen ist selbst Teil des Prozesses. Es stellt sich die grundsätzliche Frage nach einer Kybernetik 2. Ordnung, nach der Steuerung der Steuerung.

Für Wissenschaft und Pädagogik, die mit Welten arbeiten, deren relevante emergente Zustände, Elemente und Relationen zunächst unbekannt sind, ändert sich das Bild grundlegend, weil die Zahl der möglichen „Welten" schon bei den geringen Komponenten dieses Beispiels unvorstellbar wird. Wissenschaft und Pädagogik müßten die gültige Welt unter den möglichen Welten erst herausfinden. „Wenn man von unserer soeben besprochenen Versuchsmaschine nicht mehr weiß, als daß sie durch die jeweils vier Eingangs- und Ausgangssymbole charakterisiert ist, dann hat man unter den etwa $10^{2466}$ möglichen Maschinen nach der von uns gegebenen zu suchen. Wenn man bedenkt, daß nach Eddington die Anzahl der Elementarbausteine im Universum nur etwa $10^{72}$ beträgt oder daß die Welt nur $3 \times 10^{23}$ Mikrosekunden alt ist, wird man das praktisch unlösbare analytische Problem der experimentellen Identifikation einsehen" (v.Foerster 1985, S.65).

v.Foerster faßt zusammen:
„Nicht-triviale Maschinen sind:
1. synthetisch determiniert
2. analytisch unbestimmbar
3. vergangenheitsabhängig
4. unvoraussagbar" (v.Foerster 1985, S.66).

Wie können Wissenschaft und Pädagogik mit der Grenze umgehen, daß andere Systeme keinen direkten Einblick gewähren und als eigene Welten aus vielen Elementen, Verknüpfungsregeln und Zuständen funktionieren, die sich zudem noch biographisch (interaktiv, sozial) ändern können? *Wie läßt sich mit Systemen arbeiten, die als Ganze unbestimmbar, individuell vergangenheitsabhängig und nicht voraussagbar sind?*

v.Foerster sieht drei Antwortmöglichkeiten:
- die Frage ignorieren
- die Welt trivialisieren
- eine Epistemologie der Nicht-Trivialität entwickeln (v.Foerster 1985, S.66), die Grundlage für eine Pädagogik der Nicht-Trivialität wäre, die also von der Individualität der Menschen ausgeht.

Alle drei Antworten zusammen können den heutigen Stand der Pädagogik beschreiben. Der Ausgang des Menschen aus der Unmündigkeit der Trivialisierung (z.B. des nur funktionalen, strategischen Denkens oder der zwanghaften Wiederholung) haben in diesem Jahrhundert viele nach Freud, Piaget, Horckheimer, Adorno u.a. beschäftigt. Im Projekt der Aufklärung werden alle drei Antworten machtvoll entwickelt.

Luhmann beschreibt das grundsätzliche Technologiedefizit der Erziehung und hält Trivialisierung und Selektion für unvermeidlich. „Ohne Selektion können pädagogische Kriterien nicht realisiert werden. Wenn man die Wirkungen nicht in der Hand hat, muß man selektieren je nach dem, ob sie eingetreten sind oder nicht. Mit solchen Aktivitäten bereitet der Lehrer soziale Selektion über Zensurengebung, Versetzungsentscheidungen und dergleichen vor; und er bindet sich selbst über elementare Akte wie Lob und Tadel, die öffentlich erfolgen und deshalb konsistent bleiben müssen" (Luhmann/Schorr 1979, S.11).

Der systemtheoretischen Auffassung v. Foersters ist dagegen das emanzipatorische Interesse im Werk von Habermas recht nahe. Systemtheorie als Systemkritik im emanzipatorischen Interesse, die konkret wird und Kraft zur Utopie hat, ist gerade in bezug auf Schule durchaus möglich. Im Laufe der Arbeit soll sich diese ungewohnte Einschätzung im einzelnen bewähren, an dieser Stelle möchte ich sie mit wenigen Zitaten belegen, in denen v.Foerster Schule in systemtheoretischer Perspektive kritisch betrachtet:

„Tests sind Instrumente, um ein Maß der Trivialisierung festzulegen. Ein hervorragendes Testergebnis verweist auf vollkommene Trivialisierung: der Schüler ist völlig vorhersagbar und darf daher in die Gesellschaft entlassen werden. Er wird weder irgendwelche Überraschungen noch auch irgendwelche Schwierigkeiten bereiten" (v.Foerster 1993, S.208).

„Da unser Erziehungssystem daraufhin angelegt ist, berechenbare Staatsbürger zu erzeugen, besteht sein Zweck darin, alle jene ärgerlichen inneren Zustände auszuschalten, die Unberechenbarkeit und Kreativität ermöglichen. Dies zeigt sich am deutlichsten in unserer Methode des Prüfens, die nur Fragen zuläßt, auf die die Antworten bereits bekannt (oder definiert) sind, und die folglich vom Schüler auswendiggelernt werden müssen. Ich möchte diese Fragen als `illegitime' Fragen bezeichnen. Wäre es dagegen nicht faszinierend, sich ein Erziehungssystem vorzustellen, das die zu Erziehenden ent-trivialisiert, indem es sie lehrt, `legitime Fragen' zu stellen, d.h. Fragen, deren Antworten noch unbekannt sind?" (v.Foerster 1985 b, S.21/22).

„Wäre es nicht noch faszinierender, sich eine Gesellschaft auszumalen, die ein solches Bildungssystem einrichten würde? Die notwendige Voraussetzung für diese Utopie ist, daß ihre Mitglieder einander als autonome und nicht-triviale Wesen auffassen. Eine derartige Gesellschaft wird, so sage ich vorher, einige ganz verblüffende Entdeckungen machen. Ich führe hier als Belege nur die folgenden drei auf:
1. `Bildung ist weder ein Recht noch ein Privileg: sie ist eine Notwendigkeit.'
2. `Bildung besteht darin, legitime Fragen stellen zu lernen.'

Eine Gesellschaft, die diese beiden Entdeckungen gemacht hat, wird schließlich in der Lage sein, auch die dritte und utopischste zu machen:
3. `A geht es besser, wenn es B besser geht.'„ (v.Foerster 1993, S.208/209)

Aber die Bedenken bleiben: Trivialisierung ermöglicht funktionierende Kommunikationssysteme, die nicht-triviale Individualität ignorieren, also durch fiktive Homogenität und folglich reale Separation funktionieren - nichttriviale Systeme kommen ohne diese Formen der Komplexitätsreduktion aus, funktionieren aber nicht.

## 1.4 Trivialisierung als Machtausübung

Die skizzierte Form der Trivialisierung entspricht politisch betrachtet *der Machtentfaltung durch eine alltäglich-sachliche Disziplinierung* in rationalen Organisationsstrukturen in der Gesamtheit der bürgerlichen Aufklärung (Foucault 1994, S.284/285). Die Ausschaltung des Selbst macht Steuerung 2. Ordnung nicht überflüssig, sie macht ganz im Gegenteil abhängig von äußerer Lenkung, von dem „Schulregiment" der Körperhaltung, des Schriftbildes, der Pausenordnung ... bis zur Abfolge der Lerngegenstände und -ziele in den pädagogischen Programmen. „Diese Methoden, welche die peinliche Kontrolle der Körpertätigkeiten und die dauerhafte Unterwerfung ihrer Kräfte ermöglichen und sie gelehrig/nützlich machen, kann man die `Disziplinen' nennen" (Foucault 1994, S.175). Sie verknüpfen die Steigerung der individuellen (Fach-)Kompetenzen und die Schwächung der selbstbestimmenden Ich-Kompetenzen, „eine gesteigerte Tauglichkeit und eine vertiefte Unterwerfung" (Foucault 1994, S.177), wie sie zumindest in Teilen des Bildungsbürgertums - pädagogisch und politisch - zum Programm gemacht wurde.
*Disziplinierung* in der weiterreichenden pädagogischen Tradition des 18./19. Jahrhunderts geschieht nicht durch Sinn-Diskussion, sondern *durch Ordnung im Detail*: in der baulichen Gliederung, der normierten und normierenden Gestaltung des Raumes und der Zeit, die jedem Individuum und jeder Tätigkeit den Platz zuweist und Anwesenheit und Mitarbeit, jede Äußerung und Bewegung (durch Stichproben en detail oder durch Überwachung im ganzen) kontrollierbar machen soll.
Sie bietet die *Voraussetzungen für Beobachtung, Messung, charakterisierende Einschätzung, verrechnende Bewertung und für Aussonderung des Unpassenden* im Auftrag der im Machtapparat eingebundenen Schule und im Sinne der klassifizierenden „Tableaus" aufgeklärter Wissenschaft. „Die erste große Operation der Disziplin ist ... die Errichtung von `lebenden Tableaus', die aus den unübersichtlichen, unnützen und gefährlichen Mengen geordnete Vielheiten macht. ... Es geht um die Organisation des Vielfältigen, das überschaut und gemeistert, dem eine `Ordnung' verliehen werden muß" (Foucault 1994, S.190). Darin sind Wissen und Macht eins.

Diese Ordnung erfordert und ermöglicht die in objektiven Maßen entfremdete „Individualisierung" des Einzelnen „an seinem Platz" im Tableau nach Maßgabe der Tüchtigkeit und Disziplin, d.h. auch der Verwertbarkeit, und sie ermöglicht damit die effektive Organisation des Ganzen durch zielgerichtete sequentielle oder parallele Ordnung (Hierarchie) von homogen definierten Unterteilungen in der lebendigen Vielfalt der Schüler: also die *Organisation eines Schulsystems*. Dies erfordert, daß die Raster der „Individualisierung" und die der Organisation deckungsgleich sind. Die Aussonderung behinderter

Schüler liegt im (trivialisierenden) Tableau „normaler" Strukturen des Individuellen und des Sozialen begründet. Aussonderung ist aber rational unvollkommen, wenn sie sich dem Tableau schulischer Organisation entzieht. Jedem Schüler ist deshalb diagnostisch sein Platz der Förderung, zumindest der Bewahrung und Pflege zuzuweisen - auch außerhalb der Regelschulen in besonders zu schaffenden Sonderschulen. Diese re-integrieren die Ausgesonderten in das Tableau des Schulsystems. Auch für diesen Zusammenhang gilt: „Das Normale etabliert sich als Zwangsprinzip im Unterricht zusammen mit der Einführung einer standardisierten Erziehung und der Einführung der Normalschulen" (Foucault 1994, S.237). *Aussonderung erscheint so als ein sachlich-rationaler Ablauf, persönlicher oder gemeinsamer politischer Verantwortung entzogen; sie erscheint als sachlicher Vorgang in einem funktionierenden Apparat, der einerseits auf Recht und Gesetz, anderseits auf der scheinbar natürlichen Ordnung der Dinge beruht.*

*Diese Organisationsweise pädagogischer Praxis schafft die Voraussetzungen zur Kategorisierung und Diagnostik von Schülern.* Offen gezeigte Macht muß sich selbst als gerechtfertigt legitimieren. „Ganz anders die Disziplinarmacht: sie setzt sich durch, indem sie sich unsichtbar macht, während sie den von ihr Unterworfenen die Sichtbarkeit aufzwingt" (Foucault 1994, S.241). Pädagogische Diagnostik spart traditionell Schule und Unterricht als Gegenstand der Untersuchung zur Feststellung einer Behinderung aus. Sie macht die Defizite von Schülern gegenüber unbefragt geltenden schulischen Normen sichtbar und verlegt so den Begründungszusammenhang der Aussonderung in deren Verantwortung (den ihrer Eltern, ihres familiären Umfelds, ihrer Begabung usw.). „Die Prüfung ist gleichsam die Zeremonie dieser Objektivierung" (Foucault 1994, S.242). Diagnostische Verfahren und Gütekriterien sollten in diesem Verwendungszusammenhang diskutiert werden. Bezugspunkte der Diagnostik „selbst-loser Schüler" liefert das Programm der als „normal" definierten Anforderungen.

Die Trivilisierung ermöglicht so ein administratives Netz der Registrierung und Speicherung schriftlicher Unterlagen aufgrund einer verbindlichen und wissenschaftlich fundierten „Formalisierung des Individuellen" in Kategorien, Klassifizierungen, statistischen Werten und festgelegten Normen - bzw. den individualisierenden Rangplätzen in statistischen Verteilungen als Maß der Abweichung. Auf diese Weise wird das *Individuum als dokumentierbarer und kommunizierbarer Fall wissenschaftlich und administrativ konstruierbar*. Institutionell eingebunden werden die kleinen Techniken der Dokumentation und Aktenlegung Teil einer modernen Form disziplinierender Macht, die modellhaft in Prüfungen und Gutachten präsent ist. Der Anonymisierung institutionalisierter Macht entspricht die wissenschaftlich/administrativ objektivierte „Individualisierung" des Falles, der Kranke mehr ausgesetzt sind als Gesunde, behinderte Schüler mehr als nicht-behinderte. „Die Beziehung jedes einzelnen zu seiner Krankheit und zu seinem Tode (und zu seiner Behinderung, H.K.) läuft über die Instanzen der Macht: ihre Registrierungen und ihre Entscheidungen" (Foucault 1994, S.253).

Die technologische Unterscheidung eines Regelbereiches von einem abweichenden Bereich der Behinderung (der dann als Sonderbereich nach eigenen Regeln ebenfalls technisch trivialisiert wird) stigmatisiert in einem umfassenden Sinn: Ein Schüler mit dauerhaften, schwerwiegenden und umfassenden kognitiven Beeinträchtigungen *ist* ein Geistigbehinderter. *Trivialisierung erfordert Stigmatisierung.* Die alltägliche Macht der Trivialisierung wird so zur zerstörerischen Gewalt bis in das Selbstverständnis der „individuellen Fälle".

## 1.5 Zusammenfassung:
## Was heißt das für die Integration behinderter Schüler/innen?

Es hat sich gezeigt:
- Schule stellt die Institutionalisierung einer Paradoxie dar.
- Trivialisierung verdeckt diese Paradoxie.
- Diese Lösung definiert geeignete und ungeeignete Schüler/innen (normal/behindert).
- Diese Lösung stigmatisiert, diszipliniert und separiert dadurch Menschen in ihrem Sinn. Die Lösung des Systemproblems ist verlagert in ein Problem ihrer Umwelt (der Schüler/innen).
- Trivialisierung liefert die Voraussetzungen für die Kategorisierung, Messung und Verwaltung der Fälle.
- Nichttrivialisierung erscheint unmöglich.

Die (Des-) Integration behinderter Menschen erweist sich als ein systematisch erzeugtes Problem trivialisierender Regel-Pädagogik, die ihren grundsätzlichen Widerspruch hinter trivialisierenden Programmen versteckt und deshalb Schüler/innen nach ihrer „individuellen" Passung zu diesen Regelprogrammen sortiert. Die Integration behinderter Schüler widerspricht der Konstruktionsweise des Systems.

## 2. Entfaltung der Paradoxie: Gleichheit/Verschiedenheit als Produkt gesellschaftlicher Differenzierung - Formen der Integration

### 2.1 Gesellschaftliche Inklusion/Exklusion

Das Erziehungssystem hat die Funktion, Menschen in die Gesellschaft als kompetente Mitglieder einzuführen. Luhmann (1987 b,186 ff) bezeichnet diese Funktion umfassend als Selektion, bezogen auf „Karrieren". In segmentär (durch Familien- oder Stammesstrukturen) oder stratifikatorisch (schichtförmig) differenzierten Gesellschaften wird die Zugehörigkeit personumfassend als „Status" bestimmt. In modernen, funktional differenzierten Systemen besteht die „Inklusion" in ein Funktionssystem nur in der Beteiligung an den funktionsspezifischen Kommunikationsprozessen. Diese Beteiligung geschieht nur unter bestimmten Bedingungen, „insofern" diese Funktion angesprochen ist, also insofern die funktionsspezifische Codierung Geltung hat. Alles andere gehört nicht zum System
Funktionale Systeme umfassen nicht die Menschen (da sie nicht codierbar sind), sondern systemspezifische Kommunikationsereignisse. Selbstbestimmte, ganzheitliche Subjekte können nicht Elemente eines binär codierten sozialen Systems sein, sie gehören zur Umwelt solcher Systeme. Es ist derselbe gesellschaftliche Entwicklungsprozeß funktional differenzierter Gesellschaften, in dem sich die funktionsspezifische Differenzierung kommunikativer Ereignisse als Systeme und die Exklusion subjektiver Autopoiesis als soziale Tatsachen entwickeln.

Das Erziehungssystem ist funktional auf diese Weise der Differenzierung heutiger Gesellschaften bezogen. Pädagogische Kommunikation ist deshalb unter Gesichtspunkten der funktionsspezifischen Systembildung, d.h. eigener Codierung und Programmierung, und der subjektiven Exklusion zu sehen. Sie muß grundsätzlich, in ihren konstituierenden Voraussetzungen „das selbständig Andere", das immer wieder andersartig Individuelle, das anders ist als alles schon im System Begriffene, akzeptieren, ohne sich selbst als einen Bereich eigener Prägung aufzugeben. Sie ist deshalb nur als autopoietisches System denkbar, das sich in dieser Differenz selbst immer wieder als Einheit aus selbst produzierter Identität und „verinnerlichter" Differenz verändert reproduziert. Operationale Geschlossenheit durch Codierung und Offenheit zur Umwelt durch Programmierung des Erziehungssystems sollen genau dies ermöglichen.

In den Formen der gesellschaftlichen Differenzierung wird historisch das integrationspädagogisch zentrale Thema gesellschaftlicher Gleichheit/Ungleichheit (Strobel-Eisele 1992) entwickelt:
- Segmentär gegliederte Gesellschaften sind aus gleichartigen Teilen (Familien) aufgebaut, die im wesentlichen durch interne Aufgabenverteilung ihren Weiterbestand sichern. Darüber hinaus wird keine Komplexität aufgebaut. Erziehung durch Imitation und Mittun und Riten der Zugehörigkeit (Initiation) reichen aus.
- Stratifikatorische Differenzierung ist wesentlich komplexer im Zusammenspiel von Gleichheit und Ungleichheit: "Schichten werden auf der Basis der Ungleichheit der Teilsysteme gebildet, und zwar so, daß die ungleichen Teile durch die Rangordnung aufeinander bezogen werden. Prinzip der Rangdifferenzierung kann Landbesitz oder sonstiger Wohlstand, politische Herrschaft, Zugang zu den Berufen oder anderes sein. Ein Mindestmaß an Statuskongruenz muß errichtet werden, damit die Rangordnung als eine einzige erscheint und die Beziehungen der Teilsysteme zu ihren innergesellschaftlichen Umwelten definiert. Nicht nur die Systeme, sondern auch ihre Umwelten werden durch die Rangordnung definiert, die innergesellschaftlichen Umwelten werden also nicht unabhängig von der je eigenen Rangposition begriffen. Dadurch bleibt die in einer solchen Gesellschaft erreichbare Komplexität limitiert, obgleich sie durch strukturelle Zulassung von Ungleichheit bedeutend höher ist als im Falle segmentärer Differenzierung" (Luhmann 1981, S.208). Das Erziehungssystem reproduziert diese Form der sozialen Gleichheit/Ungleichheit in einem geschichteten öffentlichen Schulsystem und in elitären Privatschulen, die ihre Schülerschaft durch exklusive Zugangsberechtigungen regeln und die Absolventen privilegieren.
- Funktionale Differenzierung ist gekennzeichnet durch die funktionsspezifische Ausdifferenzierung von Teilsystemen, die durch ihre Spezialisierung hohe Selbständigkeit (eigener Codierung und Programmierung) gewinnen. Religiöse Praktiken, rechtlich verbindliche Urteile, ökonomischer Gewinn, politische Macht und wissenschaftliche Forschung folgen eigenen Regeln, die nicht aus einem obersten Wert oder einer obersten Institution abgeleitet sind. „So entsteht ein strukturell erzeugter Überhang an Möglichkeiten. Die Gesellschaft wird überkomplex, da sie mehr Möglichkeiten konstituiert, als sie aktualisieren kann" (Luhmann 1977, S.229).
Während in schichtförmig differenzierten Gesellschaften der Einzelne durch seine Standeszugehörigkeit als (soziale) Person definiert und sozial integriert ist, lassen sich in funktional differenzierten Gesellschaften in dieser Weise keine ausreichenden personumfassenden Bestimmungen ableiten: Jedem Menschen soll unabhängig von seiner Schichtzugehörigkeit der Zugang zu jedem Funktionssystem möglich sein (Inklusion)/kein Mensch gehört mit ganzer Person irgendeinem Funktionssystem an (Exklusion).

Es wird aufgrund gesellschaftlicher Entwicklung unterschieden zwischen dem individuellen Menschen und den Rollen, die es in Systemen innehat. Funktionale Differenzierung ermöglicht durch gesellschaftliche Exklusion/Inklusion individuelle Autopoiesis in der Differenz von selbstreferentieller operationaler Geschlossenheit und fremdreferentieller Offenheit. Dies konstituiert Gleichheit/Verschiedenheit in einer für diese Weise gesellschaftlicher Differenzierung kennzeichnenden Form. Exklusion und selbstreferentielle operationale Geschlossenheit des Individuums einerseits und damit verbunden die grundsätzliche fremdreferentielle Offenheit für die Aktualisierung gesellschaftlich erarbeiteter Möglichkeiten andererseits produzieren diese Form: *Gleichheit in der gesellschaftlich produzierten Form individueller Autopoiesis/Ungleichheit in der Ausformung der Biographie, der Person, auch durch gesellschaftliche Selektion.*

Die Zuordnung individueller Autopoiesis und gesellschaftlicher Selektion (z.B. durch Förderung auf bestimmte Ziele hin und durch Bewertung der Zielerreichung) ist als Paradoxie der Erziehung in der Schule institutionalisiert. *Die Gleichheit exklusiver Autopoiesis in einer funktional differenzierten Gesellschaft bedeutet Heterogenität aller Schüler.* Sie wird geleugnet durch Trivialisierung: in der Fiktion der Homogenität der Klassen, der Lehrpläne, der Versetzungsordnungen, insgesamt in der trivialisierend geregelten Organisationsweise pädagogischer Arbeit. Dies schafft das schulische Problem der Integration behinderter Schüler/innen, in dem der Widerspruch von Gleichheit/Ungleichheit evtl. bewußt werden kann.

Funktionale Differenzierung schafft zwei Grundformen gesellschaftlicher Integration.
Gesellschaftliche Inklusion geschieht in „Leistungsrollen" und in „Komplementär-" oder „Publikums-Rollen". Jeder kann am System erzieherischer, juristicher, ökonomischer oder medizinischer Versorgung partizipieren, so lange er die Schüler-, Patienten-, Kunden- oder Klientenrolle einnimmt. Die Zugänge zu den (funktionsspezifischen) professionellen Expertenrollen sind durch Selektionsprozesse bewußt erschwert. Für Luhmann ist die Integration in die funktional differenzierte Gesellschaft eine der wichtigsten Aufgaben des Erziehungssystems. *Integration in Berufe geschieht durch Selektion.* Damit erbringt Schule Leistungen für die Teilsysteme der Gesellschaft, die sich nicht mehr hinreichend über Standes- und Familienzugehörigkeit rekrutieren können. Durch Zuordnungen zu einem binären Code verteilt das Erziehungssystem Optionen und kennzeichnet mögliche Adressaten.

Dies hat Auswirkungen auf die Integration behinderter Menschen:
- Ihre Integration in Konsumenten- und Klientenrollen ist in vielen Bereichen nicht gelungen. Die Einschränkungen reichen von der Separation im Bildungswesen bis zu alltäglichen Beschränkungen im Wohnen und in der Benutzung öffentlicher Einrichtungen wie Kinos, Bahnen usw. und bis zur Nutzung von Urlaubsangeboten.
- Der Bedarf, behinderte Menschen als Klienten zu versorgen, hat zur Professionalisierung und Institutionalisierung der (pädagogischen, medizinischen, pflegerischen) Betreuung in Sondereinrichtungen geführt, die Alltagskontakte nicht erleichtern, sondern oft selbst wieder isolieren.
- Noch wesentlich erschwerter ist die gesellschaftliche Integration in Berufsrollen, die auch durch die Selektion im Schulsystem, die Konkurrenz der besten Abschlüsse und der größten Fitness, durch Unkenntnis, mangelnde Anpassung der Arbeitsplätze und Vorurteile bestimmt ist.
- Die Einschränkungen in beiden Bereichen tragen dazu bei, alltägliche Kontakte in privaten Bereichen, die weder Berufs-, noch Klientenrollen zugerechnet werden können, zu erschweren.

Integration in der Form Exklusion/Inklusion funktional differenzierter Gesellschaften führt bei Menschen mit Behinderungen zu einer systematischen Randständigkeit oder Aussonderung:
- *Exklusion entläßt den konkreten Menschen (als Ganzen) aus dem System.*
- *Inklusion geschieht durch systemfunktionale Selektion (besonders in Schule und Beruf).*

Beide Aspekte gelten gleich für behinderte und nichtbehinderte Menschen, sie führen aber zu unterschiedlichen Effekten:
- Behinderung heißt auch, gesellschaftliche Möglichkeiten der eigenen Entwicklung, also die Chance der Exklusion als Autopoiesis in der System/Umwelt-Differenz, nicht im selben Umfang nutzen zu können, wie nichtbehinderte Menschen. Die isolierenden Folgen der Exklusion treten in den Vordergrund.
- Für Menschen mit Behinderungen gelingt die Form der Inklusion in funktional differenzierte Gesellschaften nicht hinreichend, sie verlieren durch Selektion.

## 2.2 Systemische Integration in der Ausdifferenzierung aus der Lebenswelt

Bezogen auf das Erziehungssystem ist die Rationalisierung der Lebenswelt als Prozeß hin zur Ausdifferenzierung eines eigenständigen sozialen Systems als ganzer gegenwärtig. Habermas nimmt den Gedanken Parsons auf, „daß die Wertorientierungen, die den Handelnden institutionell angesonnen werden, im Lauf der Evolution immer allgemeiner und formaler werden" (Habermas 1981, Bd.2, S.267). Durch diese Wertgeneralisierung kann Konsens auf immer abstrakteren Ebenen, d.h. für sehr unterschiedliche Menschen und Situationen vorausgesetzt oder hergestellt werden (Habermas/Luhmann 1972, S.99). Anstelle einzelheitlicher Wertorientierungen und Regelungen in Familienbeziehungen treten in staatlich organisierten Gesellschaften allgemeine Setzungen, die einen allgemeinen und relativ abstrakten Rechtsgehorsam fordern. Damit werden in einem breiten Rahmen gesellschaftliche Integrationsmöglichkeiten geschaffen. Die pattern variables kennzeichnen als binär schematisierte Alternativen die Übergänge in allgemeiner geregelte soziale Systeme, die nicht nur gesellschaftliche Entwicklungsstufen kennzeichnen, sondern auch ganz konkret z.B. im Übergang vom Kindergarten zur Grundschule erfahrbar sind:
„1) The private vs. collectivity interest dilemma: self vs. collectivity orientation
2) The gratification discipline dilemma: affectivity vs. neutrality
3) The dilemma of transcendance vs. immanence: universalism vs. particularism
4) The choice between object modalities: performance vs. quality (achievement vs. diffuseness)
5) The definition of the scope of interest in the object: specifity vs. diffuseness"
(Parsons 1951, zitiert nach Habermas 1981, Bd.2, S.334).

*Diese Übergänge verändern die Qualitäten der Integration von individuellpersönlichen und emotionalen Beziehungen zu emotional neutralen, allgemein gültigen Ordnungen.* Sie ermöglichen die Entkopplung von System- und Sozialintegration in Subsystemen zweck-rationalen Handelns: Die Koordination sozialen Handelns muß nicht durch kommunikative Abstimmung der Handlungsorientierung geschehen. Auf dem Hintergrund relativ *formaler Regelungen* reicht es aus, die *Handlungsfolgen funktional zu verknüpfen*, um ein System funktional zu integrieren.Dies ermöglicht strategisches Handeln, das eigene differenzierte Mechanismen entwickelt, um effektiv zu sein. Schule kann so verstanden werden, daß es letztlich entscheidend ist, daß ein bestimmter Stoff für bestimmte Überprüfungen gelernt wird, d.h. für Noten, die zum Fortschreiten in der Schullaufbahn berechtigen. Lehrer und Schüler lernen, ihr Handeln zweckrational abzustimmen.

Übergänge von lebensweltlichen Bindungen zu Regelungen strategischer Steuerung (vgl. Habermas 1981 Bd.2, S.271) lassen sich in Schulen leicht finden:

| | |
|---|---|
| Anreiz durch Erwartung persönlicher Anerkennung, Erreichen persönlicher Ziele | Berechtigungsscheine für die weitere Karriere; Noten |
| Abschreckung durch befürchtete Strafen und Beziehungsstörung | Reglementierung der Schulstrafen (als Verfahren) |
| persönliche Gefühlsbindungen (Achtung, Vertrauen) | Regelungen der Mitgliedschaft (Pflichten und Berechtigungen) |
| Vertrauen auf Integrität, Wissensvorsprung und Geltungsansprüche | Verpflichtung auf gesellschaftlich legitimierte Curricula |

In diesen Bereichen ist es möglich, die *Kommunikation auf eigene, entsprachlichte Medien umzustellen*, da es in erster Linie nicht auf die diskursive Einlösung lebensweltlicher, z.B. normativer Geltungsansprüche (als Koordinierung der Orientierungen) sondern auf die effektive Anwendung von Programmen ankommt. Zur strategischen Durchsetzung reicht die Koordinierung der Handlungsfolgen durch Geld (oder eintauschbare Notenwerte) oder Macht (Amtsautorität, Expertenurteil, politische Entscheidung). Dies entlastet von erheblichem Kommunikationsaufwand und von Dissensrisiken (in den Weltbezügen lebensweltlicher Kommunikation).

Die Zwischenstellung des Erziehungssystems gerade in Integrationsaufgaben wird am Beispiel der Förderausschüsse besonders deutlich. Sie sollen unter Beachtung des relevanten Umfeldes in einem offenen Beratungsprozeß aller Beteiligten eine Empfehlung erarbeiten, über die dann die Schulbehörde entscheidet. Letztlich ist die Bereitstellung ausreichender (Geld-)Mittel das entscheidende Steuerungsmedium integrativer Unterrichtung.

„Die Umstellung der Handlungskoordinierung von Sprache auf Steuerungsmedien bedeutet die Abkoppelung der Interaktion von lebensweltlichen Kontexten. Medien wie Geld und Macht ... codieren einen zweckrationalen Umgang mit kalkulierbaren Wertmengen und ermöglichen eine generalisierte strategische Einflußnahme auf die Entscheidungen anderer Interaktionsteilnehmer unter Umgehung sprachlicher Konsensbildungsprozesse.

Die Umstellung des Handelns auf Steuerungsmedien erscheint deshalb aus der Lebensweltperspektive sowohl als eine Entlastung von Kommunikationsaufwand und -risiko, wie auch als eine Konditionierung von Entscheidungen in erweiterten Kontingenzspielräumen in diesem Sinne als eine Technisierung der Lebenswelt" (Habermas 1981, Bd. 2, S.273).

Schulen werden auf diesen Grundlagen partiell *bürokratisch organisierbar*: „von den persönlichen Wertorientierungen ihrer Angehörigen haben sich jene betrieblichen Organisationen unabhängig gemacht, indem sie deren Arbeitsverrichtungen nur noch als Gegenleistungen in einem sittlich neutralen Tauschgeschäft behandeln; gegenüber dem kulturellen Traditionshorizont ihres sozialen Umfeldes haben sie sich dadurch abgeschottet und immunisiert, daß sie ihre jeweiligen Produktionsziele zu wertfreien, bloß noch funktional definierten Zwecksetzungen versachlicht haben; und in ihrem Binnenraum schließlich sind sie dem aufwendigen Erfordernis kommunikativer Verständigung in dem Maße entwachsen, in dem sie an anderer Stelle formelle, rechtlich verankerte Entscheidungsregeln gesetzt haben" (Honneth 1994, S.50; mit Bezug auf Max Webers Theorie der Bürokratisierung).

Die rationalste Form der entsprachlichten Medien ist ihre binäre Codierung. Aus dem vielschichtigen und situativ vieldeutigen lebensweltlichen Anspruch auf Gerechtigkeit wird die klare Rechtssprache, die einerseits strategisch der Ungerechtigkeit dienen und lebensweltliche Bezüge beeinträchtigen kann, andererseits lebensweltliches Rechtsempfinden braucht, um akzeptiert zu werden. Pädagogische Unterstützung selbstbestimmter Entwicklung wird in klare, einklagbare Rechtsansprüche schulischer Ausbildung transformiert. Die Kongruenz zwischen Weltansicht, Institution und Person, die als ideale Voraussetzung für die Entwicklung persönlicher Identität in kommunikativ bewährten, solidarischen Handlungsorientierungen oder als zwanghaft aufrecht erhaltene Lebenswelt einer „totalen Institution" erscheinen kann, wird damit aufgelöst.

Einerseits können Schulen von der Abkoppelung von engstirniger Moral und Religiosität profitieren, andererseits ist es besonders in staatlichen Schulen schwierig, ein pädagogisches Ethos und solidarisches Schülerverhalten mit reduzierten lebensweltlichen Geltungsansprüchen zu begründen. Es ist die Frage, welche *Ressourcen* lebensweltliche und systemische Grundlagen des Erziehungssystems für die Integration behinderter Kinder und Jugendlicher zur Verfügung stellen. Welche Ressourcen stehen zur Verfügung, welche werden besonders beansprucht und brauchen deshalb selbst sorgsame Unterstützung? Das Technologieproblem der Erziehung (z.B. wie Lehrer mit Komplexität umgehen) hängt davon ab, wie weit Lebenswelt in diesem Bereich technologisiert (bzw. technologisierbar) ist. Ein qualitativer Sprung im Prozeß rationaler Ausdifferenzierung ist die binäre Codierung, da sie vor jeder Handlungskoordinierung bestimmt, wie Umwelt in systemspezifischer Weise als Information präsent wird. Sie setzt Akzeptanz ohne Diskussion innerhalb dieses Prozesses schon voraus. „Da aber diese Akzeptanz nicht auf der affirmativen Stellungnahme zu einem kritisierbaren Geltungsanspruch beruhen darf, sondern nach

einer von Konsensbildungsprozessen unabhängigen Automatik verlaufen soll, gilt der Mediencode nur für eine gut abgrenzbare Klasse von Standardsituationen, die durch eindeutige Interessenlagen in der Weise definiert ist:
- daß die Handlungsorientierungen der Beteiligten durch einen generalisierten Wert festgelegt sind;
- daß sich Alter grundsätzlich zwischen zwei alternativen Stellungnahmen entscheiden kann;
- daß Ego diese Stellungnahmen durch Offerten steuern kann; und
- daß die Aktoren nur an den Konsequenzen von Handlungen orientiert sind, also die Freiheit haben, ihre Entscheidungen ausschließlich von der Kalkulation des Handlungserfolges abhängig zu machen" (Habermas 1981, Bd.2 S.395).

Diese Gesichtspunkte lassen sich durchaus mit Luhmanns Überlegungen zur Codierung und Programmierung im Erziehungssystem verknüpfen. Sie kennzeichnen genau die Stelle der *Ausdifferenzierung des Erziehungssystems aufgrund eigener Codierung*:
- Es gibt Klassen von schulischen Standardsituationen: Aufnahme in die Schule, Klassenarbeiten, Zensurenerteilung, Übergänge, Prüfungen, Abschlüsse ... Insgesamt lassen sich diese Standardsituationen in ihrer zeitlichen Abfolge als Karriere bezeichnen.
- In bezug auf diese Standardsituationen und die Karriere insgesamt gibt es eine eindeutige Interessenlage: individuell erfolgreich in der gesellschaftlichen Selektion bestehen/individuell Erfolgreiche im Sinne des gesellschaftlichen Systems selegieren.
- Schulischer Erfolg wird zum generalisierten Wert, der nicht mehr an ganzheitliche, persönlich-affektive Beziehungen gebunden ist und auch nicht daran gebunden sein soll, und der in einem relativ abstrakten medialen Code (Zensuren) ausgedrückt wird.
- Gegenüber den Zumutungen des Systems gibt es alternative Stellungnahmen, Karriere-Offerten und ihre Kosten anzunehmen oder abzulehnen.
- Diese Stellungnahmen sind nicht folgenlos freigestellt, aber konkret in der Situation begrenzt aushandelbar (Wieviel will ich einsetzen? Wieviel bekomme ich dafür?).
- Gerade in Standardsituationen (z.B. in Prüfungen) ist dieses Kalkül allgemein akzeptiert, d.h. nur darauf zu achten, was „zählt".

Diese Überlegungen bestätigen die Aussagen Luhmanns. „Die Codierung des Erziehungsytems schließt an seine Selektionsfunktion an. Nur hier gibt es jene künstliche Zweiwertigkeit, die einen Code auszeichnet. Man kann gut oder schlecht abschneiden, gelobt oder getadelt werden, bessere oder schlechtere Zensuren erhalten, versetzt werden oder nicht versetzt werden, zu weiterführenden Kursen oder Schulen zugelassen oder nicht zugelassen werden und schließlich Abschlußzeugnisse erhalten oder nicht erhalten. Hin und wieder läßt diese Zweiwertigkeit sich in Skalen auflösen, aber auch dann fungiert sie im Vergleich (sei es zeitlich für dieselbe Person, sei es sozial im Verhältnis zu anderen) wieder als Zweiwertigkeit im Sinne von besser oder schlechter. Der Code des Erziehungssytems entsteht aus der Notwendigkeit, eine Karriere zu bilden, also eine Sequenz von selektiven Ereignissen aufzubauen, die jeweils in einem Zusammenwirken von Selbstselektion und Fremdselektion zustande kommen und für anschließende Ereignisse Bedingungen der Möglichkeit und strukturelle Beschränkung bedeuten. Nur wenn man in die Schule aufgenommen wird, erhält man Zensuren. Die Zensuren sind von Bedeutung für die Versetzung innerhalb der Schullaufbahn. Der erfolgreiche Abschluß einer Ausbildung ist von Bedeutung für den Berufseintritt. Der Berufseintritt bestimmt die weitere Karriere" (Luhmann 1986, S.195). Gerade durch den letztgenannten Gesichtspunkt erweist sich die Karriere als Instrument gesellschaftlicher Inklusion (in Schule, Beruf, Gesellschaft) durch Selektion.

Die Integration behinderter Menschen scheint in vielen Bereichen (z.B. dem schulischen und beruflichen) diesem Mechanismus des „besser/schlechter" zu folgen. Für erfolgreiche behinderte Menschen mag dies Anlaß zu besonderem Stolz sein, für die meisten bedeutet diese „systemische Integration" Separation unter lebensweltlichen Gesichtspunkten und die Zuschreibung der negativen Alternative des Code: weniger leistungsfähig in bestimmten Hinsichten, schlechtere Berufschancen, oft Arbeitslosigkeit. Die binäre Codierung des Erziehungssystems produziert nicht zufällig nebenbei, sondern grundsätzlich und systematisch isolierende Behindertenkarrieren.
Gleichzeitig erzeugt die Ausdifferenzierung als soziales System in binärer Codierung (einklagbare) Formen der Handlungskoordinierung, die lebenweltliche Formen der Integration nicht gelten lassen. „Die Umstellung der Handlungskoordinierung von Sprache auf Steuerungsmedien bedeutet eine Abkoppelung der Interaktion von lebensweltlichen Kontexten überhaupt" (Habermas 1981 Bd.2, S.394).
Diese Grundkonstruktion hat Auswirkungen bis in die Erfordernisse der Förderung und Diagnostik. „Die Lehr- und Lernpläne müssen sich im codierten System dazu eignen, eine gerechte, sachgemäße Zuteiluung der Codewerte zu ermöglichen, und dieses strukturelle Erfordernis ist schwer in Übereinstimmung zu bringen mit dem Anspruch von nicht-trivialen, selbstreferentiellen 'Maschinen', nur nach Maßgabe der eigenen Interessen und Befindlichkeiten belehrt zu werden" (Luhmann 1986, S.199). Wie lassen sich Schüler derselben Klasse nach ihren verschiedenen Bedürfnissen (nach unterschiedlichen Plänen, überhaupt nach festen Plänen) unterrichten und in der Folge „gerecht" beurteilen?

Die zuverlässige Zuordnung der Codewerte erfordert die Trivialisierung des Unterrichts in entsprechenden Programmen. „In dem Maße, als Schüler als Trivialmaschinen behandelt werden, ist zugleich die Integrierbarkeit von Codierung und Programmierung gesichert" (Luhmann 1986, S.198).

Wegen ihres Karrierebezugs transportiert Schule gesellschaftlichen Problem- und Selektionsdruck bis in Lern- und Entwicklungsprozesse von Heranwachsenden. Deren Entmutigung, Leistungsstreß, Aggressivität und Gewalt sind auch Reaktionen auf diese Zumutungen, die ihren Grund in der Konstruktion von Schule haben. Es ist nach der Analyse Luhmanns sehr fraglich, wieweit pädagogische Arbeit in der konkreten Situation die Systembedingungen durch binäre Codierung kompensieren kann, insbesondere wenn diese wenig bewußt sind. Das Dilemma zeigt sich bezeichnenderweise um so deutlicher, je näher schulische Abschlüsse rücken, die karriererelevant, vielleicht berufsentscheidend sind.

Umgekehrt ist die Frage begründet, ob der Kommunikationsbereich, den Luhmann mit seinen Überlegungen zur Codierung erfaßt, alles ist, was unter Erziehung verstanden wird. Habermas (1981 Bd.2, S.391) unterscheidet, „daß sich nur die Funktionsbereiche der materiellen Reproduktion über Steuerungsmechanismen aus der Lebenswelt ausdifferenzieren lassen. Die symbolischen Strukturen der Lebenswelt können sich allein über das Grundmedium verständigungsorientierten Handelns reproduzieren; die auf kulturelle Reproduktion, soziale Integration und Sozialisation abgestellten Handlungssysteme bleiben den Strukturen der Lebenswelt und des kommunikativen Handelns verhaftet."
Die Frage nach der Codierung und Programmierung des Erziehungssystems mündet in der Frage nach der „Verständigungsform", in der intersubjektive Verständigung, gemeinsame Handlungsorientierung und gültige (nachvollziehbare) Erfahrung in diesem Bereich möglich sind. „Verständigungsformen stellen jeweils einen Kompromiß zwischen den allgemeinen Strukturen verständigungsorientierten Handelns und den innerhalb einer gegebenen Lebenswelt thematisch nicht verfügbaren Reproduktionszwängen dar" (Habermas 1981, Bd.2 S.279). Als Kompromiß können Verständigungsformen durchaus legitimierenden und immunisierenden Charakter in sehr fragwürdigen Lebensbedingungen haben. Sie sind ein geschichtliches Produkt, keine göttliche Weisheit. Sie können „Schnittflächen" im Erziehungssystem deutlichen machen, „wo systemische Zwänge der materiellen Reproduktion unauffällig in die Formen der sozialen Integration eingreifen" (Habermas 1981 Bd.2, S.279).

# 3. Komplexitätsverarbeitung im Erziehungssystem besonders bei der Erziehung behinderter und nichtbehinderter Schüler/innen

## 3.1 Codierung und Programmierung als Grundlage der Komplexitätsverarbeitung

Kein System ist in der Lage, die Komplexität seiner Umwelt angemessen „abzubilden". „Möglich ist nur die Einrichtung von Differenzen im System (etwa: eingeschaltet/ausgeschaltet bei Thermostaten, wahr/falsch in der Logik) die auf Differenzen in der Umwelt reagieren und dadurch für das System Information erzeugen" (Luhmann 1984, S.6o2). Auf diese Weise ist es möglich, *autopoietische Geschlossenheit* (Selbstreferenz bezogen auf Elemente und Relationen) zu verknüpfen mit der *Offenheit für die Umwelt*, also pure Tautologie zu vermeiden und „resonanzfähig" zu sein.

Die Weise, in der ein System Information erzeugt und damit Umwelt intern verarbeitet, folgt seiner funktions- und damit systemspezifischen Codierung und Programmierung. Diese legen fest, wovon die Rede ist und damit: was Umwelt des Systems ist „Codierte Freignisse wirken im Kommunikationsprozeß als Information, nicht-codierte als Störung (Rauschen, noise)" (Luhmann 1984, S.197).
Da Information nur als Differenz möglich ist, produziert jedes System funktionsspezifische Information nach einem binären Code. Es differenziert Programme aus (z.B. als berufsspezifische Theorien und Methodenlehren), die Zuordnungen von Ereignissen zu den Codewerten erlauben und somit den Aufbau funktionsspezifischer Komplexität und die Ausdifferenzierung spezifischer Aufgaben (z.B. in Rollen) ermöglichen.

Im Wissenschaftssystem läßt sich dieser Prozeß beispielhaft zeigen: „Der Code lautet hier wahr/unwahr (oder bezogen auf Vorstellung und Rede: richtig/falsch). Die Programme sind dagegen auf den Gewinn neuer Erkenntnis ausgerichtet. Hierfür werden Theorien (Forschungsprogramme) und Methoden (Entscheidungsprogramme) entwickelt, die die Zuordnung von Erkenntnissen zu den Werten wahr/unwahr ermöglichen sollen. Dabei wird auch die Feststellung von Unwahrheiten, die Widerlegung von Aussagen als falsch, als ein Gewinn betrachtet" (Luhmann 1987, S.183). Die umfassende Verpflichtung auf einen obersten Wert, die Bindung an „das Gute", „das Wahre" wird somit in funktionaler gesellschaftlicher Differenzierung aufgelöst in funktionsspezifische Codierung und Programmierung der Teilsysteme.

Im Erziehungssystem lautet der Code „besser bzw. schlechter, bezogen auf die Chancen des Lebenslaufs" (Luhmann/Schorr 1988, S.464). Damit ist kein oberster Wert, kein Ziel benannt, sondern die *Leitdifferenz, nach der das System eigene Komplexität aufbaut,* d.h. in der System/Umwelt-Differenz sich ausdifferenziert und Informationen konstruiert. Im Erziehungssystem geht es deshalb immer um die Unterscheidungen schlechteres/besseres Abschneiden, Lob und Tadel, um Zensuren, Versetzung/Nichtversetzung, um Abschlüsse und Berechtigungen, Zulassung/ Nichtzulassung. „Die Koordination dieser Vielzahl von Karriereereignissen, die vom kaum wahrnehmbaren Beurteilen bis zum dramatischen, schicksalentscheidenden Prüfungsgeschehen reichen, erfordert eine binäre Struktur, nämlich eine deutliche Differenz von besser und schlechter im Hinblick auf die Förderung der Karriere. Deshalb bildet sich, ob geplant oder nicht, ein codiertes Selektionsmedium, das abstrakt genug ist, um Religion und Mathematik, Grundschule und Gymnasium, Arbeiterkinder und Akademikerkinder übergreifen und aufeinander beziehen zu können" (Luhmann 1986, S.164). Für das Verständnis der Integration behinderter Schüler ist es eine zentrale These, „daß eine solche Codierung, wenn es zu regelmäßiger Interaktion in Schulklassen kommt, sich zwangsläufig ausbildet, und daß es weder dem Lehrer noch der Pädagogik freisteht, eine solche Entwicklung zu verhindern" (Luhmann/Schorr 1988, S.465). Dieser Zwang (als „soziale Tatsache") ergibt sich trotz aller pädagogischen Kommentierungen aus der Notwendigkeit des umfassenderen Systems, Positionszuweisungen in einer funktional differenzierten Gesellschaft nicht durch feudale Strukturen, Familienzugehörigkeit o.ä. zu regeln.

Der Code muß zweiwertig sein, um diese Aufgabe gesellschaftlicher Selektion zu erfüllen. „Der Positivwert `besser' bringt nur die karrieremäßige Anschlußfähigkeit zum Ausdruck. Der Negativwert `schlechter'dient demgegenüber als Reflexionswert" (Luhmann/Schorr 1988, S.465). Die Formulierung als Differenz besser/schlechter unterscheidet den Code von der Formulierung eines obersten Wertes: Alle anschlußfähigen Operationen genügen dieser Unterscheidung, sie könnten aber auch anders ausfallen und ebenso geeignet sein. *Das Erziehungssystem schafft die selektive Anschlußfähigkeit besserer/schlechterer Ereignisse in Karrieren* gegenüber den unüberschaubaren und eigenwilligen individuellen Lebensläufen einerseits und den Erfordernissen gesellschaftlicher Reproduktion andererseits. Dies geschieht nicht beiläufig (als Sozialisation) sondern spezialisiert in einem eigens ausdifferenzierten System, das auf dieser Differenz aufbaut und diese Differenz in Karrieren erzeugt. Nur diesem Zweck dient der Code. „Codiert wird nur die soziale Selektion ... Es geht um die Zuweisung von Positionen innerhalb und außerhalb des Systems" (Luhmann 1986, S.160). Wie mehrfach belegt: Selektion ist kein zufälliges Ereignis, sondern ein notwendiges Produkt des zentralen Mechanismus im Erziehungssystem funktional differenzierter Gesellschaften.

Die Zuschreibung der Codewerte erfordert strukturierte und legitimierte Anforderungen, die Bewertungen zulassen: Lehrpläne, Studien- und Prüfungsordnungen, vergleichende Tests, standardisierte Diagnostik, didaktische Programme, Unterrichtsregelungen usw. Zusammen mit dem Code regelt dieses vielfältig differenzierte „Programm" des Erziehungssystems dessen fortlaufende Reproduktion, so daß es über Zeiträume berechenbar wird (z.B. in der Abiturvorbereitung), d.h. daß die Codewerte in einem erwartbaren und legitimierten Verfahren (z.b. im Abitur) den Ereignissen zugeordnet werden können. In den Programmen sind Ziele und Inhalte und Zuordnungsregeln autonom definiert, es werden Stufenfolgen und Vernetzungen festgelegt. *Das Programm schafft auf diese Weise die Komplexität des Erziehungssystems in der Einheit des Code (in der Einheit der Differenz besser/schlechter) und in Beziehung (in der System/Umwelt-Differenz) zu den Anforderungen seiner Umwelt.* Die Codierung ist nicht an bestimmte Bildungsinhalte und -ziele gebunden, deshalb offen für veränderte Aufgaben der Umwelt, auch für solche sozialen Lernens - vielleicht auch mit behinderten Mitschülern. „Aber alles, was bei einer solchen Programmierung verwendet wird, muß sich für eine Codierung nach besser/schlechter eignen" (Luhmann/Schorr 1988, S.467).
*Trivialisierung ist eine notwendige Bedingung, um pädagogische Programme mit der Codierung des Systems zu verbinden.* „Trivialmaschinen lassen sich leicht beobachten und beurteilen, man braucht nur festzustellen, ob die Transformation von Input in Output richtig funktioniert. Man kann außerdem, ohne die Typik der Maschine zu ändern, die Erwartung an das Programm steigern und den Unterricht mit diesem Ziel sequentiell unter höhere Ansprüche stellen" (Luhmann 1986 b, S.169). Auch die Favorisierung nicht-trivialer Fragen und kreativer Leistungen (s. v.Foerster) und Äußerungen sozialer Sensibilität und Solidarität wären als Steigerung schulischer Anforderungen im Sinne des Programms zu interpretieren und durch geeignete Einschätzungen der Codierung zugänglich zu machen - wenn diese Aufgaben nicht als irrelevante pädagogische Spielwiese außerhalb der Systemstrukturen abgetan werden sollen. Die Aufgabe der Diagnostik ist auch in diesem Fall die Zuordnung der Codewerte auf der Grundlage des gesteigerten Programms, also nach wie vor die Objektivierung der Selektion.

Es fragt sich, in wieweit im Erziehungssystem zentrale Aspekte humaner Entwicklung (Neugier, Interesse, Selbstentfaltung, Solidarität, ökologische Verantwortung) korrumpiert werden durch konsequente Instrumentalisierung im Sinne eines durchgreifenden Code. Es gibt keinen obersten Wert, der diesem Mechanismus entzogen oder übergeordnet wäre. Es gibt nur die Funktion des Systems, das mögliche Kontingenzen funktional bestimmt. Darüber hinausgehende (z.B. moralische) Bewertungen sind freigestellt: Sie verändern den Code nicht, und grundsätzlich muß niemand im Schulsystem erfolgreich sein.

Auch Behindertenkarrieren sind nicht zufällige, sondern notwendige und voll gültige Karriere-Konstruktionen, eben solche mit weniger Anschlußfähigkeit. Jede erzieherische Kommunikation ist Teil des Systems und konstruiert damit persönliche Lebensgeschichte: Nicht Ereignisse sondern Schüler/innen werden versetzt bzw. nicht versetzt, konkrete Menschen werden durch Zuordnung des negativen Codewertes und verminderter Anschlußfähigkeit in Behindertenkarrieren sortiert.

Im Sinne der „Theorie kommunikativen Handelns" lassen sich korrumpierende und entsolidarisierende Wirkungen systemischer Kommunikation im Spannungsverhältnis von System und Lebenswelt erwarten. Es mag aber überraschen, daß Luhmann diese Schäden ebenfalls als notwendige Konsequenz feststellt: „Wenn es auf der einen Seite einen binären Code gibt, der alle Kommunikation der Kontingenz aussetzt, und auf der anderen Seite Regeln für richtiges oder doch brauchbares Verhalten, zersetzt diese Unterscheidung die alte Architektur der kosmologischen und moralischen Perfektion, die dem Handeln Ziele und Ruhelager vorgab. Das Sein und das Streben kulminieren nicht mehr in Wesensformen, die Erziehungkann sich nicht mehr darauf richten, den Menschen in sein eigenes Wesen zu bringen" (Luhmann 1986 b, S.154). Personale Identität in verständigungsorientierter Kommunikation ist zu ersetzen durch die opportunistische „Um-Lernfähigkeit" nach den Erfordernissen der besseren oder schlechteren Chancen, nicht nach persönlicher Kongruenz.

Dies ist die *Kehrseite der Entlastung pädagogischer Kommunikation von diskursiven Formen der Handlungskoordination* durch kontingente, letztlich auf einem binären Code begründete Regelungen. Diese „Technisierung der Lebenswelt" führt zur „Entlastung sinnverarbeitender Prozesse des Erlebens und Handelns von der Aufnahme, Formulierung und kommunikativen Explikation aller Sinnbezüge, die impliziert sind" (Luhmann 1975, S.71).

Das Erziehungssystem vollzieht nach, was funktionale Differenzierung insgesamt kennzeichnet."Funktionale Differenzierung bedeutet 'Liquidierung' der gesellschaftlichen Inklusion" (Luhmann 1986 b. S.161). Die soziale Inklusion des Individuums in ein Gesamt tradierter Lebensformen wird zerstört. Nicht Individuen sind Teil des Systems sondern funktionsspezifische Kommunikationsereignisse. Das führt einerseits dazu, daß das Individuum als selbstbestimmtes Subjekt außerhalb funktionaler Kontingenzen (und in zersetzten lebensweltlichen Orientierungen) freigesetzt wird und daß andererseits systemrelevante Kommunikation nur in den funktional bestimmten Kontingenzen möglich ist. Der Exklusion des Subjekts entspricht die Inklusion in der Form entfremdeter Karriere, da die Funktionssysteme (auch das Erziehungssystem) selbst konditionieren, was für sie zählt (Luhmann 1986 b, S.162).

Die Funktionsweise des Systems ist ausschlaggebend. Berufung auf Werte kann als unsachliches Beiwerk oder Inkompetenz interpretiert werden, als sachfremd und lästig, bestenfalls als Anforderung eines anderen (evtl. relevanten) Teilsystems. Diese Abgrenzung kann als Fortschritt erlebt werden: Große Begriffe (die gerechte Gesellschaft, Chancengleichheit, Integration) werden ersetzt durch klare Differenzen (anschlußfähig/nicht anschlußfähig), denen Ereignisse nach explizierten Regeln zugerechnet werden. Mit der Etablierung eines pädagogischen Code sind Grenzen und Organisierbarkeit pädagogischer Kommunikation, d.h. auch Nicht-Zuständigkeit und Verweigerung im übrigen moralisch wertvoller Beauftragungen zu erwarten.Im Rahmen explizierter Programme sind Klarheit und Professionalität beruflichen Handelns möglich.

Die moralische Verpflichtung zur Integration behinderter Schüler/innen kann ein entscheidendes persönliches Motiv von Lehrern, kann Bestandteil ihres Berufsethos sein. Sie ersetzt nicht die systemspezifische Formulierung dieses Themas und kann genausowenig die Zuordnung von Elementen integrativen Unterrichts zu Codierungen des Systems verhindern, wie humanitäre Gesinnung die medizinische Zuordnung zu den Codewerten „krank/gesund" oder die juristische Zuordnung zu „recht/unrecht" in der fachlichen Kommunikation (z.B. mit Krankenkassen) aufhebt.

Da Information an die systemspezifische Codierung und Programmierung gebunden ist, ist Entwicklung eines System nur selbstreferentiell möglich. Faktoren der Umwelt, z.B. die Aufgabe der Integration eines behinderten Schülers, können ein System anregen, Entwicklungen auslösen usw., aber die Strukturierung durch das System bestimmt, zu welcher Veränderung es kommt. Auf diese Weise kommt ein autopoietischer Prozeß zustande, der die kommunikationsfähige Identität des Systems und die selbstreferentielle Anpassung an die Umwelt über die Zeit ermöglicht.

Beide Seiten dieser Aussage bekommen erst im bezug auf die jeweils andere Seite ihren Sinn: Identität, die Interdependenz anerkennt und deshalb kommunikationsfähig ist, und strukturelle Anpassung, die selbstreferentiell vom System geleistet wird, sind zwei Seiten eines Prozesses, die sich wechselseitig bedingen („kommunikative Kompetenz" bei Habermas, Einheit von „Assimilation" und „Akkomodation" bei Piaget, „Autonomie" und „Interdependenz" bei Cohn). Identität (als Vergleichsbereich selbstreferentieller Anschlußfähigkeit) und Differenz (als code-angemessene Information) bestimmen als Einheit die Entwicklung des Systems, das entsprechend seiner eigenen sinnbestimmten Möglichkeiten in den Bedingungen der Umwelt zeitlich überdauert. Autonomie, Interdependenz und Zeit sind deshalb grundlegende Dimensionen dieses Prozesses (Luhmann 1979, S.71f).

Maturana und Varela bezeichnen in diesem Sinne nicht nur biologische (System-) Entwicklung als „Driften": „Jede Ontogenese als die individuelle Geschichte strukturellen Wandels ist ein Driften von Strukturveränderung unter Kostanthaltung der Organisation und daher unter Erhaltung der Anpassung (Maturana/Varela 1984, S.113). Integration behinderter Schüler/innen soll als Teil autopoietischer Entwicklung des Erziehungssystems verstanden werden: aus behinderter, isolierender Organisation pädagogischer Kommunikation soll weniger behinderte, integrierende Kommunikation entwickelt werden.

## 3.2 Karriere als Organisationsweise pädagogischer Interaktion
Behinderung als Eigenwert schulischer Operationen

Die Überlegungen Luhmanns zur Ausdifferenzierung des Erziehungssystems führen zu der Vorstellung der binär codierten Karriere. Dieser Begriff läßt sich im Modell der „Schullaufbahn" detaillierter ausgestalten:

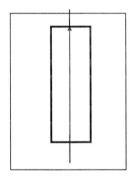

Schüler werden einer Eingangsdiagnose unterzogen, um hinreichend homogene Gruppen „schulfähiger Kinder" herzustellen. Für diese Gruppen ist ein zeitlich strukturiertes Curriculum entworfen, das festlegt, in welcher Reihenfolge der Lernstoff gelehrt wird. Die Gruppe durchläuft das Curriculum unter ständiger Kontrolle durch Tests und eine Folge von Versetzungsentscheidungen bis zu einem Ziel, das durch Prüfung oder Teilnahmebescheinigung den Abschluß der Laufbahn und damit den Übergang in andere Systeme festlegt.

Zur Organisationsweise dieses Modells gehört, daß Schüler in Klassen als hinreichend homogenen Gruppen in ihrer Schullaufbahn fortschreiten:
- Für die Klasse als ganze wird Unterricht angeboten, der sich an der Fiktion eines „durchschnittlichen" Schülers orientiert. Diese Fiktion verbildlicht die Fiktion der Homogenität.
- Die Zugehörigkeit zur Gruppe ist an diese Fiktion gebunden. Schüler, die sich nicht mehr dem Tempo der Klasse anpassen können und über eine gewisse Bandbreite hinaus in Rückstand geraten, fallen aus ihrer Gruppe heraus.
- Diese Schüler werden ganz in der Organisationsweise der Laufbahn der nachfolgenden Gruppe zugeordnet, mit der sie „das Rennen" fortsetzen.
- Die Formen der Diagnostik sind darauf ausgerichtet, die Einornvdnung der einzelnen Schüler in eine Normverteilung (z.B. bezogen auf die Klassenstufe) vorzunehmen oder die Erreichung curricularer Ziele (z.B. bezogen auf die Klassenstufe) festzustellen.

- Für Schüler, die ständig aus der Bandbreite homogener Klassen herausfallen, werden andere Laufbahnen eingerichtet, die nach demselben Muster funktionieren.

Drei Aspekte sind für dieses Grundmuster der Karriere und Selektion kennzeichnend:
- Differenzierung geschieht unter dem Gesichtspunkt der Zeit.
- Integration geschieht unter dem Gesichtspunkt des Erfolges nach dem Maß einer fiktiven, evtl. einer statistischen Normalität.
- Differenzierung und Integration sind Gegensätze.

Da die Klassen in diesem Modell homogen sind, machen sie in einheitlichem Tempo Fortschritte. Frontalunterricht ist Regelform. Klassen lassen sich deshalb durch ihren zeitlichen Abstand vom Ausgangspunkt kennzeichnen (also einfach durchzählen). Diese Differenzierung der Klassenstufen ist die Grundlage für die Differenzierung bei deutlichem Mißerfolg: Schüler wiederholen die Klassenstufe, d.h. sie brauchen für denselben Stoff mehr Zeit. In Ausnahmefällen können Schüler Klassenstufen überspringen. In beiden Fällen geschieht Differenzierung als Verschiedenheit der Zeit, die ein Schüler braucht, um das feststehende Curriculum im Frontalunterricht (d.h. ohne andere Differenzierungsformen) abzuarbeiten.

Integration im Modell der Karriere beruht darauf, die Zeitnorm zu erfüllen, in der die homogene Klasse das Curriculum durcharbeitet. Dies kann bedeuten, Kriterien von Leistungsverteilungen (auf Klassenstufen bezogen) zu genügen. Auf diese Weise werden Bandbreiten des Erfolges definiert, die ein Verbleiben in der Klassenstufe legitimieren. Abweichungen über diese Bandbreite hinaus haben Aussonderung zur Folge.

Differenzierung und Erfolg im Sinne der Norm beziehen sich auf dieselbe Dimension der Karriere: die Zeit. Die beiden Grundmuster der Differenzierung und der Integration sind unvereinbar, da sie sich auf Ereignisse beziehen, die sich ausschließen:
- wenn die Zeitnorm der Curriculumbearbeitung eingehalten wird, bleiben Schüler in der Klasse, sind integriert
- wenn die Zeitnorm nicht eingehalten wird, wird im Hinblick auf die Zeit differenziert, d.h. dann werden Schüler separiert.

Diese Organisationsweise schulischer Karriere organisiert mit der Anschlußfähigkeit im Ablauf der Karriere gleichzeitig die Separation derjenigen, die die Norm nicht erfüllen.

Das System verknüpft in rekursiver Weise Beobachtung und Operation (z.B. Diagnostik und Didaktik; Diagnose und Förderung) im Sinne der Karriere. In der pädagogischen Kommunikation hängt die Beobachtung (Abfrage) von der Operation (Unterricht) ab, die Operation richtet sich nach der Beobachtung usw. Beide schaffen alternierend (wie kognitive Schemata durch Akkommodation und Assimilation bei Piaget) einen „Eigenwert" des Systems, den sie im Prozeß in immer neuer Form in immer neuen Kontexten immer wieder schaffen: Kommunikation in diesem Modell produziert immer wieder Inklusion durch „Karriere" in Ereignissen desselben Musters (Versetzung, Lehrplan, Abitur, Durchschnittsnote ...), in denen sich die Form der Karriere immer wieder verändert reproduziert. In diesen Fixpunkten organisiert sich Schule, und an diesen Fixpunkten (an den von ihnen ausgelösten Irritationen) orientiert sich pädagogische Interaktion. In der sich wiederholenden rekursiven Abfolge von Beobachtungen und Operationen schafft das System diese „Eigenwerte" (v.Foerster 1993, S.103 ff, S.252 ff; Luhmann 199o, S.320 f), die als kommunikative Schemata Konstanten schulischer Kommunikation darstellen. „Schulleistung", „Lernprozeß", „Lernbehinderung", „Unterrichts-gegenstand" sind Schemata schulischer Kommunikation in diesem Sinne, erzeugt im Funktionieren schulischer Kommunikation, also im wechselseitig abhängigen Zusammenspiel von Beobachtung und Operation im Sinnzusammenhang der Karriere. Durch Rekursivität entsteht ein Netzwerk (von „horizontalen", nicht-hierarchischen Abhängigkeiten) der Reproduktion der Elemente des Systems. Aus der Frage „Was ist Lernbehinderung?" wird die Beobachterfrage *„Wie schafft das System in seinem Funktionieren als Karriere durch Rekursivität von Operation und Beobachtung eigene Kommunikationsschemata, z.B. 'Lernbehinderung'?"*. Indem das System in seinem Sinne „Behinderung" produziert, wird es unabhängig von individueller Behinderung und in seiner Weise gegenüber „Behinderung" kommunikationsfähig. Es setzt dieses selbstgeschaffene Etikett als Element der Kommunikation ein und schafft darauf bezogen systemspezifische Anschlußmöglichkeiten (und, wie gezeigt: das Problem der Integration).

Diese Eigenwerte sind als Konstruktionen im Gebrauch wirksam, sie haben deshalb reale Folgen. Das System arbeitet mit Selbstreferenz und Fremdreferenz:
- Es produziert im dauerhaften eigenen Funktionieren als „Eigenwert" des Systems einen Normbereich schulischer Kommunikation, besonders der normalen schulischen Leistung, d.h. auch die Differenz Norm/Abweichung.
- Diesen Eigenwert eigener, interner Notwendigkeit entdeckt es empirisch-statistisch wieder in der Schülerpopulation. Es schreibt ihn damit der Umwelt zu.
- Abweichungen, die dauerhaft, schwerwiegend und umfassend sind, so daß sie nicht in die erwartbaren Strukturen schulischer Kommunikation passen, kennzeichnet es als „Behinderung" (z.B. als „Lernbehinderung") der Schüler - und macht sie damit in besonderer Weise wieder der Kommunikation zugänglich.
- Eigenwerte von Operationen des Systems entscheiden über selektive Anschlußfähigkeit in den Regel- und Sonderformen im eigenen Funktionieren.

- Die Empirie erbringt den wissenschaftlichen Beleg für die „Objektivität" der fremdreferentiellen Zuschreibungen und verschleiert zuverlässig, daß diese selbstreferentiell „für den internen Gebrauch" konstruiert sind. Empirie wird zur Grundlage der Diagnostik von Behinderungen, in der die implizierten Prozesse nicht mehr erkennbar sind.
Da das System seine Schemata der Kommunikation als Eigenwerte im eigenen Funktionieren (durch „Verdichtung" in Wiederholungen der zirkulären Einheit aus Beobachtung und Operation) schafft, ergibt sich ein in sich schlüssiger Zusammenhang. Der Bezug auf die Eigenwerte der Operationen des Systems beläßt die gesamte Konstruktion schulischer Karriere auch im Falle von „Behinderungen" im Bereich operationeller Geschlossenheit dieses Systems. Selbstreferentiell konstruiert das System die Elemente seines Operierens auch in diesem Fall, indem es sie - auch dies ist als Konstruktion des Systems dessen eigene Leistung - fremd-referentiell zuschreibt. Indem das System die Elemente seines Operierens (Schemata) selbst schafft und selbstbestimmt in Beziehung setzt, hat es sich verselbständigt. Entscheidungen zur Einrichtung von Integrationsmaßnahmen oder zur Überweisungen an Sonderschulen macht dieses System nur von internen Prozessen und Schemata (Elementen und Relationen) abhängig: Schülerbeurteilung, Gutachten, Integrationsverordnung, Beschreibungs- und Entscheidungskategorien usw. sind interne Strukturen. Daran ändert auch Beratung nichts. Autopoiesis heißt operationelle Abkopplung von der Umwelt: Die formale Organisation macht sich in ihren Abläufen unabhängig von den konkreten Mitgliedern und von der konkreten Klientel.
Operationelle Geschlossenheit, die mit selbstgeschaffenen Elementen in einer eigenen Welt binärer Codierung arbeitet, schafft und reduziert interne Komplexität selbst- und fremdreferentiell (d.h. in der System/Umwelt-Differenz) nach eigenen Notwendigkeiten funktionaler Sinnbestimmung. Das System schafft im Sinne von Karriere „Konzentration" (im Sinne des 19. Jahrhunderts; vgl. Luhmann/Schorr 1979, S.166 ff), d.h. die Vielheit (Heterogenität) wird in eigenen Konstruktionen (Lehrplänen, Prüfungen ...) auf Einheitlichkeit gebracht und damit organisatorisch handhabbar und kontrollierbar. Es entsteht eine enge Beziehung zwischen Organisation und Pädagogik, die sich einerseits in der didaktischen und methodischen Formalisierung des Unterrichtens und in den Organisationsstrukturen von Schule, andererseits in der selbst- und fremdreferentiellen Kategorisierung von Schülern äußert. Organisation der pädagogischen Arbeit wird zur Antwort auf das Technologiedefizit: Allen Schülern wird dasselbe Angebot des organisierten Schulwesens gemacht, es ist ihre Sache, davon erfolgreich gebrauch zu machen. Für Mißerfolge sind Merkmale der Schüler, z.B. ihre Behinderungen, verantwortlich bzw. persönliche Unfähigkeiten der Lehrer (z.B. Schüler zu motivieren). Jedenfalls ist das gesellschaftliche Problem des Technologiedefizits durch Verschiebung der Verantwortlichkeit gelöst.

Die Verselbständigung der Organisation pädagogischer Arbeit läßt sehr feinmaschige Konstruktionen (z.B. der Lehrpläne) zu: „dies allerdings mit der Folge, daß damit mehr als zuvor alle den Schüler individualisierenden Merkmale ausgeschaltet werden" (Luhmann/Schorr 1979, S.176). Individualität der Schüler wird in diesem Modell erst als Störung verselbständigter Arbeitsorganisation relevant. Lehrerarbeit ist die Organisation von Unterricht, nicht die kommunikative Auseinandersetzung mit individuellen Schülern, z.B. mit ihren selbst erlebten Behinderungen. „Der Pädagogik ist der Boden entzogen worden, die Selbstreferenz im Menschen und im Erziehungsprozeß noch wirklichkeitsnah zu thematisieren und zu operationalisieren" (Luhmann/ Schorr 1979, S.177). Im Kommunikationssystem Schule ist der nach systemeigenen Mechanismen der Beobachtung und Förderung konstruierte Eigenwert der „Behinderung" entscheidend - nur er ist im System anschlußfähig, nicht die selbst erlebte Behinderung des Kindes.

Integrative Prozesse als Einigungen im Sinne von Reiser u.a. stellen Schule und Unterricht vor das Problem, die in Eigenwerten schulischer Operationen verselbständigte Organisation in Kontakt zu bringen mit der Individualität und Heterogenität der Schüler. Im Muster von Selbst- und Fremdreferenz (als einem internen Muster des Systems) können diese Probleme alle in zweifacher Weise formuliert werden:

- Kann ein „lernbehinderter Schüler" auf Dauer im System der homogenen Jahrgangsklasse unterrichtet werden? Evtl. muß er in eine Sonderschule überwiesen werden.

oder: Ist die Vorstellung einer „homogenen Jahrgangsklasse" eine sinnvolle Organisationsform im Blick auf heterogene Schülergruppen? Evtl. müssen wir das Schema der „homogenen Jahrgangsklasse" ändern.

- Kann die Leistung eines lernbehinderten Schülers, der nach einem individuellen Plan unterrichtet wird, in einer normalen Klasse „richtig beurteilt" werden? Das geht eigentlich nur in einer Sonderschule.

oder: Sind die „Formen der Leistungsbeurteilung" bei grundsätzlich individuellen Entwicklungsverläufen sinnvoll? Vielleicht sollten diese Beurteilungsformen geändert werden.

Auch die Lösungsvorschläge bewegen sich in dieser Differenz:

- „Individuelle Förderpläne" sollen individualisierte Planung sicherstellen, ohne die „allgemeinen schulformspezifischen Lehrpläne" zu kritisieren.- Die „Versetzung/Nichtversetzung" eines lernbehinderten Schülers wird jeweils festgestellt, hat aber keinen Einfluß auf seine „Klassenzugehörigkeit".

Die gesamte Konstruktion des „zieldifferenten Unterrichts" macht diesen Zwiespalt zum Programm. Im Kommunikationsmodell der Karriere sind Schemata ausgebildet, die in dessen operationell geschlossene Funktionsweise passen, weil sie durch „Verdichtung" aus ihr hervorgegangen sind. Diese Eigenwerte („Kommunikationsschemata") des Karrieremodells, die „Behinderung", separierende Behindertenkarrieren und systeminterne Irritationen produzieren, sollen erhalten werden, und gleichzeitig sollen integrative Strukturen aufgebaut werden. Integration macht aber in jedem Problem die System/Umwelt-Differenz, die Handhabung von Selbst- und Fremdreferenz in den bisherigen Schemata zum Thema. Die Einheit des Systems in der System/Umwelt-Differenz erfordert neue Einigungen (neue Eigenwerte) in der neuen Funktionsweise.

Alle Problemstellungen und alle Lösungsansätze (in der allgemeinen Analyse und in konkreten Gesprächen) können wegen der Verknüpfung von Selbst- und Fremdreferenz so interpretiert werden, daß sie Systemstabilität und -konformität auf Kosten integrativer Umweltanforderungen betonen, oder daß von diesen Anforderungen her Veränderungen schulischer Kommunikationsstrukturen erwartet werden. Operationelle Schließung und Offenheit des Systems widersprechen sich dabei nicht. Das System arbeitet in beiden Fällen in seinen Abläufen ganz nach seiner „Logik" der Karriere mit den selbst- und fremdreferentiellen Irritationen durch die Individualität von Menschen mit Behinderungen:

- Es entwirft Sonder-Karrieren im allgemeinen Muster aber mit eigenen Ausformungen pädagogischer Kommunikation. Dies gilt grundsätzlich für Sonderschulen, vielleicht gilt es in zunehmendem Maße auch für „Integrationskarrieren" mit ihren Besonderungen im Regelbereich. Vielleicht ist Sonder-Pädagogik an einem anderen Ort als der Sonderschule ohne Änderungen der Regelschule im wesentlichen doch Sonderpädagogik.
- Es erhält die Anschlußfähigkeit der Regelpädagogik auch in veränderten Funktionsweisen, in denen es in neuer Weise Eigenwerte integrativer Kommunikation „kondensiert", so daß sich Schule in veränderter Weise reproduziert. Dies setzt Einigungen in veränderten Kommunikationsstrukturen voraus („Erziehung der Erziehung") und kann als Organisationsentwicklung der Regelschule verstanden werden.

Das Karriere-Modell kann z.B. im Sinne Foucaults als Herrschafts- und Disziplinierungsinstrument verstanden werden. „Die durchgehende Orientierung an der linearen Zeit, die Strukturierung des Handelns durch Zeitnormen kennzeichnet nicht nur die kapitalistische Form der Arbeit, sondern prägt die Verkehrsformen der bürgerlichen Gesellschaft insgesamt. Voraussetzung dafür war die Verallgemeinerung und Verinnerlichung der neuen Zeitnormen mit und in der Schule als wesentlicher Vermittlungsinstanz. Hier muß eine Lern- und das

heißt auch Zeitdisziplin angeeignet werden, die die Arbeitsdisziplin der Fabrik vorwegnimmt. Die Einführung fester Anfangs- und Endzeiten in der Schule, die drakonischen Strafen für Schulschwänzen und ähnliche Maßnahmen bilden nur den äußeren Rahmen, der dann durch die Einführung des Klassenunterrichts, später durch die Homogenisierung der Klasssen nach Jahrgangsstufen verstärkt wird. Im Kern der Internalisierung der Zeitnormen durch die Schule steht die Organisation des Lernens nach zeitlichen Schritten" (Zoll 1988, S.84).
Die Verfügbarkeit der Zeit in starren Strukturen verlangt ihre Entsinnlichung, Entqualifizierung gegenüber den zyklischen, leiblichen Zeiterfahrungen bäuerlicher oder z.T. handwerklicher Arbeits- und Lebensformen (s. Bourdieus Untersuchungen bei algerischen Bauern). Sie wird bemessen nach erlebensfernen physikalischen Grundgrößen in linearer Ordnung, sie wird zunehmend bewertet nach ökonomischen Gesichtspunkten dessen, was in einer bestimmten Zeit geleistet und erwirtschaftet werden kann. Sie unterliegt den Konflikten zwischen lebensweltlichen Grundlagen und systemischen Anforderungen an die moderne Form der Lohnarbeit. „Diese Arbeitsweise und Arbeitshaltung erfordert die Vereinheitlichung der Zeit zu einem typisch industriellen Lebensrhythmus. Dieser orientiert sich nicht länger an den natürlichen Zyklen der Agrargesellschaft oder an der aufgaben- und bedürfnisbezogenen Arbeits- und Zeiteinteilung des Handwerkers. Vielmehr entstehen analog zur kontinuierlichen Produktion künstliche, gleichförmige, kalkulierbare Arbeitstage" (Schmahl 1988, S.348/349).

## 3.3 Einbindung in den Unterricht als organisierten Kommunikationsprozeß

Unterricht setzt face-to-face-Kommunikation voraus, kombiniert also Kommunikation und Wahrnehmung in der direkten Interaktion. Soziale Prozesse doppelter Kontingenz schließen an jeweils eigene und fremde psychische Verarbeitung an - und umgekehrt. Sie werden deshalb den anwesenden Personen und ihrer Interaktion, also auch reflexiv als Wahrnehmung von Wahrnehmung, zugeschrieben. Diese enge Verknüpfung mit Wahrnehmungspozessen leistet für unterrichtliche Interaktion vor allem:
„(1) hohe Komplexität der Informationsaufnahme bei geringer Analyseschärfe - also einen weitreichenden, aber nur `ungefähren' Modus des Verständigtseins, der in der Kommunikation nie eingeholt werden kann;
(2) annähernde Gleichzeitigkeit und hohes Tempo des Prozessierens von Informationen, während die Kommunikation auf einen sequentiellen Modus der Informationsverarbeitung angewiesen ist;
(3) geringe Negierfähigkeit und geringe Rechenschaftspflicht, also hohe Sicherheit der Gemeinsamkeit eines (wie immer diffusen) Informationsbesitzes;

(4) Fähigkeit zur Modalisierung von Kommunikation durch parallellaufende Prozesse der Abschwächung, Verstärkung oder auch gegenteiligen Mitteilung auf einer Ebene der (beabsichtigten der unbeabsichtigten) 'indirekten' Kommunikation, auf der das hohe Risiko expliziten Handelns vermieden werden kann; wichtig als Steuerungsebene für Scherz und Ernst, sexuelle Annäherung, Vorbereitung von Themenwechsel oder Kontaktbeendigung, Kontrolle von Takt und Höflichkeit" (Luhmann 1984, S.561).

Wegen dieser engen Wahrnehmungsbezogenheit wird individuelles Verhalten in unterrichtlichen Interaktionsprozessen auch als Mitteilung persönlicher Verarbeitung verstanden. *Lehrer und Schüler können sich nicht persönlich heraushalten.* Als Teil ihrer Interaktionskompetenz *entwickeln und vermeiden sie selektiv Sensibilität* der Wahrnehmung und des Ausdrucks. Sie ermöglicht in Interaktionssystemen eine Intensität, die in anderen Kommunikationssystemen unmöglich ist.

Auch in der Selektion des in der Interaktion Anschlußfähigen gilt die enge Verknüpfung von Wahrnehmung und Kommunikation. Die Notwendigkeit der Strukturbildung im Kommunikationsprozeß (zumindest sequenziell: nur einer darf reden) führen zu Interdependenzen, die Interaktion und Aufmerksamkeit in verschiedenen Schwerpunkten zentrieren können:
- sachlich-thematisch (unsere Haustiere, der Streit zwischen Dirk und Tina)
- sozialstrukturell zwischen Ich und Wir (z.B. Fragen der Leitung, der Kooperation, der Konkurrenz, der Individualität, der Privatheit in der Klasse)
- zielgerichtet in der Zeit (Planung des Wandertags, Beschluß eines Projektthemas).

Diese unterrichtlichen Zentrierungen müssen (selbst- und fremdreferentiell) innerhalb schulischer und gesellschaftlicher Kommunikationsstrukturen ausgehandelt werden, zumindest darin bestehen können. Ihre Verknüpfungen (im Sinne der TZI als Balance oder Störung zwischen individueller Wahrnehmung, gemeinsamer Interaktion, thematischem Schwerpunkt in der relevanten Umwelt) sind entscheidend für die Entwicklung des Interaktionssystems Unterricht und für dessen erzieherische Irritationen in der jeweils individuellen Entwicklung der Schüler. Die besondere Konstruktion des Interaktionssystem in der Kombination von Wahrnehmung (psychischer Verarbeitung) und Kommunikation ermöglicht die Einheit personnaher Erfahrungs- und Erlebensprozesse und kommunikativer Verarbeitung mit gesellschaftlich-kulturellen Mitteln. Die wechselseitigen Konditionierungen in den Dimensionen der Sach-, der Sozial- und der Zeitstruktur sind entscheidend für die Integration oder Separation von Behinderungen im Interaktionsprozeß. Sie bestimmen
- ob Behinderung Thema der Kommunikation sein darf oder verleugnet, verschwiegen werden muß (evtl. trotz individueller Wahrnehmung, evtl. mit der Unterdrückung individueller Wahrnehmung)

- ob sie in der sozialen Struktur als individueller Makel von Gemeinsamkeit ausschließt oder als individuelles Merkmal im Spektrum unserer Normalität (von Gleichheit/Verschiedenheit) zum Wir gehört
- ob sie als selbstverständliche Bedingung in Zielüberlegungen eingeht oder ob Ziele für eine Normaliät ohne Behinderungen formuliert werden, so daß sie behinderte Schüler ausschließen.

Die besondere Intensität von Interaktionsprozessen ermöglicht in diesen Dimensionen des Sozialsystems intensive Lern- und Entwicklungsprozesse auch mit eigenen und fremden Behinderungen. Damit ist aber nicht festgelegt, wie diese Prozesse verlaufen, also was erlebt, was gelernt wird, wie sich das Interaktionssystem in den genannten Dimensionen entwickelt, welche Erfahrungen gemacht und welche Interaktionskompetenzen aufgebaut werden usw. Das Verhältnis von Separations- und Integrationsprozessen ist offen. Es wird mitbestimmt von den internen Faktoren in der Eigendynamik des Systems und von den umfassenden Festlegungen der Schule (als Organisation, als Karriere) und des Erziehungssystems (seinen Leistungen und Funktionen in der gesellschaftlichen Kommunikation).

Während Lehrer nicht zum Interaktionssystem „Schulklasse" gehören, ist es hier von Bedeutung, mehr: es ist ein zentrales Element der Konstruktion, daß sie zum Interaktionssystem „Unterricht" dazugehören. Personnähe dieses Systems heißt auch, daß das Lehrerverhalten (Ich und Rolle) Teil der Interaktion ist. Es ist Mitteilung eigenen Erlebens; es interpretiert die Interaktions-Situation, in welchem Sinn sie zu verstehen sei - d.h. auch in welchem Sinn es weitergeht; es zentriert und entfaltet Themen des Weltwissens, geltende Normen und legitime Formen der Selbst-Mitteilung. Dies gilt auch für persönlich-berufliche Akzeptanz von (eigener und fremder) Behinderung im Interaktionsprozeß. Personnähe heißt nicht, die institutionelle Rolle in der Organisation Schule könne einfach abgelegt werden. Es gehört zu den Lehreraufgaben dazu, diese Rolle als Bündel von Erwartungen und die damit verknüpfte Macht selbst (und gemeinsam) zu interpretieren. Innerhalb des Interaktionssystems „Unterricht" kann dies in äußerst unterschiedlichen Weisen geschehen: als Enthemmung zu Abwertungen und Beschimpfungen, als Grundlage patriarchalischen Wohlwollens, als Aufgabe der Forderung, der Kontrolle, als Verbrämung von Sadismus und Mißtrauen, als Staralüre, als Leid an der Gesellschaft, als Möglichkeit der Begleitung und der Ermutigung oder als Hindernis für Vertrauen und persönliche Zuwendung usw. In all diese persönlich-beruflichen Muster der Interaktion mit Schülern kann die Interpretation von „Behinderung in der Schule" einbezogen werden. Sie entscheidet mit über den Sinn von „Behinderung", d.h. über die Verweisungszusammenhänge, in denen Behinderung zum Thema des Interaktionssystems wird: zum Anlaß für gelassene Akzeptanz, Spott und Hohn, Mitleid, Sorge, Unterstützung, aggressive Verletzung, Ermutigung, Distanz und Überweisung an andere, Aushalten von

Widersprüchen, Differenzierung des Unterrichts, Diskussion des Leistungsverständnisses, Wegsehen, Kooperation und Konfrontation, moralisierende Abwertung anderer, Fragen nach eigenen Störungen und Behinderungen, Ängste, Gefühl der Gemeinsamkeit, Anerkennung eines breiten Sinnspektrums menschlicher Entwicklung, eigene Entschiedenheit, Ärger über hinderlichen Aufwand, differenziertes Zuhören, erwachsenes Engagement, Ermutigung zum Leben usw. In dieser Weise wird das Thema im Interaktionssystem auch für Schüler spürbar präsent, es hat Sinn. Dies ist in einem eine Leistung der Schule und der persönlichen beruflichen Entwicklung ihrer Mitglieder, der Lehrer. Sie findet statt in der Auseinandersetzung mit Organisationsstrukturen der Karriere und mit Leistungsanforderungen z.B. des Wirtschaftssystems und allgemeinen funktionalen Einbindungen. Die Interaktionsstrukturen und ihre Verweisungen sind deshalb oft zwiespältig in den Entscheidungen hier und jetzt unter strukturellen Zwängen (z.B. der Trivialisierung). Die Chancen und Widersprüche der schulischen Erziehung sind in der Konstruktionsweise des Interaktionssystems Unterricht begründet, die individuelle Wahrnehmung und gesellschaftliche Kommunikation in engen Kontakt bringt. Traditionell heißt es, die Kunst des Lehrens bestehe zu einem wichtigen Teil darin, die individuelle Motivation der Schüler mit den stofflichen Anforderungen zu verknüpfen. Auf diese Weise werde erfolgreich der vorgeschriebene Stoff gelernt und das Motivsystem der Schüler an gemeinsamen Themen individuell entfaltet. Die Energie primärer Antriebe werde mit vielfältigen sublimierten Interessen verknüpft, und in der gemeinsamen Tätigkeit bzw. am gemeinsamen Thema bilde sich die Gruppe.Aber vielleicht funktioniert alltäglicher Unterricht ganz anders.

### 3.3.1 Entkopplung von Motivation und Zwecksetzungen

Leistet Unterricht mit einer Vielzahl von Schülern tatsächlich als Regelablauf die Verknüpfung individueller Motivation und curricular organisierter Unterrichtstätigkeit? Welcher Betrieb verläßt sich darauf, daß die Sekretärin Briefe schreibt, wenn sie den Inhalt interessant findet, daß der Lagerarbeiter Material zur Auslieferung bereitstellt, wenn es seinen Vorstellungen entspricht, daß der Buchhalter für Lohnauszahlung sorgt, wenn ihm die Einkommensverteilung im Betrieb einleuchtet? Müssen abhängig Beschäftigte oder selbständige Unternehmer nur das machen, was ihnen „an sich" sinnvoll erscheint? Werden zeitliche und sachliche Strukturen betrieblicher Abläufe einzeln durch Mitarbeitermotivation bewirkt und sichergestellt?
„In Organisationen bzw. durch sie werden Zwecke verselbständigt, von konkreten, momentanen, individuellen Bedürfnissen oder Motiven entkoppelt und institutionalisierte Bereiche des instrumentellen Handelns geschaffen. Die subjektive Vernunft, die in individuellen Motiv-Zweck-Handlungsketten sich

darstellen würde, erhält in Organisationen einen Ort objektiver, instrumenteller Rationalität dadurch, daß die individuell-persönlichen Motivlagen (partiell) neutralisiert werden" (Türk 1978, S.125). Durch die Entkopplung aktueller persönlicher Motivation und organisatorischer Zwecke entsteht nach dieser Auffassung überhaupt erst der Spielraum für die Organisation der Tätigkeit vieler Menschen in einem zweckgerichteten, strukturierten Ganzen, das dann eigenen Regeln und Zielsetzungen unterworfen ist.Gehlen beschreibt diesen „Hiatus" als anthropologische Voraussetzung der Kultur, des Menschen als Kulturwesen überhaupt: „Welche der täglichen Handlungen eines Monteurs oder Buchhalters dient eigentlich noch der unmittelbaren Beschaffung von Dingen, die zur Befriedigung von Lebensbedürfnissen dienen? Die Indirektheit der Lebensfristung ist im modernen Kultursystem zu einer ungeheuren Apparatur angewachsen, in der doch alle ihr Leben finden und in der jeder kleinste Baustein eine Tat sachlich disziplinierter Arbeit ist, so daß jedes Attentat auf die Grundlagen dieses Systems verhindert werden muß .... Daß also Kultur nicht nur tragbar, sondern lebensnotwendig ist, ist angelegt im Menschen und zuletzt in diesem Hiatus, der Abtrennbarkeit der Handlung von den Antrieben, als der Bedingung der Existenz für ein so beschaffenes Wesen" (Gehlen 1976, S.335).

In einem zweiten Schritt lernt dieses Wesen, gewissermaßen seine Existenzform motivational einzuholen. Im Muster der pattern variables wäre es danach gerade Aufgabe der Schule diesen Schritt der Sozialisation mit der nachwachsenden Generation zu gehen. In einer entwicklungspsychologischen Perspektive ist der Übergang in die Schule kennzeichnend für diese Lernprozesse. Dreeben (Dreeben 1980) hat diesen Schritt in Anlehnung an Parsons beschrieben.

Die Schwierigkeiten und Fehlentwicklungen der Reproduktion von Gesellschaft und Kultur in der Sozialisation und Enkulturation der individuellen Persönlichkeit (ihrer Individuation) sind zentrale Themen insbesondere psychoanalytischer und soziologischer Autoren. Die nahtlose Überführung gesellschaftlichen Lernstoffes in den motivationalen Horizont individueller Entwicklung ist jedenfalls nicht einmal im Einzelfall, geschweige in einer administrativ organisierten Schulklasse zu erwarten. Es scheint deshalb vielfältig begründet, von der *Abkopplung individueller Motivation von der Zwecksetzung organisierter pädagogischer Arbeit* auszugehen. Lehrer scheinen dieser Auffassung zu folgen, wenn sie versuchen, ein *Unterrichtsganzes* herzustellen, das *eigenen Regeln und Zielsetzungen* folgt. Erfolgreiche Unterrichtsprozesse scheinen darauf zu beruhen, daß Lehrer und Schüler die jeweilige Organisationsweise von Unterricht kennen und ihre Beiträge so formulieren und plazieren, daß sie in diesen emergenten Kommunikationsmustern sinnvoll sind (Uhle 1978, S.71/72; mit Bezug auf Berger/Luckmann 1974, S.43ff; Schütz/Luckmann 1975, S.118ff). Unterricht funktioniert im Sinne einer Dramaturgie eingespielter, begrenzt variabler Interaktionsabläufe nach bekannten Mustern, die in Unterrichtsabläufen geschaffen sind und immer wieder verändert reproduziert werden. Diese Muster bestimmen den Sinn von Kommunikationsereignissen. Sie sind in der Regel nicht bewußt diskutiert, sondern werden als implizite Schemata der Unterrichtsorganisation mitvollzogen. Ohne diese Form der Ordnung schulischer Kommunikation wären die jeweils aktuellen Verständigungsmöglichkeiten leicht überfordert (Habermas .1982, S.544).

Am Beispiel einer Karikatur von Marcks (Marcks 1981, S.87) lassen sich einige Aspekte (im Sinne von Luhmann 1974, S.94 ff) verdeutlichen:

a) Im Erleben von Kindern spricht der Schmetterling vielfältige Motive an, weckt Neugier, Staunen und viele Fragen, löst Gefühle der Bewunderung und spontanes Handeln aus. Lernen als Erwerb von Kenntnissen geschieht beiläufig im Ganzen persönlicher (individueller oder gemeinsamer) Zuwendung.

b) „Schmetterling" wird zum Thema einer Biologiestunde in der Klasse, damit für viele Schüler zum Lernstoff, der in einem ausdifferenzierten Lernprozeß gezielt angeeignet wird. Als schulisches Lernen wird ein sozialer Mechanismus mit drei Reduktionen (Prange 1987) etabliert:

„Schmetterling" wird nach einem Modell schulischer Lernorganisation zu einem *Lehrplanthema* (inhaltliche Reduktion), das in *zeitlich geordneten und kontingentierten Routineprozessen* abgehandelt wird (zeitliche Reduktion). Dabei lernen Schüler den kanonisierten Stoff und die Routineprozesse des schulischen Lernens, das was *nach schulischer Planung aktuell relevant* ist, ohne daß persönliche Relevanz des Themas erlebt werden muß (soziale Reduktion). Gegen „abweichendes Verhalten" und „Motivationsverlust", Apathie und aggressive Reaktionen baut Schule ein System von „Folgenkopplungen" in den schulischen Ablauf ein: Sanktionen, Beurteilungen usw. Unterricht verselbständigt sich in den zeitlichen Strukturen der Stundenpläne und Artiukulationsschemata, der Mechanismen der Leistungsmessung, der berechenbaren Erfolgserwartungen, vieler Regelungen mit Pflichten und Rechten.

c) Das Lernen wird als spezielle Kompetenz mit eigenen Regeln am Beispiel „Schmetterling", grundsätzlich aber unabhängig von den Inhalten und deren persönlicher Relevanz gelernt. Dieses „*Lernen des Lernens*" kann sich vom Lehren emanzipieren. Es befähigt immer wieder zur aktiven Umstellung auf neue Situationen und Anforderungen durch komplexe, intransparente und veränderliche Systeme, ohne daß persönliche Relevanz und Verbindlichkeit und tiefgreifende Erfahrung gefragt wären. „Einmal gelernt, ist das Lernen leicht, die Entlastung spürbar bis in das Verhältnis zum Gelernten hinein. Wer zu lernen gelernt hat, kann auch umlernen. Das nach Regeln des Lernens Gelernte gehört nicht in gleichem Maße zu seinem Selbst wie die eigene Erfahrung. Es kann daher leichter abgestoßen werden, und seine Kritik durch andere trifft nicht so persönlich, wie die Widerlegung eines Wissens, das als eigene Erfahrung dargestellt wurde. So ermöglicht die Reflexivität des Lernens einen zwanglosen, sachlichen Diskussionsstil und fördert auch dadurch das Potential sozialer Systeme für die Behandlung komplexer Probleme in sachlicher und zeitlicher Hinsicht" (Luhmann 1974, S.95). „Lernfähigkeit" im Schnittpunkt vieler Anforderungen ersetzt Konstrukte der „personalen Mitte" und „Integrität".

Kernstück dieser schematisch gezeichneten Prozesses ist die Entkopplung von Motiv und Zweck, die es erlaubt, pädagogische Arbeit nach Notwendigkeiten des Systems zu organisieren. Das Problem der Einbindung der Schülertätigkeit wird häufig „Motivation" genannt, aber gar nicht auf die individuelle Persönlichkeit und Biografie und deren aktuelle Bezüge zu Gegenständen und Prozessen sondern auf den organisierten und sanktionierten Ablauf bezogen: Der neue Stoff schließt an frühere Gegenstände an; eine Abfrage wird vorbereitet; es sollen keine Lücken entstehen, die das Mitkommen erschweren oder unmöglich machen.

Die psychische und soziale Leistung der Schüler besteht zu einem beträchtlichen Teil darin, die Entkopplung von Motiv und Zweck zu bewältigen, organisatorische, emotional neutrale Einbindung zu akzeptieren und in einer „sekundären Motivation" zur Grundlage des eigenen Handelns zu machen. So können sie den Stoff (der Schule) bewältigen, „allgemeine Lernfähigkeit" unabhängig von persönlich erlebter Relevanz des Gegenstandes aufbauen und eventuell Befriedigung in diesen Prozessen finden, um eine neue Motivation aufzubauen, die den geforderten Leistungen „nachwächst" (Gehlen 1976, S.336).

Es wird sicher begrüßt, wenn persönliche Motive diesen Prozeß unterstützen: Interesse am Gegenstand, Neugier kann die Arbeit wesentlich erleichtern und effektiver machen. Diese Motive anzusprechen und zu entwickeln ist aber eher ein zusätzlicher situativer Aspekt, der nicht kennzeichnend ist für die Funktionsweise von Unterricht als einem überdauernden sozialen System.

## 3.3.2 Systemische und lebensweltliche Einbindung

Einbindung des Schülers („Integration") kann in unterschiedlicher Weise geschehen. Als grundsätzliche Unterscheidung, die weitreichende Möglichkeiten theoretischer Einbettung bietet, lassen sich auch hier die Modi der Vergesellschaftung aufgreifen, die Habermas als typisch für die Moderne annimmt: System und Lebenswelt. Schüler können in *Mustern lebensweltlicher Einbindung* (Normen des Respekts, Deutungsmustern sozialer Wirklichkeit ...) oder durch *Vernetzung der Handlungsfolgen* (Noten, Bestrafungen, Abschlüsse ..) in schulische Abläufe eingebunden werden. Beide Formen stehen in einem Spannungsverhältnis zueinander.

Die Möglichkeiten systemischer Einbindung lassen sich organisationssoziologisch entfalten. Türk (1978, S.127) bietet eine übersichtliche Darstellung „künstlicher Folgenkopplungen" an:

Wenn das Mitglied zur Zweckerfüllung der Organisation beiträgt, dann
- erhält es soziale Anerkennung
- sichert es seine Mitgliedschaft
- vermeidet es Bestrafung
- erzielt es Einkommen
- erreicht es befriedigende Aktivitäten.

Diese Form systemischer Einbindung sollte zumindest unter drei Gesichtspunkten gesehen werden:

- Sie beteiligt Schüler, indem sie zweckrationale Handlungsorientierungen etabliert, die einerseits als rationale („ökonomische") Strategien erfolgsorientierten Handelns, andererseits als Perversion interesselosen und opportunistischen Noten- und Punktekalküls verstanden werden können.
Der Sinn schulischen Handelns als strategischen Handelns wird bestimmt durch das System der Handlungsfolgen (als einem System öffentlicher Regeln, nicht individueller Sinnbestimmung) im Modell der Karriere. Dieser Sinn wird durch Schule als gesellschaftlicher Institution festgelegt, die sich in diesen Strukturen reproduziert.

- Diese Handlungsorientierung „kann nur in dem Maße etabliert werden, wie das Orientierungsmuster zweckrationalen Handelns, unabhängig von Persönlichkeitsmerkmalen, wie Egoismus oder Durchsetzungsfähigkeit, als kultureller Wert, eben als Entscheidungsmuster verbindlich gemacht und auf eine ethische Grundlage gestellt wird" (Habermas 1981, Bd.I S.335). Sie ist damit von einer lebensweltlichen Fundierung abhängig, die das Orientierungsmuster selbstverständlich erscheinen läßt oder die implizierte normative Unterscheidung zwischen richtig und falsch legitimiert.

- Als Etablierung opportunistischen Folgenkalküls im Sinne eines allgemeinen Entscheidungsmusters kann sie ihre eigenen lebensweltlichen Grundlagen zerstören, besonders wenn ihr Erfolg als letzte oder gar einzige Legitimation gilt. Für die Zuverlässigkeit systemischer Mechanismen der Einbindung in Unterricht ist deshalb nur unzureichend die Handlungsstruktur der einzelnen Lehrer und Schüler (Motive, Kognitionen ...) verantwortlich zu machen. Deren Handeln ist selbst an schulischen Abläufen orientiert. Diese müssen als eigene Ebene sozialer Wirklichkeit verstanden und auf ihre internen Strukturen im Zusammenhang mit Austauschprozessen mit der Schulumwelt untersucht werden.

Unterricht erweist sich als Kommunikationsprozeß eigener Regelhaftigkeit, der in der Orientierung an Organisationszwecken und an Erfolg mit der Organisationsweise von Schule als Karriere übereinstimmt. Neben diesen systemischen gibt es lebensweltliche Formen der Einbindung, die die Integration behinderter Schüler erleichtern oder erschweren können. Auch hier ist nicht das vereinzelte Handlungssubjekt Ausgangspunkt der Überlegungen. Es wird nach den gemeinsamen Prozessen der Handlungskoordinierung aufgrund sozialer Verständigungsprozesse gefragt. „Lebenswelt" soll deshalb im Sinn von Habermas verstanden werden als ein Verweisungszusammenhang, der kommunikativ konstituiert ist (Habermas 1981, Bd.2 S.197/198; Gripp 1984, S.93). Nicht die verständigungsorientierte Motivation des einzelnen Lehrers oder Schülers soll Ausgangspunkt der Analyse sein, hier geht es um die „Verständigungsverhältnisse" (McCarthy 1980) in Schule und Unterricht und um deren lebensweltliche Grundlagen. „Verweisungszusammenhänge" sind dabei die allen gemeinsamen Bedeutungszusammenhänge zwischen einer kommunikativen Äußerung, ihrem unmittelbaren Kontext und ihrem konnotativen Horizont (Vgl. Habermas 1981, Bd.2 S.189/190). Als selbstverständlicher und gemeinsamer Horizont möglicher Kommunikation („in der präreflexiven Form von selbstverständlichen Hintergrundannahmen und naiv beherrschten Fertigkeiten", Habermas 1981, Bd.1 S.449) ist Lebenswelt jedem möglichen Dissens und jeder möglichen Einigung vorausgesetzt. Kontroverse und Konsens können intersubjektiv ernstzunehmend nur in diesem Horizont formuliert werden.
Er umfaßt in unreflektierten Zusammenhängen- unbefragte Hintergrundüberzeugungen des Weltwissens:
- „was man präreflexiv weiß" (z.B. über „Behinderung")
- soziale Gewißheit der legitimen Zugehörigkeit zur Gruppe:"worauf man sich verlassen kann" (im Rahmen lebensweltlicher Solidarität und Zwängen der Akzeptanz z.B. bei Behinderungen)

- Fertigkeiten, Praktiken und dramaturgische Muster individueller Äußerung und Selbst-darstellung: „wie man mit einer Situation fertig wird" (auch durch Leugnen und Vertuschen) (Habermas 1981, Bd.2, S.205).

In künstlich verfremdeten Situationen (z.B. den Krisenexperimenten Garfinkels) und in herausgehobenen Verständigungsprozessen (z.B. bei der Einführung eines neuen Mitarbeiters/Schülers) werden hinsichtlich thematisch fokusierter Situationen diese „man-Gewißheiten" expliziert. Sie sind hier angesprochen als wesentliche Strukturen organisierter Tätigkeit, als Ressourcen und Restriktionen.Wer neu in einem Betrieb ist, „wird erschließen oder sich erklären lassen müssen, wer was zu tun hat, wer wem gegenüber Rechenschaft schuldig ist, wer offiziell und wer `eigentlich' `das Sagen hat', welche Tätigkeiten besonders angesehen sind, was *man* gerade noch tun darf und was *man* tun muß, wie *man* sich durchsetzt ..." (Türk 1978, S.92; Hervorhebungen im Original).

Diese Regeln bestimmen schulische Kommunikationsprozesse, indem sie es situations- und themenspezifisch ermöglichen, Situationsdefinitionen und Handlungspläne abzustimmen, indem sie Formen solidarischen Handelns und des Ausschlusses sanktionieren, indem sie Formen vertrauensvoller Äußerungen anbieten oder Verschweigen und Ignorieren gebieten usw. „Diese dem Handeln in Organisationen zugrunde liegenden Muster, Regelmäßigkeiten, Ordnungsgefüge, die sozial konsertiert und generalisiert sind und die im Handeln nicht expliziert, sondern vorausgesetzt werden, die gegenseitige Orientierungen ermöglichen und den Sinn von Aktionen bestimmen, können wir `Organsiationsstrukturen' nennen. Es handelt sich dabei um `syntaktische' Muster und Regeln, die wegen ihrer Redundanz erschlossen, erklärt und in der Interaktion unexpliziert, aber stets mitgedacht werden können" (Türk 1978, S.92/93).

### 3.3.3 Einbindung durch Rituale und Mythen

Ein besonderer Teil der man-Strukturen sind Rituale, die im sozialen Handeln durch individuelle Sinnbestimmungen hindurchgreifen und soziale Strukturen reproduzieren. „Durch Rituale werden wesentliche Elemente der Kultur wie Werte, Normen und Grundprinzipien sozialer Organisation einer Gesellschaft, die ihren Ursprung in den sozialen, ökonomischen und Herrschafts-Beziehungen haben, den Mitgliedern einer Gesellschaft oder ihrer Subsysteme übermittelt. Sie wählen bestimmte Elemente und Aspekte aus, heben sie hervor und üben dadurch einen kanalisierenden Einfluß auf das soziale Verhalten wie auf das psychische Erleben aus. Rituelles Verhalten ist mithin eine besondere Form der Kommunikation, bei der mit Hilfe verdichteter Symbole Informationen übermittelt werden, die für die Stabilisierung der Sozialstruktur und der sie

bestimmenden Kommunikations- und Kontrollsysteme unerläßlich sind" (Wellendorf 1977, S.16). Die Bedeutung der Rituale für die Einbindung in die soziale Ordnung unterrichtlicher Kommunikation läßt sich mit ihren systembezogenen Leistungen belegen:
- „Die rituelle Situation wird nicht reflexiv begriffen, sondern szenisch mitvollzogen" (Wellendorf 1977, S.18). Dazugehörigkeit, Aussonderung, soziale Differenzierung und Hierarchisierung werden im Interaktionsprozeß unreflekiert mitgetan. Widerstand gegen institutionalisierte Erwartungen und Zumutungen werden verringert.
- „Rituale drücken auf einem generalisierten Niveau - d.h. auf einem Niveau, das für alle Handlungen, die innerhalb eines Systems als sinnvoll denkbar sind, gültig ist - den Zusammenhang der sozialen Erwartungen aus, der für die Mitglieder verbindlich ist" (Wellendorf 1977, S.17). Sie beziehen konkrete Kommunikationsanlässe auf den Sinnhorizont möglicher Kommunikationsprozesse, der umgekehrt in der konkreten Kommunikation reproduziert wird. In diesem Rahmen läßt sich z.B. eindrücklich erleben, was „schulische Leistung" sein kann, wo Grenzen der Akzeptanz liegen, welche Normen gelten, wo der eigene Platz in der sozialen Ordnung ist.
- „Rituale thematisieren das Problem der Grenzziehung zwischen dem Innen und dem Außen des sozialen Systems und damit zugleich das Problem der Identität des Systems" (Wellendorf 1977, S.17). Sie grenzen deutlich ab, was dazugehört, was interne Vorgänge sind, die besonderen Regeln unterliegen (z.B. denen der Leistungsmessung) und die damit relevant (anschlußfähig) für weitere Prozesse sind.

Mythen sind Ritualen darin verwandt, daß man mitmacht, ohne daß ihre verpflichtenden Inhalte diskutiert werden. Sie verdichten grundlegende Überzeugungen mit hohem normativen Gehalt, die das gemeinsame Selbstverständnis gegenüber der Welt in analoger Redeweise darstellen. Sie sind „Ausdruck eines Systems, Eckpfeiler zur Aufrechterhaltung der Homöostase der Gruppe, die ihn hervorgebracht hat. ... Darüber hinaus stellt der Mythos seinem Inhalt nach eine Loslösung der Gruppe von der Realität dar, die wir eindeutig als `pathologisch´ bezeichnen können. Gleichzeitig jedoch konstituiert er durch seine bloße Existenz ein Bruchstück des Lebens, einen Ausschnitt der Realität, der man gegenübersteht, und formt auf diese Weise wiederum die Kinder"" (Selvini Palazzoli 1977, S.90/91). Mythen sind tabuisiert, damit Verpflichtungen eingehalten werden, ohne überprüft zu werden. Sie garantieren den Schutz des Dazugehörens, so lange sie nicht in Frage gestellt werden.
Mir ist nicht bekannt, daß gegenwärtige schulische und pädagogische Mythen Gegenstand von Untersuchungen wären. Sie lassen sich leichter untersuchen, wenn die historische Distanz groß genug ist und niemand sich bedroht fühlt. Ansatzpunkte für solche Untersuchungen könnten vielleicht Schlagwörter und pauschale, bildhafte Vorstellungen liefern, wenn sie wenig konkretisiert oder

unrealistisch, bzw. unkritisch gegenüber beobachtbaren Zuständen gebraucht werden und wenn sie Gruppen zusammenhalten und abgrenzen, indem sie das Wir moralisch überhöhen und die anderen abwerten („der Pädagoge als ..."; „die Reformpädagogik"; „der pädagogische Bezug"; „die freie Arbeit" und „der Offene Unterricht"; „das Gymnasium"; „die Sonderschule"; „die schulische Integration behinderter SchülerInnen"). Ihre Funktion ergibt sich aus der schwer erträglichen Paradoxie der Erziehung und der gesellschaftlichen Funktionalisierung des Erziehungswesens. Selektion als gesellschaftlicher Auftrag von Schule macht moralische Überhöhungen als Integrationsmechanismen und als Motivationshilfen zur Weiterarbeit an unlösbaren Problemen wahrscheinlich.

### 3.3.4 Emergente Muster der Einbindung

Parsons unterscheidet in den pattern variables musterhaft zwei unterschiedliche Formen sozialer Einbindung, die man in der Familie bzw. in der Schule repräsentiert sehen kann (vgl. Habermas 1981, S.333/334, Anm.46). Beide Formen lassen sich durch alternative Fragen kennzeichnen:
- Folgt das Handeln unmittelbar den Eigeninteressen oder soll es an normativen Überlegungen, am Allgemeininteresse orientiert sein?
- Ist es impulsiv und gefühlbetont oder diszipliniert und gefühlsneutral?
- Ist es an allgemeinen Standards orientiert oder an persönlichen, partikularen Beziehungen?
- Sollen die Handelnden nach ihren Leistungen in bezug auf bestimmte Anforderungen beurteilt werden oder nach Qualitäten, die sie „von Haus aus" besitzen?
- Sollen Personen und Gegenstände komplex und diffus-ganzheitlich oder in der Spezifizierung bestimmter Eigenschaften erfaßt werden?
Unterricht institutionalisiert und reproduziert einen Bereich, in dem die Orientierung an Normen der Allgemeinheit (Curriculum, Prüfungen und Tests, Zeugnisse) gefordert wird, in dem diszipliniertes Verhalten ohne deutliche Gefühlsregungen (Wut, Ärger, Liebe ..), zumindest unabhängig von diesen Emotionen erwartet wird, in dem partikulare Lehrer-Schüler-Beziehungen als verdächtig (Gefahr der Bevorzugung/Benachteiligung) angesehen werden, in dem ohne Ansehen der Person Leistungen in bezug auf allgemeine Anforderungen gemessen werden sollen, indem nicht ganzheitlich die Person angesprochen werden muß, sondern partielle Bereiche der fachlichen Förderung.
Diese Strukturen können mit den Anforderungen nach ganzheitlicher Förderung, nach persönlichem, akzeptierendem Stil in Widerspruch stehen. Sicher gibt es Liebe und Haß, individuelle Absprachen, persönliche Förderung nach individuellen Erfordernissen in der Schule. Besonders in Konflikten zeigt sich aber, was sich als verläßlicher institutioneller Rahmen bewährt: nicht die

emotionalen, individuellen und ganzheitlichen Beziehungen sondern die allgemeinen Normen, die Anforderungen an kontrolliertes Verhalten, unabhängig von Emotionen. Schüler und Lehrer erfahren gerade in schwierigen Situationen, daß die Organisationsweise, die das Funktionieren und die Zielerreichung von Schule garantieren soll, nicht in den emotionalen Beziehungen und individuellen motivationalen Strukturen sondern in den abgekoppelten Zwecken und Organisationsstrukturen begründet ist.

Die Integration behinderter Menschen erscheint vielleicht durch lebensweltliche Strukturen erleichtert, durch systemische erschwert. Genauso scheint es notwendig, die Muster ganzheitlicher familiärer Beziehungen gegenüber denjenigen schulischer Pädagogik im Sinne der pattern variables zu betonen - und die Funktion der Eltern als Ko-Lehrer einzuschränken. Es ist aber fraglich, ob historische Ausdifferenzierungen des gesellschaftlich bestimmten Erziehungssystems aufgehoben werden können und ob es überhaupt sinnvoll wäre, die Integration behinderter Schüler an die Leugnung funktionaler Ausdifferenzierung und Einbindung zu knüpfen. Realistischer erscheint die Frage nach möglichen Einigungen z.B. zwischen lebensweltlicher Solidarität und systemischer Rationalität in integrativen Prozessen. Wie gelingen/mißlingen solche Einigungen in Ritualen, in man-Strukturen, in unterschiedlichen Lernformen?
Kritik an Luhmanns Entwurf systemtheoretischer Aspekte des Lernens könnte sich an Konzepten „relevanten Lernens" (Rogers) oder an der „Entfremdung" in der Diskrepanz zwischen „Gebrauchs- und Tauschwert" (Marx) der Lerntätigkeit und zwischen „Haben und Sein" (Fromm) oder an der Kritik „instrumenteller Vernunft" (Horckheimer/Adorno; Habermas) orientieren. Vielleicht ist es aber fruchtbarer, nach Einigungen zu suchen, die weder den organisierten Schul- und Unterrichtsbetrieb, noch die „eigentliche Pädagogik" ausschließen. Wie wurden integrative Prozesse in diesen Strukturen unterrichtlicher Kommunikation ermöglicht?

## 3.4 Medium und strukturelle Koppelung

Für eine Systemtheorie der Erziehung ergeben sich Schwierigkeiten in der Theoriekonstruktion: Beschreibt eine streng nach eigenen Prinzipien konstruierte Theorie der Systembildung durch Codierung und Programmierung die erfahrbare Vielgestaltigkeit, die Strukturen, die Verweisungen von Erziehung? Luhmanns Überlegungen zur Codierung als Grundlage der Ausdifferenzierung des Erziehungssystems (besonders: Luhmann 1986) beschreiben nur eine Seite: die der sozialen Selektion im zeitlichen Ablauf der Karriere, eingebunden in gesellschaftliche Funktionen und Leistungen. Mit einem binären Schematismus lassen sich Programme der Diagnostik und der Förderung karrierebezogen sehr klar funktional ausrichten und beschreiben. Das ist aber nur ein Teil dessen, was Erziehung auch in der Schule ausmacht. „Es gibt nur für Selektion, nicht aber für Erziehung einen binären Schematismus" (Luhmann 1991, S.20). Durch die Überlegungen zur Codierung ist deshalb das Kommunikationssystem „Erziehung" als Ganzes nur unzureichend beschrieben. Ergänzungen sind notwendig. Damit ändert sich die theoretische Gesamtkonstruktion, wenn sie Selektion und Erziehung verknüpfen soll. Vielleicht gerät hier Luhmanns Konstruktion in die Nähe von Habermas, der zwischen der symbolischen Reproduktion der Lebenswelt und systemisch codierten, durch eigene generalisierte Medien gesteuerten Abläufen unterscheidet.

Soziale Systeme in funktional differenzierten Gesellschaften verfügen über „symbolisch generalisierte Kommunikationsmedien" (z.B. Geld im Wirtschaftssystem), die auf binär schematisierten Grundlagen eindeutige systeminterne Kommunikation ermöglichen, ohne ein Ziel festlegen. Sie dienen der Selbstreproduktion des Systems, also nur den internen Operationen, sie können nicht für direkte Eingriffe in die Umwelt verwendet werden. Diese Grenze begründet das Technologiedefizit der Erziehung. „Die Theorie operativ-geschlossener Systeme schließt die Annahme aus, man könne durch Kommunikation Bewußtseinsoperationen (-strukturen, -zustände, usw) spezifizieren. Das, was der Erzieher sich vornimmt, ist unmöglich" (Luhmann 1991, S.21). Da es Erziehung gibt, kann dies umgekehrt gelesen werden: *Eine Systemtheorie, die strikt von binärer Codierung und symbolisch generalisierten Kommunikationsmedien ausgeht, kann Erziehung nicht zureichend beschreiben.* Der Systembegriff, der für funktionale Ausdifferenzierungen in anderen Bereichen aussagefähig ist, eignet sich nicht im selben Maß zur Untersuchung des Erziehungssystems.

Wenn Erziehung soziale und psychische Systeme verknüpft, um psychische Systeme zu verändern, kann dies nicht mit Hilfe eines systeminternen symbolisch generalisierten Kommunikationsmediums geleistet werden. Wie geschieht dann erzieherische Kommunikation? *Wie ist erzieherische Kommunikation überhaupt möglich?*

Luhmann versucht diese Probleme durch Hilfskonstruktionen zu lösen. Er vermutet ein funktionales Äquivalent symbolisch generalisierter Kommunikationsmedien (Luhmann 1991, S.20) und ergänzt damit seine Darstellung durch die Einführung eines Konstruktes: *„das Kind als Medium der Erziehung"*.

Um den Begriff des Mediums zu beschreiben, führt Luhmann die Differenz Medium/Form ein. Er bezieht sich (in Anlehnung an Heider) auf „die Unterscheidung von lose gekoppelten und strikt gekoppelten Elementen. Die lockere, weiche formbare Struktur von Medien gibt Formen eine Chance, sich einzuprägen, sich durchzusetzen. Dabei bleibt das Medium erhalten. Es erscheint an der Form als auch anders mögliche Kopplung, als Kontingenz"

(Luhmann 1991, S.22). Im Beispiel: Erdboden/Fußspuren, Welt/kulturelles Thema, Materie/Elemente.
Auch Sprache wird in zweifacher Weise als Medium gebraucht: als Bewußtsein und als Kommunikation, d.h. in Form autonomer, selbstreferentiell geschlossener Systeme. Sprache ermöglicht Autopoiesis von Kommunikation und von Bewußtsein, ohne selbst determinierend in diese Prozesse einzugreifen. Sie ist als Medium Bedingung und Ergebnis der Entwicklung von Bewußtsein und Kommunikation in deren Wechselverhältnis. In diesem Sinne bezeichnet Luhmann das Beobachterkonstrukt „Kind" als Medium z.B. in historischen Untersuchungen (s. Ariès), die erst eine „Form" re-konstruieren. „Die Sinnvariabilität dessen, was unter `Kind' explizit und implizit verstanden wird, läßt sich historisch belegen. Und wie immer umstritten die Einzelheiten sein mögen und wie immer unklar bleiben mag, seit wann es Kinder gibt: es liegt auf der Hand, daß diese Semantik für pädagogische Zwecke benötigt wird und also mit der Ausdifferenzierung von Erziehung ... korreliert" (Luhmann 1991, S.24). Erzieherische Kommunikation gewinnt Form (eigene dauerhafte Regelmäßigkeit in Differenz zu sonstiger Kommunikation) in diesem Medium. Seine Aufgabe besteht darin, *erzieherische Kommunikation und Autopoiesis individuellen Bewußtseins in „struktureller Kopplung", d.h. Autonomie und Interdependenz zu ermöglichen:*
- Sich wiederholende spezifische Zustandveränderungen in einem Medium können von einem System als Irritationen wahrgenommen und regelhaft als Auslöseereignisse für spezifische eigene Zustandsveränderungen interpretiert werden.
- Aufgrund einer solchen Irritation von außen verändert das System selbständig Teilstrukturen (interner Anschlußfähigkeit), ohne seine Autonomie durch operationale Geschlossenheit aufzugeben.
- Die Einwirkung von außen ist lediglich ein Auslöseereignis, dessen Wahrnehmung (Verarbeitung als Irritation und Information) und dessen Konsequenzen (als Strukturveränderung) selbstbestimmte Eigenleistungen in der Autopoiesis des Systems sind, also dessen Anknüpfungsstrukturen folgen.
- Das System baut so autonome Strukturen auf, die es befähigen, kontingent auf Veränderungen des Mediums zu reagieren (vgl. Maturana 1982, S.143 ff).
„Das Ergebnis der Herstellung einer solchen dynamischen strukturellen Übereinstimmung, d.h. struktureller Kopplung, ist die effektive raumzeitliche Abstimmung der Zustandveränderungen des Organismus mit den rekurrenten Zustandsveränderungen des Mediums, solange der Organismus autopoietisch bleibt" (Maturana 1982, S. 144).

Dieser Prozeß ist für das Verständnis pädagogischer Kommunikation in zweifacher Hinsicht relevant:
- Es gibt eine „ontogenetische Anpassung des Organismus an sein Medium: die Zustandsveränderungen des Organismus entsprechen den Zustandsveränderungen des Mediums"
- Es entsteht in wechselseitiger Anpassung zwischen Organismen (oder zwischen Bewußtseins- bzw. Kommunikationsstrukturen) ein „konsensueller Bereich, d.h. ein Verhaltensbereich, in dem die strukturell determinierten Zustandsveränderungen der gekoppelten Organismen in einander verzahnten Sequenzen aufeinander abgestimmt sind" (Maturana 1982, S. 150/151).

Pädagogischer Kommunikation kann - im Sinne struktureller Kopplung - ein strategisches, d.h. ein einseitig gerichtetes Veränderungsinteresse zugrundeliegen oder ein Verhältnis kommunikativer Verständigung in einem „konsensuellen Bereich" wechselseitiger Beeinflussung. Wesentlich ist in beiden Fällen dauerhafte erzieherische Kommunikation, die immer wieder kontingent im Sinne des Mediums „Kind" zu Irritationen führt, die wiederum autopoietisch im individuellen Bewußtsein tatsächlicher Kinder beobachtet werden.

Die Irritationen - einerlei auf welcher Seite, beispielsweise bei der Integration eines behinderten Kindes - sind kein Teil der Umwelt, der ins System hineindrängt. Sie sind *internes Produkt des Systems aufgrund der eigenen Operationen und Vernetzungen und damit als Differenz in der eigenen Reproduktion.* Das System (und das gilt für beide Systeme: Kommunikation und Bewußtsein) reagiert autopoietisch auf einen System/Umwelt-Zusammenhang. „In den Dauerirritationen, die im Bewußtsein auftreten, wenn es sich immer wieder und in wiederholbaren Formen (Sprache) an Kommunikation beteiligt, liegt der Schlüssel für das Problem der Sozialisation" (Luhmann 1991, S.26). Aus dieser Beschreibung folgt
- daß Sozialisation Selbstsozialisation ist
- daß strukturelle Kopplung Irritationen als Anstöße schafft
- daß sehr unterschiedliche Irritationen fruchtbar sein können, je nach den Möglichkeiten der beteiligten Systeme
- daß die autopoietische Strukturentwicklung „unter denselben Umweltbedingungen" sehr verschieden verlaufen kann
- daß Irritationen wechselseitig sein können und damit Kommunikation und Bewußtsein sich wechselseitig anpassen können
- daß in diesem Prozeß ein konsensueller Bereich entstehen kann, in dem Kommunikations- und Bewußtseinsereignisse aufeinander abgestimmt sind.

In diesen allgemeinen Folgerungen sind Grundlagen einer Pädagogik impliziert, die Autonomie und Interdependenz verbindet, also nicht auf Trivialisierung beruht. Diese Grundlagen können - aber müssen nicht - in ein nichttrivialisierendes Programm umgesetzt werden.
Die Programme der Pädagogik sollen strukturelle Kopplungen wahrscheinlicher (d.h. meistens: effektiver im Sinne gesellschaftlicher Beauftragung) machen. „Dafür müssen in komplexeren Gesellschaften gewisse Unwahrscheinlichkeitsschwellen überwunden werden, und dazu, nur dazu, dient im Falle von Erziehung das Medium Kind" (Luhmann 1991, S.26). Tatsächliche Kinder müssen darauf reagieren, im Sinne des Mediums „Kind" angesprochen zu werden. Aufgrund dieses Mediums wird ihnen in spezieller Weise zugemutet, sich selbst zu formen, ohne daß das psychische System für Erziehung transparent oder gar verfügbar wäre. Entwicklung bleibt damit eine autopoietische Leistung der Kinder, die durch Erziehung, also durch Irritationen im Medium „Kind", beeinflußt wird. Umgekehrt orientiert sich das Medium „Kind" (um effektiver zu sein) an den wahrgenommenen Erlebensweisen von Kindern, an der Anschlußfähigkeit und am Erfolg erzieherischerer Kommunikation. Die Optimierung pädagogischer Programme strebt dabei oft eher *effektive Interventionstechniken* zur „Selektionsverstärkung der Übertragungsleistung des Mediums" (Habermas/Luhmann 1971, S.360) im Sinne der Trivialisierung an als kommunikative Kompetenz in einem *„konsensuellen Bereich"*.
Luhmann zieht aus der Bedeutung des Mediums „Kind" für Erziehung auch methodisch wichtige Schlußfolgerungen bezogen auf die Konstruktion des Mediums, seine Verwendung und seine „Auswirkungen" in der individuellen Sozialisation:
1. „Daß die Bezeichnung Kind ein Konstrukt ist und nur so als Medium funktionieren kann, heißt ... nicht, daß man beliebig vorgehen könnte. Nur muß man die Limitationen weniger in den als Kind bezeichneten organisch-psychischen Systemen suchen, als in dem System, das diese Bezeichnung praktiziert und mit ihr Erfahrungen kondensiert. Man muß, will man wissen, wie die scheinbare Beliebigkeit der Konstruktion reduziert wird, den Beobachter beobachten und nicht das, was er beobachtet" (Luhmann 1991, S.28). Die Irritation und die autopoietische Reaktion des Erziehungssystems auf Kinder, auch auf behinderte Kinder und deren Separation bzw. Integration, ist nicht durch die Beobachtung der Kinder, sondern durch die *Beobachtung des sozialens Systems* zu beschreiben, da sie deren Produkt in Auseinandersetzung mit der Umwelt sind. Auf die Ausgangsfrage nach der Unmöglichkeit von Erziehung bezogen: „Will man erklären, weshalb Erziehung dann trotzdem erfolgreich funktioniert und sich nicht in der Welt ihrer eigenen Irrtümer festläuft, muß man bei den Systemmerkmalen zustands- und strukturdeterminierter autopoietischer Systeme und bei ihrer selbstreferentiellen Geschlossenheit ansetzen (und nicht: bei einer Hermeneutik des Sinnes von Kindheit)" (Luhmann 1991, S.25).

2. „Das Kind ist kein chemisches, kein biologisches, kein psychologisches Medium, es ist kein Kohlenstoff, kein Protein, keine Aufmerksamkeit. Es ist ein Medium nur im System der Erziehung, und die Veränderungen der Konzeption dieses Mediums erklären sich deshalb durch die Ausdifferenzierung eines gesellschaftlichen Funktionssystems für Erziehung. Die nächste Frage lautet folglich: wie geht das Erziehungssystem mit seinem Medium um?" (Luhmann 1991, S.28). Wozu und wie wird das Medium benutzt? Wie arbeitet das System mit diesem Medium „Kind" - speziell mit der Spezifizierung „behindertes Kind" - im Prozeß eigener Reproduktion und erzieherischer Kommunikation? Wie geschieht dies in Integrationsprozessen? Das Medium bestimmt, in welcher Weise Kinder allgemein und speziell behinderte Kinder als (selbstreferentiell produzierte) Irritationen im System wahrgenommen werden.

3. Strukturelle Kopplung läßt erwarten, daß Kinder auf Kommunikation im Medium Kind reagieren. „Man sollte mehr darüber wissen, was im Bewußtsein daraufhin geschieht, wenn es registriert, daß es als Kind (oder jedenfalls: anders als Erwachsene) behandelt wird; also ob und wie die im Kontext dieser Semantik liegenden Erlaubnisse und Verbote, Freiheitskonzessionen und Vorstellungen des Könnens, Nichtkönnens, Nochnichtkönnens, Nochnichtkönnenmüssenaberdochschonkönnens, auf Strukturänderungen dieses Systems einwirken. Es wäre naiv, davon auszugehen, daß diese Effekte wie von selber der pädagogischen Intention entgegenkommen" (Luhmann 1991, S.26).

Es ist einleuchtend, daß im Prozeß gesellschaftlicher, damit funktional differenzierter Kommunikation ein Medium „Kind" gebildet wird. Es differenziert sich als „Kondensation von Vertrautheit" (Luhmann 1986 c, S.183) in lebensweltlichen Strukturen und wird methodisch reflektiert zunehmend wissenschaftlich systematisch (in der Psychologie, Soziologie ..) bestimmt. Es wäre ein Mißverständnis, damit wären Unbestimmtheit und Konflikthaftigkeit pädagogischer Prozesse gebannt. Intransparenz und Unverfügbarkeit begründen überhaupt die Notwendigkeit und Möglichkeit, ein Medium der Erziehung zu konstruieren.

Jedes System bildet sich eigensinnig in rekursiver Vernetzung mit eigenen Operationen - es gibt keine operativen Überschneidungen zwischen erzieherischer Kommunikation und individuellem Bewußtsein. Es werden lediglich wechselseitig Irritationen ausgelöst. Das Medium ermöglicht es der erzieherischen Kommunikation, Konikte, Entwicklungsschritte des Kindes zu verstehen und damit eigene Strukturen aufzubauen (zu ändern). Dies kann trivialisierend, strategisch oder verständigungsorientiert geschehen. Luhmann betont, daß weder psychische, noch soziale Systeme Trivialmaschinen sind, aber so behandelt werden. Koevolution durch Kopplung könnte vielleicht „gemeinsame" Alternativen ermöglichen. Es bietet sich an, die grundsätzlichen Möglichkeiten technischer, strategischer und verständigungsorientierter Lösungen im Sinne

von Habermas zu diskutieren. Die Behauptung funktionaler Äquivalenz von
„Medium" und „symbolisch generalisierten Kommunikationsmedien" verschleiert einen wesentlichen Punkt: *Das Medium Kind stellt Kommunikation nicht auf nicht-sprachliche Steuerung um (wie bei Geld, Macht ...), es bleibt ein Medium der Sprache und ist sprachlicher Verständigung zugänglich.* Es ersetzt nicht die aufwendigen Formen sprachlicher Verständigung und die Vieldimensionalität sprachlicher Kommunikation durch die Zweiwertigkeit eines Code. In diesen Verweisungszusammenhängen reproduziert sich Lebenwelt. Um so notwendiger ist die Frage nach der Möglichkeit von Einigungen zwischen Lebenswelt und System, Medium und Code. Dies gilt gerade in bezug auf Behindertenkarrieren zwischen systemischer Funktionalität und dem lebensweltlichen Gebot der Solidarität.

Zur Semantik:
Das Medium „Kind" wird innerhalb der Prozesse gesellschaftlicher Ausdifferenzierung entwickelt. Es erhält Form auch in einer jeweils spezifischen Semantik.
Luhmann behauptet einen engen Zusammenahng zwischen Gesellschaftsstruktur und Semantik. Er geht davon aus, „daß der Umbau des Gesellschaftssystems von stratifikatorischer in funktionale Systemdifferenzierung tiefgreifende Veränderungen des Ideengutes der Semantik erzeugt, mit dem die Gesellschaft die Kontinuität ihrer eigenen Reproduktion, des Anschließens von Handlung an Handlung ermöglicht. Bei evolutionären Transformationen dieser Art mögen Wortkleider, Floskeln, Weisheiten und Erfahrungssätze durchtradiert werden; aber sie ändern ihren Sinn, ihre Selektivität, ihre Fähigkeit, Erfahrungen zu packen und neue Perspektiven zu eröffnen. Es verlagert sich der Schwerpunkt, von dem aus Sinnkomplexe Operationen steuern (Luhmann 1982, S.9).
Wie oben dargestellt trifft dies gerade auf das Verständnis von Individualität und gesellschaftlicher Inklusion, von Gleichheit und Verschiedenheit zu. Zentrale Begriffe der Integrationsdiskussion sind ganz wesentlich von diesen Veränderungen gesellschaftlicher Semantik bestimmt. „Nach allem, was wir soziologisch über die soziale Genese persönlicher Individualität wissen und vermuten, kann man nicht davon ausgehen, daß der Bedarf für persönliche Individualität und die Möglichkeit, sich selbst und andere als einzigartig zu stilisieren, durch anthropologische Konstanten erklärt werden können; vielmehr korrespondieren dieser Bedarf und seine Möglichkeit, in kommunikativen Beziehungen Ausdruck und Anerkennung zu finden, mit soziokulturellen Bedingungen, vor allem mit der Komplexität und der Differenzierungstypik des Gesellschaftssystems" (Luhmann 1982, S.15).
Die soziale „Ortlosigkeit" der Individualität in modernen Gesellschaften, in denen Individuen als ganze Personen nicht einem funktionsspezifischen Teilsystem zugerechnet werden können, begründet einerseits die Notwendigkeit der

Attribution auf sich selbst und andererseits den Bedarf nach einem überschaubaren und vertrauten Nahraum gegenüber der komplexen und undurchschaubaren Vielfalt möglicher beruflicher, finanzieller, rechtlicher, politischer ... Kommunikation. Funktionale Differenzierung, die keine verpflichtende Zurechnung von persönlicher Individualität auf ein Subsystem zuläßt, schafft damit gleichzeitig den Bedarf einer Semantik, die sich als tragfähig erweist, Individualität auszudrücken und zu verstehen, Konflikte im Nahbereich zu bearbeiten, eigenes Erleben in eine persönlich stimmige und sozial akzeptierte Form zu bringen und mitzuteilen, Emotionen und Motive in ihrer körperlich-psychischen Ganzheit spürbar zu machen. Eine pädagogische Semantik im Medium „Kind" muß sich bewähren in einem „öffentlichen Nahbereich", der erziehen soll und sich technischer Verfügung entzieht und in dem sich Sozialisation und Individuation in einem Spannungsfeld von Gleichheit und Verschiedenheit ereignen. Trivialisierung leugnet diese Widersprüche und trägt dazu bei, die Grenzen unkenntlich zu machen und eine überhöhende und gegen Enttäuschungen absichernde Semantik zu entwickeln, die gesellschaftliche Entwicklungen technischer Verfügbarkeit und individueller Unverfügbarkeit teilt.

Wissenschaftlich, administrativ und handwerklich kann mehr oder weniger differenziert *über* Erziehung, Schule und Unterricht geredet werden, weil die Widersprüche pädagogischer Semantik nicht in der eigenen Kommunikation wiederholt werden müssen. Sie bieten Möglichkeiten an, Komplexität so zu reduzieren, daß die pädagogische Paradoxie das Problem anderer ist: Sie kann wissenschaftlich als Problem eines anderen sozialen Systems analysiert und in Teilthemen aufgelöst werden, die sich dann einzeln darstellen lassen; sie kann in einer administrativen Ordnung aus einem operativ geschlossenen Bedingungsgefüge binärer Entscheidungen in den individuellen Kompetenzbereich der Lehrer/innen verbannt werden; sie kann innerhalb des handwerklichen („praxis-orientierten") Fragehorizontes der Materialien und deren Verwendung einfach geleugnet und in die Verantwortung der Schüler/innen (oder deren Eltern, des Fernsehens, der Zeitumstände) verschoben werden. Das Problem verschwindet in den Schülernoten (als einer Tatsache pädagogischer Kommunikation).

Schwieriger ist es, eine Semantik *in* pädagogischen Prozessen zu entwickeln, die eigene Form gewinnt, ohne ihre Paradoxie zu verdrängen, d.h. die „Empathie und Organisation" zuläßt. In welcher Weise schaffen Lehrer/innen (mit Schülern/Schülerinnen) eine Semantik, Gleichheit und Verschiedenheit auszudrücken und dabei in ihrer Kommunikation (d.h. auch Reduktion) Entwicklung wahrscheinlicher zu machen? Wie entsteht eine pädagogische Semantik, die in der Spannung zwischen Gleichheit und Verschiedenheit sachlich-thematische, emotional-expressive und sozial-normative Weltbezüge fruchtbar werden läßt? Wie entsteht eine pädagogische Semantik, mit der in

Kommunikationsprozessen individuelle Entwicklung wahrscheinlicher wird, indem ein Schüler ist, wie er ist? Vielleicht kann dies eine Semantik sein, die TZI-Strukturen (z.B. die Hilfsregeln) in den organisatorischen und sonstigen Umweltbedingungen von Erziehung, hier konkret von Schule und Untericht entwickelt und ihre Schatten einbezieht.

Zur ersten Frage: Wie konstruiert das Erziehungssystem im Prozeß seiner Ausdifferenzierung das Medium „Kind"? Zur Bearbeitung dieser Frage verknüpfe ich Thesen von Luhmann und Habermas im Rahmen theoretischer Überlegungen zur Ausdifferenzierung eines Code, wie sie oben dargestellt sind. Kennzeichnend für ausdifferenzierte Erziehung ist die Unterscheidung eigener Abläufe (Interpretationen, Kommunikationsstrukturen usw.) von Prozessen der Umwelt. Kindliches Handeln und Erleben gehören zu dessen je eigener Welt, es kann zugeschrieben, aber nicht bestimmt werden. Einwirkungsmöglichkeiten setzen voraus, daß es sinnvolle Anschlußmöglichkeiten im Erleben und Handeln des Kindes gibt. Notwendig ist „ein Beobachten des Kindes als Beobachter und eine entsprechende Zurückhaltung mit Handlungszurechnungen" (Luhmann 1991, S.29). Erzieherisches Handeln wird danach ausgewählt, was dem Kind im Erleben zugänglich und durch eigenes Handeln konstruierbar oder korrigierbar ist.Diese Möglichkeiten repräsentiert das Medium „Kind". Es nimmt Form an in Strukturen des „Wissens", die operative Anschlüsse in der Autopoiesis psychischer Systeme sichern. „Wissen soll hier ganz allgemein die Struktur bezeichnen, mit deren Hilfe psychische Systeme ihre Autopoiesis fortsetzen, also im Ausgang von ihrem jeweils aktuellen Zustand nächste Gedanken finden, anschließen, aktualisieren können" (Luhmann 1991, S.30). Luhmann läßt notwendigerweise alle Weltbezüge lebensweltlicher Kommunikation (rational-sachliche, sozial-normative, emotional-expressive) zu, so daß anschlußfähiger Sinn in einem Welthorizont ohne Außenseite situativ jeweils aktuelle Bezüge aufgreift, die sich mit dem Erleben jeweils thematisch verschieben (vgl. Anm. 33 in Luhmann 1991, S.39). Diese Offenheit ist notwendig: „Das Medium Kind ist nicht binär codierbar" (Luhmann 1991, S.34).

Dies läßt sich im Sinne von Habermas verstehen: Erziehung läßt sich nicht umfassend als geschlossenes System konstruieren, sie finden statt als symbolische Reproduktion der Lebenswelt, so wie sie aktuell jeweils thematisch relevant ist. Das Medium „Kind" wird konstruiert im Horizont lebensweltlicher Sinnbezüge, in deren Strukturierung zu festeren Formen Autopoiesis sozialer und psychischer Systeme möglich ist. „Jede Thematisierung von Beschränkungen, sei es als Wissen, sei es als Recht, vollzieht sich immer im lebensweltlichen Horizont von nichtthematisierten Beschränkungen. Das Problem liegt damit in den evolutionären Veränderungen der Beziehungen zwischen dieser Lebenswelt (die unter anderem unthematisch vorausgesetztes Wissen einschließt) und dem aktuell benutzten Wissen" (Luhmann 1990, S.161). Kommunikation und Bewußtsein haben darin das gemeinsame Medium normativer, sachlicher und expressiver Bezüge. Die Konturierung (Begrenzung, Bewertung in Relevanzstrukturen) lebensweltlicher Strukturen als Medium „Kind" im Erziehungssystem wird zur Zumutung (Irritation) im psychischen System, dessen Entwicklung (gezielt in bestimmten Punkten) ermöglicht oder angeregt bzw. gebremst oder verhindert werden soll. Umgekehrt kann sich Erziehung durch das Erleben des Kindes beeindrucken lassen und eigene Kommunikation daran ausrichten, allgemein gesprochen: eine eigene Semantik des Verstehens und der Orientierung „am Kind" (im Sinne des eigenen Mediums) entwickeln. Darin liegt nicht zuletzt der Freiraum begründet für die Entwicklung eigener pädagogischer Handlungsmöglichkeiten bis hin zur Ausbildung eines Selektionsmechanismus an Hand der Differenz besserer/schlechterer Leistungen. Die Ausdifferenzierung eines Codes als Grundlage der Systembildung braucht die lebensweltlichen Grundlagen der Erziehung (speziell zur Ausdifferenzierung des Mediums „Kind") und stellt sie durch binäre Codierung in Frage.

Zur zweiten Frage: Wie geht das Erziehungssystem mit seinem Medium um? Mit Hilfe des Mediums „Kind" konstruiert und verarbeitet das Erziehungssystem Irritationen durch Kinder (die Auseinandersetzung mit Nicht-Sozialisiertem) und trifft Selektionen der Produktion möglicher Irritationen zur Entwicklung psychischer Systeme in den Möglichkeiten struktureller Kopplung. Beauftragung und juristische Definition, instrumentelle Organisation und Zuverlässikeit der Zielerreichung können Erziehung nicht der Willkür individueller psychischer Irritation und Verarbeitung aussetzen. Es werden didaktische und methodische Strukturen entwickelt, die den Lernerfolg sichern sollen. Durch die Kulturtechniken Lesen und Schreiben werden Kinder befähigt, sich „Bildung" anzueignen. Stufen der Lernfähigkeit besonders in sachlichen Themen werden (in Klassen- und Schulstufen) hierarchisiert. Damit wird das Medium „Kind" differenziert: Schüler, Student ... und zur zentralen Kategorie, über die es dem Erziehungssystem gelingen kann, auf operativer Ebene selbstreferentielle Geschlossenheit zu erreichen: In dem Maße, indem Lernfähigkeiten entwickelt werden, entstehen Anschlußmöglichkeiten, deren Realisierung wiederum Lernfähigkeiten schafft. Das System begründet eigene Strukturen in eigenen Strukturen. Das Medium „Kind" ermöglicht sowohl diese selbstreferentielle Geschlossenheit (mit binär codierter Selektion), als auch die Autonomie individueller Entwicklung bei gleichzeitiger struktureller Kopplung. Diese Grundlagen bewähren sich auch in einer kritischen Sicht von Erziehungsprozessen. Die Verknüpfung curricular hierarchisierter Lernfähigkeiten mit binärer Selektion begründet die Trivialisierung der Lernprozesse „selbstloser Schüler". Die Systembildung auf den Grundlagen binärer Codierung gefährdet damit die im Medium „Kind" ausgeformten lebensweltlichen

Grundlagen struktureller Kopplung, die kommunikative und psychische Autopoiesis (Autonomie) ermöglichen. Grob gesagt: Das Erziehungs-System gefährdet die Erziehung als symbolischer Reproduktion der Lebenswelt.

**3.5 Das zweite Modell der Organisationsweise pädagogischer Interaktion**

Das Laufbahnmodell beschreibt die Einschränkung der möglichen lebensweltlichen Kommunikation auf schulisch geregelte Prozesse. Diese Einschränkung ist sinnvoll: Sie verändert die Wahrscheinlichkeit von Selektionen so, daß ein Kommunikationssystem ausreichend funktioniert und beschreibbar ist, in dem die unwahrscheinlichen Ereignisse erwartbar sind, die für die gesellschaftliche Reproduktion notwendig erscheinen.

Ich halte es für notwendig, diese Organisationsweise pädagogischer Arbeit hinsichtlich ihrer gesellschaftlichen Funktion, ihrer Leistungen für andere Systeme und ihrer internen Reflexion zu diskutieren, um ihren Zusammenhang mit der Integration oder Aussonderung von Menschen mit Behinderungen realistisch zu sehen. Wichtig erscheint es mir, diese Organisationsweise als konstitutiven Bestandteil pädagogischer Interaktion aufzufassen, der erziehungswissenschaftlich nicht „zunächst" außenvor bleiben darf, um das „eigentlich" pädagogische Handeln außerhalb dieser gesellschaftlichen Zusammenhänge zu untersuchen (Krämer/Meister/Reiche 1994). Was läßt sich ändern?

Die Paradoxie der Erziehung wird im Schulsystem durch Trivialisierung in der Organisation pädagogischer Arbeit verdeckt. Trivialisierung unterschlägt den Selbstbezug der Schüler/innen im Ablauf eines pädagogischen Programms. In bezug auf Unterricht und Schule heißt das, daß „Ich" und „Wir" zusammenfallen in der Vorstellung eines rein fiktiven Subjekts, das immer durchschnittlich gleich ist und deshalb vernachlässigt werden kann: „Man", „man geht so vor", „das tut man so - und nicht anders", „man weiß, daß ...", „man geht davon aus, daß ...", „man muß/soll/darf/darf nicht ...". Vermieden werden sowohl die Inidividualität des „Ich", als auch die konkrete, erlebbare und handlungsfähige Gemeinsamkeit des „Wir". Etabliert wird das unpersönliche und unkonkrete „Man" in Rollen (Erwartungen an Positionen in der Organisation „Schule"), in verpflichtenden Denkweisen und Wahrheitsansprüchen, in normierten Abläufen der Karriere und in Riten. Diese Formen der Einbindung („Integration") trivialisieren, da Ich und Wir in man-Regeln aufgehoben sind. *Regelabläufe haben nur zwei Aspekte: „man" und „Thema"* (bzw. „Inhalt", „Stoff", „Aufgabe"). Behinderungen treten als Störungen auf - und werden nur dann überhaupt als Behinderung wahrgenommen und fremdreferentiell zugeschrieben, wenn diese Reduzierung nicht mehr funktioniert. Das Schulsystem differenziert sich in mehrere Ebenen der Regelschulen und Sonderschulen, um diese Funktionsweise beibehalten zu können.

*Enttrivialisierung ist möglich, wenn das „man" differenziert wird in Ich und Wir.* Abläufe in nicht-trivialisierenden schulischen Prozessen (innerhalb der relevanten System-Umwelt) müssen auf drei Aspekte erweitert werden: „Ich", „Wir" und „Thema". Dies ist eine Aufgabe der Lehrer/innen im konkreten Unterricht und erfordert, die systembildenden Prozesse der Interaktionsebene besonders in der Differenz von Inklusion/Exklusion in Schulen ernstzunehmen. Integration ist in der Perspektive dieser Beziehung zu untersuchen. Besondere Aufmerksamkeit verdienen die unbefragten Selbstverständlichkeiten des „Man" und ihre Entwicklung durch Ausdifferenzierung in „Ich" und „Wir" unter den Bedingungen der Organisation „Schule" im Erziehungssystem der gegenwärtigen Gesellschaft.

Dies führt zu einem zweiten Modell der Organisationsweise pädagogischer Interaktion, das sich in einer Verknüpfung der (gesellschaftstheoretischen) Analysen von Habermas und der (interaktionstheoretischen und gruppendynamischen) Analysen von Cohn beschreiben läßt. Die hier gezogenen Folgerungen sind mit allgemeinen kommunikationstheoretischen Überlegungen von Luhmann vereinbar (s.u.).

Die lebensweltlichen Aspekte im Sinne von Habermas strukturieren pädagogisches Handeln in Schulen in drei Hinsichten:
- im Hinblick auf die inhaltlichen Themen (unter dem Anspruch der Wahrheit der Aussagen; Enkulturation)
- im Hinblick auf die soziale Zugehörigkeit (unter dem Anspruch sozialnormativer Richtigkeit des Handelns; Sozialisation)
- im Hinblick auf die persönlich-individuellen Erlebens- und Ausdrucksmöglichkeiten (unter dem Anspruch der Wahrhaftigkeit; Individuation).

Schule und Unterricht können als Interaktionsfelder nicht weiter reduziert werden:
- ohne gemeinsame Themen, die insgesamt in unsere Kultur einführen, hätten wir es mit einer wenig strukturierten Selbsterfahrungsgruppe zu tun;
- ohne Beachtung ihrer Individualität wären Schüler ausschließlich unter Aufgabengesichtspunkten in einem Arbeitskollektiv organisiert (wie in einem paramilitärischen Verband);
- ohne Gruppenbeziehungen wären isolierte Lernprozesse nach Lernprogrammen (im Sinne von „Labors") zu absolvieren, die kein soziales Lernen im gemeinsamen Prozeß und kein in der Gruppe motiviertes Lernen (z.B. an gemeinsamen Themen) ermöglichten.

Pädagogische Situationen heben themenspezifisch Bereiche der Lebenswelt hervor, die in ihren vielfältigen Verweisungen Relevanz haben. Ohne diese Einbindung in die Umwelt würde pädagogische Interaktion zur lebensfremden Insel, deren sozialisierende Kompetenz zu bezweifeln wäre. Pädagogisches Handeln ist auch in dieser Modellvorstellung zielerreichendes Handeln. In den

Prozessen der Verständigung über Pläne und Situationen reproduziert es die Lebenswelt in ihren symbolischen Strukturen der kulturellen Themen, sozialen Normen und den Möglichkeiten persönlicher Individualität. Diese Relationen stehen untereinander in Beziehung. Sie können als Ressourcen und als Hindernisse der Integration von Behinderungen wirksam sein:
- Themen individueller Entwicklung sollen soziale Integration bereichern (als Teil gemeinsamer Themen und Aufgaben); sie können aber als nichtakzeptierte Eigenheit isolieren;
- Teilnahme an gemeinsamen Vorhaben kann individuell anregen, über die Möglichkeiten der gezielten pädagogischen Förderung hinaus; sie kann aber auch falschen Anpassungsdruck begünstigen;
- soziale Integration kann selbständige und selbstbewußte Individualität fördern; sie kann aber auch durch Mitleid und falsche Rücksichtnahme die Annahme der Behinderung erschweren;
- Umweltfaktoren können interne Prozesse ermöglichen, unterstützen, anregen und erschweren, gefährden, verhindern.

Diese Überlegungen lassen sich in einem Modell veranschaulichen, das in seinem Grundmuster der TZI Cohns entspricht.

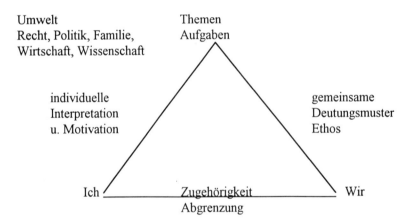

Dieses Grundmuster läßt sich auf verschiedenen Ebenen konkretisieren. Dabei gibt es mehrere Perspektiven und auch Schattenseiten, die die Dynamik der Beziehungen erkennbar machen.
Beide Modelle, das der Karriere und das TZI-Modell, beschreiben *zusammengenommen* soziale Wirklichkeit. Sie sollen nicht unkenntlich und aller Widersprüche beraubt harmonisiert werden, um so die paradoxiefreie Lösung zu präsentieren. Es geht vielmehr darum, die Paradoxie im Modell differenziert darzustellen. Dies kann mit verschiedenen Bezugspunkten geschehen:

1. Schematische Darstellung des pädagogischen Arbeitsfeldes in einer Instituion, z.B. in einer Schule, orientiert an der Leitdifferenz Lebenswelt/System

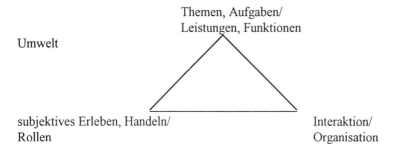

Umwelt

Themen, Aufgaben/ Leistungen, Funktionen

subjektives Erleben, Handeln/ Rollen

Interaktion/ Organisation

Entscheidend für das Verständnis von Schule und Unterricht ist es, wie diese vier Gesichtspunkte in Beziehung gesetzt werden und wie die Lehreraufgaben im Hinblick auf dieses Arbeitsfeld bestimmt werden. Pädagogische Traditionen legen es nahe, die Komplexität pädagogischer Situationen nach dem Modell *„zentralistischer Planwirtschaft"* zu bewältigen: Nach Plänen, die zentral entworfen für alle gültig sind, werden zeitliche Abläufe, Aufgabensequenzen und soziale Lernformen und Methoden geregelt; von Lehrern werden diese Pläne in den Klassen durchgesetzt, bei ihnen laufen alle Informationen zusammen, sie regeln alle relevantenProzesse, andere gehören nicht dazu, werden als irrelevant ignoriert oder als störend unterdrückt. Auf diese Weise entsteht scheinbar zwangläufig des Klassenunterrichts, so wie es die Karrikatur zeigt. Tatsächlich gibt es andere Möglichkeiten des Handelns in komplexen Systemen. Gegenüber dem Modell der zentralistischen Plan- und Kommandostrukturen sind *dezentralisierte Modelle der Steuerung und des Aushandelns* vielleicht erfolgreicher. Die Alternative frontaler vs. differenzierender Unterrichtsgestaltung ist aber zumindest mißverständlich, solange die Lehrerposition in der Unterrichtsgestaltung gleich bleiben soll: Wenn diese Position alle Entscheidungsbefugnisse (und -erwartungen) ausfüllen soll, ist Frontalunterricht die ökonomischere, auf Dauer vielleicht die einzig erträgliche Form der Unterrichtsgestaltung. Integrativer Unterricht als differenzierender Unterict ist deshalb eine Überforderung zentraler Unterrichtslenkung.Das entscheidende Moment ist deshalb die Veränderung der Form, in der die Komplexität der pädagogischen Situation reduziert und erhalten werden soll. *Die Alternative zum Frontalunterricht ist die kompetente Klasse*, die nicht ständig (für alle Entscheidungen) einen Lehrer braucht, sondern nach Rahmenentscheidungen selbständig arbeiten kann.

Dies setzt voraus
- daß die Schüler mit einem Repertoire an Arbeitsweisen vertraut gemacht werden, auf das sie dann selbstverständlich zurückgreifen können (Ressourcen)
- daß Rahmenentscheidungen sowohl unter den Gesichtspunkten des Lehrers, als auch in der Pespektive der Schüler für alle transparent sind
- daß in der Klasse hinreichend Verständigungsmöglichkeiten bestehen (so daß die Entscheidungen ökonomisch und verbindlich getroffen, implizierte Wertungen und Normen hinreichend akzeptiert werden)
- daß eine ausreichende Passung zwischen Vorgaben und Selbststeuerung erreicht wird (Zielsetzungen im Verhältnis zur Umwelt, z.B. hinsichtlich der Abschlüsse, der Zensuren, des „Stoffes").

Die Verknüpfung beider Modelle kann realistischer sein als ihre Spaltung. Die Konstruktion und programmatische Gestaltung der Schullaufbahn kann durchaus das Ergebnis verständigungsorientierten Handelns in der öffentlichen Diskussion und in den pädagogischen Prozessen innerhalb der Schule sein. Sie kann als interpretierbarer und veränderbarer Bestandteil der Umwelt in pädagogische Kommunikation und Interaktion eingehen. Diese Prozesse, besonders der Einfluß struktureller Gewalt, entscheiden darüber, wie Struktur und Prozeß, Stagnation und Entwicklung in Beziehung stehen und Schule bestimmen.

Schematische Darstellung des pädagogischen Arbeitsfeldes „Unterricht", orientiert an der Leitdifferenz Prozeß/Struktur

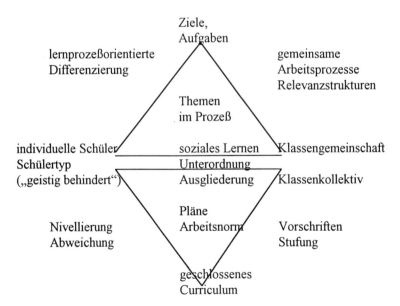

Schematische Darstellung der Zielstruktur pädagogischen Handelns im Zusammenhang systemsicher und lebensweltlicher Aspekte einer pädagogischen Institution, orientiert an der Leitdifferenz Entwicklung/Stagnation

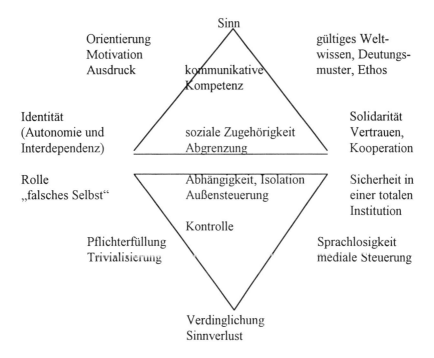

# 4. Pädagogische Kommunikation im Rahmen beider Modelle

## 4.1 Schulische Kommunikation in der Differenz beider Modelle

Die Integration behinderter Menschen kann auf den ersten Blick ganz entschieden vom zweiten Modell her gefordert und missionarisch propagiert werden: Das Gute im Menschen (Solidarität, Identität, Helfen, Akzeptieren, Entwicklung, Verstehen, Lieben) wird gegen inhumane Strukturen verteidigt (gegen Aussonderung, Abwertung, Funktionieren in Rollenmasken, zerstörerische Konkurrenz durch Selektion, Fremdkontrolle, Gewalt und Entfremdung). Es entsteht eine in-group der Dazugehörigen als „Wir" und eine der Anderen, die den abgespaltenen „Schatten" repräsentieren. Es ist zu fürchten, die inhaltliche Dissoziation könne die soziale fördern.

Gemeinsam ist beiden Modellen ein kommunikationstheoretischer Hintergrund. Auch Luhmann versteht Kommunikation „als Synthese dreier Selektionen" (Luhmann 1984, S.203), die Information, Mitteilung und Verstehen betreffen und deren konkrete Ausprägung im Prozeß jeweils angenommen oder abgelehnt werden kann. Es ist dieselbe Struktur: Information zum Thema kann nicht davon getrennt werden, daß ein Ich sich mitteilt, um verstanden zu werden. Kommunikation ist koordinierte Selektivität, deren Ordnung sozial durch gemeinsame Themen hergestellt wird: „Kommunikationszusammenhänge müssen durch Themen geordnet werden, auf die sich Beiträge zum Thema beziehen können" (a.a.O. S.213). Dazu ist der sachliche Gehalt wichtig, der in einer Semantik, umfassender in der Kultur, für Kommunikation zugänglich gehalten wird (a.a.O. 214; 224), aber auch die sozialen Prozesse der Themenwahl und der Einbindung der Beiträge in den thematischen Prozeß einerseits und die Konfrontation mit sozial-normativen Anforderungen andererseits bestimmen Kommunikation (a.a.O. S.215). „Vornehmlich aktualisiert sich die Sozialdimension darin, daß Kommunikationen als sichtbares Handeln die Teilnehmer mehr oder weniger binden. Das heißt: daß sie mit Kommunikationen auch etwas über sich selbst aussagen, über ihre Meinungen, ihre Einstellungen, ihre Erfahrungen, ihre Wünsche, ihre Urteilsreife, ihre Interessen. Kommunikation dient auch dem Sichpräsentieren, dem Sichkennenlernen" (a.a.O. S.215).

Die Verknüpfung dieser thematischen, sozialen und damit individuellen Aspekte in einem zeitlichen Prozeß kommt dem TZI-Modell nahe. Die Einschränkungen, die Luhmann bezogen auf Individualität des Handelns in der Gruppe an dieser Stelle macht, entsprechen dem Modell nicht, da sie nur eine Seite betonen: „Beobachter können das Handeln sehr oft besser auf Grund von

Situationskenntnis als auf Grund von Personkenntnis voraussehen, und entsprechend gilt ihre Beobachtung von Handlung oft, wenn nicht überwiegend, gar nicht dem Mentalzustand des Handelnden, sondern dem Mitvollzug der autopoietischen Reproduktion des sozialen Systems. Und trotzdem wird alltagsweltlich Handeln auf Individuen zugerechnet. Ein so stark unrealistisches Verhalten kann nur mit einem Bedarf für Reduktion von Komplexität erklärt werden" (Luhmann 1984, S.229). Inklusion und Exklusion, Interdependenz und Autonomie bestimmen den TZI-Prozeß als ganzen.

Beide Modelle zusammengenommen sind geeignet, ausgehend von der Paradoxie der Erziehung Erfahrungen im Erziehungssystem zu beschreiben. *Beide Modelle eröffnen zusammengenommen das Spektrum schulischer Kommunikation in der Paradoxie von Selektion und Erziehung.*

Die Trivialisierung der Erziehung reduziert diese auf *technisch-lineare Abhängigkeiten*, um im vorhinein berechenbare Ergebnisse zu erzielen. Damit soll strategisches Handeln ermöglicht werden, das die Schullaufbahn von Kindern und Jugendlichen planbar und organisierbar macht, um funktionale Sinnbestimmungen zu erfüllen. Erziehung und Unterricht könnten als Techniken verstanden werden, die regelhaft in Wenn-dann-Beziehungen anwendbar wären.

Das „Kind" als Medium der Erziehung, in dem erzieherische Kommunikation im Sinne struktureller Koppelung erst möglich wird, erfordert einen *kulturspezifisch verstehenden Zugang*. Kommunikation im Medium reproduziert (und aktualisiert, differenziert, adaptiert) das Medium. Die Möglichkeiten der Verständigung in der pädagogischen Praxis beruhen auf der Geltung des Mediums, gelungene Praxis bestätigt das Medium. Es begründet lebensweltlich legitime Praxis.

Im technischen und im praktischen Interesse wird über die Tatsachen der Erziehung in einer objektivierenden Weise gesprochen. Die Reflexion der konstituierenden Prozesse im objektiv Gegebenen (der Kommunikationsschemata und Eigenwerte, der Karriere, der Verselbständigung des Erziehungssystems, des Mediums usw.) *hebt den Anschein des Quasi-Naturgegebenen auf.* Diesen Prozeß bezeichnet Luhmann in Anlehnung an Spencer Brown als „*reentry*", als Wiedereintritt des Beobachters in die Beobachtung: Nicht der Gegenstand an sich präsentiert sich in der Beschreibung; der Beobachter ist Teil der Beobachtung; der *Konstrukteur ist Teil der Konstruktion.*

Ausgangspunkt beider Modelle ist die Paradoxie der Erziehung, die in den schulischen Verständigungsverhältnissen als pädagogischer Prozeß ausgehandelt werden muß. Dies kann als Trivialisierung technologisch verkürzt oder praktisch und kommunikativ-emanzipatorisch als Kern pädagogischer Kommunikation begriffen werden. Lösungen können in der „Negation der Negation" liegen, in der Reflexion pädagogischer Kommunikation, die den Grundwiderspruch in Erziehungsprozessen beobachtbar und in pädagogischer Perspektive fruchtbar macht (die Paradoxie gewissermaßen „in der Zeit" auflöst). Pädagogische Interaktion im TZI-Modell kann Karriere als wesentlichen Teil ihrer gesellschaftlichen Umwelt als soziale Tatsache auffassen und als eigenes Thema sichtbar machen. Im Sinne interner System/Umwelt-Differenz kann schulische Erziehung als Karriere von Irritationen durch themenzentrierte Interaktion profitieren. In selbstrefelxiver pädagogischer Kommunikation sind Veränderungen im Prozeß fortlaufend notwendig - ohne daß eine paradoxiefreie Pädagogik möglich wäre. Integrationsorientierte Organisationsentwicklung braucht beide Aspekte.

### 4.2. „Praxis" als schulische Verständigungsform

Schule und Unterricht als Teile gesellschaftlicher Praxis sind äußerst vielfältig und unterschiedlich. Was von außen monolithisch aussieht, erweist sich bei näherem Hinsehen (z.B. bei Hospitationen) als sehr vielgestaltig. In Gesprächen unter Lehrern wird diese Vielgestaltigkeit erstaunlicherweise nicht zum beständigen Anlaß für Kontroversen und Abgrenzungen. Man verständigt sich in einem Rahmen gemeinsamer Sicht der Dinge (dessen, was wahr ist), dessen was richtig und was im Erleben zugänglich ist: der „Praxis". Sie ist offensichtlich nicht die Gemeinsamkeit des Handelns sondern die *gemeinsame Form der Verständigung*. Sie täuscht vor, die unvermittelte, direkt zugängliche Wirklichkeit der Schule zu sein, gerade weil sie diffus ganzheitlich nicht differenziert in Ansprüche des Wahren, des normativ Richtigen, des subjektiv Wahrhaftigen oder des funktional Sinnvollen. Diese Verständigungsform bestimmt, was in der Innenperspektive schulischer Kommunikationsprozesse legitim dazugehört und in welcher Form es Gegenstand der Kommunikation wird.

Wer „von außen" argumentiert, erhält häufig „ja, aber"-Antworten, in denen diese Struktur deutlich wird: Es mag ja sein, daß etwas wissenschaftlich wahr ist, aber ist es so schulisch richtig/ist es so erlebt? Oft ist es geradezu hinderlich, wissenschaftliche Untersuchungen in Gesprächen mit Lehrern zu zitieren. Der Sprecher stellt sich damit (mit dem dezidierten, das heißt auch distanzierten und differenzierenden Geltungsanspruch der Wahrheit) außerhalb der Verständigungsform der „Praxis". Wichtig ist es, in Fällen („proto-typisch", weder konkret, noch allgemein) zu argumentieren, die pragmatische Intention zu betonen und die Gemeinsamkeit (auch die einer eigenen Gewißheit) zu bestätigen. Erst eine diffuse Gesamtheit dieser Geltungsansprüche, die nicht die Klarheit des Ich erreicht, das bereit ist, sich kontrovers zu exponieren, nicht die Bestimmtheit des Ethos, das aus bewußter Verantwortlichkeit sich entscheidet, nicht die professionelle Differenziertheit des pädagogischen Wissens und die Reflexion des funktional Sinnvollen, legitimiert und qualifiziert für diese Verständigungsform. „Praxis" bleibt als Verständigungsform über Unterricht und Schule in der Schule nahe an der Wahrnehmung, die in der Kommunikation als miteinander geteilt unterstellt wird. Sie eignet sich deshalb vermutlich ein Ersatz für die fehlende face-to-face-Kommunikation mit Erwachsenen (mit Kollegen) in der unterrichtlichen Interaktionssituation. Sie trägt jedenfalls sehr deutlich Merkmale der engen Verknüpfung von Wahrnehmung und Kommunikation in direkten Interaktionsprozessen: In einer gemeinsamen Arbeitssituation mit hoher Komplexität (Eigendynamik, Intransparenz, Unsicherheit), hohem Handlungsdruck und geringen Anforderungen an Analyseschärfe und differenzierte Rechtfertigung in der Situation würde sie einen praktikablen Modus der Verständigung (mit dem Gefühl der persönlichen Beteiligung, der Gewißheit, der kollegialen Gemeinsamkeit und der Abgrenzung nach außen) darstellen.

Distanzierte Untersuchungen unter wissenschaftlichem Wahrheitsanspruch zum Sitzenbleiben, zur Problematik der Leistungsbeurteilung, der Effektivität von Sonderschulen, zu den Hausaufgaben prallen an dieser Form der Verständigung ab. Entscheidungen „aus pädagogischen Gründen" zeichnen sich gerade dadurch aus, daß in einem Gesamt von betrieblichen Vorgaben und Regeln, Sachaussagen, Normen und persönlichem Erleben die Geltungsansprüche nicht differenziert sind. Erst insgesamt betrachtet ergeben sich (Anmutungs-)Qualitäten des „pädagogisch Möglichen und Sinnvollen".

Es entsteht der Eindruck und der Anspruch, daß das „eigentlich Pädagogische" in der Verständigungsform der „Praxis" aufgehoben sei und daß rationale Formen diskursiver Kommunikation an diesem „Eigentlichen" vorbeigehen, es vielleicht beeinträchtigen. „Praxis" eignet sich eher dazu, die Gemeinsamkeit des ähnlich Gefühlten, gewissermaßen des Implizierten, nicht des rational und differenziert (distanziert) Explizierten herzustellen. Sie kann deshalb nicht unverändert in rationalere Formen der fachlichen oder der politischen Öffentlichkeit eingebracht werden. Es treten Rückzugstendenzen auf, da es scheint, daß die eigenen Erfahrungen wegen dieser Einbindung nicht angemessen nach außen mitgeteilt und verstanden werden können. Binnenperspektive und Außenperspektive sind häufig (z.B. in Gesprächen zwischen Lehrern und Eltern) schwer zu vermitteln. Handlungsfähigkeit wird durch die Begrenzung auf die Innenperspektive ohne die Paradoxien der System/Umwelt-Differenz gesichert. Wegen ihrer Undifferenziertheit im bezug auf Geltungsansprüche ist diese Verständigungsform offen für unmittelbare Konfundierungen verständigungsorientierter Kommunikation und strategischen Handelns. Dies zeigt sich deutlich in Beratungsprozessen, die häufig als „zu etwas beraten" durchgeführt werden und Beratung und Kontrolle verknüpfen (besonders im Verhältnis Lehrer-Schüler, Schulbehörde-Lehrer). „Praxis" überbrückt wenig reflektiert beide Bereiche: kommunikative Verständigung über Handlungsorientierungen und

erfolgorientiertes zweckrationales Handeln in betrieblicher Perspektive von Selektion und Karriere. Sie ist deshalb offen für Überformungen durch Systemimperative, die schulisches Handeln in unterschiedlicher Weise koordinieren können:
- Lebensweltliche Integration durch gemeinsame Handlungsorientierungen kann unbeschadet die Systemintegration durch Koordination der Handlungsfolgen ermöglichen und unterstützen.
- Wenn persönliche Motive und lebensweltliche Verpflichtungen als Mittel systemischer Imperative strategisch eingesetzt werden, können Motive und Engagement korrumpiert werden, auch dann wenn die Instrumentalisierung durch Täuschung gelingt.
- Systemische Imperative können sich in Organisationsstrukturen verselbständigen und als strukturelle Gewalt Kommunikation systematisch einschränken (Habermas 1981 Bd.2, S.278).

Die Verständigungsform der „Praxis" bleibt undifferenziert, weder erreicht sie die emanzipatorische Rationalität kommunikativer Verständigung, noch die technische Rationalität eines binär codierten Systems; dadurch „bleibt die Kommunikation wegen der mangelnden Ausdifferenzierung der Geltungssphäre, also aufgrund formaler Bedingungen möglicher Verständigung systematisch eingeschränkt" (Habermas 1981 Bd.2, S.282).

In Konflikten ist sicher die Orientierung an der instrumentellen Vernunft betrieblicher, d.h. operational geschlossener, evtl. juristisch gesicherter Abläufe des Karrieresystems naheliegend. Insgesamt spiegelt „Praxis" als Verständigungsform die unverstandene Differenz zwischen beiden Modellen der Organisationsweise pädagogischer Interaktion, letztlich die Intransparenz des Systems in der Paradoxie der Erziehung wider.

Auch die berufliche Kommunikation und Kooperation zur Integration behinderter Schüler/innen ist damit systematisch eingeschränkt. Die Möglichkeiten der Verständigung sind gefährdet durch
-Fragen der Legitimierung und der Bestimmung von Zielen und Kriterien unter Bedingungen unklarer Geltungsansprüche
-Unklarheiten schulischer Interaktion zwischen den Alternativen der pattern variables
-Trennung der systemischen Ausdifferenzierung vom „eigentlich Pädagogischen"
-Konfundierung kommunikativen und strategischen Handelns z.B. in Beratungsprozessen
-die einseitige Orientierung der Organisationsweise pädagogischer Arbeit an Selektion und Karriere (besonders in Konfliktfällen) und darauf aufbauend ihre Verselbständigung durch operationale Schließung
-das Fehlen einer etablierten Form kollegialer Beratung in der Unterscheidung System/Umwelt

-das Fehlen kollegialer Abstimmung in den Handlungsanforderungen
-die Barrieren zwischen „Praxis" und Öffentlichkeit.
„Praxis" ist darauf angewiesen, die große Idee der Integration, wie sie vielfältig von Eltern, Wissenschaftlern, Vereinen usw. vertreten wird, kleinzuarbeiten, so daß sie in den Anforderungen der alltäglichen Arbeit verwirklicht werden kann. Damit setzt ein Prozeß der *„Dekonstruktion"* ein: Einerseits ist dieses Kleinarbeiten für die Aufgaben des gemeinsamen Unterrichts notwendig, andererseits definiert dieses Kleinarbeiten im folgenden, was „Integration" als „gemeinsamer Unterricht" im Kontext der schulischen Praxis tatsächlich ist. Die notwendige „Praxis" erkennt die „praktischen Realitäten" an und bestimmt in ihrem Sinne, was aus der Idee wirklich wird. Die „Theorie" verachtet diese Verkürzungen, ist aber auf Verwirklichung bedacht, braucht die „Praxis" und erkennt sich nicht immer in ihrer Form der Verwirklichung wieder. Es ergibt sich ein spannungs- und konfliktreicher Prozeß:

Idee der Integration
            Verkürzung
    Verwirklichung
            Praxis gemeinsamen Unterrichts

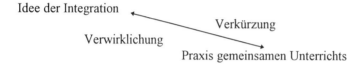

Dieser Prozeß setzt sich über viele Stufen fort, bis am Ende die Ausgangsidee der Innovation evtl. nicht mehr zu erkennen ist. Die Idee des solidarischen Handelns mit (behinderten) Menschen in der humanen Gestaltung von Schule in der Paradoxie von Gleichheit und Verschiedenheit wird konfrontiert mit den harten Traditionen der Organisationsweise pädagogischer Arbeit, insbesondere mit der Homogenisierung in der Karriere.
Um Resignation zu vermeiden, bleiben mehrere Möglichkeiten:
- Die etablierte Organisationsweise pädagogischer Arbeit im Modell der Karriere wird als einzig realistischer Rahmen jetziger Handlungsmöglichkeiten außer Frage gestellt, an ihr wird alles Neue, jeder Gedanke, jede Initiative gemessen - evtl. bleiben technische Innovationen zur Steigerung der Effizienz auf den verschiedenen Stufen der Dekonstruktion im Rahmen des „praktisch Möglichen", tiefergreifende Reflexion bleibt ausgeschlossen.
- Die begrenzten Entwicklungsmöglichkeiten auf den Stufen der praktischen Verwirklichung werden ignoriert, dagegen wird der „eigentliche Sinn" betont und außerhalb praktischer Notwendigkeiten diskutiert. Die Erziehungswissenschaft konstruiert Untersuchungsfelder außerhalb der Organisationsweise pädagogischer Interaktion - evtl. bleiben Blauäugigkeit und missionarische Beauftragungen einer isolierten „Theorie".
- Das Spannungsverhältnis bleibt vorhanden, wird aber nicht handelnd in der Gestaltung der Schule ausgetragen, die Idee bleibt, im „kritischen" Kommentieren, im Schimpfen, im small-talk und im Lamentieren verborgen, erhalten,

während im Handeln die „praktischen Notwendigkeiten" anerkannt werden - im wesentlichen bleibt der beide Seiten abwertende Zynismus des „aufgeklärten falschen Bewußtseins" (Sloterdjik 1981).
- Das Spannungsverhältnis zwischen Idee und Dekonstruktionsstufen wird in reflektierendem und handelndem Engagement fruchtbar ausgehalten, Theorie und Praxis werden bewußt im Spannungsverhältnis entwickelt - es entstehen sinngeleitete Veränderungen im kritischen Anschluß an die bisherige Wirklichkeit organisierter pädagogischer Interaktion.

Es ergibt sich ein Vierfelderschema der Verständigung im Dekonstruktionsprozeß, in dem Idee und Handeln unterschiedlich bewertet und verknüpft werden:

| sinngeleitetes Engagement | „Theorie" |
|---|---|
| „Praxis" | Zynismus |

Die wissenschaftlichen Theorien genauso wie die impliziten Theorien pädagogischer Praxis lassen sich in dieses Schema je nach der Art ihrer Verknüpfung mit praktischem Handeln in den alltäglichen Notwendigkeiten einordnen: Sie können sinngeleitetes Engagement pädagogischer Praxis unterstützen, oder sich isolierend verselbständigen, so daß „Theorie" und „Praxis" auseinanderfallen, oder zynisch das folgenlose Denken und das geist- und verantwortungslose Handeln gegeneinander ausspielen.

### 4.3 Weiterentwicklung pädagogischer „Praxis"

Die Weiterentwicklung pädagogischer „Praxis" muß von der Paradoxie von Autonomie und Interdependenz im Erziehungssystem ausgehen. Sie besteht nicht in der Abschaffung des Konflikts, z.B. durch die Leugnung der Selektionsfunktion im Modell der Karriere, sondern in dessen bewußter Institutionalisierung und in der weiteren Ausdifferenzierung, d.h. in der Regel: Temporalisierung von Komplexität.
Integration von Menschen mit Behinderungen in Regelschulen gibt es in manchen Fällen in einem konfliktfreien oder indifferenten Bereich, insbesonderen bei „zielgleicher Integration", wenn die Selektionsfunktion schulischer Kommunikation nicht oder nur unwesentlich berührt ist. Weiterentwicklung ist in Konfliktfällen notwendig. Sie setzt Wahrnehmung des Konflikts als „Störung" voraus, in dem Sinnvolles als operational nicht-vereinbar Kommunikation blockiert. Genau dieser Fall der „Störung" muß institutionalisiert werden: Das heißt nicht, ihn durch raffiniertere Systemkonstruktion zu vermeiden, sondern ihn in der Kommunikation im Erziehungssystem als Konflikt zugänglich zu machen.

Dies heißt:
- Störungen bewirken einen Aufschub der blockierten Kommunikation erster Ordnung. „Störungen haben Vorrang" (Cohn).
- Sie erfordern Instrumente der Verständigung über den Konflikt, also Beratung.

Zwei Forderungen unterschiedlicher Reichweite erscheinen sinnvoll:
- Das System Schule entwickelt Instrumente der Beratung auf unterschiedlichen Ebenen: im Unterricht, für die Schule vor Ort oder darüber hinaus.
- Das System Schule wird im Erziehungssystem der Gesellschaft in ausdifferenzierte Formen der (demokratischen) Beratung einbezogen.

Die Paradoxie der Erziehung in einem thematisch reduzierten Konflikt wird durch re-entry in der eigenen Form eines selbstreferentiellen, sozialen und zeitlichen Prozesses handhabbar. Geeignete Strukturen können entwickelt werden zwischen Morgenkreis, kollegialer Fallberatung, Förderausschuß und regionalen bzw. überregionalen Beratungen.
Diese Beratungsprozesse erfordern die Ausdifferenzierung der Geltungsansprüche pädagogischer „Praxis" in den lebensweltlichen und systemischen Bezügen der Wahrheit des Wissens, der normativen Richtigkeit (Solidarität), der Wahrhaftigkeit der Kommunikation und des funktional (im System) Sinnvollen.
Diese Konstruktion ermöglicht die (in der funktionalen Differenzierung moderner Gesellschaften angelegte) Kombination funktionaler Inklusion und subjekthafter Exklusion in zweifacher Weise:
- Die Beratenden sind chairperson ihrer Entscheidung in Anbetracht der Situation, und sie beteiligen sich an einem instituierten Prozeß.
- Die individuelle Biografie von Schüler/innen kann grundsätzlich ohne institutionelle Übergriffe in schulischen Prozessen beachtet werden.
Beide Aspekte bezeichnen Möglichkeiten (entgegen den eingangs aufgezeigten Perspektiven der Trivialisierung, z.B. der Disziplinierung im Sinne Foucaults), die in sich widersprüchlich sind (als Einheiten von Exklusion/Inklusion) und deshalb Einigungen ermöglichen. Denn Entwicklung von Praxis ist damit nicht folge-richtige Anwendung und Weiterführung eines Programms aufgrund einer fiktiven widerspruchsfreien Identität von „Erziehung", sondern die Entfaltung der Paradoxie von Erziehung in einem fortlaufenden Entscheidungsprozeß, der nie zu entscheiden ist - und deshalb in der selbstverantwortlichen Entfaltung von Autonomie/Interdependenz in der individuellen Entwicklung der Schüler/innen endet.
Beide Forderungen nach Beratung können mit dem Verhältnis zwischen Funktionssystemen und ihren Organisationen begründet werden. Funktional differenzierte Gesellschaften müssen Aufgaben an Organisationen delegieren, da

Interaktionssysteme nicht genügend komplex sind. „Die Kehrseite dieses Problems der Delegation von Gesellschaftsfunktionen auf Organisationen ist, daß innerhalb von Organisationssystemen gesamtgesellschaftliche Funktionen nicht angemessen reflektiert werden können" (Luhmann 1975, S.16). Organisation schränkt den Spielraum funktionaler Kontingenz in den eigenen Organisationszielen und -abläufen ein. „Aber unerprobt sind die Möglichkeiten, gesamtgesellschaftliche Refelxion und organisiertes Entscheiden gegeneinander zu relativieren und im Bewußtsein der Diskrepanz miteinander zu vermitteln" (Luhmann 1975, S.16).

## 4.4 Weiterentwicklung pädagogischer „Praxis" als Organisationsentwicklung

Schule hat sich als gesellschaftliche Einrichtung zur Erziehung der nachfolgenden Generation insgesamt erst in der Moderne ausgebildet. Sie trägt die Konstruktionsmerkmale des „Tableaus" der Aufklärung und der Bestrebungen „rationaler Organisation" zentral gelenkter Staaten. Der Mangel an pädagogischer Technik und damit an technischer Transparenz läßt andererseits keine rationale hierarchische Konstruktion zu, in der für übergeordnete Instanzen jeweils untergeordnete Vorgänge tatsächlich steuerbar wären. Es entsteht ein Gemenge aus systemisch technischen und lebensweltlichen Aspekten, die sich gegenseitig gefährden. Die Organisationsmodelle, die für schulische Prozesse verwendet werden können (vgl. Niederberger 1984; Terhardt 1986; Phillip 1992), betonen deshalb
- die Eigenständigkeit peripherer gegenüber zentralen Stellen (loos coupling)
- die Verworrenheit der Entscheidungsfindung
- die Unangemessenheit bürokratischer Steuerung und die Probleme der Verrechtlichung
- die Ineffizienz von puren Implementationsstrategien
- die Bedeutung der Entwicklung „vor Ort", in der einzelnen Schule, die ihre Probleme bearbeitet
- die erhöhten Erfolgserwartungen einer Kombination von „Basisinitiative" und administrativer Unterstützung und Regelung

Eine optimistische Interpretation führt zur Unterscheidung von Strategien entfremdeter administrativer Steuerung von solchen der Partizipation: „Nehmen wir das transitive Verbum `organisieren' und setzen wir eine Welt, in der der Organisator und seine Organisation so fundamental getrennt sind wie die Formen des Aktivs und die des Passivs; es handelt sich um die Welt der Organisation des anderen, die Welt des Gebots: `Du sollst ...!'

Wenn wir andererseits die Organisation einer Organisation betrachten, so daß die eine in die andere hineinschlüpft, d.h. also 'Selbstorganisation' entsteht, dann setzen wir eine Welt, in der ein Akteur letztendlich immer mit Bezug aus sich selbst handelt, denn er ist in seine Organisation eingeschlossen; es handelt sich um die Welt des Gebots: 'Ich soll ...!'" (v.Foerster 1993, S.239/240).

In anderer Sprechweise: Es handelt sich um die Welt, in der autonome Subjekte interdependent sich selbst verbindlich organisieren (eine Form des operationalen „re-entry"), indem sie für sich Verantwortung übernehmen im Ganzen. Die Konsequenzen, die v.foerster für betriebswirtschaftliches Management zieht, entsprechen wesentlichen Bestimmungen der Leitung von TZI-Gruppen:
- Selbstorganisation impliziert, „daß ein Manager selbst Element des Systems ist, das er leitet" (v.Foerster 1993, S.234).
- Manager sind keine „Macher und Befehlsgeber, sondern Katalysatoren und Pfleger eines sich selbst organisierenden Systems in einer sich fortentwickelnden Umwelt" (v.Foerster zitiert v.Hajek; v.Foerster 1993, S.234).
- „In einem sich selbst organisierenden Managementsystem ist jeder Beteiligte auch ein Manager des Systems" (v.Foerster 1993, S.243).
- Manager schaffen Interaktionsstrukturen, die Kommunikation erleichtern. „Es scheint, daß zirkuläre, rekursive Interaktionsmuster Störungen gegenüber hochstabil bleiben. Wichtig hierbei ist jedoch, daß diese Stabilität sich nicht aus Aktionen gegen die störenden Kräfte ergibt, sondern dadurch, daß man eben diese als Quellen der Kreativität nutzt" (v.Foerster 1993, S.266). Deshalb hat die kreative (d.h. integrative) Bearbeitung von Störungen Vorrang. Sie ermöglicht höhere, im Sinne Piagets stabilere (weil flexiblere) Organisationsniveaus.
Die Aufgabe des Leiters (Lehrers, Schulleiters) ist dabei nicht die Entscheidung des Falles. „Aufgabe des Organisators in humanen sozialen Systemen ist damit die Schaffung und Erneuerung von Kontexten, welche die Freiheitsgrade oder die Wahlmöglichkeiten erhöhen und das Potential für die Selbstrealisierung und Innovation für alle Beteiligten vergrößern. Aber mit der Freiheit wächst gleichzeitig die Verantwortung des Einzelnen wie des Systems als Ganzen" (Probst 1987, S.113).

## 4.5 Praxis in der Differenz von Inklusion/Exklusion

Das Verhältnis von Individuum und sozialem System ist durch Exklusion/Inklusion bestimmt. Dies stellt Anforderungen an die berufliche Identität von Lehrern in dieser Differenz, an ihre persönlich-berufliche Glaubwürdigkeit, Autorität und spürbare Präsenz - auch an ihre Fähigkeit zur Abgrenzung.
„Inklusion liegt ... immer dann vor, wenn ein autopoietisches psychisches System, das auf der Basis von Bewußtsein operiert, seine Eigenkomplexität zum Aufbau sozialer Systeme zur Verfügung stellt" (Luhmann 1989, S.162). Jede Schulklasse stellt an Lehrer die Anforderung, „Eigenkomplexität" zum Aufbau des je aktuellen Kommunikationssystems Schule bzw. Unterricht zur Verfügung zustellen.
„Sozialisation ist der Gegenfall. Sie besteht darin, daß das autopoietische Sozialsystem Gesellschaft, das auf der Basis von Kommunikation operiert, seine Eigenkomplexität zum Aufbau psychischer Systeme zur Verfügung stellt" (Luhmann 1989, S.162).
In der doppelten Kontingenz der Kommunikation zwischen Lehrern und Schülern entstehen aktuelle Systeme pädagogischer Kommunikation. Das emergente (aber nicht unveränderliche) System der Erziehung bestimmt von Anfang an, was funktional dazugehört, also in welcher Weise Inklusion möglich ist (was zur „Rolle" gehört).
Auf Lehrer treffen beide Seiten der Inklusion in Schule und Unterricht über die Zeit der Schulpflicht hinaus zu: im Aufbau von Systemen pädagogischer Kommunikation und in der eigenen beruflichen Sozialisation. Die Begrenzung auf funktionale Inklusion in Themen individueller Entwicklung (z.B. der Integration von Menschen mit Behinderungen) macht unglaubwürdig. Lehrer können sich nicht beliebig heraushalten.
Ko-Evolution ist nur in der *Differenz* Inklusion/Exklusion möglich, nicht in ihrem unterschiedslosen Zusammenfallen. Die Verarbeitung von Behinderung als Teil der psychischen „Eigenkomplexität" von Lehrern kann in die Entwicklung von Komplexität des Systems pädagogischer Kommunikation eingebracht werden. Das System entwickelt themenspezifisch seine eigene Komplexität. Die eigenen Lehrer-Erfahrungen im Aufbau eines integrativen pädagogischen Kommunikationssystems können die eigene berufliche Sozialisation anregen und bereichern.

## 4.6 Lehrerhandeln als Kommunikation in komplexen Systemen

Integration kann nicht auf Didaktik beschränkt werden, sie ist eine Frage der Inklusion in Kommunikationssysteme. Deshalb müssen Lehrer/innen in Integrationsmaßnahmen in bezug auf Unterricht und Schule ähnlich den Versuchspersonen in den experimentellen Situationen „Lohhausen" (Dörner 1983) tatsächlich Systemprobleme erkennen und bearbeiten: Wie bildet sich das Interaktionssystem „Unterricht", so daß von Integration überhaupt geredet werden kann? Was bedeutet konkret in diesem System „Integration"? Welche Eingriffe sind möglich/notwendig? Welche Ziele sind realistisch? Welche Faktoren sind wichtig? Wie lassen sich Prozesse im System überhaupt beobachten? Wie sind beobachtbare Entwicklungen einzuschätzen? ...

In Kurzform läßt sich die Aufgabe durch eine Zusammenfassung Dörners beschreiben: „Ein Akteur soll den Zustand eines Realitätsausschnittes hinsichtlich *mehrerer Kriterien* optimieren (Polytelie). Dabei ist z.T. *offen*, hinsichtlich welcher Kriterien diese Optimierung erfolgen soll. Außerdem herrscht beim Akteur *Unkenntis* über Teile des Realitätsausschnitts, und selbst die bekannten Merkmale sind nicht alle auch feststellbar; es sind *intransparente* Teile vorhanden. Der Realitätsausschnitt ist *komplex*, d.h. der Akteur kann in der ihm zur Verfügung stehenden Entscheidungszeit selbst diejenigen Merkmale des Realitätsausschnitts nicht feststellen und verarbeiten, die an sich feststellbar sind, da deren Zahl zu groß ist. Zum Zwecke der Optimierung kann der Akteur in den Realitätsausschnitt eingreifen. Das heißt, daß er den Zustand bestimmter Variablen des Realitätsausschnitts verändern kann. Es sind jedoch nicht alle Variablen, die er verändern will, auch beeinflußbar. Manche Variablen lassen sich nur indirekt beeinflussen, d.h. der Realitätsausschnitt ist nur *partiell manipulierbar*. Auch dies ist schwierig, da eine isolierte Beeinflussung der Variablen des Realitätsausschnitts nicht möglich ist; der Realitätsausschnitt ist *vernetzt*. Schließlich `wartet' der Realitätsausschnitt nicht auf die Eingriffe des Akteurs, sondern verändert sich selbständig; er ist *eigendynamisch*" (Dörner 1983, S.26; Hervorhebungen im Original; Dörner erläutert die hervorgehobenen Begriffe). Die Eigendynamik verweist darauf, daß der Akteur zur Umwelt des Systems gehört und daß das System seine Reproduktion selbstreferentiell steuert.

Es gibt große Unterschiede in der Geschicklichkeit, mit Systemen, mit Komplexität, Eigendynamik und Intransparenz schulischer Kommunikation umzugehen. Bei gleicher Ausgangssituation und identischen Programmen können Versuchspersonen in der Computersimulation Systeme zur Blüte bringen oder in die Katastrophe führen (Dörner 1983 S.143 ff, bes. 192 ff). Diese Unterschiede lassen sich nicht auf Test-Intelligenz zurückführen. Es muß eine eigene Kompetenz angenommen werden. Dabei gibt es kein unter allen Bedingungen erfolgreiches Handlungskonzept für komplexe Aufgaben. Unterschiedliche

Systeme stellen unterschiedliche Anforderungen. Ein entscheidendes Kriterium sind Art und Dichte der Rückkopplungen im System:
„Rückkopplungen machen ein System 'lebendig'. Überwiegen in einem System positive Rückkopplungen, so tendiert es dazu, aus den Fugen zu gehen; es ist instabil und läßt sich mitunter nur noch schwer einfangen. (Man denke an die positive Rückkopplung zwischen der Variable 'Höhe der Schulden' und 'Höhe der Schuldzinsen'.) Negative Rückkopplungen machen ein System stabil. Ein System, in welchem die negativen Rückkopplungen überwiegen, läßt sich nur schwer aus seiner Ruhelage bringen" (Dörner 1983, S.113). Ein träges System läßt ein experimentierfreudiges Verhalten zu, das in einem instabilen System gefahrvoll sein kann. Was im ersten Fall zum Erfolg führt, kann im zweiten zum Scheitern führen. Trotzdem lassen die Untersuchungen Dörners Unterscheidungen zwischen günstigen und ungünstigen Handlungsweisen zu, die sich auf integrative Aufgaben anwenden lassen.

„Integration behinderter Schüler/innen" ist zunächst eine unklare und verschwommene Zielvorstellung, die auch in der Literatur unterschiedlich definiert wird. Lehrer sollen in der konkreten Situation ein Mindestmaß an Zielkonkretisierung leisten. Nach Dörner ist das nicht selbstverständlich: „Menschen leisten diese Konkretisierung selten. Stattdessen tasten sie das System ab, bis sie - mehr oder weniger zufällig - auf Mißstände stoßen, die sie dann zu beseitigen trachten. Sie handeln sozusagen nach einem 'Reparaturdienstprinzip'. Ihnen fehlt bei der konzeptlosen Suche nach Mißständen eine klare Linie" (Dörner 1979, S.40).

Da Integration als globales Ziel aus einer Vielzahl unterschiedlicher Kommunikationsprozesse entsteht, kann es keine eindimensionale Zielbestimmung geben. Die Polytelie des Unterrichts und der Schule läßt sich auch nicht epochal auflösen. In der konkreten Situation können konkrete Zielsetzungen einander widersprechen, da die Eigendynamik des Systems sich gliedert in Eigendynamiken vieler vernetzter, aber in ihrer Entwicklung „verschobener" (Piaget) systeminterner Prozesse. Allein schon der Zeitfaktor in den Prozessen gegenseitiger Beeinflussung verhindert, daß ein System zu einem bestimmten Zeitpunkt „aus einem Guß" ist."In einem „dialektischen Problemlöseprozeß" (Dörner) müßte vom Handelnden fortlaufend überprüft werden, „inwieweit die neu konstruierten Elemente im Widerspruch zum bereits Existierenden und zu den Zielvorstellungen stehen und ... ob diese Teile hingenommen werden oder nicht. Daraus ergeben sich neue Zwänge, die im nächsten Schritt ebenfalls berücksichtigt werden müssen. Die Zielvorstellung ändert sich also fortlaufend und damit auch die Bewertungskriterien für die jeweigen Entscheidungen" (Dörner 1983, S.78). Zu den differenzierten Anforderungen sichentwickelnder sozialer Systeme (z.B. im Anfangsunterricht) kommt die Unterschiedlichkeit der Zielsetzungen im Hinblick auf unterschiedliche Anforderungen individueller Schüler.

Nach der Auffassung Dörners müssen antagonistische Zielsetzungen „ausbalanciert" werden (Dörner 1979, S.40). „Bei vorliegendem Antagonismus kann man Abstriche von allen Zielen machen, die in einem solchen antagonistischen Verhältnis stehen; man kann aber auch ein Ziel ganz fallen lassen und nur die Realisierung des anderen anstreben" (Dörner 1979, S.41). Der Begriff „ausbalancieren" erscheint irreführend. Wie könnte man sonst ein Ziel fallen lassen, um ein anderes konsequent zu verfolgen? Es geht offensichtlich um sinngeleitete Entscheidungen, in denen eindeutige Gewichtungen vorgenommen werden. Unter Effektivitätsgesichtspunkten soll die „Zentralität" eines Elements berücksichtigt werden: „Unter Zentralität einer Variablen ist dabei zu verstehen das Ausmaß, in welchem eine Variable die anderen Variablen des Realitätsausschnitts beeinflußt ... Die Beeinflussung dieser Variablen ist daher am wichtigsten" (Dörner 1983, S.45).

Die Einschätzung der Zentralität einer Variablen erfordert eine Situationsanalyse angemessener Komplexität, da alle Faktoren situationsabhängig zu gewichten sind: Dringlichkeit, normativer Wert, Zentralität ... sind Aspekte, die sich selbst wieder widersprechen können. Sie erfordern strukturelles Wissen über den angesprochenen Realitätsbereich. Unter dem grundsätzlich bestehenden Zeitdruck durch Eigendynamik und Intransparenz und bei grundsätzlich begrenzter Verarbeitunskapazität ist es daher notwendig, Schwerpunkte zu setzen. „Schwerpunktbildung bedeutet die Festlegung der Denk- und Handlungsausrichtung auf eine Auswahl aus den Zielen und dementsprechend die Einschränkung der Informationsaufnahme auf diejenigen Teile des Realitätsausschnitts, die relevant sind im Hinblick auf die ausgewählten Schwerpunktziele" (Dörner 1983, S.45). In einem vernetzten, zum Teil intransparenten Realitätsbereich ist dieses Verfahren mit Risiken behaftet: Man bewegt sich mit selbst gewählten Scheuklappen durch ein komplexes und eigendynamisches Gefüge sozialer Prozesse. Schwerpunktbildung soll deshalb nicht als endgültiger Ausschluß zur Zeit nicht interessierender Strukturen und Prozesse verstanden werden. Es ergibt sich eine widersprüchliche Aufgabe: „Man muß einerseits die unter dem Aspekt des Schwerpunktes irrelevanten Teile des Realitätsausschnittes ständig weiter beobachten und gegebenenfalls sogar den Schwerpunkt wechseln. Andererseits darf man sich durch die Hintergrundinformationen nicht allzu stark ablenken lassen von der Behandlung des Schwerpunktes" (Dörner 1983, S.48).

Reduktion und Erhaltung von Komplexität in widersprüchlichen Aufgaben der „Schwerpunktbildung" und der „Hintergrundkontrolle" können in Kreisprozessen zu immer größerer Engstirnigkeit führen: Ich entscheide mich für bestimmte Ziesetzungen und entsprechende Schwerpunkte. Ich nehme nur noch die für mich wichtigen Informationen in diesen Schwerpunkten wahr, spezialisiere mich in diesen Schwerpunkten, verfolge in diesen Bereichen immer differenziertere Zielsetzungen, ohne die Entwicklungen in anderen Bereichen zu bemerken („Verkapselungstendenz"). Es wird ein zerstörerischer Rückkopplungsprozeß in gang gesetzt. Die Verabsolutierung einzelner Gesichtspunkte ist für die Entwicklung von Unterricht und Schule als sozialer Systeme ungeeignet. Je stärker zentrierende Ziele verabsolutiert werden, um so mehr müssen andere Aspekte als störend eliminiert werden. Integrationsfähige Kommunikationssysteme können so nicht entstehen. Zentrierende müssen durch „dezentrierte" Verarbeitsweisen (im Sinne Piagets) ergänzt werden. Im gegenteiligen Fall wird die hektische Kommunikation, die von Problem zu Problem springt, ohne Ziele und Informationsbereiche zu gewichten, kaum zu tragfähigen Lösungen (auf Zeit) in irgendeinem Teilbereich kommen. Strukturlose Unterrichtsprozesse sind nicht vorstellbar. Schulen ohne Profil (und damit ohne Gewichtung möglicher Aktivitäten) sind nicht reicher sondern ärmer. In Integrationsmaßnahmen lassen sich auch Fragen der Zusammenarbeit in diesem Sinn verstehen: Wie setzen Lehrer ihre Schwerpunkte, ohne sich zu sehr und zu starr zu spezialisieren? Wie kann ein sinnvolles Zusammenwirken stattfinden, das spezielle Aspekte und den Blick für das Ganze kombiniert? Hier wiederholt sich intern die Frage nach der System/Umwelt-Differenz.

Für die Handlungsanforderungen im konkreten Fall ist es vorteilhaft, günstige und ungünstige Strategien innerhalb des beschriebenen Dilemmas zu unterscheiden. Insgesamt belegen die Untersuchungen Dörners, daß erfolgreiche „Akteure" im Vergleich zu weniger erfolgreichen aktiver eine Vorstellung des komplexen Realitätsbereiches mit seinen vielfältigen Vernetzungen aufbauen (Dörner/Stäudel 1979, S.6, S.9); sie bilden kognitive Systeme, mit denen sie in der Lage sind, bezogen auf Vorgänge in sozialen Systemen sinnvoll zu handeln („Systeme verstehen Systeme"), indem sie häufiger „deduktiv" Hypothesen aus Gedächtnisstrukturen ableiten (Dörner 1979 S.65) und deshalb deutlicher Diskrepanzen und Unstimmigkeiten feststellen (Dörner/Stäudel 1979, S.10)
Dadurch sind sie in der Lage, häufiger optimal zu handeln:
- sich schneller und entscheidungsfreudiger den Kernproblemen zuzuwenden (Dörner/Stäudel 1979, S.12/13)
- sich ihrer Verarbeitungs- und Handlungsprozesse durch explizite Aufgabenstellungen und Selbstreflexion bewußter zu werden (Dörner/Stäudel 1979, S.8)
- sich den Problemen zu stellen, d.h. weniger von einem Thema zum anderen zu springen, sich nicht in einer speziellen Frage einzukapseln, noch Aufgaben durch delegierende Zuschreibung loswerden zu wollen (Dörner/Stäudel 1979, S.11).
Erfolgreiche Versuchspersonen setzen sich motivational zu ihren Aufgaben in Beziehung, indem sie
- mehr Neugier zeigen und deshalb eher dazu neigen, unbestimmte Realitätsbereiche aktiv kennenzulernen, aktiv geeignete kognitive Schemata aufzubauen, zu erproben und zu korrigieren

- damit in Wechselwirkung die Selbstsicherheit aufbauen, auch mit neuen Situationen fertig zu werden (Dörner/Stäudel 1979, S.14/15).

Diese Unterschiede lassen sich in mehreren Punkten präzisieren und ergänzen:
- Zum Bild eines Realitätsbereiches gehören notwenidg seine Zeitabläufe. Die Daten werden erst aussagekräftig, wenn ihre zeitlichen Veränderungen in Entwicklungsverläufen deutlich werden (Dörner 1979, S.45)
- Schwerpunktbildungen dürfen nicht durch „Lautstärke" partieller Interessen sondern durch Relevanz in bezug auf Ziele vorgenommen werden (Dörner 1979, S.45)
- Eingriffe müssen dosiert (ohne über- bzw. Untersteuerung) vorgenommen werden. Besonders geeignet sind Möglichkeiten der Selbststeuerung im System, die den Handelnden ganz wesentlich entlasten können, wenn er bereit ist, unter bestimmten Bedingungen auf die Ausübung von Kontroll- und Machtbefugnissen zu verzichten (Dörner 1979, S.52/53).
- Tendenzen zur Untersteuerung können in solche zur Übersteuerung umschlagen, wenn die Handelnden zu diktaktorischen Verhaltensweisen neigen, sich damit selbst überfordern und dann zum anderen Extrem greifen.
In all diesen Prozessen sind die handelnden Personen emotional beteiligt: Dörner betont einseitig die Aspekte kognitiver Kontrolle (z.B. Dörner 1983, S 104) und das Gefühl der Kompetenz, ohne näher auf Aspekte des Stolzes, der Scham, der peinlichen Exponiertheit, der Freude, der Schuld, der Resignation usw. einzugehen. Gerade bei mißlingenden Versuchen wird für den Autor die Involviertheit der Handelnden und auch die Selbstbezogenheit ihrer Handlungen deutlich:
„Wie es schon dargestellt worden war, können Übersteuerung und diktatorische Maßnahmen angesehen werden als eine Art Selbsttherapie des eigenen Kompetenzgefühls. Es sind - fehlgegangene - Versuche, die eigene Sebstsicherheit zu stützen. Eskapistische Tendenzen sind Versuche, den Realitätsbereich, der sich der eigenen Kontrolle zu entziehen scheint, zu verlassen. Es gibt viele verschiedene Formen des Eskapismus, von denen ... drei genannt sind, nämlich die Verkapselungstendenz ..., die Exculpation und die Resignation. Die Exculpation besteht darin, daß man seine Rolle als Verursacher bestimmter Mißstände leugnet, indem man sie auf andere Faktoren zurückführt, auf die man keinen Einfluß hat" (Dörner 1979, S.55).

Signifikante Korrelationen mit der Güte der Problemlösungen im Experiment ließen sich mit Skalen für die „Selbstsicherheit", „Extraversion", „kontrollierte diversive Exploration" nachweisen (Kreuzig 1979, S.28). Diese Merkmale korrelierten untereinander selbst wieder signifikant. Dörner hebt folgende Persönlichkeitsunterschiede zwischen erfolgreichen (P-Vpn) und weniger erfolgreichen Versuchspersonen (N-Vpn) hervor:

„1. P-Vpn sind *selbstsicherer* als N-Vpn.
2. P-Vpn neigen mehr zu explorativem Verhalten; sie sind eher bereit, sich neuen Umgebungen auszusetzen als N-Vpn.
3. Die P-Vpn verfügen über mehr *abstrakte* Begriffe als die N-Vpn" (Dörner 1983, S.435; Hervorhebungen im Original)

Dörner faßt diese Daten zusammen:
„Die hohe Selbstsicherheit indiziert u.E. eine hohe heuristische Kompetenz, d.h. ein hohes Ausmaß an Zutrauen in die eigene Fähigkeit, auch für unbekannte Situationen adäquate Handlungsmöglichkeiten erzeugen zu können. Zusammen mit einem Bedürfnis nach Neuheit und Unbestimmtheit, welches in Zuständen hoher Kontrolliertheit (=geringer Unbestimmtheit) aktiv wird, führt hohe heuristische Kompetenz in entsprechenden Situationen zu einem hohen Ausmaß an „diversiver Exploration" (Berlyne), d.h. zu einem hohen Ausmaß an Konfrontation mit neuen, unbekannten Realitätsbereichen. Unbestimmtheit löst wiederum ein Bedürfnis nach Unbestimmtheitsreduktion aus und diese entsprechende geistige Prozesse der `spezifischen Exploration' (Berlyne). Diese bestehen darin, entweder die neuen Erfahrungen in das Netzwerk der alten Hypothesen und Zusammenhangsannahmen über die Welt zu integrieren, oder darin, die alten Schemata neuen Erfahrungen anzugleichen, um `kognitive Dissonanz' (Festinger) zu vermeiden. Dies wiederum wird oftmals die Bildung neuer Abstrakta erfordern. Eine reichhaltige und differenziertere Erfahrung über die verschiedensten Bereiche wiederum erhöht die heuristische Kompetenz, indem sie die Fähigkeit zur Strukturierung neuer Realitätsbereiche erhöht. Denn die Verfügung über mehr Erfahrung bedeutet die Verfügung über mehr `Modelle' für die Welt. Außerdem bedeutet die Verfügung über mehr Schemata, daß ein Individuum weniger in Situationen hoher Unbestimmtheit kommt, da es eben viel kennt. Dies erhöht unter entsprechenden Bedingungen die Tendenz zur diversiven Exploration" (Dörner 1983, S.436).
In einem hypothetischen Schema (in Anlehnung an Dörner 1979, S.72) läßt sich dieser Prozeß so darstellen:

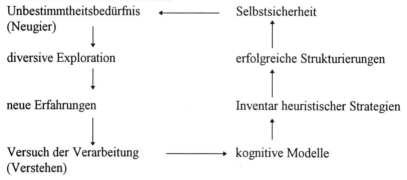

„Insgesamt ergibt sich so zwischen den Parametern 'Selbstsicherheit', 'Neugier' und 'Abstraktheit' ein Zusammenhang, der einer positiven Rückkopplung entspricht. Die drei Parameter 'schaukeln sich wechselseitig auf'‚ (Dörner 1983, S.437). Ich interpretiere diese Parameter im Sinne der System/Umwelt-Differenz: Sie beschreiben kommunikative Kompetenz von „Akteuren", die sich nicht in der Angst und Sorge um eigene Probleme verschließen, sondern sich ihrer selbst sicher aufmerksam sein können nach außen, sich auf Prozesse einlassen und darin verstehend mitwirken.Dörner analysiert Kommunikationsprozesse in Hinblick auf Ereignisse, die Personen zugeordnet werden, die mehr oder weniger erfolgreich ihr Kommunikationsverhalten gerade in bezug auf die Eigendynamik des Systems steuern können, also unter Gesichtspunkten der Anschlußfähigkeit im sozialen Prozeß. Die drei genannten Parameter gelten aber meist nicht als Kennzeichen schulischer Kommunikation im Sinn von „Praxis". Es wäre günstig, mit gesundem Selbstbewußtsein neugierig zu sein auf die individuelle Vielfalt von Kindern, über die auch in professionellem Abstand beraten werden kann.

Die Faktoren erfolgreichen Handelns in Systemen lassen sich in Anlehnung an Dörner (1979, S.54) so ordnen:

| **interne kognitive Verarbeitung** | **Eingriffe in das soziale System** |
|---|---|
| komplexe kognitive Modelle und Strategien | sich den (Kern-)Problemen stellen vs. eskapistische Tendenzen der Verkapselung, Exculpation oder Resignation |
| reversible Schwerpunktbildung Hintergrundwissen Explikation von Zielen Entscheidungsverhalten Selbstreflexion | Anpassung an Eigendynamik vs. diktatorisches Verhalten mit - Unter- und Übersteuerung |
| **motivationale, emotionale Faktoren** | **Effekte im System** |
| Selbstsicherheit Gefühl der Kompetenz Neugier Vertrauen in Selbststeuerung vs. Macht-, Kontrollbedürfnisse Streß; Resignation | abgestimmtes Wachstum der relevanten Bereiche Wohlergehen der Teilnehmer |

# 5. Zur Methode

## 5.1 Naive Objektivität und Reflexionsstufen der Erkenntnis

Das Karrieremodell schulischen Lernens stellt „dem Schüler" den Lehrplan, also „den Gegenstand" in einer zeitlichen Struktur gegenüber, wobei beides vom reflexiven Individuum und von der konkreten Situation abstrahiert wird. Darin drückt sich das abendländische Denken in (objektiven) Identitäten aus, streng formuliert in der klassischen aristotelischen Logik, grundlegend für das abendländische Philosophie- und Wissenschaftsverständnis. Angestrebt wird die allgemeine und ungeschichtliche Wahrheit über „das Sein", über „die objektive Welt", in die eine überzeitliche Ordnung eingeschrieben ist, außerhalb der Relativierung durch Reflexionszusammenhänge des Beobachters.

1
Günther (1976) sieht in der irreflexiven Objektivität die Ebene des Denkens, die in der klassischen Logik zutreffend beschrieben ist. „Die ursprüngliche und elementare Situation des Denkens ist die der klassischen Logik, in der ein denkendes 'Ich' einem gedachten 'Es' gegenüber steht. Diese Unmittelbarkeit des Gegenüberstehens ist der Umstand, aus dem die Zweiwertigkeit resultiert. Das Resultat eines solchen Systems ist Irreflexivität, weil das theoretische Ich sich ja in dieser Bewußtseinslage ganz und gar an das Objekt hingibt und seine eigene Reflexionstätigkeit darüber vergißt" (Günther 1976, Bd.I S.172).
Dieser Ebene entspricht bei Spencer Brown die Ebene der ersten Unterscheidung. Im diffusen Rauschen aller Ereignisse entsteht keine Erkenntnis, kein Wissen. Es braucht den Eingriff der Unterscheidung und Bezeichnung („Draw a distinction!" Spencer Brown). Im Raum der Ereignisse wird unterschieden im Sinne des Beobachters, nicht aus „ontologischer" Notwendigkeit „in der Sache". Durch Bezeichnung wird ein Teilbereich gekennzeichnet: „behindert". Durch die Form dieser Unterscheidung wird der Gesamtbereich möglicher Ereignisse bestimmt, von unendlich vielen möglichen Formen (alt/nicht alt; Schüler/Schülerin; ...) wird eine kontingente Form ausgewählt: „behindert"/"nichtbehindert", und der unterschiedene Bereich wird durch ein Merkmal („mark of distinction") im Sinn der Unterscheidung markiert.
Der Ereignisbereich und der Name für ihn sind strikt zu unterscheiden: Landschaft und Landkarte, Speisen und Speisekarte sind nicht dasselbe. Die kontingenten Unterscheidungen legen aber die Struktur fest, in der über die Landschaft gedacht und kommuniziert werden kann. Auf der ersten Ebene der Unterscheidung und Bezeichnung (Beobachtung) wird dieser Prozeß nicht bedacht. Dieser Mensch *ist* behindert, jener *ist* es nicht. Behinderung ist ein Merkmal bestimmter Menschen. Mehr wird nicht gewußt.

In der Unterscheidung behindert/nichtbehindert auf dieser ersten Ebene ist kein Platz für den Blick auf ein erkennendes Ich, Du oder Wir. „'Ich' und 'Du' sind nur subalterne empirische Perspektiven des universalen Subjekts" (Günther 1976, Bd.I S.45), die aus der Betrachtung bleiben können, weil sie keinen Unterschied machen. Ein Schüler ist entweder behindert oder nichtbehindert; ein Drittes gibt es nicht. Der Gutachter stellt objektiv die Behinderung fest - oder die „Nichtbehinderung". Dies ist unabhängig von der Auffassung irgendwelcher Personen - eben objektiv gültig, d.h. unabhängig vom Beobachter, deshalb unserer individuellen Willkür und Verantwortung (außer der für eine methodisch/technisch genaue Durchführung des Verfahrens) entzogen und gut geeignet für „sachliche" Entscheidungen, z.B. in der Verwaltung und vor Gericht. Das Denken des Gutachters, des Lehrers, des Schülers oder seiner Eltern oder kulturelle Muster der Kommunikation haben mit der Tatsache der Behinderung nichts zu tun. Das Verfahren legitimiert die Aussage, das Merkmal existiere in der Sache (Person) an sich und könne unabhängig vom Beobachter beobachtet werden.

Wissenschaftliche und diagnostische Erkenntnis wird in der Regel auf diese erste Ebene der Beobachtung beschränkt. Die Gültigkeit einer Aussage wird davon abhängig gemacht, daß sich die Aussage beobachterunbhängig durch Wiederholung bestätigt. Die klassische Form allgemeingültiger Aussagen beruht darauf, die Relevanz des Beobachters zu ignorieren, die für die Pädagogik und speziell für die Integration bewußt unterschiedlicher Menschen, z.B. behinderter und nichtbehinderter, grundlegend ist: Wir sind als Beobachter gleich, und wir sind verschieden! Sie verhindert den Blick auf Notwendigkeiten der Differenzierung und Integration in schulischen Lern- und Erkenntisprozessen. Der „Stoff" kann allgemeingültig formuliert werden, Differenzen sind auszuschaltende Fehler der Subjekte, „alle Quelle des Irrtums liegt im Subjekt, und Wahrheit gründet sich im Objektiven" (Günther 1976, Bd.1 S.26). „Das Andere" gibt es in der Spaltung Ich-Objekt nicht als legitime Unterscheidung auf der Ich-Seite in unterschiedlichen ich-haften Erlebensweisen, die wechselseitig selbst wieder als (ich-hafte) Anteile der Welt erkannt und angesprochen werden. Die Unterscheidungen sind (unreflektiert) nur auf der Objektseite möglich: In einfachster Struktur wird „etwas" unterschieden, markiert im Sinne Spencer Browns.

*Dies ist die logische Seite der Trivialisierung.* Objektivität bedeutet, „daß die rationale Struktur des Erlebens im 'Ich' und im 'Du' notwendig dieselbe 'sei', da es andernfalls keine interobjektiv allgemeingültigen Begriffe geben könne. Man vergißt dabei ganz, daß man in diesem Argument das 'Du' relativ zur Rationalität als 'Ich' interpretiert. Das Problem aber, dem wir an dieser Stelle nachgehen, ist nicht wie jedes 'Ich' für sich denkt (dafür ist die klassische Logik unüberbietbar!), sondern wie sich für jedes beliebige Ich der gesamte Zusammenhang zwischen Subjekt-überhaupt und Objekt-überhaupt darstellt, wenn das andere Ich im eigenen Denken als `Du' thematisch festgehalten und ausdrücklich nicht als Ich (aber auch nicht als Objekt!) gedacht wird" (Günther 1976, Bd.I S.26/27). Die Metaphysik, die den Hintergrund der klassischen Logik abgibt, erkennt der Unterscheidung zwischen Ich und Du keine entscheidende Bedeutung zu. „Die Distribution der Subjektivität erscheint hier als etwas Sekundäres, Abgeleitetes und im letzten Grund Unwahres" (Günther 1976, Bd 3, S.86). Die Verschiedenheit konkreter Subjekte wird systematisch als Verschiedenheit der Defizite verstanden.

Es ist aber deutlich, daß die Annahme eines unterschiedslosen, allgemeinen Erkenntnissubjektes und damit verknüpft der Wahrheit restlos objektbestimmter Erkenntnis unrealistisch sind. „Denn dem Ich und dem Du ist ... kein absolutes Subjekt, das weder Ich noch Du ist, übergeordnet. Statt dessen ist dem Ich und Du ein Es als Drittes beigeordnet" (Günther Bd.3, S.87). Das zweiwertige Verhältnis von Subjekt und Objekt spielt sich in der Vielzahl von autonomen Subjekten an verschiedenen ontologischen Stellen in der Differenz Ich - Du ab. „Die Folge davon ist: insofern, als alle Subjekte die gleiche Logik benutzen, sind ihre Resultate gleich, insofern aber, als die Anwendung von unterschiedlichen ontologischen Stellen her geschieht, sind ihre Resultate verschieden. Dieses Zusammenspiel von Gleichheit und Verschiedenheit in logischen Operationen wird durch die Stellenwert-Theorie der mehrwertigen Logik beschrieben" (Günther Bd.3 S.87).

Gleichheit und Verschiedenheit in der logischen Konstruktion von Welt heißt z.B., „daß der irreflexive Objektzusammenhang der gegenständlichen Umwelt, in der wir leben, auf verschiedene Bewußtseinsstufen unterschiedlich gedeutet wird. Ding-Realität ist für einen Buschmann etwas ganz anderes als für Newton. Und die Newtonsche Auffassung wieder würde von einem modernen Nuklearphysiker fraglos abgelehnt werden. D.h. mit wachsender Reflexionstiefe ändert sich auch der Charakter des irreflexiven Objektbereichs, dem das Bewußtsein begegnet" (Günther 1976, Bd.1 S.184/185). D.h. allgemein, es ist notwendig, über den irreflexiven Objektbereich weitere Ebenen der Erkenntnis einzuführen, die es erlauben, den Beobachter einzubeziehen. Guenther fordert, neben der Ich-Es-Beziehung auch die Du-Es-Beziehung als andere zur Kenntnis zu nehmen und logisch beides in Beziehung zu setzen.

Sowohl Günther, als auch Spencer Brown schlagen vor, die irreflexible Objektivität zu überschreiten. Ausschließliche Leistung der ersten „Ebene" ist die selbst nicht beobachtete Beobachtung einer radikal objektiven Welt (in der Unterscheidung von „marked state" und „unmarked state"). Auf diese „Ebene" wird reflektiert. „Beobachtung erster Ordnung sieht die Welt, Beobachtung zweiter Ordnung sieht den Beobachter in der Welt die Welt beobachten" (Roberts 1993, S.26). Damit wird das Beobachten (Unterscheiden, Denken) selbst zum Gegenstand, der Beobachter kommt in den Blick. Es wird deutlich, daß jede Erkenntnis auf einer gesetzten Unterscheidung beruht, die notwendigerweise ihren blinden Fleck hat: den Blick auf sich selbst. Alleinige Referenz der ersten Unterscheidung ist die Welt, nicht die Unterscheidung (die Beobachtung, das Denken). Erst auf dieser zweiten Ebene ist es möglich, die Beobachtung zu beobachten, zwischen Unterschiedenem und Unterscheidung zu unterscheiden. Damit kann gegenüber dem „markierten" Gegenstand zwischen unterschiedlichen ichhaften Beobachtern und ihren Erkenntnisprozessen unterschieden werden. Im Wahrheitsbegriff kann der Bezug auf das transzendente Subjekt-überhaupt ersetzt werden durch den Bezug auf Kommunikation, in der Ich(Subjektivität) und Du(Subjektivität) nicht aufeinander (oder auf ein Subjekt-überhaupt) reduziert werden können.

Dies ermöglicht vielleicht die Verknüpfung mit einem diskurstheoretischen Wahrheitsbegriff und macht es sinnvoll, eine Analogie zur TZI-Struktur zu behaupten:

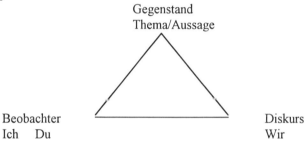

(vgl. die Schemazeichnung in Günther 1976, Bd.I S.173)

Das „Wir" im Diskurs (und im Konsens) hat einen Sinn, wenn die Unterscheidung von Ich und Du logisch relevant ist. „'Wahr' ist deshalb kein einfacher logischer Wert mehr, weil das Wahre in der Ich-Du Relation eine andere logische Struktur zeigen muß als in der Ich-Es oder Du-Es Beziehung" (Günther 1976, Bd.1 S.27). Die einfache Beziehung Erkenntnissubjekt-überhaupt zu Erkenntnisobjekt-überhaupt, die allgemeine Begriffe und allgemeine Erkenntnisse aus der Leugnung von Differenzen auf der Subjektseite begründet, wird abgelöst durch eine Logik, die ich-hafte Beobachter unterscheidet, indem sie (wie Günther und Spencer Brown) Reflexionsebenen einführt. Habermas setzt in der idealen Sprechsituation des Diskurses diese Subjekte in eine Beziehung von Interdependenz und Autonomie ohne Machtausübung, so daß das „Kollektiv der Forscher" statt eines transzendentalen Bewußtseins überhaupt zum Subjekt des Forschungsprozesses wird (Habermas 1977, S.120/121). Es ist notwendig, in Diskurs und Konsens nicht die Operationalisierungen von Objektivität zu sehen, sondern die Anerkennung unterschiedlicher Sichtweisen in einer neuen Qualität der Kommunikation.

„Da alle Logik thematisch 'objektv' ist, sich also immer auf einen Inhalt, resp. Denkgegenstand, bezieht, kann die Reflexion sich als ganze (Hegel: total) nie als Innerlichkeit, d.h. rein reflexiv, darstellen. Sie muß das Moment des Seins, der 'Äußerlichkeit', wie es in der Phänomenologie des Geistes heißt, in sich aufnehmen und sich mit ihm identifizieren" (Günther 1976, Bd.1 S.173).
Im Sinne Spencer Browns: Es gibt immer eine erste Unterscheidung „in der Sache". Kein Erkenntnisprozeß kann mit der Unterscheidung zweiter Ordnung beginnen (das hieße gewissermaßen die Phänomenhaftigkeit der Welt.- im Sinne Husserls.- ohne Welt zu behaupten), aber die erste Ebene setzt implizit bereits die zweite voraus (re-entry; diese ist in jener enthalten). In der Verknüpfung mit TZI: Es ist immer ein Thema notwendig, an dem dann auch die Ich-, Du- und Wir-Anteile reflektiert werden können, um zu erkennen, wie sie schon von Anfang an in der Themenfindung und -formulierung enthalten sind.
So wie Günther seine mehrwertige Logik als System zweiwertiger Logiken versteht, wiederholt Spencer Brown den Befehl „Triff eine Unterscheidung" auf sich selbst bezogen, um ein logisches System aufzubauen. Die Bedeutung dieser Konstruktionen liegt genau in diesen reflexiven Verknüpfungen. „Sie tragen dem bisher nicht genügend gewürdigten Umstand Rechnung, daß wir ein und dieselbe zweiwertige Logik auf verschiedene Bewußtseinsstufen anwenden können und daß diese verschiedenen Anwendungen nicht isolierte Phänomene sind, sondern in gegenseitiger Abhängigkeit sich befinden" (Günther 1976, Bd.1 S.174).
Klarheit der Konstruktion heißt hier offensichtlich nicht Reduktion auf einen einzigen binär kodierten Aspekt. „Die klassische Rationalität beschreibt die Gestalt der Wahrheit 'von außen',d.h. ausschließlich in ihrem unmittelbaren Gegensatz zum Nicht-Wahren. Sie vermeidet, das denkende Subjekt in ihr System hinein zu definieren" (Günther 1976, Bd.1 S.28). Dies erscheint unrealistisch: Schon die erste Unterscheidung, mit der beobachtet wird, ist sinnhafte (motivierte, begründete) Entscheidung, in die das Ich mit eingeht (Spencer Brown). So verstanden beruht Erkenntnis nicht auf Sein-an-sich, sondern auf konstruiertem Sinn. „D.h. die Wahrheit, die für die aristotelische Logik 'von außen' her gesehenes Objekt (Positivität) ist, enthüllt in der transklassischen Logik ihre strukturelle Gliederung" (Günther 1976, Bd.1 S.28). Es ist notwendig, nach dem reflexiven Sinn einer Aussage (Luhmann: in der Einheit von Selbstreferenz und Fremdreferenz) über ihre Qualität als Seinsaussage hinaus zu fragen. Grundlage von Erkenntnis ist nicht die Abstraktion vom Beobachter, sondern im Gegenteil das In-Beziehung-sein, das bereits die erste Unterscheidung begründet und so den Beobachter von Anfang an einbezieht. Weshalb trifft die Schule (die Gesellschaft; der Lehrer ...) gerade diese Unterscheidung „behindert/nichtbehindert"? Weshalb gibt sie ihrer Schülerschaft ihre grundlegende Form gerade in dieser Unterscheidung? Wie ist Schule mit ihrer Schülerschaft in Beziehung, daß diese Form für sie entscheidend ist? Wie

versteht sie sich selbst, ihren Sinn in dieser Form? Wie entwickelt sie darin ihre (Kommunikations-) Strukturen, sich selbst als System? In welchem Sinn wird Schule beobachtet?

Für Luhmann besteht die Funktion der Selbstreferenz, die in allen Prozessen der Reproduktion mitläuft, darin, die Einheit des Systems in das System einzuführen. Dies hat eine sozio-historische Bedingung: „Erst mit der Umstellung des Gesellschaftssystems von stratifikatorischer auf funktionale Differenzierung wird es nötig, die mitlaufende Fremdreferenz durch mitlaufende Selbstreferenz zu ersetzen, weil die neue Differenzierungstypik die hierarchische Weltordnung sprengt und die Funktionssysteme autonom setzt" (Luhmann 1984, S.624/625). Es gibt keinen allem übergeordneten (inhaltlich, z.B. religiös definierten) Standpunkt mehr.

Selbstreferenz als Verweis auf den Sinn der Operation (funktionsspezifisch im Ganzen z.B. der Bildung) tendiert im Erziehungssystem zur Hypostasierung und Überforderung, so daß Pädagogik (vom Weihrauch hoher Ziele umnebelt und wegen Ineffizienz abgewertet), unter edelsten Motiven in Dienst genommen und trivialisiert werden kann. Die tatsächliche Reflexion in der Einheit von Selbst- und Fremdreferenz ist gerade pädagogisch unzureichend - besonders deutlich sichtbar in der Diagnostik von Behinderungen allein als Merkmalen von Schülern. „Und erst recht liegt in den Selbstbeschreibungen des Erziehungssystems als Bildungssystem nichts, was dieses Problem auch nur erfassen könnte" (Luhmann 1984, S.644). Normative Praxisvorschläge und explizierte pädagogische Ziele und tatsächlich beobachtbare Zustände stehen jedenfalls oft in einem ungeklärten Verhältnis, oft in Widerspruch zu einander. Die Diskrepanz wird oft durch Zuschreibung erklärt, so daß das Teilsystem Erziehung die eigenen Probleme anderen anlastet und sich so exculpiert. „Gesellschaftliche Rationalität würde nunmehr erfordern, daß die durch die Gesellschaft ausgelösten Umweltprobleme, soweit sie die Gesellschaft rückbetreffen, im Gesellschaftssystem abgebildet, das heißt in den gesellschaftlichen Kommunikationsprozeß eingebracht werden. Dies kann in den einzelnen Funktionssystemen in begrenztem Umfange geschehen - so wenn Mediziner die durch sie selbst verursachten Krankheiten wieder zu Gesicht bekommen. Typischer ist jedoch, daß ein Funktionssystem über die Umwelt andere Funktionssysteme belastet. ... Es bleibt wohl nur die Möglichkeit, das Problem mit der nötigen Schärfe zu formulieren, die funktionssystemspezifischen Umweltorientierungen zu verbessern und die gesellschaftsinternen Rückbelastungen und Problemverschiebungen mit mehr Transparenz und Kontrollierbarkeit auszustatten" (Luhmann 1984, S.645). Dies ist sinnvoll, wenn die eigenen Anteile an der Produktion von (Umwelt-) Schäden der Gesellschaft (auch an uns selbst) deutlich werden, um Veränderungen hin zu vernünftigen Bedingungen zu ermöglichen. Rationalität wird nicht in der Verabsolutierung des „Objektiven", sondern in der Reflexion in der System/Umwelt-Differenz erreicht. Sie bezieht Selbst- und Fremdreferenz schon in der Information mit ein, als System/Umwelt-Differenz im System. Sie stellt Rationalität als die sinnhafte Einheit von Selbst- und Fremdreferenz im System her, als sinnhaft kontingente Form der Reduzierung von Komplexität im Bewußtsein der entscheidenden eigenen Beteiligung. Erst dann gilt: „Der Rationalitätsbegriff formuliert die anspruchsvollste Perspektive der Selbstreflexion des Systems" (Luhmann 1984, S.645).

## 2

Es ist schwierig, im Zusammenhang von Differenz-Theorien von Wahrheit zu sprechen, weil der Anschein ontologischer Behauptungen in der Beschreibung vermieden werden muß. Die „De-Ontologisierung der Realität" führt zu einer partiellen Abkopplung von der Umwelt. „Beobachten erzeugt das Beobachtete. Systeme bringen Differenzen hervor, statt sie an äußerlich gegebenen Objekten vorzufinden und wahrzunehmen. Durch das Erzeugen von Differenzen wird erst die Voraussetzung dafür geschaffen, daß sich Gegenstände formieren können. Das Beobachtete ist die Konstruktion des Systems" (Mussil 1995, S.63). Die De-Ontologisierung begründet die Forderung, auf Wahrheitsansprüche zu verzichten: „Keines der gängigen Kriterien des Wahrheitsbegriffs paßt zu Aussagen über Form und Differenz. Übereinstimmung mit der Wirklichkeit ist ein ontologisches Kriterium; andere Merkmale, die für die Definition von Wahrheit vorgeschlagen worden sind - Kohärenz, Evidenz, gerechtfertigte Behauptbarkeit und Konsens - lassen sich nicht auf Theorien anwenden, die Paradoxie und Unentscheidbarkeit zum alles beherrschenden Prinzip erheben" (Mussil 1995, S.74).

Der Anspruch auf Wahrheit wird ersetzt durch den auf grammatikalische Richtigkeit, „gesellschaftliche Phänomene als funktionale Komplexe zu beschreiben" (Mussil 1995, S.77). Luhmanns Systemtheorie liefert nicht schon die Wahrheit z.B. in Fragen des Erziehungssystems. Sie ist aber möglicherweise eine hilfreiche Anleitung, in einer sinnvollen Form Differenzen zu entwerfen, die ertragreiche Beobachtungen und Beschreibungen ermöglichen, von etwas, das strenggenommen („de-ontologisiert") unbeschreibbar ist.

In Anlehnung an Mussil (Mussil 1995, S.82ff) läßt sich dieses Verständnis in methodischen Schritten (als Normen der Darstellung) zusammenfassen:

a) Beschreibe, was in Erziehungsprozessen geschieht (gewissermaßen den „Text")
b) Stelle Erziehung als Paradoxie von Produktion und Produziertem dar
c) Beschreibe Probleme des Erziehungsytems als Konstruktion von Problemen im Umgang mit dieser Paradoxie (als funktionale Analyse im Sinne der Leitdifferenz des Systems, in der sich dieses System in bestimmten Problemstellungen fortlaufend reproduziert).

Die Entscheidung über diese Verfahrensvorschläge einer Heuristik in Problembeschreibungen (der Autopoiesis des Systems) wäre nicht ein für alle Mal zu treffen, sondern hinsichtlich der Differenziertheit, Stimmigkeit und Nützlichkeit im Einzelfall. Ein Wahrheitsanspruch wäre mit dieser Heuristik nicht notwendig verbunden.

Für wissenschaftliche Überlegungen ist die Konstruktion des re-entry wichtig. Der Beobachter erster Ordnung sieht nur „die Dinge", nicht seine zugrundeliegende Unterscheidung der Dinge. „Er kann zwischen Selbstreferenz und Fremdreferenz nicht unterscheiden. Beobachtung erster Ordnung kann sich selbst nicht sehen, ermangelt also der Selbst-referenz. ... Der Beobachter erster Ordnung sieht die Welt und nicht sich selbst, der er die Welt beobachtet. Der Beobachter verschwindet in die beobachtete Welt und versteht sich nicht als Beobachter in der Welt" (Roberts 1993, S.26).

Die Reflexion der Erkenntnis, die zuerst unreflektierte Aussagen über Dinge macht, dann Beobachter und Beobachtung unterscheidet, um den Beobachter in der Beobachtung („Innenseite der Unterscheidung") zu finden, führt dazu, wissenschaftliche Beschreibungen und Diagnostik zu ändern. „Nur mit Hilfe einer Beobachtung zweiter Ordnung wird die Differenz der Beobachtung erster Ordnung zwischen der Innenseite und der Außenseite der Form sichtbar als die Differenz zwischen Innenseite und Außenseite auf der Innenseite der Form. Der Beobachter zweiter Ordnung kann dann zwischen Unterscheidung und Bezeichnung unterscheiden, also zwischen Referenz auf den Beobachter und Referenz auf die Welt, und mit Hilfe dieser Unterscheidung beobachten" (Roberts 1993, S.25/26). In dieser Beobachtung wird die Beobachtung erster Ordnung (z.B. in der Diagnostik) als ganze sichtbar und z.B. ideologiekritisch als Teil institutioneller Kommunikation kritisierbar, allerdings auf Kosten eines neuen blinden Fleckes: der Unterscheidung des zweiten Beobachters. Der unendliche Regreß (Baecker 1993, S.26), immer weitere Beobachter einzuführen, die in der Welt beobachten, wie Beobachter in der Welt beobachten, wie Beobachter in der Welt beobachten usw. läßt sich in der Selbstreflexion bezogen auf die Einheit von Fremdreferenz und Selbstreferenz stoppen. Das Wissen um die Kontingenz der Beobachtung verweist auf die Möglichkeit anderer selbst- und fremdreferentiell kontingenter Beobachtungen mit demselben Wahrheitsanspruch im Diskurs. Wahrheit kann eher als emergente Qualität wissenschaftlicher Kommunikation verstanden werden - an bestimmte Voraussetzungen gebunden, vielleicht assymptotisch, jedenfalls nie endgültig erreichbar, eher als eine empirisch verifizierbare Qualität einer einzelnen Behauptung. Vielleicht ist es möglich, diese Überlegungen zur Wahrheit wissenschaftlicher Kommunikation mit denen von Habermas zu den Erkenntnisinteressen und zum Diskurs zu verknüpfen. Beobachtungen erster Ordnung sind typisch für Erkenntnis im technischen Interesse. Beobachter zweiter Ordnung können sich (hermeneutisch oder in funktionaler Analyse der Problemkonstruktionen und

Eigenwerte des Systems) der Unterscheidungen und Bezeichnungen versichern. Im emanzipatorischen Interesse ist (individuelle und gemeinsame) Selbstreflexion notwendig, die es ermöglicht, Verdinglichung und Entfremdung von den eigenen Produkten, den selbst erzeugten Umständen und „Sachzwängen" zu durchschauen, indem als eine Form des re-entry in den Produkten unsere Produktion und wir Produzenten wieder sichtbar werden.
„Spencer Brown jedenfalls legt die Kontingenzerfahrung an den Anfang unserer Unterscheidungspraxis. Das ist eine weitreichende Entscheidung, zwingt sie uns doch, wenn wir ihr folgen, gerade die Rigidität, die vermeintliche Notwendigkeit der ersten Unterscheidung im Lichte dessen zu lesen, was sie nicht für jeden sind: Rigiditäten, die die Kontingenz verstellen" (Baecker 1993, S.14). Die scheinbar allein sachlich notwendige Unterscheidung „behindert/nichtbehindert" wird als eigene Unterscheidung zur Beobachtung, d.h. zur eigenen Konstruktion von Wirklichkeit durchschaut.
„Ein Beobachten von Beobachtungen kann darauf besonders achten, welche Unterscheidungen der beobachtete Beobachter benutzt. Es kann sich fragen, was er mit seinen Unterscheidungen sehen und was er damit nicht sehen kann. Es kann sich für den blinden Fleck seines Unterscheidungsgebrauchs interessieren, für die Einheit seiner Unterscheidung als Bedingung der Möglichkeit seines Beobachtens. Hier lassen sich traditionelle ideologiekritische oder therapeutische Interessen fortführen" (Luhmann 1990, S.718).
Dies heißt nicht, jede Entfremdung aufzuheben, da es Erkenntnis ohne blinde Flecken nicht gibt und da es Selbstreflexion nur in der Differenz, nicht in Identität zur aktuellen Handlung gibt. Baecker nennt die „Laws of Form", in denen. beschrieben ist, wie wir unsere Welt konstruieren „Selbsterfahrungsliteratur": Wenn der Leser ihr in der Konstruktion der Unterscheidungen folgt, „entdeckt er sich am Ende der `Laws of Form' schließlich als die Form, von der zu Beginn die Rede war. Wenn er ihr folgt, konstruiert er sich selbst als den Beobachter, der wiedereintritt in die Unterscheidungsoperationen, von denen die Rede ist" (Baecker 1993, S.33).
Analog in einem anderen theoretischen Rahmen gesagt: „Sobald wir auf irreführende Ontologisierungen verzichten, können wir ein gegebenes wissenschaftliches Bezugssystem als Ergebnis der Interaktion des erkennenden Subjekts mit der Wirklichkeit verstehen" (Habermas 1977, S. 115).
Die Wahrheitsfrage gehört (im Sinne Luhmanns, im Anschluß an v.Foerster) zur Kybernetik 2. Ordnung: Im Beobachten 1. Ordnung werden Beobachtungen gemacht, deren Geltungsanspruch zunächst unbefragt bleibt. Erst im Konflikt werden sie bewußt expliziert (verständ-lich/unverständlich) und diskutiert: wahr/unwahr; richtig/falsch. „In Diskursen suchen wir ein problematisiertes Einverständnis, das im kommunikativen Handeln bestanden hat, durch Begründung wiederherzustellen" (Habermas 1984. S.122). Dieser Diskurs geschieht auf einer zweiten Ebene, nicht mehr durch konkrete Beobachtung „der Sache",

sondern durch Argumentation, die bereits Beobachtung voraussetzt und die sich im (unverzerrten) Diskurs bewährt. Grundsätzlich: „Die Bedingung für die Wahrheit von Aussagen ist die potentielle Zustimmung aller anderen" (Habermas 1984, S.137).

Diese Bedingung legt zwei Konsequenzen nahe:
- Die Frage nach der Wahrheit ist nie endgültig durch Entscheidung „in der Sache" zu beantworten. Sie kann immer wieder in neuen thematischen Zusammenhängen und mit neuen Erfahrungen gestellt werden.
- Die potentielle Zustimmung aller anderen setzt keine Befragung aller Menschen voraus, sondern die Veröffentlichung und den Diskurs nach allgemein akzeptierten Regeln der Argumentation zwischen kompetenten Gesprächspartnern. Dies kann gesellschaftlich in einem funktional bestimmten Kommunikationssystem mit solchen Regeln geschehen.
Beide Aussagen sind zirkulär (vgl. Habermas 1984, S.116):
- Der Konsens, eine Aussage sei wahr, hängt ab vom Stand der Erkenntnisse in diesem Themenbereich, d.h. von für wahr genommenen Aussagen. Wahrheitsannahmen begründen sich wechselseitig (durch Rekursivität im Sinne Luhmanns).
- Die Akzeptanz eines diskursiven Konsenses hängt selbst von zirkelhaften Entscheidungen ab. Form und Verlauf der Argumentation qualifizieren den Diskurs und erweisen sich im Diskurs als qualifiziert. Die Akzeptanz des Diskurses ist konsensabhängig, der Konsens ist diskursabhängig. Diese zirkulären Strukturen sind grundsätzlich unendlich (als unendlicher Regreß im Sinne Baeckers).
Der faktisch erzielte Konsens legitimiert Geltungsansprüche, wenn er nur argumentativ (im Vorgriff auf die ideale Sprechsituation/im Sinne der Leitdifferenz wahr/unwahr, d.h. nicht durch Macht, Reputation oder andere Medien erzielt wird (Habermas und Luhmann unterscheiden sich in diesem Punkt nur in der Begründung). Diese Fiktion, die kontrafaktisch im tatsächlichen Diskurs wirksam unterstellt ist, legitimiert letztlich den Geltungsanspruch wissenschaftlicher Wahrheit.
*Gegenstand des Diskurses muß nicht eine ontologische Realität sein* (vgl. „Richtigkeit" als Gegenstand des Diskurses). „Was in der Wissenschaftssprache 'Gegenstand' heißt, ist ... durchaus weltbezogen zu denken, aber nur im Kontext von Unterscheidungen, die den Weltbezug erst vermitteln. Somit müssen wir die Vorstellung aufgeben, die Welt sei die Gesamtheit der Gegenstände (universitas rerum), die man nach und nach erforschen und aus dem Status des Unbekannten in den Status des Bekannten überführen könnte. Unsere Überlegungen legen es außerdem nahe, auf den Begriff der 'Repräsentation' in der Darstellung von Wahrheits- und Wissenschaftstheorien zu verzichten. Von Repräsentation kann nur die Rede sein, wenn irgendeine

Art von struktureller Isomorphie von Außenweltfakten und wissenschaftlichen Erkenntnissen angenommen wird. Eine solche Isomorphie wäre aber nirgendwo auf eine Weise feststellbar, die den wissenschaftlichen Erkenntnissen gerecht würde" (Luhmann 1990, S.316). Pointiert: „Wissenschaft ist nicht Entdeckung, sondern Konstruktion" (Luhmann 1990, S.714) - über deren Wahrheitsanspruch in Kommunikationsprozessen entschieden wird. Damit wird die Paradoxie der Beobachtung der Beobachtung nicht aufgelöst, sondern ihre Entfaltung diskursiv kontrolliert. Entscheidend ist nicht das Problem der Referenz, sondern das der Form, in der Erkenntnis im autopoietischen Kommunikationssystem „Wissenschaft" anschlußfähig ist. Die erzeugten Differenzen ermöglichen die gegenständliche Auflösung und Rekombination der beschriebenen Wirklichkeit in immer größerer Komplexität. In diesen Verweisungszusammenhang können neue Beobachtungen als wahr integriert werden. Da dies mit wachsender Komplexität immer unwahrscheinlicher wird (durch Widersprüche immer leichter scheitern kann), sieht Luhmann in der internen Konsistenz das entscheidende Wahrheitskriterium. Genügen Beobachtungen diesem Kriterium nicht, müssen sie - falls der Verweisungszusammenhang im Diskurs weiterhin als bewährt gilt - als unwahr abgelehnt werden. „Für den Beobachter zweiter Ordnung ist mithin das Symbol `wahr´ ein Symbol der Selbstbestätigung des beobachteten Kommunikationsprozesses und nichts, was über unabhängige Bedingungen validiert werden könnte. Es ist ein Symbol für die im Kommunikationsprozeß selbst ermittelte Anschlußfähigkeit der Kommunikation" (Luhmann 1990, S.172). Wahrheit wird zum Medium für die Sozialität des Wissens, das sich rekursiv bewährt; „wenn Anerkennung erreicht wird, dann deshalb, weil ein Beobachter meint, beim Beobachten eines anderen Beobachters dasselbe zu sehen wie dieser. Mit starker Übertreibung kann man dies als Gemeinschaft der Forschenden, als herrschaftsfreie Kommunikation oder als praktizierte Gleichheit bezeichnen" (Luhmann 1990, S.319)

## 5.2 Erkenntnistheoretische Grundlagen

Dieser Arbeit liegen konstruktivistische Annahmen über Erkenntnisvorgänge zugrunde.

a) „Welt" ist Konstruktion in Differenzen: Beobachtung setzt Unterscheidung durch den Beobachtung voraus. In den Unterscheidungen wird das Beobachtete konstruiert. Was wir individuell wahrnehmen, denken, fühlen und gemeinsam kommunizieren *ist* unsere „Welt". Die Funktionsweise unserer Erkenntnisprozesse ist an die unseres zentralen Nervensystems gebunden. Unser Gehirn ist ein funktional geschlossenes System, das - von seinen eigenen Zuständen abhängig - mit unspezifisch codierten Sinnesintensitäten (lediglich

differenziert in der Impulsfrequenz) umgeht, indem es diesen Differenzen Bedeutung verleiht. Wir haben keinen Zugang zu den Dingen „an sich", „wie sie sind", sondern schaffen unsere Konstruktionen, von denen wir deshalb auch nicht wissen können, in wieweit sie „Abbild" einer „Realität an sich" sind. Unsere Wahrheiten sind selbstreferentiell und zirkulär selbstexplikativ.
- Unsere interne Organisationsweise bestimmt die Möglichkeiten unserer kognitiven Interaktionen und damit unsere kognitive Welt. Indem wir Repräsentationen unserer Interaktionen erzeugen, werden wir zum Beobachter (Schmidt 1987, S.23/24), der Vorgänge in seiner Umwelt beschreibt. Voraussetzung von Selbstbeobachtung ist die Beschreibung dieser Beschreibung in einem zweiten System, das zum Bestandteil der eigenen (autonomen) kognitiven Orientierung wird. Es erzeugt Selbstbewußtsein als Orientierung auf Selbstbeschreibung (Maturana 1982, S.65; Schmidt 1987, S.27). Es geht in Beobachtungen der Welt mit ein. Verstehen ist die Beobachtung dieser Einheit von (Selbst-)Mitteillung und (thematischer) Information.
- Erst die Beobachtung der Beobachtung führt die Ausgangsunterscheidung als Form der Beobachtung in die Beobachtung ein (re-entry). Beobachtung entfaltet die Paradoxie, Beobachtung in der Beobachtung zu sein, in einem grundsätzlich endlosen Regreß von Errechnungen von Errechnungen von Errechnungen ...., ohne „die Sache an sich" zu erreichen.

b) Wir konstruieren als Teil dieser Welt Beziehungen, z.B. als Ursache-Wirkungs-Beziehungen zwischen den Dingen, den Ereignissen, ohne wirklich (kausale) Beziehungen zwischen ihnen in der „Realität an sich" zu kennen. Regelmäßigkeiten sind unsere Erfindungen. Sie können sich in der Gesamtheit unserer Konstruktionen bewähren und förderlich sein. Sie können bisherige Konstruktionen stören und in Frage stellen, damit Entwicklungen auslösen, aber auch behindern.

c) Diese Konstruktionen sind:
- individuell und sozial *in bestimmten Kommunikationsprozessen in einer bestimmten Umwelt (aktuell oder vergangen), geschaffen* und haben in dieser System/Umwelt-Differenz einen verstehbaren Sinn;
- als Teil dieser Kommunikationsprozesse *hochgradig komplex* (vielfältig selektiv verknüpft), deshalb nicht linear auflösbar; sie sind hochgradig intransparent und vielen Perspektiven zugänglich
- in ihrer Komplexität und in ihrer Aktualisierung in Kommunikationsprozessen *an (bereichsspezifische) Kriterien der Anschlußfähigkeit gebunden*
- *zirkulär in Beziehungen der Ermöglichung verknüpft*; sie unterliegen Dekonstruktions-Prozessen: sie beobachten unterschiedliches in unterschiedlichen Gebrauchskontexten ohne stabile Beziehung zwischen Aktualität und Möglichkeit

- als *Mitteilungen* motivational und emotional besetzt und oft widerständig gegen Alternativen (Korrekturen)

d) Die Konstruktionen verfestigen sich in regelhaften Mustern. Sie werden immunisiert, indem sie bestimmen, welche Informationen möglich (relevant) sind, was überhaupt innerhalb der Konstruktion Information sein kann. Sie bestimmen, was „Faktum" (besser als „Datum") ist und rekonstruieren sich damit als Teil von „Welt" in ihrer Verwendung (zur Interpretation) ständig neu. Interpretation und Rekonstruktion sind deshalb zwei Funktionen desselben Erkenntnis-Prozesses.

e) Die Konstruktionen sind nie in sich vollkommen, stringent und widerspruchsfrei. Sie produzieren blinde Flecken, Probleme und Konflikte. Deshalb sind sie immer ein Teil des Problems, sie produzieren mit anderen Faktoren das jeweilige Problem. Dieses Problem (auf der Konstruktionsebene) ist das Konkrete, nicht die „Sache an sich".

f) Veränderungen sind im Prozeß der Re-Konstruktion möglich
- durch die Unterschiedlichkeit der Beobachter und ihrer *Ausgangsunterscheidung*, d.h. individueller, sozialer und historischer Strukturdeterminanten des Bezugsrahmens für den gesamten nachfolgenden Konstruktionsprozeß: Die Form der Basis-Unterscheidung, die Struktur des Beobachters bestimmt die Erkenntnis. „Objektivity is a subjekt`s delusion that observing can be done without him. Invoking objektivity is abrogating responsability, hence is popularity" (v.Foerster, zitiert nach Schmidt 1987, S.12).
- durch die Unerschöpflichkeit unf Verschiedenartigkeit *selektiver Verknüpfungsmöglich-keiten* in den Konstruktionsprozessen. Die „Sache an sich" kann nicht andere Sichtweisen verhindern. Jede Erklärungsweise reduziert Komplexität neu, relativiert die bisherige Konstruktion des Ganzen und erzeugt sie in ihrer Weise neu (Theorienpluralismus statt -purismus)
- durch die Begrenztheit, Perspektivität und interne Widersprüchlichkeit der Komplexitätsverarbeitung in begreifbaren und kommunizierbaren Konstruktionen (vgl. Teilchen- vs. Wellentheorie in der Physik) : Jede Aussage ist gebunden an einen *Referenzbereich rekursiver Anschlußfähigkeit*. Jede Aussage kann diesen Bereich verändern.
Als notwendig begrenzte Interpretationen können Aussagen je nach Perspektive wahr und falsch sein, sich ausschließende Aussagen können sinnvoll sein und sich bewähren (statt Validität im Sinne konkurrierender Wahrheitsansprüche bezogen auf die „Sache an sich"). Die Kriterien der Akzeptanz können sich ändern.
- weil Erkenntnisinstrumente (z.B. Tests) *im Gebrauchskontext* - nur dann sind sie Instrumente - notwendigerweise zirkulär Teil von sich ändernden Kommu-

nikationsprozessen und -kontexten sind. Erkenntnis ist das Ergebnis des individuellen und sozialen Erkenntnisprozesses, der als emergentes System ein Instrument als sein Element verwendet (statt Reliabilität, wenn sie verstanden wird als gleichbleibende, verselbständigte Beziehung des „Instruments an sich" zur „Sache an sich")
- durch die Verknüpfung verschiedener Ebenen, die jeweils neue Strukturen der Ermöglichung und Erzeugung eröffnen, so daß die *Ebenen autopoietischer Zirkel* („operationeller Schließung") unabgeschlossen bleiben (statt letztgültiger kausaler Erklärungen); die Koppelung kommunikativer und kognitiver Strukturen ermöglicht wechselseitige Irritationen.

g) Unsere Konstruktionen von Welt haben die Einheit von Selbst- und Fremdreferenz als letzte Bezugsgröße. Der Beobachter konstruiert die Invarianzen (Schemata, Eigenwerte) und die interne (z.B. hierarchisch-begriffliche) Organisation seiner Wahrnehmung. In Interaktion mit seinen eigenen Konstruktionen erstellt er Beschreibungen seiner Wirklichkeit.Diese Beschreibungen werden in der fachlichen Kommunikation in sozialen Prozessen auf ihre fachlich-thematische Anschlußfähigkeit hin überprüft. Lebensweltliche Geltung muß sich in den Lebensweltbezügen der Wahrhaftigkeit, der normativen Richtigkeit und des Weltwissens bewähren. Kriterien der Anschlußfähigkeit können in sozialen Systemen (z.B. in den Wissenschaften, im Recht, in der Ökonomie) als gültige Vorschriften (z.B. der Theoriebildung und der Methodik) ausdifferenziert, expliziert und formalisiert werden.

h) Die Befangenheit in der Welt eigener Konstruktionen kann die Vorstellung willkürlicher und isolierender Wahnproduktionen in Modellwelten hervorrufen. Da die Dinge nicht an sich zugänglich sind, ergeben sich unsere Beziehungen zu ihnen nicht aus den Realitäten, „wie sie sind", sondern wie wir sie schaffen. Unterscheidungen sind Entscheidungen. Sie sind unsere Konstruktion, deshalb zu verantworten. Ausbeuterische und zerstörerische Beziehungen sollen ersetzt werden durch solche, die dem Leben und seiner Entwicklung verpflichtet sind. Diese übergeordnete Zielsetzung soll auch Rekonstruktionen in wissenschaftlichen Arbeiten verpflichten. Konstruktivismus muß deshalb nicht in einem narzistischen Kerker der bloßen Selbstbezogenheit enden. Diese Verpflichtung (Verantwortung des Wissenschaftlers) kann nicht innerhalb der Leitdifferenz des Wissenschaftssystems oder aus einem „obersten gesellschaftlichen Wert" begründet werden.

i) Die Beobachtung psychischer und sozialer Prozesse ist an einen „konsensuellen Bereich" (Maturana) der Kommunikation und des Verstehens gebunden. Sie ist deshalb systemintern autonom und in Beziehung interdependent. Sie braucht die lebensweltlich-konsensuelle Basis der Verständigung und die systematisch ausdifferenzierte Form einer Wissenschaft. Diese Struktur ist nur zerstörerisch einseitig aufzulösen.

k) In den kommunikativen Erkenntnisprozessen kann Gewißheit entstehen
- wenn organismische Strukturen beachten werden (Kongruenz)
- wenn förderlicher Kontakt zur Umwelt entsteht (Akzeptanz und Solidarität)
- wenn Erkenntnis sich in der Kommunikation bewährt (Verständigung)
- wenn thematische Ganzheiten entstehen, die sich thematisch-argumentativ bewähren (Stimmigkeit).
- wenn Erkenntnisse schöpferische technische, praktische, emanzipatorische Entwicklungen auslösen (Kreativität)

## 5.3 Ein Modell wissenschaftlichen Arbeitens

Bevor über Verfahren nachgedacht wird, soll wissenschaftliches Arbeiten als Kommunikationssystem modellhaft dargestellt werden. Wie jede Kommunikation beruht auch wissenschaftliche Kommunikation auf der Einheit von Mitteilung, Information und Verstehen. Entsprechend setzt sie Beobachter, die sich mitteilen, den Gegenstand, über den informiert wird, ein System anschlußfähiger, selbst- und fremdreferentieller Operationen, die Verstehensprozesse ermöglichen, und eine Umwelt in der Unterscheidung von Selbst- und Fremdreferenz voraus. Ich wähle als Darstellungsform das TZI-Schema:

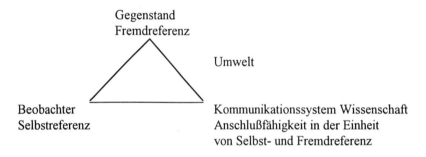

Jede Beobachtung, jede Kommunikation setzt voraus, daß eine Unterscheidung getroffen wird. Dies tut der Beobachter, der einen Gegenstand bezeichnet. Im Kommunikationsprozeß ist dies gleichzeitig selbstreferentielle Mitteilung des Beobachters und fremdreferentielle Aussage (Information), die in der Wissenschaft verstanden werden kann . In der operativen Handhabung von Selbstreferenz und Fremdreferenz wird Sinn konstruiert (im Bewußtsein und in der Kommunikation). Kommunikationsereignisse als Einheiten dieser Komponenten sind Elemente von Konstruktionen, die systemtauglich in zwei Hinsichten sein müssen: in bezug auf die operationelle Geschlossenheit (Identifizierung des wissenschaftlichen Beobachters als „Standard-Beobachter", Kontingenz der Information, Stringenz der systembildenden Codierung wahr/unwahr) und in bezug auf die Interdependenz mit der Umwelt (Irritierbarkeit, Vermutung möglicher Leistung und Funktion des Teilsystems Wisenschaft in der Gesellschaft z.B. in der Konstruktion einer „Tatsachen-Welt").

### 5.3.1 Zum Beobachter:

Luhmann definiert Beobachten als „eine Operation, die Unterscheidungen verwendet, um etwas zu bezeichnen" (Luhmann 1990 b, S.39). In diesem Sinne kann bereits bei Zellen, beim Immunsystem, von Beobachten gesprochen werden, wenn diese Systeme Unterscheidungen vornehmen und auf diese Unterscheidungen in irgend einer Weise reagieren (Luhmann 1990 b, S.53).
Beobachtungsprozesse verlaufen rekursiv, d.h. ihre Ergebnisse werden als Grundlage weiterer Beobachtungsprozesse verwendet, die wiederum die Verwendung der ersten Beobachtung bekräftigen und weitere Beobachtungen provozieren usw. Beobachten setzt Beobachten voraus. Unterscheidungen sind dadurch Teil operativ geschlossener Systeme, sie sind deren eigenständige Leistungen. Diese Rekursivität begründet die Autonomie des Wissenschaftssystems (Wirklichkeit zu konstruieren) und damit seine Möglichkeit zu hochgradig selektiven, unwahrscheinlichen, hochkomplexen Leistungen. „Die durch eigene Operationen jeweils erzeugten Systemzustände dienen dann als Kriterium für das Passen oder Nichtpassen weiterer Operationen, wobei Reize, die aus der Umwelt auf das System einwirken, mitspielen können" (Luhmann 1990 b, S.45). Die interne Passung wird zum Anschlußkriterium für die binäre Entscheidung über Annahme oder Ablehnung.
Die Unterscheidung, die eine Beobachtung ermöglicht, ist nicht selbst Gegenstand dieser Beobachtung. Sie ist vorausgesetzt, so daß latente Strukturen, blinde Flecke notwendiger Bestandteil jeder Beobachtung sind. Erst im reflexiven Beobachten der Beobachtung werden implizierte Strukturen, Grenzen, Funktionen und Verzerrungen sichtbar. Gerade dieses Hereinnehmen von Beobachtungen in Beobachtungen zweiter Ordnung führt zu Paradoxien: Hebt die Psychoanalyse der Psychoanalyse die Psychoanalyse auf? Beobachtungen geraten so in die Paradoxie der Selbstreferenz: Der Beobachter ist „innen" und „außen". „Deshalb ist auf die Feststellung wert zu legen, daß jeder Beobachter sich, indem er seinem Beobachten eine Unterscheidung zugrundelegt, in eine Paradoxie verstrickt" (Luhmann 1990 b, S.49).
Die rekursive Beobachtung, die Latenzbeobachtung einschließt, entgeht selbst nicht der latenten Verzerrung durch nicht beobachtete Komponenten ihrer eigenen konstituierenden Unterscheidung. Der Beobachter ist konstituierender Teil der Beobachtung, da seine Unterscheidung den Gegenstand der Kommunikation konstituiert. Wiederholtes reflexives Beobachten eliminiert dieses

Problem nicht (da es Voraussetzung jeder Erkenntnis ist), teilt es aber auf verschiedene Ebenen auf und macht es (in der Zeit) jeweils partiell handhabbar.

„Bewußtseinssysteme und Kommunikationssysteme existieren getrennt" (Luhmann 1990, S.32). Wissenschaftliche Kommunikation konstruiert die ihr zurechenbare Form der Beobachtung als „Standard-Beobachter" (Maturana, Luhmann). Damit ist nicht ein individuelles, konkretes Ich gemeint, das in individuellem Bewußtsein handelt. Es ist ein Bündel von Operationen gemeint, die wissenschaftliche Beobachtung kennzeichnen und die Autopoiesis dieses Systems im Vollzug leisten. Die Zurechenbarkeit zur wissenschaftlichen Kommunikation wird nicht über humane Werte (psychische Reife, ökologische Verantwortung ...) sondern über Methodenfragen (Kriterien, Verfahren ...) entschieden, die Aussagen dem Code des Systems zuordnen und das Programm von Wissenschaft erfüllen.

Damit wird keine substanzielle oder räumliche Trennng von psychischem Bewußtsein und wissenschaftlicher Kommunikation behauptet. „Ihre Trennung beruht vielmehr allein darauf, daß die rekursiven Netzwerke, mit deren Hilfe die Operationen, aus denen diese Systeme bestehen, reproduziert und identifiziert werden, verschieden sind und nicht überlappen" (Luhmann 1990, S.37). Deshalb ist es notwendig, die strukturelle Kopplung zu betonen: „Ohne Bewußtsein keine Kommunikation und ohne Kommunikation kein Bewußtsein" (Luhmann 1990, S.38). Gerade zum Verständnis wissenschaftlicher Beobachtung und ihrer manchmal beeindruckenden Technisierung und zur Legitimierung der Verknüpfung der TZI-Struktur mit systemtheoretischen Strukturierungen ist es entscheidend, diesen Zusammenhang struktureller Kopplung zu sehen. „Kommunikation ist *nur* durch Bewußtsein mit ihrer Systemumwelt verbunden. Es gibt keine *direkten* Einwirkungen physischer, chemischer oder biologischer Tatsachen auf kommunikative Systeme" (Luhmann 1990, S.45; Hervorhebungen im Original).

„Das Beobachten ist der operative Vollzug einer Unterscheidung durch Bezeichnung der einen und nicht der anderen Seite. Es ist nichts als dieser operative Vollzug. Das heißt unter anderem: *daß die Beobachtung nicht in der Lage ist, in ihrem Vollzug wahr und unwahr zu unterscheiden*" (Luhmann 1990, S.84/85; Hervorhebung im Original). Der Beobachter kann nur sehen, was er mit seiner Unterscheidung sehen kann - nichts anderes, auch nicht die Unterscheidung selbst.

Die Unterscheidung wahr/unwahr unterscheidet Beobachtungen (Unterscheidungen). Diese Beobachtungen zweiter Ordnung in der Differenz wahr/unwahr sind rekursiv vernetzt kennzeichnend für das Wissenschaftssystem im Unterschied zu anderen Systemen (allgemein: im Unterschied zu seiner Umwelt). Die Differenz wahr/unwahr, die zunächst unreflektiert (und von anderen, z.B. religiösen Werten - siehe mittelalterliche „Fälschungen" -

undifferenziert) verwendet wird, wird zum systembestimmenden Code mit einem Anschlußwert und einem Reflexionswert, die allein über die Anschlußfähigkeit im rekursiv vernetzten System, d.h. über die Differenz System/Umwelt entscheiden.

„Der schlicht Wissende kann etwas wissen, ohne zu wissen, daß er es weiß ... Er praktiziert sein Wissen, indem er in seiner Objektwelt Unterscheidungen trifft. Sobald er auf die Ebene zweiter Ordnung überwechselt, muß er dagegen ein Moment der Selbstreferenz beachten" (Luhmann 1990, S.170). Diese Zweistufigkeit macht Wissenschaft aus. Sie erfordert bewußte Konstruktion und Kontrolle des Wissens. „Wissen wird im Schutze der Unmarkiertheit des Wahrheitswertes, also ohne explizite Verwendung des wahr/unwahr-Schemas erzeugt. Wissenschaft kann dann immer nur der Korrektur des so erzeugten Wissens dienen" (Luhmann 1990, S.134).

Die fremdreferentielle Unterscheidung wird selbstreferentiell (als eigene Operation) dem eigenen System zugerechnet. Im fremd-referentiellen Vollzug der Operation vollzieht sich die selbstreferentielle Autopoiesis des Systems, das in der Operation in dieser Form der Unterscheidung schon vorausgesetzt ist (sonst könnte es diese Referenz nicht handhaben). Was in der Unterscheidung erster Ordnung im Vollzug der Operation der Umwelt zugeschrieben wird, wird in der Beobachtung der Beobachtung als eigene Konstruktion (im eigenen System) erkannt, es ist „außen" und „innen". Diese Paradoxie nennt Spencer Brown „re-entry".

## 5.3.2 Zum Gegenstand:

„Die Umwelt, die wir wahrnehmen, ist unsere Erfindung" (v. Foerster 1993, S.26). Diese Behauptung wird u.a. mit der Arbeitsweise unseres Gehirns begründet, das undifferenziert codierte Wahrnehmungsintensitäten verarbeitet und damit Gegenstände konstruiert. „Auch wenn wir dies überraschend finden, sollte es uns doch nicht verwundern: `da draußen' gibt es nämlich in der Tat weder Licht noch Farben, sondern lediglich elektromagnetische Wellen; `da draußen' gibt es weder Klänge noch Musik, sondern lediglich periodische Druckwellen der Luft; `da draußen' gibt es keine Wärme und keine Kälte, sondern nur bewegte Moleküle mit größerer oder geringerer durchschnittlicher kinetischer Energie usw" (v.Foerster 1993, S.31). Die eigene kognitive Verarbeitung schafft unsere Realität, indem sie in vielen Verarbeitungsebenen verknüpft sensorische Erregungsintensitäten verrechnet. Deshalb „sind alle Unterscheidungen und Bezeichnungen rein interne rekursive ... Operationen eines Systems; und es sind Operationen, die nicht aus dem System hinausreichen und, gleichsam mit langer Hand, etwas hineinholen können. Alle Folgeerrungenschaften, vor allem das, was man Information nennt, sind deshalb interne Errungenschaften.Es gibt keine von außen nach innen gelangende Information, denn schon die Differenz und der Horizont von Möglichkeiten, aufgrund derer die Information Selektion (also Information) sein kann, existiert gar nicht in der Umwelt, sondern ist ein systeminternes Konstrukt" (Luhmann 1990, S.40). Damit ist nicht gesagt, es gäbe keine reale Außenwelt. „Nur die Unterschiedenheit dessen, was existiert, wird durch den Beobachter hinzuimaginiert, und zwar deshalb, weil mit Hilfe der Spezifikation von Unterscheidungen ein immens reichhaltiger Kombinationsraum erschlossen werden kann, der dem System dann zur Entscheidung über eigene Operationen dient" (Luhmann 1990 b, S.40/41). Durch die Operation des Unterscheidens (und Bezeichnens) wird der Gegenstand erst (intern) geschaffen. Die Ausdifferenzierung der Unterscheidungen in kognitiven bzw. kommunikativen Systemen entscheidet über die möglichen Verknüpfungsmöglichkeiten in einem Kombinationsraum, in dem dieser Gegenstand beschrieben werden kann. Das heißt, „daß der Konstruktivismus die Existenz und die Realität der Welt nicht bestreitet - sondern eben nur konstruiert" (Luhmann 1990, S.57).

Wissen über Gegenstände ist deshalb Teil rekursiver Prozesse und nur so möglich: „Das Wissen bildet sich und bildet sich um im normalen Prozeß der Kommunikation durch Inanspruchnahme in Situationen" (Luhmann 1990, S.333). Es beschreibt den Gegenstand und wird in der Wissensverwendung Konsistenzfragen unterworfen, da es beiläufig den Irritationen der Umwelt ausgesetzt ist. „Es bewährt sich, man weiß nicht wie. Die Bewährung wird folglich der Umwelt zugerechnet, und man findet keinen Anlaß, zwischen Wissen und wahrem Wissen zu unterscheiden" (Luhmann 1990, S.333).

Wissenschaft zeichnet sich dadurch aus, daß diese Prozesse reflexiv, d.h. als Gegenstand eigener Beobachtung vollzogen werden. Dies bedingt funktionale Differenzierung wissenschaftlicher Kommunikation im Medium der Wahrheit (nicht des Geldes, der Macht ...). Anschlußfähigkeit der Kommunikation ist an dieses Medium gebunden. Es nimmt nicht die tatsächliche Selektion möglicher Verknüpfungen in der Beschreibung des Gegenstandes, die tatsächlichen Verknüpfungen der Theoriebildung vorweg, aber es stellt die Möglichkeit dieser selektiven, d.h. unwahrscheinlichen Formgebung gesellschaftlicher Kommunikation überhaupt bereit. Die Selektionsprozesse im Medium der Wahrheit bestimmen den Gegenstand als Tatsache.

Für den Gegenstand wird situationen- und zeitübergreifend „Identität" beansprucht (produziert, errechnet). Dies setzt zweierlei voraus: das Weglassen von Unterschieden (situativer, temporärer Veränderungen) und das Kondensieren des für identisch Gehaltenen in verschiedenen Konstellationen. Identität ist die Einheit dieser Differenz, die dem Gegenstand Form gibt. Ihre Konstruktion ist paradox: Sie behauptet die Einheit des Gegenstandes durch Unterscheidungen im Gegenstand (Weglassen/Kondensieren). Identität des Gegenstandes ist zu verstehen als Auflösung („Einlösung"?) dieser Paradoxie in einer prinzipiell unendlichen Pendelbewegung. Sie ist also kein Merkmal des „Gegenstandes an sich", sondern eine Leistung des kognitiven bzw. kommunikativen Systems - unabgeschlossen in der Zeit. „Anders als in der klassischen Logik kann man also nicht davon ausgehen, daß die Identität für verschiedene Beobachter die Selbigkeit der Referenz ihrer Beobachtungen garantiert, gleichsam von sich aus garantiert. Damit ist nicht bestritten, daß es gleichsinnige Beobachtungen geben kann; aber dann muß man fragen, durch welche rekursiven Netzwerke, vermutlich: Kommunikation, die Beobachtungsverhältnisse auf Identität hin egalisiert werden" (Luhmann 1990, 312). Dies hat Konsequenzen für Überlegungen zu den (klassischen Güte-) Kriterien wissenschaftlicher Untersuchungen.

Erst die Beobachtung der Beobachtung macht diese Prozesse deutlich, da sie zwischen Selbst- und Fremdreferenz unterscheiden kann und damit den Begriff „Gegenstand" in der System/Umwelt-Differenz thematisiert. „Der Begriff bezeichnet auf der operativen Ebene Themen wissenschaftlicher Kommunikation. Diese Themen wissenschaftlicher Kommunikation erhalten einen Realitätsindex, wenn sie auf die Umwelt des Systems bzw. auf die Faktizität seiner eigenen Operationen bezogen sind. Das ermöglicht, wie wir wissen, kein operatives Hinausgreifen des Systems in einen Bereich auf der anderen Seite seiner Grenzen. Alle 'Tatsachen' sind und bleiben Aussagen des Systems" (Luhmann 1990, S.315). Auch ihre Zuschreibung auf Gegenstände der Umwelt oder des Systems selbst wird vom System bestimmt.

Die Konstruktion von Tatsachen in der System/Umwelt-Differenz beschreibt „Welt". Diese kann nicht als Gesamtheit der gegebenen Gegenstände verstanden werden, die nach und nach kopierend in Abbildungen zu erkennen wären. Sie ist als „Tatsachen-Welt" im Code wahr/unwahr selbst Konstruktion des Systems. Das System unterscheidet das Eigene (System) von „dem anderen" (Umwelt). Als eigene Leistung konstruiert es die Umwelt und macht so „das andere" zum fremdreferentiellen Eigenen.

### 5.3.3 Zu Wissenschaft:

„Der Wissensbestand der modernen Gesellschaft ist weder in seinem Geltungsanspruch noch in der Einschätzung seiner Entwicklungsmöglichkeiten durch Bezug auf Bewußtseinsprozesse zu erfassen Er ist ein Artefakt von Kommunikaiton ... Das, was wir als Erkenntnis kennen, ist Produkt des Kommunikationssystems Gesellschaft, an dem Bewußtsein zwar jeweils aktuell, aber immer nur in minimalen Bruchteilen teilhat" (Luhmann 1990 b, S.54).

Innerhalb der Gesellschaft differenziert sich das Wissenschaftssystem aus. Grundsätzlich geschieht dies dadurch, daß Operationen aneinander anschließen. Dies kann nur selektiv und rekursiv geschehen: nicht alles paßt zu jedem, aber alles Neue berücksichtigt und bekräftigt dann das Vorausgesetzte. Da

Anschlußfähigkeit nur im Medium der Wahrheit besteht, können die strukturdeterminierten und -determinierenden Selektionen trotz aller Einflußnahmen über Ressourcen (Geld, Reputation ...) in keinem anderen Medium erfolgen. Die Ausdifferenzierung des Wissenschaftssystems unter eigener binärer Codierung ermöglicht seine Autonomie (z.B. gegenüber Systemen der Macht oder des Geldes und gegenüber dem Bewußtsein, gegenüber Motiven und Bedürfnissen als psychischen Strukturen).
Auch Alltagskommunikation nimmt Wahrheit für sich in Anspruch. Aber nur Wissenschaft ist konstitutiv sich selbst beobachtend an die beiden Codewerte wahr/unwahr gebunden, „nur in der Wisenschaft geht es um codierte Wahrheit" (Luhmann 1990, S.274), so daß sie Programme entwirft, diese Zuordnungsentscheidungen zuverlässig zu treffen. Das System erzeugt sich im Medium der Wahrheit als geshlossenes System, es kann nur, historisch durch die je eigene Struktur determiniert, an eigene Operationen anschließen und nur selbsterzeugte Elemente (Aussagen in der Differenz wahr/unwahr) zur Autopoiesis verwenden. „Die Strukturdetermination vollzieht sich in laufender Kopplung mit Bedingungen der Umwelt (im Falle wissenschaftlicher Kommunikation zum Beispiel mit Mentalzuständen der beteiligten Menschen), aber das ändert nichts daran, daß das System nur Zustände annehmen kann, die seiner Struktur entsprechen, und Strukturen nur durch eigene Operationen verändern kann" (Luhmann 1990, S. 280).
Diese Geschlossenheit des Kommunikationssystems Wissenschaft bedingt seine Offenheit: Alles kann Thema ihrer Kommunikation sein, ihr Code schließt keinen Gegenstand aus. In ihrer durch den Code bestimmten Weise schafft sie eine umfassende Welt. „Wahrheit und Wissenschaft gründen auf eine Reduktion, aber diese Reduktion hat einzig die Funktion, den Aufbau systemeigener Komplexität zu ermöglichen, durch die dann auf spezifische Weise die Beobachtung der Welt neu konstituiert wird. Es geht um die Herstellung von Offenheit durch die Geschlossenheit des Systems" (Luhmann 1990, 287).
Als soziales System ist Wissenschaft in ständiger Kopplung mit seiner Umwelt (hier: mit Bewußtsein) verbunden. Kommunikation, die sich selbst in der Differenz wahr/unwahr beobachtet, d.h. grundsätzlich kein anderes Medium gelten läßt, begrenzt die zugelassene Weise der Beteiligung auf argumentative Auseinandersetzung. Sie kann Macht, Geld und andere Medien nicht als konstitutiv für eigene Strukturen anerkennen. Die herrschaftsfreie Gleichheit der Forschenden wird kontrafaktisch („mit starker Übertreibung") zur notwendigen Norm erklärt (Luhmann 1990, S.319; S.347), gegen die Erfahrungen verzerrender Kommunikationsbeschränkungen durch Zitierkartelle, durch Patronage, durch Ausgrenzung, durch Abhängigkeit, durch Ignoranz und Diffamierung, gegen Erfahrungen, die Luhmann (1990, S.251) veranlassen, Reputation als „Nebencode" der Wissenschaft zu bezeichnen. Die selbstreferentielle Verwen-

dung des Code, die Kritik des Faktischen wird zum Bestandteil des sich selbst beobachtenden Systems. Die funktionale Differenzierung der Gesellschaft ermöglicht es, daß Unabhängigkeit und Abhängigkeit ihrer Teilsysteme sich wechselseitig aneinander steigern: Moderne Gesellschaften sind darauf angewiesen, daß Wissenschaft entsprechend ihren eigenen Regeln funktioniert und gerade dadurch Leistungen für andere gesellschaftliche Systeme erbringt. Wegen ihrer Unabhängigkeit, nach eigenen Regeln zu arbeiten, kann Wissenschaft zunehmend differenzierter eine Tatsachenwelt konstruieren, die u.a. medizinische, technische und ökonomische Leistungen ermöglicht, so daß für Wissenschaft wiederum Ressourcen bereitstehen, nach eigenen Regeln weiterzuarbeiten. Dies bringt mit sich, daß die Wahl der Themen, die Verantwortung für Konsequenzen wissenschaftlichen Arbeitens, die Verteilung der Ressourcen nicht einfach interne Angelegenheiten der Wissenschaft sind. Wissenschaftliche Konstruktionen dienen gerade wegen ihres Wahrheitsanspruches zu ideologischen und legitimatorischen Zwecken (Habermas). Wissenschaftliche autonome Kommunikation und funktionale Einbindung verstärken sich wechselseitig (was wiederum Gegenstand wissenschaftlicher Untersuchung sein kann). Erst diese Einheit von Autonomie und Interdependenz erklärt die Eigendynamik des Systems. Im Sinne Luhmanns: die Eigendynamik ist die Auflösung der Paradoxie (des re-entry) in der Zeit.

### 5.3.4 Zu Welt:

Aus den erkenntnistheoretischen Grundlagen ergibt sich bereits, daß die Existenz einer Außenwelt nicht bestritten wird. Durch Unterscheidungen, die rekursiv vernetzt Elemente eines emergenten Systems sind, schafft dieses System seinem Code entsprechend eine Eigenwelt, die es ohne zentrale Steuerung (z.B. durch einen obersten Wert), geordnet durch die selektive Anschlußfähigkeit im Medium der Wahrheit immer weiterkonstruiert. Die Eigenwelt des Systems muß nicht der Außenwelt entsprechen - es ist unbegründet, Isomorphie zu einer Realität anzunehmen, über deren „an-sich" keine Aussagen möglich sind. Als Konstruktion des Systems muß die Eigenwelt sich im eigenen Funktionieren bewähren (durch Bestätigung oder Veränderung, jedenfalls durch Anschlußfähigkeit von Strukturen). „Isomorphie" und abgeleitete Geltungsansprüche werden ersetzt durch systeminterne „Redundanz" (Luhmann 1990, S.207). „Wahrheit" wird nicht verstanden als „adaequatio", gewissermaßen als Qualität einer Abbildungsfunktion zwischen realer und angeblich repräsentierter Welt. „Es ist ein Symbol für die im Kommunikationsprozeß selbst ermittelt Anschlußfähigkeit der Kommunikation" (Luhmann 1990, S.175). Die Grenze zwischen System und Umwelt erlaubt kein Hinausgreifen und kein Hereinholen, kein unvermitteltes Überprüfen an der Umwelt.

„Das Gesellschaftssystem `übersetzt` gewissermaßen die Unmöglichkeit eines Außenweltkontaktes in die Schwierigkeit des internen Anschlusses, also in das formale Problem der Aufrechterhaltung er eigenen Autopoiesis in den dadurch gezogenen Grenzen" (Luhmann 1990, S.134; S.317).
Dieser Prozeß systeminterner Konstruktion geschieht in Kopplung mit (Systemen) der Umwelt. Irritationen des Bewußtseins/der Kommunikation werden zum Anlaß systeminterner Operationen, die im Rahmen eigener Strukturen (und nur so) Information bilden. Diese kann mit bisherigen Strukturen, das können auch abgeleitete Erwartungen sein, vereinbar sein oder ihnen wiedersprechen. „Man braucht nicht zu wissen, wie die Welt wirklich ist. Man muß nur die Möglichkeit haben, eigene Erfahrungen zu registrieren und (wie immer selektiv) zu erinnern. Dann kann die Kommunikation mit sprachlich fixierten Unterstellungen arbeiten, die an möglichen Enttäuschungen geeicht sind und als vertraut gehandhabt werden können" (Luhmann 1990, S.136). Die Welt wird im Kommunikationsprozeß als fremd- und darin selbstreferentielle Konstruktion ausdifferenziert, in der Erfahrungen (Erleben) im Medium der Wahrheit Form bekommen und selektiv vernetzt werden. Das in der System/Umwelt-Differenz Ausgeschlossene wird erkannt, indem es selbstreferentiell (nicht trivial) konstruiert wird. Die System/Umwelt-Differenz wird im System wiederholt.
Wissen kann seine Funktion, Autopoiesis gesellschaftlicher Kommunikation zu ermöglichen, nur erfüllen, wenn es akzeptiert wird. Dem dient das Mediuim der Wahrheit, operativ: der argumentative Diskurs (mit allen Vermischungen strategischer Durchsetzung) in der Differenz wahr/unwahr. Wissenschaftliche Verfahren dienen über die Einzelarbeit hinaus der argumentativen Auseinandersetzung. Veröffentlichung und Diskussion in der Fachöffentlichkeit sind konstitutive Bestandteile des wissenschaftlichen Prozesses. Konsens ist der Indikator für die grundsätzlich von jedermann nachvollziehbare Akzeptanz im ausdifferenzierten Diskurs der Wissenschaft, durch die weitere Verwendung und schließlich die Anonymisierung der Konstruktion in der gesellschaftlichen Kommunikation begünstigt wird.
Damit schließt sich ein Kreis. Alle systembildenden Codes sind der lebensweltlichen Differenz vertraut/unvertraut nachgeordnet: „Jede Thematisierung von Beschränkungen, sei es als Wissen, sei es als Recht, vollzieht sich immer im lebensweltlichen Horizont von nichtthematisierten Beschränkungen. Das Problem liegt damit in den evolutionären Veränderungen der Beziehungen zwischen dieser Lebenswelt (die unter anderem unthematisch vorausgesetztes Wissen einschließt) und dem aktuell benutzten Wissen. In dieser Hinsicht macht das Entstehen der Wissenschaft einen einschneidenden Unterschied" (Luhmann 1990, S.161).
Einerseits trägt Wissenschaft, die sich aus der Lebenswelt (als ihrem Horizont) ausdifferenziert, dazu bei, anonymisierte codierte Wahrheit im lebensweltli-

chen Horizont vertraut zu machen. „So lösen sich zum Beispiel die Untersuchungen wahr/unwahr oder Recht/Unrecht aus der Unterscheidung vertraut/unvertraut heraus, indem sie zugleich diese Unterscheidung reformulieren. Sowohl das Wahre als auch das Unwahre, sowohl das Recht als auch das Unrecht müssen jetzt als vertraut behandelt werden können" (Luhmann 1986, S.185).
Andererseits besteht gesellschaftliche Entwicklung gerade darin, daß codierte Systeme die lebensweltlichen Strukturen ausschließen, in denen sie wurzeln: Autopoiesis der Wissenschaft setzt den argumentativen Diskurs, nicht Solidariät voraus; Konsens in einem codierten System ist nur durch Ausschluß anderer, lebensweltlicher Konsensmöglichkeiten zu gewinnen: „Schon die Römer hatten das auf ihre Weise entdeckt: daß man im Streitfalle die 'questio iuris' stellen, das Rechtsproblem definieren und von da aus auf Ähnlichkeiten im gegebenen Recht suchen müsse, um den Streit aus dem Netzwerk verwandtschaftlicher Bindungen und politischer Freundschaften zu lösen. Nichts anderes ist gemeint, wenn wir in systemtheoretischer Terminologie von Ausdifferenzierung sprechen" (Luhmann 1990, S.712/713).
Wissenschaft problematisiert und überformt lebensweltliche Zusammenhänge, um Erkenntnisse zu gewinnen. „Das methodologische Rezept hierfür lautet: Theorien zu suchen, denen es gelingt, Normales für unwahrscheinlich zu erklären. Dies kann in funktionalistischer Perspektive mit Hilfe von Problemstellungen geschehen, die es ermöglichen, normale Erfahrungen der Lebenswelt als immer schon gelungene, aber vielleicht auch anders mögliche Problemlösung darzustellen" (Luhmann 1984, S.162/163).
Weniger deutlich als Habermas kennzeichnet Luhmann mögliche Rückwirkungen ausdifferenzierter Systeme auf die Lebenswelt. Die Reduktionen durch Codierungen sind danach Simplifizierungen, die lebensweltliche Verweisungen ihrer Gegenstände leugnen. In der Ökonomie z.B. sind Arbeitskosten und Materialkosten verrechnungsfähig: „unbestreitbar abstrahiert man dabei von der evidenten Tatsache, daß Menschen in einem anderen Sinne arbeiten als Material. Wir parallelisieren, mit anderen Worten, die Marxsche und die Husserlsche Kritik des Absehens von dem, was ein Mensch für sich selbst ist. Offensichtlich hat sich die moderne Gesellschaft von dieser Abstraktion abhängig gemacht, es eben damit aber auch dem Individuum überlassen, sich davon zu distanzieren und sein Eigenstes, wenn man so sagen darf, 'technikfrei' als Mittelpunkt der Welt vorzustellen" (Luhmann 1990, S.713). Aber genau dies ist durch die Simplifizierungen in Frage gestellt, die Verrechenbarkeit durch Trivialisierung (in der Wissenschaft, in der Erziehung oder in Organisationen) herstellen. Die Fragen der „Kritischen Theorie" und der „Theorie des kommunikativen Handelns" ließen sich anschließen. Luhmann (1990, S.715) regt an, das Problem System/Lebenswelt mit systemtheoretischen Mitteln zu untersuchen. Der Ausdifferenzierungsprozeß läßt sich dabei

grundlegend als re-entry verstehen: Gegenstände, die im lebensweltlichen Horizont vertraut sind, werden wissenschaftlich thematisiert und damit Teil der fremdreferentiellen/selbstreferentiellen Eigenwelt des Systems. Dieser Prozeß kann selbst beobachtet werden. Dadurch wiederholt sich die System/Umwelt-Differenz im System Wissenschaft. Die Form der wissenschaftlichen Beobachtung tritt in die Form ein. In der Ausdifferenzierung der Fragestellung können unterschiedliche logische Konstruktionen verwendet werden.

Zusammenfassend: Die Umwelt des Systems Wissenschaft kann zum Thema werden als Eigenwelt, wie sie in der Leitdifferenz des Systems sichtbar wird, und als Lebenswelt, vertraut/unvertraut vor jeder Codierung. Als Teilsystem der zunehmend funktional differenzierten Gesellschaft kann Wissenschaft ihre eigenen Leistungen für andere Teilsysteme (und umgekehrt deren Einflüsse) und ihre Funktion in der Gesamtgesellschaft (im Sinne ihres Code) kritisch thematisieren. Sie kann ihre Umwelt, die kein System mit eigener Codierung ist, demnach in verschiedenen Differenzen beobachten: Eigenwelt/Lebenswelt, Beobachter/individuelles Bewußtsein, soziales System/funktional differenzierte Gesellschaft. Die Realität („Tatsache") von Wissenschaft kann in diesen „Gegenbegrifflichkeiten" (Luhmann 1990, S.318) der System/Umwelt-Differenz beschrieben werden.

Das Ausgangsmodell wissenschaftlicher Kommunikation läßt sich damit differenzierter darstellen:

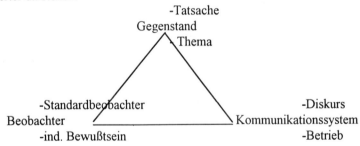

Umwelt des Systems kann in jedem der Aspekte Gegenstand, Beobachter, Wissenschaft bestimmt werden: Tatsachenwelt, psychische Systeme (Bewußtsein), Wissenschaftsbetrieb in der funktional differenzierten Gesellschaft.

## 5.4 Überlegungen zum Verfahren

Wissenschaft ist darauf angewiesen, Programme zu entwickeln, die spezifizieren, wann es richtig/unrichtig ist, etwas als wahr/unwahr zu bezeichnen. Sie tut dies in der Differenz von Theorie und Methode. Beide zusammen konditionieren Anschlußfähigkeit von Beobachtungen.
Theorien sind komplexe Ordnungen mit einer Vielzahl von Sätzen, die redundant sind und komplexe Beschreibungen ermöglichen. Dazu stellen sie mögliche Formen der Referenz auf die Außenwelt zur Verfügung: Unterscheidung, Bezeichnung, Zuordnung, Negation. Als Konditionierung der Anschlußfähigkeit bestimmen sie selektive Verknüpfungen in komplexen Ordnungen, also die (selbstreferentielle) Konstruktion fremdreferentieller Systeme mit der Funktion der Reduktion (selbsterzeugter) Komplexität, der Generalisierung, der Erklärung, der Entlastung von Details. Das Auflösungs- und Rekombinationsvermögen wird ermöglicht durch diese Konditionierung der Anschlußfähigkeit. Sie schafft Unterschiede und Identität, Aufbau und Reduzierung von Komplexität. Von besonderer Bedeutung sind Substituierungsmöglichkeiten durch (in der der Konstruktion begründete) Vergleichsgesichtspunkte „funktionaler Äquivalenz".
„Die Klasse aller funktional äquivalenten Möglichkeiten wird gemeinhin als Variable bezeichnet. Varibalen sind Begriffe, die planmäßig unbestimmt bleiben; sie sind Leerstellen, die aber nicht beliebig, sondern nur in bestimmter Weise, durch begrenzte Möglichkeiten ausgefüllt werden können. Die Variable ist durch einen funktionalen Bezugspunkt definiert, an Hand dessen sich unterscheiden läßt, welche Möglichkeiten der Ausfüllung in Betracht kommen, und der als Leitfaden zum Auffinden anderer Möglichkeiten führt. Der Äquivalenzbereich einer Funktion hängt von der Definition des funktionalen Bezugsgesichtspunktes ab, und umgekehrt hat diese Definition die Funktion, einen solchen Äquivalenzbereich zu konstituieren und ist allein durch diese Ordnungsleistung zu rechtfertigen" (Luhmann 1970, S.14). Funktionen sind Vergleichsbereiche für Problemlösungen in Systemen, die in bezug auf eine Problemstellung kontingent sind, d.h. auch anders ausfallen können. Sie stellen in dieser Weise Vergleichbarkeit überhaupt erst her - das Konkrete ist, wie es ist (Luhmann 1990, 368).
In dieser Weise können Theorien Erklärungen liefern: Beobachtungen können als mögliche Problemlösungen im Vergleichbereich funktionaler Äquivalente im Netzwerk rekursiver Operationen reformuliert werden. Eine Erklärung verknüpft Gleichheit und Verschiedenheit, allgemein: „Argumentation ist demnach nicht Herstellung von Redundanz, sondern laufende Vermittlung von Redundanz und Varietät auf der Suche nach besseren kombinatorischen Lösungen" (Luhmann 1990, S.441). Redundante Reformulierungen sind um so ertragreicher möglich, je komplexer die Theorien strukturiert und je präziser

und unwahrscheinlicher („distanzierter") die Vergleichsgesichtspunkte sind. „Erklärungen kombinieren theoretische Sätze zu komplexen Theorieprogrammen. Auf diese Weise wird durch Organisierung der rekursiven Geschlossenheit des Systems dessen Reizbarkeit, also dessen Offenheit erhöht" (Luhmann 1990, S.411). Der umgekehrte Weg kann ebenso ertragreich sein: Problemlösungen können so rekonstruiert werden, daß durch die Formulierung des zugrundeliegenden Problems als Vergleichsbereich funktional äquivalenter Lösungen Theoriestrukturen gebildet werden.

Der ursprüngliche Theorierahmen funktionaler Analyse im „Bestandsfunktionalismus" wird dabei erweitert: „Die weiträumigere Theorie selbstreferentieller, autopoietischer Systeme schließt strukturell-funktionale Analysen nicht aus, sondern ein; denn sicherlich bleiben Strukturen ein unerläßliches Erfordernis der Autopoiesis sozialer Systeme. Aber wenn eine Theorie es ermöglicht, auch noch diese Funktion von Strukturen zu berücksichtigen, kann sie Normalität und Widersprüchlichkeit, Bestand und Wandel nochmals theoretisch umfassen und kann den Standpunkt des Beobachtens von Beobachtungen einnehmen, von dem aus alle Operationen des Systems unter Einschluß der Selbstbeobachtung und der Selbstbeschreibung des Systems erkennbar werden als rekursiv bedingt durch das Netzwerk der Elemente, mit denen das System die Reproduktion seiner Elemente durchführt" (Luhmann 1990, S.287)

Nicht die Generalisierbarkeit (Übertragbarkeit) der Lösung ist entscheidend, sondern die des Problems, seiner Definition, die einen Vergleichsbereich funktionaler „Mechanismen" festlegt und damit die Suche nach möglichen Lösungen (Variationen, Alternativen) anleitet. „Unter Mechanismus soll demgemäß eine funktional spezifizierte Leistung verstanden werden, deren bei Bedarf wiederholte Erbringung in einem System erwartet werden kann, so daß andere Einrichtungen sich darauf einstellen können. Mechanismen lösen Systemprobleme. Die Varianten ihres Einsatzes sind durch die Art des Problems bedingt, das sie lösen. Man kann sie daher auch als Variablen, als Komplexe funktional äquivalenter Leistungen bezeichnen, deren konkreter Zustand jeweils durch das Problem reguliert (nicht bewirkt!) wird, das sie lösen. Die Systemrelevanz eines Mechanismus wird also durch Offenheit für Alternativen vermittelt und nicht durch die Starrheit bestimmter Zustände: Mechanismen können variiert und Probleme können anders gelöst werden" (Luhmann 1974, S.92). Solche Mechanismen, die sich im Erziehungssystem aus lebensweltlichen Strukturen ausdifferenzieren, lassen sich systembezogen darstellen in bezug auf Lernen, Normbildung, Zeitstrukturen, sozialen Einfluß, Entscheidungsprozesse, Selbstdarstellung (Luhmann 1974, 94ff).

Die Entscheidung wahr/unwahr wissenschaftlicher Beobachtung im _Sinn funktionaler Analyse muß nicht über den Nachweis der Unwahrscheinlichkeit gegenüber Erwartungswerten statistischer Gleichverteilung erfolgen. Entscheidend ist der Bezugspunkt funktionaler Analyse: die Bewältigung von Komplexität durch Systembildung (unter den Bedingungen beständiger Koppelung). Durch Verfestigung verändern sich diese Mechanismen häufig: Sie verselbständigen sich gegenüber ihren Sinnbezügen und werden unreflektiert als Standardverfahren verwendet. Dies kritisiert die „pédagogie institutionelle", die aus diesen Erfahrungen Verfahren der „Institutionellen Analyse" entwickelt hat, um aktuelle Prozesse lebendig werden zu lassen, in denen dann wieder die Relevanz möglicher Strukturen erlebt werden kann (Lapassade 1972; Weigand 1983, 1986).

In Anlehnung an Maturana (Maturana 1991, S.178/179) erfolgt die Untersuchung in 4 Schritten:

1. Auf der Phänomenebene wird ein konkreter Prozeß schulischer Integration präsentiert. Das umfaßt mehrere Aspekte
- die Unterscheidung des Phänomens, die dem Raum möglicher Kommunikationen eine Form gibt, so daß Ereignisse als thematisch relevante Beobachtungen interpretiert sind
- den Bericht (in der zeitlichen Abfolge) der Kommunikationsprozesse und der (strukturell gekoppelten) psychischen Vorgänge, die zum Phänomen gehören.

2. Ein generativer Mechanismus, der das Phänomen produziert, wird in allgemeiner Form „theoriegeleitet induktiv" (Luhmann/Schorr 1979, S.22) rekonstruiert. Diese Konstruktion benennt nicht musterhafte Lösungen, die zu übertragen wären, sondern die „Entscheidungsstellen" des Prozesses und geeignete Problemdefinitionen. Sie liefert themenspezifisch eine „Beschreibung der Transformationsdynamik strukturell determinierter Systeme" (Luhmann 1990, S.280).

In einem „wissenschaftsspezifischen Interesse an Auflösung und Rekombination von Erfahrungsgehalten" (Luhmann 1984, S.162; 1990 326 f) entsteht die Konstruktion eines emergenten prozeßhaften Ganzen in Problemen, die Bereiche funktional äquivalenter Lösungen definieren, ohne „die richtigen Lösungen" situationsunabhängig vorwegzunehmen. Als Folge von Problembereichen funktional äquivalenter Lösungen beschreiben sie die Systembildung unter der (Form-) Vorgabe der Anfangsunterscheidung, z.B. einer binären Codierung der Komplexitätsreduktion, die gleichzeitig systemische Komplexität bildet. Generalisierung geschieht nicht über die Behauptung der Allgemeingültigkeit der Lösung, sondern über die sinnabhängige Konstruktion funktionaler Probleme, die viele funktional gleichwertige, situativ verschiedene Lösungen zuläßt.

„Der Gewinn, den die funktionale Analyse einbringt, besteht, ..., nicht in der Gewißheit der Verknüpfung spezifischer Ursachen mit spezifischen Wirkungen, sondern in der Fixierung eines abstrakten Bezugsgesichtspunktes, nämlich des `Problems', von dem aus verschiedene Möglichkeiten des Handelns, äußerlich ganz unterschiedlich anmutende soziale Tatbestände als funktional äquivalent handelt werden können" (Luhmann 1970, S.35).

„Das Erkenntisziel ist nicht mehr die Feststellung der unwandelbaren, sich selbst gleichenden Substanz in ihrem Wesen, sondern die Kontrolle über Alternativen: zunächst die theoretische Kontrolle und dann, im Rahmen des Möglichen, die praktische Kontrolle" (Luhmann 1970, S.37).

Eine mathematische Funktion $y = f(x)$ ist keine Beschreibung, eher eine Herstellungsvorschrift wie eine Partitur in der Musik oder ein Rezept in der Kochkunst. „Weder der Komponist noch der Koch versuchen, ihre Werke zu beschreiben. Sie geben vielmehr Anweisungen und Rezepte, aus denen hervorgeht, was der Leser dieser Anweisungen zu tun hat. Wenn er den Anweisungen gehorcht, so kann er eine analoge Erfahrung machen wie derjenige, der die Anweisung gegeben hat" (Simon 1993, S.43).

In dieser Auffassung ist die Differenz von Erklären und Verstehen grundsätzlich aufgehoben, da sie nicht auf der Dichotomie des cartesianischen Weltbildes beruht, das die Außenwelt (Welt der objektiven Kausalität) von der Innenwelt (Welt der subjektiven Introspektion) radikal trennt. Un beiden Fällen ist die (Re-) Konstruktion von „Spielregeln" entscheidend, die das komplexe Zusammenspiel von Elementen eines Ganzen organisieren. Dabei ist die vermutete Kausalität der objektiven Welt genauso eine Konstruktion des Beobachters wie die vermuteten Motive der subjektiven Welt eines Menschen. Entscheidend ist in beiden Fällen die konstruktive Aktivität des Beobachters.

Dies gilt von Anfang an, schon zu Beginn jedes Erkenntnisprozesses. Im Raum möglicher Ereignisse trifft der Beobachter eine Unterscheidung. Er definiert damit die Form (Spencer Brown) dieses Raumes, gewissermaßen die Perspektive, unter der mögliche Ereignisse gesehen (konstruiert) werden. Er bezeichnet in dieser Unterscheidung eine Seite und kann Ereignisse als dazugehörig bzw. als nicht dazugehörig kennzeichnen. Die Bezeichnung „behindert" trifft eine solche Unterscheidung, die die Form des Raumes möglicher Ereignisse festlegt und bestimmt, was dazugehört („marked state") bzw. was nicht dazugehört („unmarked state" im Sinne Spencer Browns).

Erst in dieser Beobachtung zweiter Ordnung kann diese erste Unterscheidung selbst wieder zum Gegenstand der Erkenntnis gemacht werden. Dies geschieht wieder durch eine Unterscheidung, die von „Beobachter" und „Beobachtung". Jetzt sind Fragen danach möglich, wieso der Beobachter diese Unterscheidung trifft. Im Sinne der Integration behinderter Menschen stellen wir fest, daß alle Menschen verschieden - und darin gleich sind. Wir beobachten unsere Beobachtung (Unterscheidung und Bezeichnung) als entscheidend. Nicht die Ebene der Merkmale der Elemente (der möglichen Ereignisse) bestimmt die Form sondern die Ebene der ersten Unterscheidung, die selbst erst durch die Unterscheidung Beobachter/Beobachtung selbst beobachtbar wird. Untersuchungen zur Integration sind damit als solche der „second order cybernetic" bestimmt. Nicht die Beschreibung von Merkmalen der Behinderungsarten, sondern in erster Linie der Prozeß der Unterscheidung (ihrer Bedingungen und der Reaktionen des Systems auf seine Unterscheidung) ist Gegenstand der Beobachtung. Dies ist für alle Überlegungen zur Methode und darüberhinaus z.b. für die Diagnostik grundlegend.

Die Beobachtungen der ersten Ebene nenne ich insgesamt Interpretation. Sie beruht auf einer Unterscheidung (behindert/nicht behindert), die die Ausgangsdaten und damit das Phänomen erst erzeugt, selbst aber nicht reflektiert wird. Der Beobachter und der Prozeß der Beobachtung (Unterscheidung und Bezeichnung) kommen nicht in den Blick.

Die Beobachtungen der zweiten Ebene nenne ich Rekonstruktion. Sie beruht auf der Unterscheidung Beobachter/Beobachtung und beschreibt den generativen Mechanismus, der das Phänomen unter der Bedingung der Ausgangsunterscheidung hervorbringt. Die Ausgangsunterscheidung wird selbst Gegenstand der Untersuchung (re-entry). Entscheidend ist die Autopoiesis eines sozialen Systems.

Als Rekonstruktion enthält der generative Mechanismus nicht alle Störungen konkreter Prozesse. Er weist sicher Grenzen des Erfahrungsbereiches auf, die durch den Raum tatsächlich möglicher Kommunikation (und durch die Ausgangsunterscheidung) gegeben sind. Die Reflexion der Bedingungen der Ausgangsunterscheidung auf der Grundlage der Rekonstruktion führt diese Unterscheidung in paradoxer Weise in die Untersuchung wieder ein: Die Unterscheidung konstituiert die Untersuchung; die Untersuchung ist konstituierend für die (Reflexion und Verwendung) der Unterscheidung.

3. Aus der Rekonstruktion werden Vermutungen über problembezogene Gestaltungsmöglichkeiten abgeleitet, die (gewissermaßen als Herstellungsvorschriften) Erfahrungen ermöglichen sollen. Durch die Bewegung des re-entry wird der Rahmen der Präsentation des Phänomens überschritten. Es werden selbstreferentielle Faktoren der fremdreferentiellen Fakten erster Ordnung (des gegenständlichen Wissens) beobachtet und aufeinander bezogen, die selbst präskriptiv wieder Gestaltung ermöglichen (metaphorisch: der blinde Fleck wird erkennbar; aus einem „es geschieht" wird ein „ich strukturiere"). Diese Erkenntnisgewinne sind Hypothesen, die Veränderungen der Ausgangsinterpretation möglich machen. Sie sind geeignet, festgefahrene, starre Strukturen eines verdinglichten Denkens, das nicht mehr die Bedingtheit der Fakten reflektiert, in einer neuen Perspektive wieder verfügbar zu machen. Darin können die

Ableitungen der Rekonstruktion eine kritische Funktion haben, sie können die Interpretation als Teil des Ausgangsproblems (z.B. der Separation) kritisieren. Ableitungen können veränderte Strukturen entwerfen, mit denen neue Erfahrungen möglich sind. Die Rekonstruktion und Reflexion der Interpretation (aufgrund des Wiedereintritts der Ausgangsunterscheidung) kann konkreter werden.

4. Es werden Erfahrungen mit diesen Ableitungen gemacht bzw. angeleitet, die unter den Interessen dieser Untersuchung relevant sein sollen. Dazu gehören Erfahrungen und Entwürfe zu schulpädagogischen, didaktisch-methodischen und diagnostischen Fragen.

Damit schließt sich der Kreis der Untersuchung, er mündet, wo er begann: in Erfahrungen, die wieder eine Interpretation darstellen, die wieder rekonstruiert werden kann usw.

Diesen zirkulären Kommunikationsprozeß zwischen Praxis und Theorie, der sich nur in der Zeit linear auflösen läßt, verstehe ich als Beratung, in der „Feldkompetenz" der Interpretation und „Methodenkompetenz" der Rekonstruktion zusammenkommen (Meister/Krämer 1987). In diesem Prozeß werden Theorie und Praxis bewußt in Beziehung gesetzt. „Denn nichts wird sich in der Pädagogik ändern - und zweifellos nicht anderswo -, solange sich die Praktiker nicht darum bemühen, ihre eigene Praxis theoretisch zu durchdringen" (Le Bohec 1994, S.18)

## 6. Ursula Rothkamp: Stefan - einer von uns
## Praxisbericht als Interpretation eines Integrationsprozesses

Ursula Rothkamp

# Stefan — einer von uns

**Integration eines körperbehinderten Jungen in der Eingangsstufe — ein Erfahrungsbericht**

*Stefan im Mathematikunterricht*

Aufgrund der politischen Absichtserklärung der neuen Regierung im Saarland, behinderte und nichtbehinderte Kinder möglichst gemeinsam zu unterrichten, wurde im August 1985 ein körperbehinderter Junge zusammen mit noch 24 nichtbehinderten Kindern in eine Grundschule aufgenommen. Der Junge war im Rahmen des üblichen Anmeldeverfahrens im Februar 1985 der Schulleitung bekanntgeworden, wobei die Eltern eindringlich den Wunsch äußerten, das Kind in die Regelschule einschulen zu dürfen. In einem Gespräch zwischen Schulleitung, Schulärztin und Eltern war beschlossen worden, dem Jungen probeweise den Schulbesuch zu ermöglichen. Danach hatte ich mich als zukünftige Klassenlehrerin eines 1. Schuljahres bereiterklärt, das behinderte Kind in meine Klasse aufzunehmen. Die Mutter hatte zugesagt, täglich notwendige Handhabungen bei dem Jungen selbst zu übernehmen.

Vor der Einschulung und einige Wochen nach Schulbeginn wußte ich als Klassenlehrerin nur unvollständig über Stefans Behinderung Bescheid. Die Eltern hatten nur das Notwendigste gesagt, um eine Aufnahme in die Regelschule nicht negativ zu beeinflussen; von seiten der Schule wurde mit Rücksicht auf die Eltern über Art, Umfang und absehbare Folgen der Behinderung nicht weiter nachgefragt. — So stieg ich praktisch ohne besondere Vorbereitung, aber voller Erwartung, in diese neue Aufgabe ein.

**Stefan leidet an Meningocele.** Durch einen Geburtsfehler ist er mit der Behinderung durch einen künstlichen Ausgang für die Blase und einen in der Funktion beeinträchtigten Darmausgang behaftet, die eine willentlich kontrollierte Entleerung nicht zulassen und das Tragen medizinischer und hygienischer Hilfsmittel erfordern. Diese müssen im Laufe des Morgens mindestens einmal erneuert werden.

Eine Fußdeformation auf der rechten Seite, vor der Einschulung operativ behandelt, läßt den Jungen leicht hinken und zwang einige Monate zum Tragen eines Innenschuhs. Im Vergleich zu seinen Alterskameraden ist Stefan sehr schmächtig und zart.

In den ersten Tagen des Schulbesuchs erwähnte die Mutter mir gegenüber, daß der Junge durch plötzlich auftretende „Stauungen" Bauchschmerzen bekommen könne, aber selbst in der Lage sei, sich zu helfen, indem er die Schläuche mit Hilfe einer kochsalzgefüllten Spritze „durchspült". Die dazu notwendigen Hilfsmittel trage er immer mit sich.

Etwa zwei Wochen nach Schulbeginn gab es jedoch bereits ein ernsteres Problem, auf das ich nicht vorbereitet war. Stefan bekam während des Unterrichts sehr starke Bauchschmerzen, konnte aber mit seinen doch recht schwachen Kräften den Schlauch nicht öffnen, um durchzuspülen. Ich mußte ihm dabei helfen und die Klasse unbeaufsichtigt lassen. Zum ersten Mal hatte ich das Gefühl, sehr belastet zu sein, und hinzu trat die Angst, die anderen Kinder zu vernachlässigen. Als diese Unregelmäßigkeiten wiederholt auftraten, wechselten wir in einen Klassenraum, der unmittelbar neben der Lehrertoilette liegt, um der Aufsichtspflicht nach den gegebenen Möglichkeiten besser zu genügen.

Der Umzug in einen anderen Saal mußte den Mitschülern erklärt werden. Ich erzählte ihnen von Stefans Behinderung, wobei er sich selbst eifrig an der Aufklärung beteiligte. Die Kinder reagierten betroffen und wollten auf den Jungen besonders aufpassen. Die Atmosphäre in der Klasse war sehr bewegt. Ein paar Wochen nach Schulbeginn spürte man so etwas wie ein Zusammengehörigkeitsgefühl, der Vorgang selbst hatte die Bildung der Klassengemeinschaft, das Zueinandergehören offensichtlich mit beeinflußt, und die Mitschüler stellten sich auf diese Situation als normalen Bestandteil ihres Schulalltags ein.

Kurz darauf bat mich eine Schülerin, dabeisein zu dürfen, wenn die Mutter dem Jungen einen neuen Beutel anlegt und ihm frische Windelhosen anzieht. Da Stefan nichts dagegen hatte, durfte sie zuschauen. Die Mutter des Jungen berichtete mir, daß das Mädchen stark betroffen reagiert hatte und gleich wieder gehen wollte. Sie erzählte weder mir noch ihren Klassenkameraden etwas davon.

Eigentlich hatte ich mir durch solche und ähnliche Vorgänge eine Erleichterung in der Problembewältigung durch die Klasse erhofft; durch die starke Betroffenheit des Mädchens spürte ich jedoch jetzt, wie behutsam ich mit solchen Situationen umgehen mußte. Es schien mir daher ratsam, einen längeren Zeitraum verstreichen zu lassen, in dem Stefans Behinderung vor der Klasse nicht mehr zur Sprache kam.

Damals nahm ich mit all meinen Fragen und meinen Unsicherheiten Kontakt mit der Schulärztin auf, die mir ihre Unterstützung zusicherte. Bei einem ausgedehnten Hausbesuch in der Familie des Kindes informierte ich mich sehr detailliert über Umfang und Begleiterscheinungen der Behinderungen bei Stefan. Die Schulärztin stellte mir Fachliteratur zur Verfügung, so daß ich mich über die Art der Behinderung und ihre Besonderheiten intensiv informieren konnte. – Auf der Suche nach weiterer begleitender Unterstützung kam ich in Telefonkontakt zur Kommission für die Integration behinderter Schülerinnen und Schüler (KIBS). Auch hier sagte man mir Hilfe zu.

Der tägliche Umgang mit Stefan, der mir mit seinen Lernfortschritten viel Freude bereitete, war ungezwungener zu haben, war für mich sehr wichtig. Vorher hatte ich das Gefühl, allein für das Gelingen oder Scheitern dieses Integrationsversuches verantwortlich zu sein.

**Stefan kam gerne in die Schule;** er fühlte sich wohl in der Klassengemein-

*Stefan (Mitte, mit Ball) beim Völkerballspiel*

schaft und wurde aufgrund seiner schulischen Leistungen und seiner netten Art auch voll akzeptiert. Wie bereits erwähnt, wußte anfangs die Klasse nur andeutungsweise über Stefans Behinderung Bescheid. Ich hatte mir mit meiner umfassenden Aufklärung bewußt Zeit lassen wollen. Der Junge sollte nicht als „Sonderfall" seine Schulzeit beginnen. Da man ihm äußerlich wenig anmerkte, sollte und konnte er sich, genau wie die anderen Kinder, seinen Platz im Klassenverband erwerben.

Bis heute erscheint die Mutter täglich in der großen Pause und versorgt den Jungen. Außerdem ist sie morgens jederzeit telefonisch erreichbar. Als sie erkrankte, übernahm der Vater die Pflege; an einigen Tagen wurde das Kind sogar von der großen Schwester versorgt. Für den Fall einer Erkrankung der Mutter sind außerdem Absprachen mit der Sozialstation getroffen.

Anfangs nahm die Mutter auch hospitierend am Sportunterricht teil, um die unterrichtliche Beteiligung ihres Kindes mit mir zu besprechen und abzugrenzen. Sie zeigt darüber hinaus in allen schulischen Belangen tatkräftige Mithilfe (Teilnahme an Wandertagen, Theaterbesuchen, Klassenfeste...), und wir arbeiten ausgesprochen vertrauensvoll zusammen.

Nach Ablauf von drei Monaten fand ein Gespräch zwischen Schulärztin, Mutter, Schulleitung und mir statt, in dem der bisherige Ablauf, der aktuelle Stand und die weitere Entwicklung erörtert werden sollten.

**Ich konnte berichten, daß Stefan sich eifrig am Unterricht beteiligt, sich überaus lange konzentrieren kann und überdurchschnittliche Lernergebnisse zeigt.** Im motorischen Bereich gab es beim Schwingen und Schreiben kleine Schwächen, die es noch auszugleichen galt. Seine Teilnahme am Sportunterricht war besonders auffällig; er wollte alles mitmachen, zeigte sehr große Begeisterung und eine bemerkenswerte Ausdauer.

Bei dieser, auf den ersten Blick, recht ermutigenden Zwischenbilanz blieben dennoch – insbesondere für mich als Klassenlehrerin – viele Fragen offen:
○ die Aufsichtspflicht gegenüber der übrigen Klasse, wenn ich sie gezwungenermaßen allein lassen mußte
○ Stefans Belastbarkeit im Sportunterricht
○ Formen der Kooperation mit der Sonderschule K
○ die Betreuung im Hinblick auf zukünftige Klassenarbeiten
○ die Notengebung im Fach Sport im 3. und 4. Schuljahr
○ das Verhältnis von Klassengröße (25) und Integration

Auf jeden Fall strebte ich an, den Schüler in der Klasse zu behalten, ihn aber über das reine Lernen hinaus auch körperlich gefördert zu wissen, selbstverständlich durch Maßnahmen, die auf seine spezifische Behinderung abgestimmt sind.

Lösungen auf all diese Fragen und Möglichkeiten zur konkreten Umsetzung erwiesen sich als äußerst langwierig und kompliziert. Daher schrieb ich zunächst einen umfassenden Bericht, der an die Schulärztin, den Schulrat und das Ministerium weitergeleitet wurde.

Etwa fünf Monate nach der Einschulung arbeitete man in der KIBS unter Leitung von Prof. Dr. *Alfred Sander* noch sehr intensiv an der Erstellung von „Richtlinien für die Förderung der Integration behinderter Schüler und Schülerinnen in den Schulen im Saarland". Es sollten Rahmenbedingungen geschaffen werden, die nicht nur eine Aufnahme behinderter Kinder in die Regelschule erleichtern, sondern gleichzeitig die individuelle, entsprechende Förderung der Kinder ermöglichen. Wie Prof. Sander mitteilte, war es zu diesem Zeitpunkt nicht möglich, aufgrund der Vielzahl der Anträge sich mit dieser Integrationsmaßnahme zu befassen. Daher konnte erst zu Beginn des zweiten Schulhalbjahres durch einen Mitarbeiter der Projektgruppe, entsprechend den Richtlinien der Kommission, eine Kind-Umfeld-Diagnose gestellt werden.

Durch einen längeren Unterrichtsbesuch und durch Gespräche mit dem Schulleiter, der Mutter und mir wurde abgeklärt, in welchem Umfang die körperlichen Beeinträchtigungen unterrichts- und schulrelevante Folgen haben, welche pflegerischen Anforderungen gestellt sind, in welchem Maß der Schüler die Ziele seiner Klassenstufe erreicht, sozial integriert ist und selbst im eigenen Erleben und im Umgang mit anderen mit seiner Behinderung zurecht kommt. Außer dem Verhältnis zwischen Schule und Elternhaus (besonders zwischen der Mutter und mir) wurden die organisatorischen Maßnahmen und die kollegialen Bedingungen der Schule angesprochen. Die Schulleitung hielt ein Stundendeputat für die Mehrbelastung, zusätzliche Finanzmittel und die Einrichtung einer Telefonanlage für die Klasse für notwendig.

**Nach diesem Erfahrungsaustausch wurden einige wesentliche Verbesserungen eingeleitet.**

Der jetzt hergestellte gute Kontakt zu dem Mitarbeiter der Projektgruppe ermöglichte häufig Beratungen und Absprachen ohne zeitliche Verzögerungen und großen bürokratischen Aufwand.

Aufgrund der Kind-Umfeld-Diagnose wurde die Mutter zunächst zu verstärkter Selbständigkeitserziehung ermutigt; es wurden organisatorische Regelungen in der Schule getroffen, die zur Entlastung der Mutter von Verpflichtungen am Vormittag führten. Die Bücher des behinderten Schülers wurden für die Benutzung in der Klasse angeschafft. Da er zu Hause mit eigenen Büchern arbeitet, braucht sie nicht zu schleppen. Den wesentlich leichteren Ranzen kann das Kind selbst tragen und deshalb den Schulweg allein bewältigen. Diese Situationsveränderung stärkte Stefans Selbstbewußtsein, er fühlte sich mehr wie die anderen.

Der Junge erfährt begleitend eine krankengymnastische Behandlung. So können Aufgaben, die die Regelschule nicht übernehmen kann, von außen ergänzt werden, um dem Kind eine umfassende Betreuung zu gewährleisten.

Auch die Probleme, die sich mir als Klassenlehrerin gestellt haben, konnten wenigstens teilweise gelöst werden.

O Die Frage der Aufsichtspflicht wurde sowohl bei der Schulbehörde als auch später beim Gemeindeunfallverband abgeklärt.

Die Schulbehörde empfahl eine schriftliche Einverständniserklärung der Eltern bezüglich der Teilnahme am Sportunterricht und eine Empfehlung vom behandelnden Facharzt und versichere, daß keine Bedenken bestünden, die Klasse kurz alleine zu lassen. Die Gemeindeunfallversicherung empfahl außerdem, den Lehrplan Sport vom Facharzt durchsehen zu lassen.

O Die Frage der Belastbarkeit im Turnunterricht sollte von einer Fachkraft der Sonderschule K geklärt werden. Über Möglichkeiten der Kooperation sollte die Schulbehörde entscheiden. In einem Gespräch mit dem zuständigen Schulrat wurde Einvernehmen über die rechtliche Einschätzung, die Notwendigkeit der Zusammenarbeit mit einer Schule für Körperbehinderte und eines angemessenen Stundendeputats für das kommende Schuljahr erzielt.

Jedes Kind ist eine eigene kleine Persönlichkeit mit unterschiedlichen Lernvoraussetzungen und bedarf spezieller pädagogischer Maßnahmen: verschieden viel Zeit, verschieden viel Erklärung und Übung, verschieden viel Zuwendung und positive Verstärkung und eine unterschiedlich starke Leistungsmotivation. All diese verschiedenen Kinder in einer ihnen gerechten Atmosphäre zu unterrichten und gleichzeitig die besondere Betreuung des behinderten Kindes zu übernehmen, war anfangs keine einfache Aufgabe.

Die Tischgruppenarbeit, welche die innere Differenzierung erleichtert, die Redaktion des Frontalunterrichts auf kurze Phasen ermöglichte es, diesem Anspruch eher gerecht zu werden. Das Miteinanderlernen, das gegenseitige Helfen, das auch schwächere Schüler zeitweise in die Rolle des Helfers schlüpfen läßt, das selbständige Arbeiten, das dem Lehrer Zeit läßt für die individuelle Betreuung ist sicherlich eine wichtige Voraussetzung für die Integration behinderter Kinder. – Es bedeutet zwar vielfach Mehrarbeit bei der Planung und Vorbereitung des Unterrichts, bringt aber gleichzeitig sowohl für den Schüler als auch für den Lehrer größere Zufriedenheit.

Ich nehme regelmäßig an den von der KIBS empfohlenen Fortbildungsveranstaltungen teil, um mir auf diese Weise notwendige Informationen über pädagogische Möglichkeiten, Richtlinien und Rahmenbedingungen zu beschaffen. Die dort möglichen Gespräche mit Kolleginnen und Kollegen, der Austausch von Erfahrungen zeigt sich als sehr informativ, ermutigend und notwendig. **Für die Arbeit in der Klasse hatten und haben heute noch für mich die tägliche Gespräche mit der Mutter einen hohen Stellenwert.** Jede Unpäßlichkeit zu Hause, starke Schmerzen während der Nacht, manchmal auch Wut auf die Behinderung, Probleme bei den Hausaufgaben, all diese Dinge wurden und werden besprochen und geben dem Kind die Sicherheit des Aufgehobenseins, das Vertrauen. **Heute spricht Stefan auch spontan über seine Behinderung,** nicht jammernd, sondern eher so, wie andere über eine vorhandene Verletzung am Bein sprechen.

Die Klasse wollte und will natürlich auf Wettspiele und Wettläufe im Sportunterricht nicht ganz verzichten. Stefan kann inzwischen viel besser laufen, auch erstaunlich schnell, auch die Folgen der Fußoperation, die ihn vor der Einschulung sogar zeitweise an den Rollstuhl fesselten, sind inzwischen beseitigt sind. Natürlich ist er letzter, doch durch behutsame Hinweise von meiner Seite auf seine doch erstaunliche Schnelligkeit wurde er auch schon von seinen Klassenkameraden durch Klatschen angefeuert und fühlte sich bestätigt. Bei Wettspielen kann er durch Intelligenz ausgleichen, was ihm der Körper versagt. **Wie hat sich nun die Integration auf meine Unterrichtspraxis ausgewirkt?** Ich mußte die Besonderheiten von Stefan in der Klassengemeinschaft berücksichtigen, dadurch beobachtete ich die anderen viel genauer.

**Stefan beendete das erste Schuljahr erfolgreich, zeigte überdurchschnittliche Leistungen und war zu einem selbständigen Schüler geworden.**

Gleich zu Beginn des zweiten Schuljahres begleitete ich Stefan zur Krankengymnastik. Ich erhoffte mir Anregungen für eine bessere Einschätzung seiner Belastbarkeit. Die Übungen waren aber so speziell auf die Stärkung der Muskulatur abgestimmt, daß man sie nicht für den Unterricht übernehmen konnte. Nach einem Unterrichtsbesuch durch den Schulrat bekam ich die Möglichkeit, an der Sonderschule K zu hospitieren.

Zunächst informierte ich mich über die besondere Ausstattung der Räumlichkeiten, um anschließend beim Besuch verschiedener Unterrichtsstunden (Sport, Schwimmen und Deutsch) einiges über Unterrichtsmittel und besondere Arbeitsweise der Schule zu erfahren. Ich konnte

123

*Stefan (links) mit seinem Kindergartenfreund beim Fußballspiel in der Turnhalle*

eine Krankengymnastin dafür gewinnen, von sich aus wenige Tage später an meinem Sportunterricht teilzunehmen.

Stefans Mutter war während dieser Stunde ebenfalls anwesend und beantwortet alle medizinischen Fragen. Stefans hoher Bewegungsdrang und sein Wunsch, alle Turnübungen mitzumachen, stellte mich häufig vor Probleme. Da die Gefahr einer Selbstüberforderung bestand, war die Beratung durch eine Fachkraft unbedingt erforderlich. Die Krankengymnastin empfahl nach genauem Beobachten des Kindes, solche Übungen zu vermeiden, welche die Bauchdecke des Kindes dehnen. Auch hohe Sprünge sollten wegen der schwachen Beinmuskulatur unterbleiben. Sie besprach mit mir den Stoffplan und gab wertvolle Hinweise für den Unterricht. – Diese Form der Beratung soll für die kommenden Grundschuljahre weitergeführt werden, vor allem wenn die körperlichen Anforderungen im Sport steigen und die Notengebung hinzukommt.

Ein besonderes Ereignis in den ersten Wochen des zweiten Schuljahres zeigt die wachsende Selbständigkeit des Jungen: Am Wandertag sollte eine Klassenfahrt zur Modernen Galerie Saarbrücken stattfinden, die sowohl eine Besichtigung als auch eine anschließende Malstunde beinhaltete. Solche Veranstaltungen bedeuteten für Stefans Mutter immer „mitfahren müssen". Ich schlug dem Jungen vor, alleine an der Fahrt teilzunehmen und bot ihm als die pflegerischen Aufgaben selbst zu übernehmen. Zunächst war er wenig begeistert, da er ohne seine Mutter grundsätzlich nichts unternehmen wollte. Da einige Tage zuvor während eines Unterrichtsganges das Beutelchen geplatzt war und ich ihn daraufhin selbst versorgt hatte, konnte Stefan darauf vertrauen, daß ich ihm in einem ähnlichen Fall helfen könnte. Wir sprachen in der Klasse darüber, auch klärten wir die Frage, inwieweit die Mitschüler mittragen könnten. **„Stefan, wir passen auf dich auf, wir alle!"**

Er war sichtlich beeindruckt von so viel Begeisterung und wollte sich die Sache überlegen. Am nächsten Morgen kam eine lächelnde Mutter und hielt einen entschlossenen Jungen an der Hand. „Ich fahre alleine mit!" Allerdings bestand er darauf, daß seine Utensilientasche mir trug und immer in seiner Nähe war.

In der Modernen Galerie mußten alle Kinder ihre Tüten und Beutel an der Garderobe abgeben. Stefan reagierte unsicher und kam sofort zu mir. Erst nachdem ich geklärt hatte, daß ich seine Tasche behalten dürfe, gab er sich ungezwungen wie vorher.

Nach der Besichtigung durften die Kinder auf einem ehemaligen Schulhof herumspringen und spielen. Plötzlich gab es Tränen und eine verstörte Kindergruppe. Stefan war umgestoßen worden und weinte. Die anderen machten dem Mitschüler, dem dieses Mißgeschick passiert war, heftige Vorwürfe. Dann weinten alle beide, und ich mußte auch den trösten, der ihn umgerannt hatte. Er hatte doch besonders auf Stefan aufpassen wollen.

Darauf fragte ich Stefan, ob er nicht einmal sein Beutelchen wechseln müsse. Er verneinte und erklärte mir, daß es während der Bildbetrachtung einfach abgeklemmt hatte, damit es nicht platzen könnte. Besorgt fragte ich ihn, ob dies denn einfach so möglich sei. Er beruhigte mich mit der Bemerkung: „Es dauert ja nicht mehr lange, bis wir zu Hause sind."

Ein Bauernhofbesuch unmittelbar vor den Herbstferien zeigte mir jedoch, daß sich alle Fortschritte in Stefans Selbständigkeitsentwicklung nur in ganz kleinen Schritten vollziehen konnten. Durch eine Darmunstimmigkeit mußten besondere Maßnahmen getroffen werden, um ihm den Ausflug überhaupt zu ermöglichen. Im Elternhaus einer Mitschülerin wurde Stefan nach der Hofbesichtigung versorgt und mit dem Auto nach Hause gebracht.

Doch die Tatsache, daß er den Hinweg mit seinen Klassenkameraden zu Fuß zurückgelegt hatte und genau wie sie im Stall herumlaufen und mit dem Traktor fahren konnte, war für ihn ein großes Erlebnis.

Nach den Ferien wurde er wiederholt operiert und fehlte einige Tage in der Schule. Zunächst kam eine Ansichtskarte aus der Klinik mit der Aufschrift: „Hallo, Freunde". Danach rief er bei mir zu Hause an. Seine Stimme klang recht munter, und er wünschte, daß ich ihn mit mehreren Kindern besuchen sollte. Dies betrachtete ich als einen weiteren wichtigen Schritt in seiner Entwicklung. Stefan suchte jetzt den häuslichen Kontakt zu anderen Kindern und nicht nur den zu seinem Freund. Dies war bisher anders gewesen.

In seiner Tischgruppe sitzt sein Kindergartenfreund neben ihm, ein stiller, sehr lieber Junge, der sich bemühte, Stefan vor allen negativen Einflüssen und Gefahren abzuschirmen. So hielt er ihn anfangs sowohl bei Unterrichtsgängen, Wanderungen als auch beim Gang in die Pause immer an der Hand. Gab es Kontakt zu anderen Kindern, so ging die Initiative stets von den anderen aus. Stefan verhielt sich zurückhaltend. Auch nachmittags zu Hause traf er nur den gleichen engen Kreis. Es dauerte sehr lange, bis er begann mit anderen Klassenkameraden ungezwungener zu spielen. Die Tage, die er nach dem Klinikaufenthalt zur notwendigen Genesung noch zu Hause verbringen mußte, kennzeichnen diesen weiteren Fortschritt. Stefan hatte auch in diesem Bereich die Scheu vor den anderen abgelegt. Ich selbst stand in dieser Zeit in regelmäßigem Telefonkontakt mit der Familie und unterrichtete Stefan auch zu Hause.

Wenn ich zusammenfassend heute die Veränderungen Stefans im Verlauf seiner bisherigen Schulzeit aufzeigen sollte, so würde ich etwa folgendes sagen:

Anfangs begegnete ich einem recht scheuen Jungen, der vollkommen von seiner Mutter abhing und keinen Schritt ohne sie unternehmen wollte. Er hatte häufig Angst, wenn sie nach dem Windelwechsel gehen wollte; er befürchtete dann auch, ihr könne etwas zustoßen. **Heute geht Stefan den Schulweg alleine** bzw. mit Nachbarkindern gemeinsam. Er zeigt sich im Unterricht selbstbewußt, erbringt überdurchschnittliche Leistungen und wird von seinen Klassenkameraden voll akzeptiert. Er wartet nicht mehr darauf, daß andere auf ihn zukommen, sondern ist in seinen zwischenmenschlichen Beziehungen spontaner, initiativer, kontaktfreudiger geworden. Äußerungen über seine Behinderung oder über die Vielzahl von Operationen zeigen, daß er zu seiner Behinderung steht. Auch im Sportunterricht, den er besonders liebt, schafft er erstaunliche Leistungen. Ob Rolle vorwärts oder rückwärts, Hockwende über die Langbank bis zu den großen Spielen bewältigt er vieles mit Begeisterung und zeigt viel Ausdauer und Durchhaltevermögen.

Käme nicht täglich die Mutter, könnte man manchmal vergessen, daß Stefan behindert ist. Er gehört dazu! ●

# 7. Versuch der systemtheoretischen Rekonstruktion

## 7.1 Vorbemerkungen zur Rekonstruktion

Die Integration Stefans kann an vermeintlichen Identitäten festgemacht werden: an der Persönlichkeit des Schülers oder der beruflichen Identität der Lehrerin oder an „der Gesellschaft" usw. Was heißt es, integrative Prozesse in *Differenzen*, grundsätzlich in der System/Umwelt-Differenz zu beschreiben? Es werden Kommunikationsereignisse nicht in ihrem (eigenen, identischen ...) „Wesen", sondern als Elemente von emergenten sozialen Systemen betrachtet, die ihren Sinn in einer Differenz bestimmen. Die Elemente werden genau durch diese Beziehung in Differenz zu anderem beobachtet. Dinge sind nicht in ihrem Eigenen präsent, sondern als Bezeichnete, zeitlich und räumlich verschoben und von anderem in der Beobachtung durch den Beobachter unterschieden („Mann" ist erst in der jeweiligen Differenz bestimmt: Mann/Frau; Mann/Junge; Mann/männliche Tiere usw.). Die Einheit von „Beziehung in Differenz" ist logisch und integrationspädagogisch der entscheidende Gesichtspunkt.

Die Rekonstruktion geht von dieser Differenz (von Kommunikationsereignissen in der System/Umwelt-Differenz) aus. Es geht nicht um die Hermeneutik von „Sorge", „Selbständigkeit", „Integration" usw. sondern um funktional ausdifferenzierte Sinn-Bestimmungen in kommunikativen Prozessen im Erziehungssystem, z.B. um Formen im Medium „Kind" in der Kopplung sozialer und psychischer Prozesse, um konstruktive Prozesse und Elemente im operationell geschlossenen System. Nicht eine eigentliche ewige Idee oder ein oberster Wert sondern die Autopoiesis sinnhafter schulischer Kommunikation unter Bedingungen der Integration behinderter Schüler/innen ist der Bezugspunkt der Rekonstruktion.

*Ausgangsthese ist die Unwahrscheinlichkeit von Integration.* Es ist an Phänomenen zu zeigen, welche Mechanismen Integration erst ermöglichen und im Zusammenwirken zustande bringen.

Unterricht entwickelt sich als ein Interaktionssystem ganz eigener Art: Es ist bereits in wesentlichen Aspekten (zeitlich, räumlich, thematisch, sozial) vorbestimmt. Die Organisation Schule stellt ein Medium „Unterricht" bereit, das dann seine konkrete Form gewinnt. Die Teilnahme am Unterricht ist verpflichtend, Ort und Zeit sind auf lange Zeit festgelegt, es sind Ziele zumindest grob bestimmt, die Rollen liegen fest - den konkreten Ausformungen liegt die Karriere als schulische Organisationsform zugrunde. Stefans Schulgeschichte als die Fallgeschichte eines integrationsfähigen Systems beginnt mit der Erwartbarkeit dieser Struktur. Trotzdem beginnt mit der Einschulung eine neue Geschichte, die nicht konkret vorhersagbar ist, sondern von den Beteiligten ausgehandelt wird und eine eigene Dynamik entwickelt. Nur in solchen Widersprüchen läßt sich Unterricht beschreiben.

Ich möchte die Entwicklung in den *drei Dimensionen von Kommunikation* rekonstruieren:
- zeitlich
„Die Zeitdimension wird dadurch konstituiert, daß die Differenz von Vorher und Nachher, die an allen Ereignissen unmittelbar erfahrbar ist, auf Sonderhorizonte bezogen, nämlich in die Vergangenheit und die Zukunft hinein verlängert wird ... Zeit ist demnach für Sinnsysteme die Interpretation der Realität im Hinblick auf eine Differenz von Vergangenheit und Zukunft" (Luhmann 1984, S.116). Sie kann konstant oder variabel sein in reversiblen Strukturen oder in irreversiblen Prozessen.
- sozial
„Die Sozialdimension betrifft das, was man jeweils als seinesgleichen, als 'alter Ego' annimmt, und artikuliert die Relevanz dieser Annahme für jede Welterfahrung und Sinnfixierung ... Sie ergibt sich daraus, daß neben der Ego-Perspektive auch eine (oder viele) Alter-Perspektive(n) Berücksichtigung finden. Jedem Sinn kann auch eine Weisung ins Soziale abverlangt werden. Das heißt: Man kann allen Sinn daraufhin abfragen, ob ein anderer ihn genau so erlebt wie ich oder anders" (Luhmann 1984, S.119). Dabei bezeichnen ego und alter ego ganz allgemein unterschiedliche Sinnhorizonte, in denen Ereignisse (doppelt) kontingent sind.
- sachlich-thematisch
„Von Sachdimension soll die Rede sein im Hinblick auf alle Gegenstände sinnhafter Intention (in psychischen Systemen) oder Themen sinnhafter Kommunikation (in sozialen Systemen). Gegenstände oder Themen in diesem Sinne könne auch Personen oder Personengruppen sein" (Luhmann 1984, S.114). Das System schafft „Gegenstände" als Einheiten komplexer Relationen, die es internal oder external zuordnen kann und über die Konsens oder Dissens besteht.

Diese Dimensionen gibt es nur kombiniert, aber sie können getrennt analysiert werden (Luhmann 1984, S.127). Schematisierung in den einzelnen Dimensionen (z.B. zeitlich konstante Zustände/variable Prozesse; external/internal im Erleben oder Handeln; Person/soziale Systeme) erleichtern Entscheidungen über mögliche Anknüpfungen.

Anschlußfähigkeit in der Einheit dieser Dimensionen bedeutet Integration im System. Das Interesse der Rekonstruktion gilt in diesem Sinne der Integration, verstanden als Anschlußfähigkeit (Inklusion) kommunikativer Ereignisse, die als Handlung Personen, z.B. dem behinderten Schüler zugeschrieben werden. Die Ereignisse sind Elemente einer Geschichte, die konstruiert und nicht „an sich" verfügbar ist. Das Phänomen wird im Bericht der Klassenlehrerin präsentiert. Es wird als beschriebenes Phänomen in den drei Dimensionen rekonstruiert.

Aus diesen Überlegungen ergeben sich konkrete Fragen, die in den drei Abschnitten spezifiziert werden: Wie geht das System mit der Differenz von Selbst- und Fremdreferenz um, wenn es sich Aufgaben der Integration stellt? Wie reduziert es Komplexität in dieser Differenz - durch Wiederholung (Verdichtung) interner Operationen in selbst- und fremdreferentiellen Konstanzen der Kommunikation, durch selektive Anschlußfähigkeit, durch interne strukturelle Transformationen, durch die Unterscheidung von Rauschen und Irritation (intern: Information) usw.? Wie schafft es sinnbestimmt die Differenz von Selbst- und Fremdreferenz als eigene Leistung, wie schafft es Grenzen und ermöglicht co-evolutiv einen Bereich struktureller Kopplung? Wie schafft das System selbst Bedingungen veränderten Funktionierens? Dies sind empirische Fragen, die durch Beobachtung zweiter Ordnung, in die der erste Beobachter einbezogen ist, beantwortet werden können. Gegenstand der Beobachtung ist der Bericht einer Klassenlehrerin über die Integration von Stefan, eines körperbehinderten Grundschülers.

## 7.2 Rekonstruktion des Praxisberichts

### 7.2.1 Zur Zeitdimension:

Einige Eigenheiten fallen sofort auf: Der Bericht folgt nicht dem Zeitmuster der Schule. Er gliedert sich nicht in Unterrichtsstunden oder -wochen, er strukturiert Zeit nicht nach themen- oder zielorientierten Epochen. Er übernimmt keines der Zeitschemata der Organisation Schule - aber er beginnt damit: Die Organisation setzt den *Anfang* entsprechend der gesetzlichen Schulpflicht - dies ist der Beginn der berichteten Ereignisse. Dieser Anfang findet ohne relevante Mitwirkung der Lehrerin oder des behinderten Schülers statt. Der Anfang der Schulzeit soll ganz normal im Sinne der man-Strukturen der Organisation Schule verlaufen. Die Entwicklung eines auch für Behinderung integrationsfähigen Systems setzt damit ein System (zumindest Schule und Erziehungssystem) voraus. Die Entwicklung beginnt mit einem System-Ganzen, das in der Lage ist, Kommunikation in seiner Weise zu organisieren.

1

Zunächst nimmt die Lehrerin *Störungen* durch Stefans Behinderung nur *punktuell* als Unfälle wahr, ohne ein Davor und Danach im unterrichtlichen oder schulischen Prozeß - d.h. *zeitlich konsequent isoliert*, ohne Anschlußfähigkeit im System. Stefans Versorgung geschieht in den Pausen - außerhalb der Unterrichtszeit. Dies beruht auf schulischen Zeitstrukturen (Unterscheidung im Sinne zeitlicher Grenzen des Interaktionssystems), die aber ausschließend (negierend) beachtet werden. Es wird keine Schulzeit sondern Familienzeit in Anspruch genommen. Die Zeitstrukturen zeigen eindeutig: Auch wenn der Schüler beliebt und anerkannt ist, *seine Behinderung gehört nicht in den Sinnhorizont schulischer/unterrichtlicher Prozesse.*

Dies ändert sich: Es wird anerkannt, daß die pflegerische Versorgung *legitimer Bestandteil der Schul- und Unterrichtszeit* ist, für die nicht nur die „Auszeit" der Pausen zur Verfügung steht. Dadurch wird überhaupt erst Stefans Teilnahme an unterrichtlichen Vorhaben außerhalb des Schulgebäudes ermöglicht. Die Änderung zeigt sich eindeutig auch in der Bestätigung der Schulverwaltung, daß die Lehrerin zurecht Zeit für diese Aufgaben verwendet, auch während der Zeit ihrer schulischen Aufsichtspflicht gegenüber der ganzen Klasse. Die Einbindung in pädagogische Arbeitsabläufe zeigt sich danach auch deutlich in außerunterrichtlichen Zeiten: in der Vorbereitung und in der Reflexion, z.B. in den Gesprächen mit der Mutter.

Die Einbindung in das Interaktionssystem Unterricht wird bestimmt durch die *Gleichzeitigkeit* mit Stefans individueller Entwicklung zu größerer Selbständigkeit (also in der System/Umwelt-Differenz). Diese bestimmt die Form, in der die Klasse Unterrichtsvorhaben unter Einbezug der Behinderung im voraus plant und dann durchführt - um damit wiederum Erfahrungen zu machen, die in folgende Vorhaben eingehen können. Was vorher aus Prozessen und zeitlichen Strukturen ausgeschlossen war, wird nun *in die Abläufe eingeplant*. Das Interaktionssystem richtet sich auch unter zeitlichen Gesichtspunkten auf diese Bedingung ein und macht sie sich zu eigen: Die Dauer des Ausflugs wird bedacht; das individuelle Tempo Stefans erfordert eigene Arbeits- und Spielformen und eigene Maßstäbe. Es gibt nicht nur *eine Zeit* - die Zeitstrukturen der verschiedenen Prozesse sind unterschiedlich. Rigide Zeitstrukturen wären selbstverständliche Argumente der Organisation, Stefan von vielen Aktivitäten auszuschließen. Die Flexibilität der Zeit(en) ist Voraussetzung seiner Integration.

Im Handlungsfeld der Lehrerin überlagern sich *mehrere Zeitebenen*:

- die Zeiten einzelner Schüler/innen, z.b. der Schülerin, die durch die Beobachtung der Versorgung Stefans beeindruckt ist, Stefans Zeitstrukturen pflegerischer Versorgung usw.

- die eigene, persönliche Zeit der Lehrerin, die sie für ihre Arbeitsprozesse braucht: für alltägliche Aufgaben, für ihre berufliche Entwicklung, ihre Interpretation der Aufgabe ..

- die Zeit in der Entwicklung des Interaktionssystems: die Klasse, das Klassenklima verändern sich, auch diese Prozesse brauchen „ihre Zeit"

- „Schulzeit" in den organisierten Abläufen des Stundenplans, des Lehrplans usw., als entsinnlichte Zeitordnung der Karriere

- die Zeit in der Kooperation mit den Eltern, den Kolleginnen und anderen Experten, wahrnehmbar als Zeitdifferenz zwischen Systemen, z.B. im Tempo der Verarbeitung im Familien- und im Schulsystem, der Entwicklungen in der Schule, der Schulverwaltung bzw. in der Kommission, in der Lehrergruppe.

Problematisch ist die *Gleichzeitigkeit dieser Prozesse* (und ihrer Beobachtung), die alle ihr spezifisches Davor/Danach, ihre Dauer, ihren jeweils speziellen Zeithorizont mit eigenen Relevanzen, eigenen Tempi haben und deshalb Unterschiedliches aktualisieren (im Unterschied zum überhaupt sinnhaft Möglichen und zu dem in anderen Abläufen möglichen). Die Lehrerin ist in den verschiedenen Zeitstrukturen gegenwärtig. Dabei sind die „gleichen Ereignisse" in einer Vielzahl von zeitlichen Ordnungen verschieden. „Bauchschmerzen" sind nach zwei Schulwochen beängstigend, weil sie nicht verstanden werden können - während sie in den langen Familienerfahrungen nicht ungewöhnlich, jedenfalls handhabbar sind. Für Stefan haben diese Schmerzen eine Vorgeschichte und erwartbare, in der neuen Umgebung auch nicht-erwartbare Folgen. Dieses Davor und Danach ist der Lehrerin unbekannt, aber sie ist nicht unbeteiligt.

Dies ist nicht risikolos: Die Unterschiede können als Im-Stichlassen oder als Zeitdruck erlebt werden, wenn Abläufe sich überlagern, wenn Diskrepanzen entstehen, wenn Dringlichkeit und Wichtigkeit sich widersprechen oder unterschiedlich eingeschätzt werden oder wenn Systemzeiten im Sinne der Organisation (z.B. des Lehrplans, des Stundenplans) bzw. des Interaktionssystems (Zeit für Pflege) sich *widersprechende Anforderungen* stellen.

Es ist zu vermuten

- daß die Fiktion der Homogenität allein in der Zeitdimension ganz beträchtliche Vereinfachungen zur Folge hätte. Die Durchsetzung einer einheitlichen „Schulzeit" würde die zeitliche Anpassungsleistungen allein von den Schülern fordern. Das hieße Trivialisierung mit den Konsequenzen der Leugnung der besonderen zeitlichen Anforderungen durch Stefans Behinderung, des „gleichzeitigen Lernens" usw., wie sie z.b. im Kapitel über Karriere dargestellt sind. Funktion der Lehrerin wäre die Durchsetzung dieser Zeitstruktur. Das Interaktionssystem „Unterricht" zerfiele in die *„offizielle Schul-Zeit"* und *die tatsächliche Zeit der Interaktions- und Lernprozesse,* mit der Konsequenz, daß Diskrepanzen als Problem in die Umwelt verlagert werden, daß z.B. Familienzeit in Anspruch genommen wird (allgemein für Hausaufgaben und Nachhilfe, Trost und Ermutigung; hier speziell für pflegerische Versorgung) und/oder daß Stefan ausgeschlossen wird.

- daß durch die verschiedenen Zeiten Störungen, produktive Anstöße und Verzögerungen zwischen den Teilsystemen möglich sind, daß durch die Koppelung psychischer und sozialer Systeme *die Verarbeitungszeit in einem System auch im anderen Zeit braucht* (z.B. durch Störungen). Diese Beziehungen zwischen Systemen ändern nichts daran, daß das jeweilige System seine eigene Vergangenheit und Zukunft hat, daß es sich im eigenen Kommunikationsprozeß im Unterschied zu einem allgemeinen „Strom der Zeit" identifiziert. Diese *Identifikation in einer gemeinsamen Geschichte* (als einer emergenten Konstruktion in zeitlichen Abläufen) ist eine wichtige Frage in bezug auf Stefans Dazugehören. Sie gibt seiner Teilnahme an den besonderen Ereignissen des Interaktionssystems Unterricht (Museum, Bauernhof) ein eigenes Gewicht.

- daß die Lehrerin mit den verschiedenen Zeiten (Horizonten, Relevanzen, Störungen) im Unterschied zur „Schulzeit" ein *erhöhtes Risiko* eingeht: *Sie gibt Kontrolle über die Zeit ab.* Erwartungen können nicht im Sinne der Karriere als Zeit-Plan mit festen Zielen formuliert und durch Trivialisierung angestrebt werden. Selektivität der Erwartungen bezieht sich auf relevante (d.h. veränderlich kontingente) Zeithorizonte, nicht auf trivialisierende „Zeit-Linien" (auf Sinnhorizonte, nicht auf lineare Kausalität in einfacher Ursache-Wirkungs-Schematik). Es läge nahe, das Risiko durch Verlangsamung der Prozesse zu mindern. Die Lehrerin trägt aber dazu bei, das Tempo zu erhöhen: Sie setzt Schwerpunkte, steigert damit Selektivität (der „Aufmerksamkeit") und konzentriert Aktivität. Sie trägt dazu bei, daß Probleme klar erkennbar werden. Sie baut eigene Komplexität auf und trägt zur Entwicklung sozialer Komplexität (z.B. in den Gesprächen) bei. Damit beschleunigt sie integrative Entwicklung - in ihren Grenzen. Sie achtet das Tempo anderer, so daß es die Entscheidung der Klasse ist, auf Stefans Bedürfnisse Rücksicht zu nehmen, und daß es Stefans Entscheidung bleibt, selbständig (ohne Mutter) an der Klassenfahrt teilzunehmen. Es ist eine wichtige Frage in allen Anfängen integrativer Arbeit, hinreichende Handlungssicherheit in den verschiedenen Prozessen zu gewinnen, deren Risiken nicht einmal zuverlässig einzuschätzen sind. Vielleicht sind die Verläßlichkeit der schulischen Organisationsstrukturen, das Vertrauen in die Zusammenarbeit mit Stefans Mutter und den Fachleuten und in den Interaktionsprozeß („die Gruppe") wichtige Hilfen. Sie bieten aber keine Kontrolle über die (Risiken in) unterschiedlichen Zeitstrukturen.

Andererseits wachsen durch Beachtung der Systemzeiten die Einflußmöglichkeiten der Lehrerin im Sinne der Koppelung. Sie kann aktuell und konkret bezogen auf ablaufende Prozesse ihre Interpretation, ihren „Sinn der Geschichte" deutlich machen. Damit bestimmt sie mit, was zu dieser Geschichte gehört, was in ihrem Sinne ist, was nicht dazugehört und gegen Erwartungen verstößt. *Indem sie ihr Handeln abhängig macht von der zeitlichen Struktur der sozialen Prozesse, gewinnt sie Einflußmöglichkeiten auf diese Prozesse: Abhängigkeit und Einflußmöglichkeiten steigern sich wechselseitig, wenn sie sich auf das einläßt, was geschieht.*

Dies nützt sie zunehmend in bezug auf individuelle Lernprozesse, auf Tischgruppenarbeit und andere Formen unterrichtlicher Differenzierung. In der aktuellen Situation kann sie integrative Sinnbestimmungen situativ-sinnvoll im Sinne von Gleichheit und Verschiedenheit in die Prozesse einbringen und damit im System die Bildung struktureller Bedingungen anregen, die im folgenden die selektive Anschlußfähigkeit im System bestimmen: Unterschiedlichkeit der (Lern-) Zeiten schließt Gleichheit im Interaktionssystem nicht aus.

3

Im berichteten Prozeß verschiebt sich der jeweilige Zeithorizont mit seinen Relevanzen in der Vergangenheit und seinen Erwartungen in der Zukunft. Erst als die Behinderung nicht mehr geleugnet wird, bemüht sich die Lehrerin um Informationen über die Vorgeschichte der individuellen Behinderung und um eine Perspektive in die nahe Zukunft (Entstehung, bisherige Operationen usw., weitere ärztliche Behandlungen, Stefans Entwicklungsmöglichkeiten, die Benotung in den kommenden Schuljahren ...). *Die neue Perspektive braucht eine neue Ordnung der Zeitverhältnisse, in der die Behinderung Stefans sinnvoll kommunizierbar ist.* Sie stellt damit in neuer Weise Emergenz als Geschichte her, die Komplexität reduziert und eigene Komplexität aufbaut. Biografische Sinnbestimmungen in der Lebensgeschichte Stefans können dadurch interaktions- und organisationsspezifische (unterrichtliche oder insgesamt schulische) Sinnbestimmungen irritieren. Im Interaktionssystem und in der Schule ist dadurch der Anschluß jeweils eigener Information als interner Konstruktion möglich - auch dies schafft Elemente integrativer Kommunikation. „Stefan, wir passen auf dich auf, wir alle!" - dieser Satz ist nur als Element gemeinsamer Geschichte aufgrund der Irritationen durch die Behinderung verständlich, und er ermöglicht die Weiterführung dieser gemeinsamen Geschichte, irritiert durch Stefans Behinderung.

## 4

Die Klassenlehrerin versucht aktuelle Probleme zu erkennen und zu lösen. Dadurch handelt sie medial *bezogen auf den jeweils aktuellen Sinnhorizont der sozialen Prozesse,* in zeitlichen Bezügen auch über die Gegenwart hinaus. Aus diesen Bezügen und in der Koppelung kann im Prozeß Gewißheit gewonnen werden, die Erwartung fortdauernder Harmonie wäre aber verfehlt.

Koppelungen im Integrationsprozeß werden durch rigide, langfristige und differenzierte Planung (z.B. durch unterschiedliche, verbindliche Lehrpläne im Sinne der Regelschul- und Sonderschul-Karrieren) offensichtlich erschwert. Integrative Arbeit profitiert in jedem Fall durch die Flexibilität eines Mediums, das eigene Strukturen hat und in hohem Maße konkrete aktuelle Ausformungen im Prozeß zuläßt. Anpassung an Zeitstrukturen heißt deshalb nicht harmoniebestrebtes opportunistisches Nachlaufen (Untersteuerung im Gegensatz zur Übersteuerung trivialisierender Zeitkontrolle), sondern *sinnbestimmte Nutzung von (Problem-) Situationen in aktuellen Prozessen* - für Entscheidungen, auch für Konflikte. Darin gewinnt das System in der fortlaufenden Reproduktion seine Form als hinreichende Bestimmtheit der Erwartungen. Gegen diese Form kann es Verstöße geben, die evtl. individuell als Schuld zugeschrieben werden (s. Szene im Museum, Verstörung der Gruppe, Vorwürfe und Trost für den unglücklichen Mitschüler) und/oder unerwartete neue Horizonte eröffnen, ohne die Reproduktion abzubrechen (s. die Entscheidung mitzufahren, das Lächeln der Mutter, die Entschiedenheit des Jungen und die Begeisterung der Klasse in dieser Situation).Auch im Konflikt, im Dissens bleibt der Kontakt erhalten: der Prozeß in der Einheit von Gleichheit und Verschiedenheit erlaubt beides im Kommunikationssystem, genauso das Mittel der Koppelung durch Irritationen. Es ist die Erfahrung der Kontinuität dieser Struktur (daß es so oder so, operierend oder reflektierend in dieser Einheit weitergeht), die Gewißheit kommunikativer Integration schafft. Gewißheit und Kontinuität sind an die Flexibilität des Mediums, nicht an Strukturlosigkeit oder Rigidität gebunden.

Entlang den Erwartungen entsteht fortlaufend systemeigene Zeit, eigene Geschichte, da nicht alles mit allem zugleich, aber vieles nacheinander miteinander verknüpft sein kann - entsprechend eigener Anschlüsse im Prozeß, in die allen gemeinsame Zeit hineinprojiziert. *Der Prozeß schafft seine eigenen Zeitstrukturen.* Die Selektionsgeschichte im Sinne medialer Koppelung qualifiziert den Integrationsprozeß.

*Sensible Gewißheit der Lehrerin ist deshalb nicht das Produkt überlegener fachlicher Kompetenz im aktuellen und prognostischen „Wissen über" diese Prozesse, sondern ein Merkmal der (medialen) Bezogenheit im Prozeß der Koppelung* sowohl im Falle von Konsens als auch im Falle von Dissens, bezogen auf die Kontinuität des Prozesses in der Einheit von Gleichheit und Verschiedenheit. Dieses aktive, sinnvolle Bezogensein ist vermutlich eine entscheidende Kompetenz der Lehrerin. Bezogenheit auf den Prozeß und Gewißheit im Prozeß unterstützen sich zirkulär.

## 5

Die Veränderungen in der Dimension Zeit kommt nicht von „heute auf morgen", sie brauchen selbst Zeit. Die Lehrerin beobachtet die Schülerin, die durch (die Beobachtung von) Stefans Behinderung und pflegerischer Versorgung sehr beeindruckt ist. Sie nimmt dies nicht zum Anlaß, intensiver und zeitlich aufwendiger mit dieser Schülerin individuell oder mit der ganzen Klasse am Thema zu arbeiten, sondern interpretiert die Situation als „zeitbedürftig" im Sinne individueller Prozesse und im Sinne des Interaktionssystems.

Sie will bewußt (als sinnvoller Teil des Prozesses) *Zeit lassen* - wobei der soziale Hintergrund auch im Sinne der Organisation Schule unterstützend erhalten bleibt. Zumindest ist garantiert, daß es im Sinne von „Schule" und dadurch gestützt im Sinne des Interaktionssystems „Unterricht" irgendwie weitergeht. Für den Zeitablauf ist nicht in erster Linie die erzieherische Intention oder ein vorformuliertes und dann implementiertes pädagogisches Programm entscheidend, sondern *die Eigendynamik des jeweiligen Systems - sie bestimmt auch den Zeitbedarf.* Die Lehrerin bleibt im Sinnhorizont integrativer Prozesse. *In diesem Sinnhorizont interpretiert sie das Zeitlassen als Notwendigkeit im Integrationsprozeß,* nicht als dessen Ende oder als Zeitgewinn für etwas anderes oder sonstwie uminterpretierend.

Die Klassenlehrerin nutzt dieses Moratorium bewußt für die Klasse und auch für sich selbst: Sie nimmt sich die Zeit im Sinne ihrer Interpretation, um Informationen einzuholen und mit Eltern, Kolleginnen und anderen Fachleuten Zusammenarbeit zu beginnen. Das System baut eigene problemspezifische Komplexität auf. Damit wird die trivialisierende, nur durch das Programm gesteuerte Zeitstruktur vermieden, ohne - und das ist entscheidend - die Sinnbestimmung aufzugeben.

Bezogen auf den Interaktionsprozeß zeigt die Klassenlehrerin eindrücklich die Bedeutung *des Zeit-lassens und Sich-Zeit-nehmens.* Den Zeitpunkt und die Zeitdauer integrativer (Teil-) Prozesse bestimmt das System, nicht die noch so gut gemeinte pädagogische Intention. Die Aktivität der Lehrerin (sich Zeit nehmen für Beratung, Reflexion ...) und die Sinnbestimmung in der Koppelung psychischer und sozialer Prozesse unterscheidet dieses Zeitlassen/Zeitnehmen von Laissez-faire. Die Einheit von Zeitnehmen und Zeitlassen ist eine entscheidende Voraussetzung der Koppelung sozialer und psychischer Prozesse, deshalb eine entscheidende Grundlage der Anschlußfähigkeit, d.h. der Integration von Behinderung im System (hier hervorgehoben: im Interaktionssystem und in den psychischen Systemen). *Zeitlassen/Zeitnehmen erscheint als Einrechnen eines (wechselseitig) Nichteinrechenbaren - in der Zeit.*

Im Oszillieren des Prozesses zwischen dem sozial Eingeschlossenen und dem Ausgeschlossenen (in der System/Umwelt-Differenz von Kommunikation und Bewußtsein) wird integrative Kommunikation operativ in der Zeit prozessiert. Zeitlassen/Zeitnehmen ermöglicht das *re-entry der Unterscheidung in das Unterschiedene*: Zeitlassen ist notwendiger Teil der Koppelung und der Reflexion, daß die Eigenwelt des Anderen nicht einrechenbar ist, nur als eigene Irritation wahrgenommen werden kann und ihre eigene Zeit hat. Daran kann Kommunikation im System anschließen. *Das Andere kann nur im Zeitlassen/Zeitnehmen integriert werden.* Deshalb definiert diese Einheit im Sinne der Integration einen funktionalen Vergleichsbereich der Unterrichtsgestaltung und der Beratung. Es reicht nicht aus, Zirkel wechselseitiger Beeinflussung zu etablieren, die eher geeignet sind, Zeitlassen/Zeitnehmen („Pausen" als nutzlose Zeit) zu unterschlagen. Rhythmische Formen der Freiarbeit, des Tagesplans usw., des Erzählens und Zuhörens und des sinnvollen Wartens, zupackender Aktivität einerseits und des Innewerdens andererseits bieten geeignete Zeitstrukturen. In diesen Strukturen des Zeitlassens/Zeitnehmens in der Wirklichkeit der Karriere, im Konflikt systemischer und lebensweltlicher Zeit wird enteignete Zeit der Karriere wieder angeeignet.

6

Die Lehrerin spürt, daß Zeit für Interaktion („systeminterne Kommunikation") und Zeit für das ausgeschlossene Subjektive, auch in bezug auf die individuelle Behinderung notwendig ist. Sie spürt, daß dies aufeinander bezogen notwendig ist: Das Erschrecken der Schülerin interpretiert sie in dieser Weise, das Entstehen eines neuen Klassenklimas ebenso. *Im Zeitlassen für die Schülerin und für die Klasse und im Zeitnehmen ereignet sich das Neue.* Aber die Lehrerin berichtet nichts über die Reflexion der paradoxen Integration des Ausgeschlossenen im re-entry der Unterscheidung, operativ im zeitlichen Hin und Her des Zeitnehmens und Zeitgebens. Das Neue ereignet sich, es wird erspürt, aber nicht begrifflich reflektiert. Vielleicht wird es deshalb auch nicht diagnostiziert, diskutiert oder planmäßig gefördert. Worin besteht das Neue? Die Zeitstrukturen des Systems lassen Zeit für das, was man im System nicht erwartet, indem sie diese Unterscheidung (Erwartung/Irritation) im System selbst vorsehen. Die System/Umwelt-Differenz wird im System wiederholt. Damit wird nicht das Unvorhersehbare vorhersehbar, es wird aber Zeit dafür gelassen. Dies ist möglich im Sinne der Kybernetik zweiter Ordnung bezogen auf die Steuerung der zeitlichen Ordnung. *Zeitlassen bedeutet, daß das Subjektive z.B. der individuellen Behinderung sein darf, auch wenn es nicht verfügbar ist.* Zeitlassen ist die Möglichkeit des Anderen, des Potentiellen, des Zukünftigen durch unvorhergesehene Irritation. *Zeitnehmen - so wie es die Lehrerin als Aktivität eigener Information und Verarbeitung berichtet - ermöglicht die Transformation von Irritationen in systemeigene Information und strukturelle Veränderung. In der Einheit von Zeitlassen und Zeitnehmen erhöht das System problembezogen seine Sensibilität, seine Resonanzfähigkeit in der System/Umwelt-Differenz, es entwickelt Gespür für das Andere, ohne es verfügbar zu machen.*

Darin zeigt sich die Bedeutung des Zeitlassens/Zeitnehmens in der System/Umwelt-Differenz als einer *Variation der Einheit von Beobachtung/Operation, die Eigenwerte schafft.* Im Unterschied zur Verselbständigung sozialer Systeme in der Produktion von Eigenwerten geschlossener Funktionsweisen als „Behinderung", betont Zeitlassen/Zeitnehmen die Sensibilität und Resonanzfähigkeit des Systems in diesem Muster (in der Einheit von „Wahrnehmen" und „Handeln" bezogen auf Gleichheit und Verschiedenheit). In der Einheit von Zeitlassen und Zeitnehmen ist Veränderung im schulischen System möglich: das Klassenklima ändert sich, d.h. die Beziehung zwischen den Personen, als emergente Qualität: die Beziehung zwischen sozialem System und individuellen psychischen Prozessen. Zeitlassen/Zeitnehmen führt in eine *neue Qualität der System/Umwelt-Differenz.* Umwelt ist weder der Bereich des Zwanges z.B. durch die „bedingende Vergangenheit" (z.B. der frühen Kindheit, der schulischen Organisation, der individuellen Behinderung), noch der Bereich des Irrelevanten. Sie ist aktuell wirksam in Veränderungsprozessen, sie stört, sie scheint irritierend vorzugreifen im Blick auf künftige eigene Möglichkeiten des Systems, die zunächst als widersprüchliche Irritationen und Informationen auftauchen. *Im Zeitlassen für das Andere erscheint dies als eine nicht-technologische Komponente des Vergangenheits- und des Zukunftsbezugs im System im Gegensatz zur vorgeblichen Berechenbarkeit und Machbarkeit im Zeitablauf der Karriere.*

Zeit ist ein Multiplikator dieser Irritationen und Widersprüche. Sie multipliziert die Möglichkeiten, in der Kommunikation im Laufe der Zeit durch Behinderung irritiert zu werden und auf diese Irritationen als Widersprüche zu reagieren. Im Nacheinander der Irritationen wird Behinderung (im Sinne konkreter Erfahrung und als Aufbau systemeigener problemspezifischer Komplexität) durchgearbeitet. Widersprüche können im Horizont der Vergangenheit (Biografie, Geschichte) und der Zukunft auftauchen. Dabei sind Widersprüche

im Horizont der Zukunft (auch aufgrund vergangener Ereignisse) für die Lehrerin von größerer Bedeutung. Die „gegenwärtige Zukunft" ist Anlaß für
- Planungen (z.b. Saalwechsel und Selbstversorgung Stefans)
- Fragen (z.b. an die Schulbehörde)
- Sorgen (z.b. der Mitschüler/innen)
- Befürchtungen (z.b. bei Bauchschmerzen oder bezogen auf einen Schlauch, der platzen kann)
- Hoffnungen (z.b. auf Freundschaft)
- Vorsorge im Sinne von Zweck-Mittel-Technologien (Utensilientasche, spezielle Badehose).

In diesen Teilprozessen, die sich alle im Muster von Zeitlassen/Zeitnehmen in der System/Umwelt-Differenz verstehen lassen, wird *Integration als „Geschichte" produziert.* Die Integration in den Zeithorizont dieser Geschichte führt zu Irritationen und im „Durcharbeiten" zum *Vertrauen* in ein verläßliches Dazugehören - *ohne den Mythos der Machbarkeit*. In dieser Zeitperspektive gegenwärtiger Zukunft ist es sinnvoll möglich, von selektiver Anschlußfähigkeit zu sprechen. Gewißheit der Integration (erfahrbar als Dazugehören) kann es ohne diesen Zeitbezug der Anschlußfähigkeit gar nicht geben. Im Zukunftsbezug werden die „determinierenden" Ereignisse der Vergangenheit überhaupt erst relevant, indem sie Bedeutung für selektive Anschlußfähigkeit erhalten. Die Chancen einer „Integrationsmaßnahme" sind deshalb nicht isoliert an Daten der Vergangenheit sondern in der Einheit der Zeit zu bestimmen. Die Konstruktion der Vergangenheit schafft einen Raum der Kontingenz im gegenwärtigen Kommunikationssystem, in dem erst (nachträglich) bestimmt wird, was für zukunftsbezogene Entscheidungen relevant sein kann. Vergangenheit und Zukunft implizieren sich wechselseitig in der Einheit der Zeithorizonte, die nicht einfach linear aufgelöst werden kann. Vergangenheit und Zukunft werden zirkulär als Einheit konstruiert: „Schädigung bei der Geburt" und „zukünftige Notengebung im Sport" sind im Zeithorizont des Integrationsprozesses zirkulär aufeinander bezogen sinnvolle Gegenstände der Kommunikation.

7

Am Ende ihres Berichts stellt die Lehrerin fest: Stefan gehört dazu! Dies markiert das Ende des Berichts, es kennzeichnet ihn als ganzen: Ein Vorgang wird bezeugt, das positive Ende kann Mut machen. Welche Funktion hat dieser Satz für den berichteten Prozeß? Ende, Zweck, Ziel, Sinn, Wirkung, die Ursachen ordnet?

Eine technologische Auffassung zielerreichender Lösungsprozesse, in denen alle Widersprüche nacheinander abgearbeitet werden und so ein Zustand der Integration erreicht wird, ist eine falsche Utopie, da jede Lösung den Sinn- und Zeithorizont (als Teil von Entwicklung) verschiebt und damit neue Probleme sichtbar macht (konstruiert) und *im jeweils neuen Zeithorizont bestimmt, was der Fall und was das Problem ist.* Es gibt deshalb in Stefans Integration keine überdauernde Problembeschreibung (einerlei durch welche Diagnostik) und deshalb *keine endgültige Lösung als „Zustand der Perfektion".* Seine *Integration ist erfolgreich, wenn sie in neuen Problemen weitergeht* (Weg als Ziel); nur im Ende des sozialen oder psychischen Systems, im hoffnungslosen Scheitern könnte sie abgeschlossen werden. Sie ist, indem sie wird, d.h. so lange sie im einzelnen ungewollt, aber im ganzen willentlich bewirkt Probleme macht. Sie verläuft deshalb (im gesamten Bericht) nicht weiter als lineares Fortsetzen einer gefundenen Lösung, das würde bedeuten: an der eigenen Vergangenheit orientiert, in der „Anwendung" des bisher Gültigen auf das Neue, genauer: in der Durchsetzung des Bisherigen gegenüber dem möglicherweise Neuen. Auch zeitlich sind Gleichheit und Verschiedenheit in Variation und Selektion, in Einigungen vielfältig aufeinander bezogen. Integrative Entwicklung ist eher vorstellbar als schöpferische Entfaltung vieler Schichten in Gegenbewegungen der Störung des Etablierten/der Bearbeitung, Problemlösung und Etablierung und damit weiter im Produzieren neuer Probleme, Entwürfe und Planungen, die im Vollzug wieder in neue Störungen führen - wobei das Sinnganze sich weiterentwickelt, sich „vertieft", sich thematisch „verbreitert".

Die Lehrerin stellt die Vielfalt der Prozesse in die thematische Einheit, die ihren Selektionsentscheidungen zum Bericht zugrundelag. Als „Verweisungsüberschuß" des Ganzen über die Teilprozesse hinaus faßt die Lehrerin den Bericht, der Belege und Erfahrungen geliefert hat, darin thematisch zusammen. Die rückblickende Einschätzung bündelt diese Prozesse vielleicht auch in diesem Sinn verpflichtend für künftige Situationen, ohne diese im einzelnen festzulegen.

Damit wird die zeitliche Struktur in eine Asymmetrie gebracht, die als Zielorientierung erscheinen kann: Alle thematisch selegierten Ereignisse werden in eine Folge geordnet, so daß die Geschichte in diesem Schlußsatz ihren Sinn bekommt. *Der Zirkel „Das Thema bestimmt (selegiert und ordnet) die Ereignisse - Die Ereignisse bestimmen das Thema" wird durch das „Ziel" aufgebrochen und linear geordnet.*

Ziel kann aber nicht ein vorbestimmter Zustand sein, es entsteht konkret immer erst zeitabhängig in den Problemen in der System/Umwelt-Differenz. *Übergreifendes Ziel in all diesen Problemen ist die Geschichte selbst.* Sie gelingt nicht durch die Festlegung eines Zielzustandes, sondern in einer offenen Zukunft unter dem Anspruch einer regulativen Idee, die in den jeweils produzier-

ten Problemen die Selektion möglicher Lösungen und dadurch wiederum relevanter Probleme bestimmt. Planung einschließlich der Zielsetzung ist nur als Teil dieses Prozesses sinnvoll.
Die Dynamik des Prozesses muß weder kausal von außen, noch teleologisch durch eine interne Zielrichtung des Systems erklärt werden. Sie entsteht in den (auch systeminternen) System/Umwelt-Differenzen, die nach und nach „zu schaffen machen" und in neuer Weise geschaffen werden. Selbst- und fremdreferentiell schafft das System damit fortschreitend eigene Probleme und Lösungen in zunehmenden Interdependenzen. Dies zeigt sich auch darin, daß die Lehrerin eigenständig handlungsfähig wird, indem sie problembezogen Beziehungen zu anderen aufbaut, damit die Probleme ausweitet, vertieft, differenziert. Das System sensibilisiert sich zunehmend, wo es vorher gar keine Probleme gab. Jeder Lösungsprozeß erhöht die Chance, differenziertere Probleme zu produzieren. *In diesem Wechselprozeß von Problemen und Lösungen wird die Ausgangsparadoxie der Erziehung in der Zeit ausgetragen. Da sie sich nicht lösen läßt, muß sie immer wieder gelöst werden. Da es unmöglich ist, Stefan endgültig zu integrieren (als Zustand), bleibt nur die Möglichkeit, ihn in einer Geschichte von Problemen und Lösungen immer wieder zu integrieren.* Diese selbst- und fremdreferentiell fortschreitende Geschichte ist das Ziel der Geschichte.

8

Auch in der Integration behinderter Schüler/innen löst schulische Erziehung ihre Paradoxie also nicht in einem glücklichen Endzustand auf. Zur Kommunikation ihrer Widersprüche in der Gegenwart braucht Integration die Einheit der Zeithorizonte Vergangenheit und Zukunft in ihrer jeweiligen Geschichte. In dieser zeitlichen Einheit ist auch die Paradoxie Gleichheit/Verschiedenheit in der Integration auszuhalten: Stefan gehört dazu wie jeder andere - er ist verschieden wie jeder andere. Er ist ein unauffälliger Schüler, und jeden Morgen kommt seine Mutter, um ihn zu versorgen. Im Sportunterricht wird ihm wegen seiner schwächeren Leistungen applaudiert usw.
Grundsätzlich lassen sich die Widersprüche nicht in einem idealen Endzustand auflösen, aber sie lassen sich *handhabbar machen, indem sie temporalisiert werden: Gerade durch Beachtung der besonderen Anforderung pflegerischer Versorgung zu ihren Zeiten kann Stefan wie jeder andere am Museumsbesuch teilnehmen.* Auf andere Probleme bezogen: Die Frage des Widerspruchs von Integration und Nichtversetzung (bzw. Notengebung, Lehrplan ...) im Karrieremodell läßt sich temporalisieren und damit als „Wie-Frage" im Zeithorizont umformulieren: Wie wird sich das Ereignis Nichtversetzung auf die schulische Integration auswirken? Wie wird es im System verarbeitet? Sequenzierte Abläufe (im Programm der Schule) bieten Folgen von Entscheidungspunkten

an, die solche Paradoxien handhabbar machen, statt sie in „Seins-Fragen" zu zementieren: Nichtversetzung wird von der Entscheidung über die „grundsätzliche" Zugehörigkeit zum Interaktionssystem unterschieden. Sonderpädagogische oder pflegerische Versorgung können über die Zeit ins Programm der Regelschule aufgenommen werden. Differenzierung in der Klasse erlaubt Lehrerarbeit im Nacheinander verschiedener Gruppen. Integration stellt ein Entwicklungsprogramm von Schule und Unterricht dar, das *sich in Widersprüchen sequentiell entwickeln* kann, da in der Kommunikation jeweils Zukunft gegenwärtig ist: jetzt a, danach nicht-a. Integration von Widersprüchen ist deshalb nur als *fortschreitende Geschichte von Einigungen* möglich.

Deshalb ist es von Anfang an wichtig, daß die Lehrerin auf in der Zeit variable Prozesse attribuiert, nicht auf konstante Merkmale. Das läßt Veränderung im Identischen zu. Im Zeitnehmen/Zeitlassen eröffnet sich die Möglichkeit zeitlicher Organisation in der Differenz Innen/Außen bzw. in der sozialen Inklusion im System/Exklusion des Subjekts. Die Einigung von Interdependenz und Autonomie in dieser Differenz ist Bindung. Sie kann sich entwickeln in der zunehmend individuellen und gemeinsamen Zeitgestaltung des Zeitlassens und Zeitnehmens. In diesem Muster kann individuelle Behinderung in gemeinsame Prozesse integriert werden, da dieses Muster Sensibilität, Resonanzfähigkeit des Systems ermöglicht.

9

Stefans Behinderung zeigt sich in dem Maße selbst in der Dimension der Zeit, wie sie in dieser Dimension in schulische Abläufe einbezogen wird: Er ist nicht so lange belastbar, er braucht mehr Zeit beim Laufen, er muß während der Unterrichtszeit den Saal verlassen oder fehlt wegen Operationen über längere Zeit, seine Abhängigkeit von mütterlicher Pflege ist zeitlich extrem ausgedehnt, und sie separiert Stefan jeden Morgen in der großen Pause von der Klasse, seine Selbständigkeitsentwicklung erscheint im Vergleich zu seinen Klassenkameraden zunächst sehr verzögert, seine Zeit mit Freunden ist sehr eingeschränkt. *In diesen Zeiterfahrungen wird auch Behinderung, Trennung, Separation innerhalb der Integration erlebt.* Aber es werden Interaktionsformen gefunden, die unter diesen Bedingungen für Anschlußfähigkeit (in den Zeitstrukturen) im sozialen System sorgen: Es werden Briefe geschrieben, Stefan lädt einige Freunde zu sich ein, die Lehrerin erteilt Hausunterricht, Lehrerin und Mutter vermitteln usw. Die Separations- und Trennungs-Erfahrungen bleiben zeitlich begrenzt und relativiert, und sie stellen Stefans Dazugehören nicht in Frage, sie sind Teil integrativer Wirklichkeit.

Stefans Behinderung ist in dieser Geschichte nicht statisch, sie entwickelt sich in diesen Ereignissen (in den biographischen Erfahrungen, in den persönlichen Zuschreibungen im Interaktionsprozeß, in der sozialen Komplexität der Schule). Durch die Operationen läßt sich seine Fußdeformation verringern, so daß er besser laufen kann - d.h. auch, daß er mit sich selbst und mit seinen Mitschülern andere Erfahrungen machen kann/daß andere mit ihm andere Erfahrungen machen, daß (im Sport) die sozialen Regeln evtl. modifiziert werden können. Die Separationserfahrungen durch seine Behinderung werden durch seine eigene Anstrengung (im Selbständigwerden) und durch die Aktivität und Resonanz anderer abgebaut und relativiert.

Seine Behinderung bleibt bestehen, ihre Beobachtung kann sehr beeindrucken, in ihren Folgen ist sie täglich sichtbar. Da aber „Schulzeit" nicht rigide durchgesetzt wird, treten auch keine schulzeit-spezifischen Eigenwerte (z.B. „Versager" im Sport) auf, die ihn ausschließen würden. Die definierenden Ereignisse - was man mit Stefan tun/nicht tun kann, wie Schule ihn behandelt - machen beide Seiten deutlich: Gleichheit und Verschiedenheit, Dazu gehören und Besondersein. Für die Lehrerin und für Stefan scheint besonders wichtig: Die Behinderung erzwingt nicht Stefans Ausschluß von besonderen Unterrichtsvorhaben und nicht die ständige Abhängigkeit von der mütterlichen Versorgung (Familienzeit im schulischen Zeitrahmen), auch nicht die Einschränkung normaler Kontakte auf dem Schulweg, die Freundschaften begründen können. Zu Stefans Behinderung gehört es, daß *körperliche Zeitabläufe* wahrgenommen werden entgegen den sozialen Erwartungen eines körperlosen Unterrichts. Zyklen, Rhythmen seines Stoffwechsels und seiner Ausscheidungen sind durch die Notwendigkeiten seiner Versorgung verknüpft mit sozialen Zeitstrukturen in der Familie und in der Schule. Körperliche Bedürfnisse müssen integriert, d.h. zum Beispiel in den Planungen beachtet werden. Sie erfordern Einigungen in der Frage nach Aufschüben, nach Vorsorge - nach dem *Geltenlassen leiblicher Zeit im sozialen System.* Systeminterne Komplexität zeitlicher Strukturen wird in diesem Bezug (der System/Umwelt-Differenz) aufgebaut.

Diese Einigungen erlauben keine Perfektionierung, *keinen Zwang durch Reglementierung überdauernder Synchronisation*, kein Wartenlassen als ritualisierten Ausdruck sozialer Macht. Es ist deutlich, daß jeder konkrete leibliche Prozeß seine eigene zyklische Zeit hat, daß die rigide Durchsetzung allgemeiner, trivialisierender Schul-Zeit Ausdruck von Ignoranz und Repression wäre. Sie würde Behinderung ausschließen.

In diesen Einigungen werden Körperbedürfnisse interpretiert - durch Stefan in seiner Biografie und seiner aktuellen Selbsterfahrung bezogen auf seine Umwelt, durch die sozialen Systeme Schule und Unterricht in ihren Zeithorizonten und Anschlußmöglichkeiten. Beide Prozesse sind gekoppelt. Das psychische System „Ich" hat ganz im psychoanalytischen Verständnis zwei Umwelten: die Ansprüche (Rhythmen...) des Körpers und die (Zeit-) Strukturen der sozialen Welt. Seine Entwicklung durch Einigungen wird erleichtert, wenn beide Umwelten sich nicht ausschließen, sondern durch akzeptierte Zeitstrukturen und

Interpretationen vielfältig verknüpft sind, wenn behinderte Körperlichkeit dadurch kommunizierbar ist/wenn Gemeinsamkeit auch in leiblichen Themen erhalten bleibt. In diesen Verbindungen wird psychische/soziale Komplexität aufgebaut, die der Entwicklung aller Beteiligten zugute kommt. Als Einigungen stellen sie auch Entwürfe künftiger Interaktionsformen dar, in denen leiblich begründete Bedürfnisse und soziale Erwartungen realistisch und befriedigend verknüpft werden müssen.

In Fragen zeitlicher Strukturen kommt dies im Bericht über den Museumsbesuch zum Ausdruck. Beim Besuch der Modernen Galerie ist Stefans Versorgung über die Zeit des Besuches schwierig. Das Vorhaben gelingt durch Einigungen: Die Bedürfnisse sind klar expliziert und mit den sozialen Vorgaben (Besuchsregeln) in Einklang gebracht. Es ist Vorsorge getroffen, daß für die vorgesehene Zeit notwendige Utensilien zur Hand sind. Letztlich löst Stefan das Problem selbständig, indem er den Beutel abklemmt und sich durch diesen Aufschub Zeit verschafft. Andere Chancen der Irritation und der Einigungen durch Behinderung hinsichtlich der Zeit sind weniger wahrgenommen worden: Leistung im Sport wird offensichtlich eng mit „Geschwindigkeit" verbunden. Stephans Tempo wird in einem individuellen und angepaßten sozialen Maßstab als Leistung anerkannt. Die Frage nach der grundsätzlichen Notwendigkeit dieser Verknüpfung wird aber nicht gestellt: Gibt es auch die langsame sportliche Betätigung, den Genuß und die Ästhetik meditativer Bewegung, die eigenen Grenzen und die Eutonie, die awareness der eigenen Bewegung in der Bewegungserziehung? Können dies konkrete Einigungen auch aufgrund der Wahrnehmung von Behinderungen sein?

Zeit wird in den individuellen Erfahrungen und den sozialen Strukturen eine wichtige Sinndimension von Stefans Behinderung und der schulpädagogischen Fragen im Integrationsprozeß. Dies gilt konkret vor Ort und allgemein. Oft leugnet Pädagogik leibliche Zeit und die Einheit der Zeithorizonte. Sie hängt gerade in den Zeitstrukturen einem Mythos der (körperlosen) Machbarkeit und Planbarkeit an, der zentraler Bestandteil schulischer Trivialisierung ist. Anerkennung von Stefans leiblicher Behinderung kann in bezug auf die Zeitdimension von Erziehung heißen,- weniger an Planbarkeit und Machbarkeit (in Lehrplan- und Stundenplanstrukturen, Versetzungsordnungen) festzuhalten, statt dessen Prozeßorientierung und Einigungen in konkreten Vorhaben bewußt zu einem wichtigen Teil des pädagogischen Programms zu machen
- außer den positiv bewerteten Aspekten von Wachstum und Entfaltung, bezogen auf (abstrahierte und oft idealisierte) Kindheit und Jugend, auch Stagnation, Verzögerung, Abbau, Abbruch und Verfall in den Zeithorizonten von der Zeugung bis zum Tod als mögliche Elemente einer pädagogischen Perspektive der Normalität einzubeziehen
- individuelle leibliche Zeit wahrzunehmen, geltenzulassen und mit sozialen Zeitstrukturen zu einigen. Es ist nicht notwendig, daß sich „leibliche Zeit"

anpaßt an soziale Zeit oder umgekehrt. Wenn Behinderung leiblich präsent ist, können beide Zeiten sich in einem zirkulären Ganzen (sich überlagernder Metrik) entwickeln. In diesem Ganzen ist die Gleichheit sozialer Zeit und die Verschiedenheit individueller Zeit gleichzeitig möglich.
In der Normalität von Stärke, Kompetenz, Sensibilität, Beziehung, optimistischer Gewißheit usw. sind immer auch Schwächen, Versagen, blinde Flecken, Trennung, Zweifel usw. enthalten. Schulpädagogik wird unrealistisch, wenn sie die Reflexionseinheit „besser/schlechter" zur Aussonderung behinderter Leiblichkeit in ihren Zeitstrukturen benutzt, anstatt Einigungen gerade in der Zeit zu versuchen. Besonders wichtig können dabei die kleinen Regelungen alltäglicher Zeitstrukturen sein, die darüber entscheiden, ob ein befriedigender gemeinsamer und individueller Tagesablauf möglich ist.

10

Der Aufsatz selbst und die Mitteilungen an die Schulbehörde sind als Texte zu verstehen, die Komplexität reduzieren, indem sie komplexe zeitliche Strukturen aufbauen. Weil das Modell der Karriere als das eines geschlossenen Zeitablaufs, in dem Systemereignisse nur an Systemereignisse anschließen, eine abstrakte („homogene") Zeit und Machbarkeit der Rhythmen, Tempi und Perioden voraussetzt, entstehen in schulischen Berichten notwendig bestimmte Schwierigkeiten des Umgangs mit konkreter („heterogener", „leiblicher") Zeit und ihrer Offenheit, die eher in narrativen Formen darstellbar ist.
Es ist deshalb vielleicht kein Zufall, daß Behörden weniger erzählerische Formen in deren Zeitstrukturen sondern schriftliche Berichte erwarten. Zeitverläufe des schwungvollen Aufbruchs oder der Müdigkeit, der nicht rationalen Zufälle, der Sensibilität statt der puren Machbarkeit, des plötzliches Erschreckens oder des Erahnens, des Zulassens oder Wartens, des depressiven Geschehenlassens, zittriger Angst, der kämpferischen Anstrengung, des Aufgebens, des aggressiven Vorwurfs, entschlossener Beharrlichkeit, der Zuversicht - Zeitverläufe der Gefühle sind in schriftlichen Berichten weniger spürbar.
Der Abbruch des Berichtes über die erschrockene, zumindest irritierte Schülerin ist in seiner Zeitstruktur um so auffälliger. Es tritt ein deutlicher Wechsel des Umgangs mit der Zeit ein: vom plötzlichen Ereignis zum Abwarten und planvollen Tun, ohne daß prozeßhaft beschrieben würde, was aus dem Erschrecken wurde, wie es wurde. Es werden (tröstliche?) Ergebnisse mitgeteilt.
Die narrative Struktur des Textes insgesamt zeigt sich deutlich bezogen auf das personnahe Interaktionssystem: Es gibt keine Hinführung zu einem dramatischen, schicksalhaften Höhepunkt, statt dessen wird erlebte Zeit zwischen Anfang und Ende einer Geschichte in alltäglichen Problemen und Aufgaben erzählt. Der erlebte Prozeß schließt Ereignis an Ereignis an („und dann") und bleibt personbezogen.

Im Bericht über den Schriftverkehr mit der Schulbehörde ändert sich diese Struktur adressatenorientiert: Strukturelle Problempunkte bezogen auf die Organisationsweise von Schule werden benannt, später werden Lösungswege zugeordnet. Beides klingt unpersönlich, struktur-, nicht prozeßhaft zeitbezogen. Die Zeitdimension erscheint unwichtig, es geht um „grundsätzliche Fragen". Durch diese Hauptunterschiede im Person-/Organisations- und Zeitbezug verändern sich auch die Themen.

Es wird eine Geschichte aus Geschichten erzählt, eine Ordnung aus Abfolgen von Ereignissen konstruiert. Im Vordergrund steht nicht die „synchronische" Strukturbeschreibung (Boscolo/Bertrando 1994, S.89 ff) einer integrativen Klasse in ihren Teilsystemen, ihren Mustern aus Elementen und Relationen, sondern die „diachronische" Beschreibung des Wandels in der Entwicklung integrativer Sozialformen. Die Ereignisse werden „an vielen Fäden" in einer erlebten Geschichte koordiniert. Der Text bedient sich dazu eher narrativer Mittel. Er liefert nicht die geschlossene Form wissenschaftlicher Erklärung in paradigmatischen Strukturen, er orientiert sich an den Wechselfällen und an der Individualität dieser Abläufe. Der Reichtum der sozialen Entwicklung zeigt sich darin, wie unterschiedliche gleichzeitige Geschichten in ihren verschiedenen Zeitstrukturen verwoben werden (Stefans Selbständigkeitsentwicklung, Kooperation mit der Mutter, Entwicklung der Freundschaften usw.). Sie treten für kurze Zeit jeweils in den Vordergrund, sind im Hintergrund der anderen Teilgeschichten jeweils erhalten. Je zahlreicher und unterschiedlicher die Geschichten sind, die im Ganzen erzählt werden, um so vielfältiger sind die Möglichkeiten des integrativen Ganzen. Vermutlich gelten hier Analogien zu familientherapeutischen Regeln: „Je flexibler Familien sind - je mehr sie in der Lage sind, eine große Vielfalt von Geschichten zu hören, auch wenn sie sich widersprechen - um so größer wird ihre intellektuelle und emotionale Bereicherung sein. Ihre Mitglieder werden in der Lage sein, ein unabhängiges Leben zu entwickeln und sich im Laufe der Zeit zu individualisieren. Wenn eine Familie nur wenige Geschichten akzeptieren kann oder an einem dominierenden Mythos hängt, wird sie bald starken Belastungen ausgesetzt sein, wenn sie mit Geschichten konfrontiert wird, die nicht mit den ihren übereinstimmen" (Boscolo/Bertrando 1994, S.113).

Insgesamt ist zu fragen, ob die erzählerische Zeitstruktur dadurch vielleicht wesentliche Vorteile (und Grenzen) besonders in bezug auf integrative Praxis hat: Prozeßhaft, personbezogen, erlebnisnah stellt sie Koppelung in der Zeit („Co-Evolution") dar. Sie macht damit unterschiedliche Geschichten im gemeinsamen Ganzen zugänglich. Sie exemplifiziert die Vielfalt der Einigungen, des Unterschiedlichen und Gleichen in der Zeit. Durch die Berichtsform kann Praxis zusätzlich gewinnen, wenn sie Anlaß ist für strukturbezogene Reflexion und Akzentuierung systematischer Probleme in bezug auf die Organisation Schule mit dem Ziel der Erweiterung der Kommunikationsmöglichkeiten (z.B.

hinsichtlich der Schulverwaltung). Sie wäre praxisfern, wenn sie erlebte Zeit in der Einschränkung auf zeitlose Strukturmodelle ignorieren würde (Bourdieu 1993, S.147 ff, S.180 ff). Die gewählte Form einer in Problemen erzählten Geschichte wahrt gerade im Hinblick auf die Zeit Praxisnähe.
Nicht die Regelungsmechanismen homöostatischer Abwehr von Störungen in den trivialisierenden Regelkreisen der man-Strukturen (negatives Feedback in wiederkehrenden Zirkeln der Eigenwerte) bestimmen die Zeitauffassung, sondern die irreversible Zeit individueller Prozesse des Werdens durch Abweichung (positives Feedback in Veränderungsprozessen durch Irritation aufgrund von Koppelung). Die Homöostase der verselbständigten Organisation durch Reparatur der „Unfälle", die anfangs bestimmend ist, wird aufgegeben zugunsten einer sich beständig verändernden Geschichte in Problem/Lösungs-Folgen. Nicht die Identität des Immerwiederkehrenden ist kennzeichnend, sondern die nicht abreißende, offene Reihe der Differenzen in diesen Problem/Lösungs-Folgen. Teilstrukturen dieser Folgen können zirkulär sein, ohne die Zeitauffassung insgesamt zu bestimmen.
Solche zirkulären Zeitstrukturen wären vermutlich verstärkt in den Blick gekommen, wenn alltägliche, deshalb scheinbar selbstverständliche Rituale des Anfangens, des Wechsels, des Beendens, der Stundengestaltung, des Lobens und Tadelns usw. Gegenstand des Textes wären. In ihnen ist Kontinuität erlebbar als Verläßlichkeit der Abläufe, die sich immer wieder wiederholen werden. Sie sind deshalb besonders geeignet, gemeinsamen und individuellen Alltag zeitlich zu strukturieren (rhythmisieren) und dabei individuelle Zeiten im selbstverständlichen Tun zu integrieren oder auszuschließen. Diese kleinen Regelungen des Alltags sind in der Binnenperspektive der Lehrerin weniger auffällig und erscheinen evtl. weniger erzählenswert.

### 7.2.2 Zur Sozialdimension

Die integrativen Prozesse sind immer aktuell problembezogen im Interaktionssystem „Unterricht" und/oder im System „Schule", sie werden *deshalb im emergenten Zusammenspiel unterschiedlicher Sinnperspektiven* (z .B. unterschiedlicher Rollen) thematisch ausgetragen. In der bisherigen Darstellung überwiegt dabei die Beziehung zur Erwachsenenwelt, im Vordergrund stehen die Lehrerin in der Schule und die Mutter in der Familie. Diese Perspektiven müssen ergänzt werden, z.B. durch die der Kommunikation zwischen den Schülern und Schülerinnen. Es werden dadurch weitere Perspektiven eingeführt, d.h. es ist notwendig, die soziale Dimension in Stefans Integration zu betrachten: *Wie verlaufen integrative Prozesse in Stefans Geschichte im Zusammenwirken unterschiedlicher Perspektiven?*

1

Im Text wird in einer Reihe von Episoden über Verhaltensweisen unter Schülern und über deren Auswirkungen berichtet:
- Eine Mitschülerin, die ganze Klasse nimmt emotional Anteil an seiner Behinderung.
- Stefan wird im Sportunterricht durch Klatschen angefeuert und fühlt sich bestätigt.
- Er wird zum Museumsbesuch ermuntert, ihm wird Unterstützung zugesagt, so daß er sich traut teilzunehmen.
- Ein Zusammenprall mit Stefan/mit einem Mitschüler wird von beiden Schülern mit Tränen bedauert.
- Stefan wird im Haus einer Mitschülerin versorgt.
- Er geht zusammen mit Nachbarskindern zur Schule und braucht seine Mutter nicht mehr für den Schulweg.
- Stefan sucht den häuslichen Kontakt zu Mitschülern, zuerst in einem engen, dann in einem erweiterten Kreis von Mitschülern.
- Stefan bezeichnet Mitschüler als Freunde; ein Mitschüler ist ihm besonders nah seit dem Kindergarten.
- Sein Freund versucht, Stefan „vor allen negativen Einflüssen und Gefahren abzuschirmen", indem er ihn beim Pausengang, bei Unterrichtsgängen und Wanderungen an die Hand nimmt.
- Stefan und seine Freunde spielen zusammen, wechselseitig ist mehrfach von Freunden die Rede. - Stefan wird von Mitschülern zu gemeinsamen Aktivitäten (Spielen...) eingeladen, dann lernt er, selbst aktiv und ohne Scheu auf andere zuzugehen, andere einzuladen.
- Er nimmt aus dem Krankenhaus erfolgreich Kontakt zu seinen Mitschülern auf/seine Klassenkameraden gehen auf seine Initiative ein.
- Er ist von seinen Klassenkameraden voll akzeptiert.
- Er ist in seinen Beziehungen spontaner, kontaktfreudiger geworden, er zeigt Initiative, um Kontakt herzustellen.

*Miteinander spielen, sich helfen und einander beistehen, sich gegenseitig besuchen - dies sind wesentliche Elemente, mit denen Kinder freundschaftliche Beziehungen definieren* (Youniss 1994, S.21 ff).

Emotionale Beteiligung wird an einigen Textstellen deutlich, wenn auch selten explizit benannt: Als die Lehrerin, unterstützt durch Stefan, dessen Behinderung erklärt hat, reagierten die Kinder „betroffen und wollten auf den Jungen besonders aufpassen". Diese Beobachtung der Lehrerin wird nicht durch eine differenziertere Explikation der Gefühle der Kinder ergänzt. Der Entschluß, auf Stefan aufzupassen, kann Fürsorglichkeit, Solidarität ausdrücken, gleichzeitig vielleicht auch - im Wechsel auf die Handlungsseite - die Bewältigung von eigenen ängstlichen oder sonstwie bedrängenden Impulsen (z.b. der Trauer, der Aggression). Die Weise „in Beziehung zu sein" kann jeweils sehr unterschiedlich sein: abwehrende Bewältigung eigener ängstlicher Betroffenheit in der aktiven Fürsorge um andere/empfindsames Wahrnehmen der Not eines anderen und verbindliche Solidarität in seiner tatkräftigen Unterstützung. Beides kann getrennt und gemischt in der Koppelung psychischer und interaktiver Prozesse der Fall sein. Da sich Stefan „selbst eifrig an der Aufklärung beteiligte", scheint es auch für ihn wichtig gewesen zu sein, sich seinen Mitschülern mitzuteilen. Auch er war wohl, wie seine Mitschüler und die Lehrerin, auf einer persönlich emotionalen Ebene beteiligt. Damit erreicht das Interaktionssystem „Unterricht" in der Koppelung mit psychischen Prozessen eine für Schule nicht selbstverständliche sozio-emotionale Vertiefung. Vielleicht wird ein sehr reduzierter Begriff von Unterricht dadurch sogar in Frage gestellt („Gehört das zum Unterricht?").

Die Lehrerin fühlt sich in dieser Zeit sehr „belastet". Auch dies wird nicht differenzierter erzählt, belegt aber in jedem Fall ihre Beteiligung. Immerhin stehen ihr zwei Wege offen: Sie kann einerseits ihr Erleben mit Stefans Mutter beraten und in einer regelmäßigen Lehrergruppe erzählen und kollegial besprechen, und sie kann andererseits in ihrer Beteiligung auch das Erleben der Schüler/innen wahrnehmen und zulassen, auch als eine gemeinsame Ebene der Interaktion. Vielleicht sind beide Wege miteiander verknüpft, vielleicht ist der externe eine wesentliche Unterstützung des systeminternen, so daß sie diesen, weniger involviert, klarer als pädagogischen Weg der Problembearbeitung gehen kann.

Anlässe, in denen die Kinder Beziehung aufnehmen, sind (in der Perspektive des Aufsatzes) oft unterrichtlich/schulisch provozierte (Alltags-) Situationen: Schulweg, Unterrichtsgänge usw., ohne daß ein pädagogischer Zeigefinger dahinterstünde. In einigen entscheidenden Situationen ist ein Zusammenwirken zwischen Klasse und Lehrerin zu beobachten:

- In der Vorbereitung des Museumsbesuchs ist es der Lehrerin wichtig, daß Stefan mitfährt. Aber sie organisiert nicht alles, sie räumt die Probleme (sinnvollerweise) nicht alle aus dem Weg. Im Hintergrund ist ein tragfähiges Netz in der Zusammenarbeit von Mutter und Lehrerin zu sehen. Der entscheidende Schritt der Problemlösung wird aber in der Kooperation der Kinder getan.
- Der gemeinsame Schulweg wird ermöglicht, indem der Ranzen um mehrere Bücher leichter gemacht wird. Diese Voraussetzung eröffnet einen Zeitraum für alles Mögliche, auch für unterschiedliche Möglichkeiten der Kommunikation - die Kinder entscheiden, was in diesem Zeitraum geschieht, welche Möglichkeiten sie ergreifen, welche Kommunikationsmöglichkeiten sie verwirklichen, entwickeln, gestalten oder vermeiden.

In diesem Zusammenwirken ist die Sinnbestimmung der Lehrerin in vielen Situationsdefinitionen zu spüren. Sie ist wirksam, obwohl/weil keine Ermahnungen, sittlichen Belehrungen und integrationsorientierten Bekehrungsversuche zu erkennen sind:
Durch die Veränderung der Laufstrecke wird Stefan sportlicher Erfolg ermöglicht, der dann von den Kindern auch anerkannt wird. Die Lehrerin erteilt Hausunterricht, um sein Mitkommen im Unterricht zu sichern. Sie informiert sich über mögliche Hilfen, bringt fremde Fachleute in den Unterricht mit, läßt den Klassensaal verlegen usw. Der Sinn ihrer Aktivitäten wird der Klasse sicher deutlich. Ihre Sorge für Stefans Integration ist von den Schülern im ihrem Tun konkret erlebbarer Sinn. Wahrscheinlich entspricht dies mehr ihren Lernformen als die verbale moralische Verpflichtung oder das „Erarbeiten von Regeln der Integration" in einem geplanten Unterrichtsprozeß. *Im Erleben wird erfahren, welche Regeln im Zusammenleben tatsächlich gelten.* Es ist zu erwarten, daß diese Regeln von den Kindern in ihrer Weise, in ihren Mustern des Erlebens und Handelns in Beziehungen re-konstruiert (sinnvoll adaptiert, verändert, teilweise mißverstanden oder abgelehnt, kommentiert, ergänzt, übertragen ...) werden.

2

In einigen der Abläufe zeigt sich ein *Muster, das vielleicht eine für Stefans Integration wesentliche Struktur der Kommunikation mit Gleichaltrigen in ihrer System/Umwelt-Differenz beschreibt:*

*Erstes Beispiel:*
- Stefan wird von seiner Mutter mit dem Auto zur Schule gebracht, weil er zu schwach zum Ranzentragen ist.
- Für Stefan wird ein zweiter Satz Schulbücher gekauft, er verfügt jetzt über einen Satz Bücher zu Hause und einen zweiten in der Schule. Den leichten Ranzen kann er jetzt selbst tragen.
- Stefan legt den Schulweg mit Nachbarskindern gemeinsam zurück.

*Zweites Beispiel:*
- Stefan will nur gemeinsam mit seiner Mutter an Unternehmungen der Klasse teilnehmen.
- Die Klasse ermutigt ihn, dies allein zu tun.
- Stefan entschließt sich, ohne seine Mutter teilzunehmen.
- Mutter und Sohn reagieren mit Freude und Stolz, ihre Beziehung scheint nicht beeinträchtigt.
- Stefan fährt mit ins Museum wie jeder andere, sorgt für sich selbst und nimmt Hilfe an.

Mehrere Vermutungen sind möglich. Mir scheint es einleuchtend, daß die zwei allgemeinen Motive der Entwicklung „Autonomie" und „Interdependenz" in einem paradoxen Muster verbunden werden, um in neuer Weise selbständig und abhängig zu sein - aus einer Abhängigkeit herauszutreten, selbständiger zu werden und in neuer Weise Bindung einzugehen. Diese Entwicklungs-Anforderung wird altersgemäß formuliert, im zweiten Beispiel ermutigend durch die Klasse an Stefan gestellt. Sie erwartet von Stefan (altersgemäße) Selbständigkeit, damit er mitmachen kann, wie jeder andere. In dieser Anforderung formuliert die Klasse eine gemeinsame Entwicklungsaufgabe, die auch für Stefan paßt. Diese Gleichheit wird nicht aufgehoben durch die Besonderheit der pflegerischen Versorgung. Inkontinenz wird nicht als übliches Entwicklungsproblem, sondern als Handicap definiert und als persönliche Besonderheit akzeptiert. Sie kann von Stefan nicht behoben werden, aber er kann lernen, sich zunehmend selbständig zu versorgen und damit in der Interaktion mit anderen weniger behindert zu sein. Damit wird eine *Einheit von Gleichheit (der Entwicklungsanforderung) und Verschiedenheit (der individuellen Aufgabenstellung)* erreicht, auch eine Einigung im Interaktionssystem Unterricht, die Integration kennzeichnet.

3

Die Klasse formuliert diesen Zusammenhang nicht als Information oder Belehrung sondern als *Anforderung im Sinnganzen des Interaktionssystems*: Wenn du hier voll zurechnungsfähig mitmachen willst, mußt du (altersgemäß) selbständig sein. *Diese Verknüpfung von sozialer Zurechnungsfähigkeit und persönlicher Selbständigkeit qualifiziert das Kommunikationssystem und die individuelle Entwicklungsanforderung.* Koppelung und Integration sind in diesem Falle thematisch vermittelt auf einer bestimmten Entwicklungsebene, d.h. in einer bestimmten Form der Sinnkonstruktion. Deren Grammatik in der Differenz von System und Umwelt entscheidet über die Konstruktion von Realität: Sie beobachtet und verknüpft die Gesichtspunkte „Abhängigkeit von der Mutter", „persönliche Selbständigkeit" und „Ernstgenommenwerden unter uns" - diese Gesichtspunkte sind relevant, andere sind möglich, werden aber jetzt nicht beachtet. Dieser Verweisungszusammenhang bestimmt den Sinn der Konstruktionen (Ereignisse, Interpretationen zumindest dieser Episode) im Interaktionssystem.

Das allgemeine (Entwicklungs-) Thema „Autonomie/Interdependenz", spezieller: „Selbständig-keit/Solidarität" in den konkreten Aufgaben der pflegerischen Versorgung ermöglicht Integration in den sozialen Bezügen (Perspektiven) in einem emergenten sozialen System:
- Die Schüler/innen bestimmen die Form von Autonomie/Interdependenz in ihrer Kommunikation als (altersgemäße) Selbständigkeit/Solidarität. Sie be-

stimmen damit, worin sie in allen individuellen Unterschieden gleich sind: was in persönlich-individueller Variation volle Zurechnungsfähigkeit in ihrer Kommunikation bedeutet.
- Selbständigkeit/Solidarität ist Ansatzpunkt einer pädagogischen (wenig expliziert: einer entwicklungspsychologischen), systeminternen Interpretation der zunächst schul- und unterrichtsexternen Anforderungen pflegerischer Versorgung (im pädagogischen Medium „Kind") und damit grundsätzlich *Ansatzpunkt der Integration in den emergenten Sinnhorizont der sozialen Systeme Schule und Unterricht.* Er erlaubt kommunikative (unterschiedliche und aufeinander bezogene) Perspektiven in der sozialen Ausdifferenzierung der Lehrerrolle, der Unterrichtsvorhaben, der Planungsgesichtspunkte, der Aufsichtspflicht, der Aufgaben Stefans und der Unterstützung durch die Mitschüler/innen usw., d.h. die soziale Entwicklung der unterschiedlichen alter-/ego-Perspektiven bezogen auf die konkrete Behinderung im emergenten Sinnhorizont Schule.
- Selbständigkeit/Solidarität (bzw. Fürsorge der Lehrerin) bestimmen die Koppelung in der System/Umwelt-Differenz, bezogen auf die schulische Kommunikation einerseits und psychische Prozesse der Schüler/innen (besonders Stefans) und der Lehrerin. Dieses Begriffspaar beschreibt die *Bezogenheit in der Differenz von sozialem und psychischen Systemen, von sozialer und individueller Entwicklung.* Es betont die lebensweltlichen Grundlagen dieser Beziehung (Differenz).
- Selbständigkeit/Solidarität formuliert die lebensweltliche Basis der grundlegenden heute typischen Ausdifferenzierung zwischen exklusiver Subjektivität und funktionaler Inklusion in der Einheit eines integrationsfähigen sozialen Systems. Stefans Entscheidung, seine Initiative und seine aktive Gestaltung der Behinderung und die Solidarität als einem Faktum im Interaktionssystem *bedingen sich in ihrer Form gegenseitig, sie sind nur als komplementäre Einheit in der System/Umwelt-Differenz möglich.* Der Zerfall dieser Sinn-Einheit würde sowohl die individuelle, als auch die soziale Entwicklung verändern (evtl. Abhängigkeit/entmündigende Fürsorge, resignativer Rückzug/Ignoranz und Isolation o.ä.).
- Als zentraler Gesichtspunkt in den sozialen Perspektiven auf Stefans Behinderung ermöglicht Selbständigkeit/Solidarität die *Veränderung der Beziehung zwischen Familie und Schule,* so daß notwendige Unterstützung erhalten bleibt, aber Schule gleichzeitig ein relativ selbständiger Lebensraum mit eigenen Entwicklungsmöglichkeiten für Stefan und alle anderen Beteiligten werden kann und die Familie weniger belastet ist.

4

Die Lehrerin belegt Stefans Dazugehören mit vielen Ereignissen, die sich als „freundschaftliche Beziehungen" zusammenfassen lassen. Diese scheinen für Stefans Integration besonders wichtig zu sein, auch wenn sie sicher nicht die Gesamtheit der Kommunikation bestimmen. Youniss behauptet mit Bezug auf Piaget und Sullivan und aufgrund eigener Untersuchungen an Kindern und Jugendlichen, „daß der Sinn für Solidarität, der für Moral von zentraler Bedeutung ist, seinen Ursprung in der besonderen Dynamik der Freundschaftsbeziehung hat" (Youniss 1994, S.88; mit Bezug auf Youniss 1980). Gegenüber der Beziehung zu Erwachsenen, die überwiegend durch Formen der Ungleichheit (Fürsorge, Geborgenheit, Abhängigkeit) gekennzeichnet ist - und darin ihren Wert hat, müssen Beziehungen zwischen Gleichaltrigen deutlicher in der Spannung von Gleichheit und Verschiedenheit gestaltet werden. Regeln, Sichtweisen, Bewertungen, Verhaltensweisen können weniger oktroyiert und abhängig imitiert, sie können eher wechselseitig ausgehandelt werden. Vielleicht kann Solidarität deshalb zwischen Gleichen/Verschiedenen zunächst in Kinderfreundschaften entwickelt und dann ausdifferenziert werden in unterschiedliche persönlich-individuelle Beziehungsformen bis zur prinzipiellen Solidarität eines freien (autonomen und darin beziehungsfähigen) Menschen gegenüber Mitmenschen, gegenüber dem Lebendigen allgemein.

Vielleicht orientiert sich die soziale Struktur der Integration unter Kindern, in Stefans Fall rekonstruierend, angeregt durch die Sinnbestimmung der Lehrerin, zunächst tatsächlich (teilweise oder im ganzen) an dem vertrauten Modell erlebter Solidarität in Kinderfreundschaften.

Kinder entwickeln in ihren Freundschaften jedenfalls sehr komplexe Strukturen: „Erstens nehmen sie Freundschaft als etwas Freiwilliges wahr. Zweitens ist Freundschaft selektiv, drittens betrachten Kinder, die beschließen, Freunde zu sein, sich als Gleiche, und viertens bezieht sich diese Gleichheit auf Rechte, denn die Freunde fangen an, einander als mit unterschiedlichen Persönlichkeitszügen, Stärken und Schwächen ausgestattete Individuen wahrzunehmen" (Youniss 1994, S.52). *Vielleicht erleichtert die Ausbildung solch komplexer sozialer Strukturen in Kinderfreundschaften auch strukturell ähnlich komplexe Anforderungen der Integration in ein Interaktionssystem.*

Einige Strukturelemente dieses Modells der Kinderfreundschaften scheinen schon auf den ersten Blick „übertragbar": Die *Einheit von Gleichheit/Verschiedenheit* erscheint als die zentrale Leistung der Integration gegenüber der Fiktion der Homogenität einer Klasse im trivialisierenden Karrieremodell. Dies allein wäre schon eine ganz wertvolle Kompetenz zur Integration im Interaktionssystem Unterricht. Wie steht es aber mit Freiwilligkeit und Selektivität?

Tatsächlich wird Stefans Integration nicht (z.B. als moralische Norm) erzwungen, eher in vielen konkreten Einzelproblemen erarbeitet, wobei das integrative System sich mit individuellen und gemeinsamen Spielräumen (Kontingenz) als Sinnganzes entwickelt. Die Bedeutung emotionaler Prozesse in der Koppelung mit sozialer Interaktion schließt Zwang als hinreichende Strategie im personnahen Interaktionssystem aus.

Tatsächlich beschreibt die Lehrerin einen Zusammenhang zwischen der Beschäftigung mit Stefans Behinderung und der positiven, „freundschaftlichen" Entwicklung des Klassenklimas: „Ein paar Wochen nach Schulbeginn spürte man so etwas wie ein Zusammengehörigkeitsgefühl, der Vorgang selbst hatte die Bildung der Klassengemeinschaft, das Zueinandergehören offensichtlich mit beeinflußt, und die Mitschüler stellten sich auf diese Situation als normalen Bestandteil ihres Schulalltags ein." Sie beschreibt keinen Zusammenhang mit strikten Zwangsmaßnahme.

Im Gegensatz zu einer bemutternden Beziehung fordert die Klasse persönliche Selbständigkeit von Stefan. Nach dem Bericht der Lehrerin scheint innerhalb der Klasse lediglich sein besonderer Freund zu einer behütenden Form der Unterstützung zu neigen, vielleicht ein Erbe aus der vergangenen gemeinsamen Kindergartenzeit, das vielleicht manchmal tröstlich und nützlich ist, aber insgesamt nicht mehr auszureichen scheint. Stefan ist durch die Verfügbarkeit beider Modelle tatsächlich vor eine Entscheidung gestellt: Will er ein mütterliches Unterstützungssystem mit dessen Form der Fürsorge und Abhängigkeit, oder stellt er sich der Herausforderung des schulischen Interaktionssystems? Er entscheidet sich für die zweite Alternative und ermöglicht damit Weiterentwicklung zu einer förderlichen Kombination aus Selbständigkeit und Solidarität in den emergenten schulischen Sinnsystemen: Sei selbständig/Wir helfen einander.

Seine Integration ist damit - vielleicht im Unterschied zur Familie - keine bedingungslose Leistung des sozialen Systems, unabhängig von seinem Verhalten. Sie ist selektiv in dem Sinne, daß die Form der vollen Zugehörigkeit abhängig gemacht wird von der systemspezifischen Ausformulierung der allgemeinen Paradoxie Autonomie/Interdependenz, die dieses schulische Interaktionssystem, seine Kommunikationsstrukturen kennzeichnet. Die hier und jetzt gültige und erfüllbare Ausformulierung dieser Paradoxie entscheidet über die Form der Integration: abhängig/bemutternd oder selbständig/solidarisch. In der Form Selbständigkeit/Solidarität kann Stefan durch seine Entscheidung sehr pauschal formuliert als „voll zurechnungsfähiger Mitschüler" dazugehören. würde er diese (altersgemäße) Form von „autonom/interdependent" wesentlich unterschreiten, könnte er immer noch „Nachbarskind", „Mitspieler", „Mitschüler in unserer Klasse" sein, aber vermutlich würde sich die *Form seiner Zugehörigkeit* im Interaktionssystem Unterricht verändern. Dies würde Integration nicht ausschließen - aber in der

Koppelung psychischer und sozialer Prozesse konkret verändern, so daß in einer anderen passenden Definition der Paradoxie von Autonomie und Interdependenz integrative Koppelung (z.B. in der Form bemutternder Freundschaft) in konkreten Vorhaben und verallgemeinert im Interaktionssystem möglich wäre.

Selektivität in Stefans Integration bezieht sich nicht auf „seine Integrationsfähigkeit", allgemein: auf die Auswahl von Personen, die integriert werden können/nicht integriert werden können. Sie bezieht sich auf die *Form, in der Koppelung möglich ist*. Stefan wählt die Form, die das Interaktionssystem aktuell bestimmt. In anderen Fällen wäre vielleicht eine weniger komplexe Form von Autonomie/Interdependenz im bisher entwickelten Repertoire der Klasse angemessen gewesen, evtl. im Sinne von Abhängigkeit/Bemutterung oder einer Mischform, die sich je nach den konkreten Anforderungen richtet. In jedem Fall wird die persönliche Bereitschaft der individuellen Mitschüler zu Kommunikationsweisen (Bindungen) einer bestimmten Form ein wichtiges Element sein. Dies belegt die Bindung zum bemutternden Mitschüler deutlich, und dies könnte die Rolle von Mädchen in zahlreichen Integrationsmaßnahmen verständlicher machen.

Wenn diese Rekonstruktion sinnvoll ist, läßt sich folgern, daß die Integration selbst als *Entwicklungsprozeß in der Interdependenz von Auflösung und Rekonstruktion von Formen der Paradoxie Autonomie/Interdependenz* beschreibbar ist.

Dies könnte in einer TZI-verwandten Darstellungsweise geschehen, in der jeweils
- thematische („pflegerische Versorgung aufgrund einer Körperbehinderung"),
- individuelle („Selbständigkeit der Versorgung") und
- interaktive Gesichtspunkte („solidarische Unterstützung")
- in einem sozialen System („Interaktionssystem Unterricht")
- mit seiner jeweils besonderen Umwelt (Schule, Familie, psychische Systeme ..) in Beziehung gesetzt sind.

In der zeitlichen und „logischen" Folge solcher Muster der Lösung und Bindung kann Entwicklung abgebildet werden (vgl. Kegan 1986), sie kann in der zunehmenden Spannung lebensweltlicher Einbindung (in den drei Weltbezügen) und systemischer Anforderungen (in den Leistungen für andere Systeme und in gesellschaftlichen Funktionen) diskutiert werden.

5

Ein wichtiges Element freundschaftlicher Beziehungen wird wenig berichtet: die Wechselseitigkeit der Unterstützung, der Forderungen, des Gebens und Nehmens, die gerade Beziehungen der Form Selbständigkeit/Solidarität kennzeichnen sollten. Die Lehrerin beobachtet lediglich, daß Stefan, der zunächst scheu ist, zunehmend Initiative entfaltet, was sicher auch zu ausgeglicheneren Kommunikationsstrukturen beitragen kann. Vielleicht findet das Geben und Nehmen auch auf einer anderen Ebene statt, *vielleicht formuliert die Klasse als Thema in Stephans konkreter Aufgabe ihr eigenes Problem:*
- sich weiter von der Mutter unabhängig zu machen
- selbständiger zu werden und eigenen Möglichkeiten zu vertrauen
- in neuer Weise Bindungen zu Freunden und Klassenkameraden einzugehen und damit in der Gruppe der Gleichaltrigen akzeptiert („zurechnungsfähig") zu sein.
Daß Stefan diese Aufgabe gelingt, bestätigt seine Klassenkameraden in ihren eigenen, evtl. noch ungesicherten und manchmal gefährdeten Entwicklungsschritten, es kann gemeinsame Gewißheit und Mut geben, anstehende Entwicklungsschritte anzugehen und zu schaffen. Stefans Entscheidung führt der Klasse deutlich vor Augen, daß die („altersangemessene") Lösung von der Mutter nicht deren totalen Verlust bedeutet. Ganz im Gegenteil kann sie beide offensichtlich froh stimmen und mit weiterer zuverlässiger Unterstützung der Mutter (und der Lehrerin) vereinbar sein. Darin liegt vielleicht Stefans grundsätzlicher Beitrag zur psychosozialen Entwicklung in der Koppelung des Interaktionssystems und der psychischen Systeme: im offen ausgetragenen Entwicklungskonflikt.
Dies setzt voraus, daß in der Verschiedenheit der konkreten Aufgabenstellungen die Gleichheit der gemeinsamen Entwicklungsaufgabe (Thema) gespürt wird. Im gemeinsamen Thema wird die Koppelung von psychischer und interaktiver Entwicklung erreicht. Stefans Problem wird im Kommunikationsprozeß anschlußfähig (integriert), seine Anstrengungen werden solidarisch (fordernd/fördernd) unterstützt. Auch für seinen unterstützenden Freund kann die neue Form sozialer Bindung wichtige Anregung sein.
Die Frage nach den generativen Mechanismen der Integration kann in dieser Weise erweitert werden: *Stefans Thema macht Sinn im Kommunikationsprozeß des Interaktionssystems, es wird integriert in dessen perspektivisch differenzierte thematische Struktur.* Insgesamt besteht die Chance, das *Medium „Kind"* in dieser Integrationsmaßnahme thematisch differenzierter zu entwickeln.

6

Das TZI-Modell kann diese Beschreibung, bezogen auf die Vorhaben im Interaktionssystem Unterricht, kurz zusammenfassen:

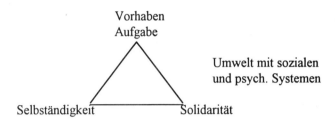

In dieser sozialen Struktur werden aktuelle Probleme (z.b. die Versorgung im Museum) interpretiert, mit Bedeutung versehen - *in dieser Struktur wird psychisch und sozial Sinn geschaffen, der auch Stefans Behinderung interpretiert und integriert*. Im Zusammenspiel der Faktoren (als der Praxis der Gruppe) werden die Themen und Aufgaben interpretiert, wird geplant, werden Erwartungen und Bewertungen gebildet, wird die gemeinsame, Behinderung integrierende Realität konstruiert.

Es ist zu erwarten, daß sich in diesem Prozeß (im Bezugsrahmen der System/Umwelt-Differenz) auch Stefans Verhältnis zu seiner Mutter und zu seiner Familie ändern kann. Er war über lange Zeit in vielen Dingen angewiesen auf ihre Unterstützung. Dies hatte offensichtlich seine Abhängigkeit zur Folge - über den (zeitlichen) Rahmen des tatsächlich Unvermeidlichen hinaus: Stefan ist in der neuen Umgebung scheu, er geht von vornherein davon aus, daß er ohne seine Mutter bei den schulischen Unternehmungen nicht mitmachen kann. Die Beziehungsebene scheint (speziell in den hier focusierten Alternativen der Sozialdimension) eher durch Abhängigkeit/Versorgung gekennzeichnet.

Seine Lösung von der Mutter ermöglicht größere Selbständigkeit und schafft Distanz im Vergleich zum vorhergehenden Eingebundensein in ein enges unterstützendes Interaktionssystem. Darin liegt die Chance einer neuen Beziehung zu seiner Mutter, die mit größerer Freiheit auch eine differenziertere (weniger verzerrende) Form der Bindung ermöglicht (Kegan 1986, S.107 ff). Der Unterschied liegt auch hier nicht in der Tatsache sondern in der Form der Bindung (Form in der Paradoxie vom Nähe und Distanz) zu seiner Mutter, deren Unterstützung er nach wie vor braucht.

Einige Relationen kehren sich, verglichen mit üblichem Unterricht, im beschriebenen Prozeß um: Es ist kein Thema der Integration vorgegeben, das in einer geeigneten Struktur (nach einem Artikulationsschema) abgehandelt würde. Vielmehr ist zuerst ein konkretes Vorhaben begonnen, und *erst im Interaktionsprozeß entsteht ein Thema*, in dessen konkreten Anforderungen (auch zukunftsbezogen), eingebettet in den Interaktionszusammenhang, Forderungen und Anregungen individuell und gemeinsam ihren Sinn haben. Darin bildet und re-organisiert sich die Klasse ständig neu und bezieht Stefan mit ein. *Das soziale System reorganisiert sich kontinuierlich fortschreitend („autopoietisch") in den Operationen der einzelnen konkreten integrativen Problemlösungen.*

Im Modell der Karriere setzt Lehrer-Autorität das Thema des Unterrichts - für das Lehrer Autorität sind und dem sich abhängige Schüler angleichen sollen. Erfolgreich ist das Vorgehen, wenn am Ende zwischen abfragbarer Schülerantwort und gesetzten Zielen „richtiger Erkenntnis" im Sinne des Curriculums kein Unterschied besteht, wenn die Individualität der Schülerantworten aufgehoben wird in den verbindlichen, richtigen, wahren Aussagen des Curriculums. Dies festzustellen ist wiederum Sache der Lehrer-Autorität, die sich dadurch auch als solche ausweist.

Selbständige Individualität der Sichtweise und Problemlösung wird durch Trivialisierung aufgehoben. Optimal organisiert reduziert sich das Modell auf die Faktoren Curriculum und Lehrerautorität, Schülerindividualität stört dann nicht mehr.

In den Unterrichtsvorhaben in Stefans Klasse entsteht das integrationsrelevante Thema in der konkreten Interaktion der Schüler. Es ist die individuelle, relativ selbständige Lösung gefragt, die weder vorhergesagt, noch verallgemeinert werden kann. Problemwahrnehmung und -lösung haben darin persönliche und interaktive Relevanz. Der Prozeß ist erfolgreich, wenn das gemeinsame Vorhaben gelingt, weil die anstehenden Themen individuell und gemeinsam hinreichend bearbeitet wurden.

Im Gegensatz zum autoritätsbestimmten Modell ist als Voraussetzung dieser Funktionsweise Stefans Entscheidung zur Selbständigkeit gefordert; vom konkreten Anlaß gelöst, aber präzis im Sinne der System/Umwelt-Differenz: gefordert ist seine Selbständigkeit als Teil seiner Beziehung zum gemeinsamen Prozeß. Die Grenze (des „Ich fahre allein mit") als Einheit von Trennung und Verbindung (Luhmann 1984, S.52) läßt ein Zusammenfallen/autoritäres Gleichsetzen individueller und sozialer Sinnbestimmungen in der Problemlösung nicht zu - es bleibt seine Entscheidung. Sie ermöglicht in der doppelten Kontingenz des interaktiven Prozesses genau das, was integrationspädagogisch mit „Einigung" von Gleichheit und Verschiedenheit gemeint ist. Sie ermöglicht es, individuelle Unterschiedlichkeit zu entfalten und zu behaupten und durch Einigungen in Beziehung, statt durch Trivialisierung „gleichgeschaltet" zu sein. Stefan muß in der Selbständigkeitsforderung seine „Einigungsfähigkeit" im aktuellen Interaktionssystem unter Beweis stellen.

8

Entfaltung sozialer Kontingenz bedeutet Steigerung der Komplexität, die häufig als Steigerung der Schwierigkeiten, Komplizierung der Aufgaben, Unübersichtlichkeit und Intransparenz - insgesamt als erhöhte Belastung erlebt wird. Gesteigerte Komplexität erfordert deren Reduktion.
Im Karrieremodell ist dieses Problem system-funktional sinnvoll gelöst: Komplexität wird durch Organisation und Autorität (des Curriculums, des Stundenplans, ... der Schulbehörde, des Lehrers) reduziert. Vielleicht ist dies die undemokratische Basisbotschaft des heimlichen Lehrplans.
Voraussetzung dieser Lösung ist die Koppelung mit Individuen (Lehrern und Schülern), die ihren Part in dieser Struktur spielen: die sich auf die Organisations-Fiktion einer homogenen Gruppe, eines Durchschnittsschülers, auf die „man-Vorschriften" und Fragen- und Zielvorgaben im Unterricht einlassen und diese im Sinne ihrer Rolle durchsetzen. Diese Fiktionen führen in der Einheit von Beobachtung und Operation (Diagnostik und Förderung) zu Eigenwerten der Separation statt Integration, die Organisationsweise der Karriere bestimmt damit auch ihre Sozialdimension.
Die Lehrerin geht mit ihrer Klasse einen anderen Weg. Wie selbstverständlich hat sie an vielen Stellen den Akzent auf die Beteiligung der Schüler/innen und beratender Dritter gelegt. Indem sie ihren Unterricht ganz wesentlich in Tischgruppen und Unterrichtsvorhaben und Projekten durchführt, setzt sie die genannten Faktoren des TZI-Modells so in Beziehung, daß produktive Freiräume für die aktive, teilweise selbstbestimmte Beteiligung der Schüler/innen entstehen. Wichtige Gesichtspunkte nennt sie selbst:
- innere Differenzierung: „verschieden viel Zeit, verschieden viel Erklärung und Übung, verschieden viel Zuwendung und positive Verstärkung"
- Achtung vor der Individualität der kindlichen Persönlichkeiten
- gemeinsame Atmosphäre und besondere individuelle Förderung
- „Tischgruppenarbeit, welche die innere Differenzierung erleichtert"
- „die Reduktion des Frontalunterrichts auf kurze Phasen"
- „das Miteinanderlernen, das gegenseitige Helfen, das auch schwächere Schüler zeitweise in die Rolle des Helfers schlüpfen läßt"
- „das selbständige Arbeiten, das dem Lehrer Zeit läßt für individuelle Betreuung"
- „für den Schüler als auch für den Lehrer größere Zufriedenheit"
- „Wettspiele und Wettläufe im Sportunterricht"

- Stefan „kann ... durch Intelligenz ausgleichen, was ihm der Körper versagt"
- „Stefans hoher Bewegungsdrang und sein Wunsch, alle Turnübungen mitzumachen"
- Gefahr der „Selbstüberforderung"
- „Krankengymnastin empfahl nach genauem Beobachten des Kindes, solche Übungen zu vermeiden"
- „Sie besprach mit mir den Stoffplan und gab wertvolle Hinweise für den Unterricht"
- es wird über Unterrichtsvorhaben und Unterrichtsgänge berichtet usw.

Die Lehrerin begrenzt Formen des Frontalunterrichts, d.h. Formen der ausgedehnten Kommunikationsbeschränkung und der einseitigen Kommunikationskontrolle. Viele der genannten Gesichtspunkte des selbständigen und gemeinsamen miteinander Lernens in unterschiedlichen Unterrichtsformen der Tischgruppenarbeit, der Unterrichtsgänge und anderer Vorhaben haben gemeinsam, daß sie als Sozialformen das Mitentscheiden und die eigenständige Kommunikation der Schüler fördern. Das ist eine günstige Bedingung, die in der Interaktion der Schüler/innen relevanten Themen zu kommunizieren, die dann von der Lehrerin (für begrenzte Zeit evtl. innerhalb der geplanten Struktur) in den Mittelpunkt des Unterrichts gestellt werden können. Das heißt: *Trivialisierung wird immer wieder überwunden, wenn die Themen des Interaktionsprozesses auch Unterrichtsthema sind und die Schüler/innen in ihren individuellen Bezügen kommunizieren.*

In vielen dieser Aspekte nutzt die Lehrerin die individuellen/sozialen Kompetenzen der Schüler/innen. Sie gibt ihnen Raum zu eigener Kommunikation in Teilgruppen oder in der Klasse, so daß die Schüler/innen in klarer Weise selbstreferentiell ihre sozialen Kompetenzen in ihren Aufgaben fremdreferentiell einsetzen und in den neuen Aufgaben und Strukturen integrativen Unterrichts entwickeln können. Diese *dezentrale Form* der Komplexitätsreduktion durch Schülerkommunikation (in Teilgruppen) ist wahrscheinlich erfolgreicher als die zentrierte und allein verantwortliche Informations- und Problemverarbeitung durch die Lehrerin (in der Modellvorstellung der Karriere), die gar nicht umhin kann, in frontalen Unterrichtsformen Komplexität zu unterdrücken (zu zerstören), statt sie in anderen Sozialformen des Unterrichts zu reduzieren und zu erhalten. Durch höhere eigene Komplexität des beschriebenen Unterrichts können die komplexeren Aufgaben der Integration weniger verzerrt bearbeitet werden.

*„Freiwilligkeit"* im Modell der Kinderfreundschaften heißt in diesen Fragen vielleicht: Relativierung autoritär-curricularer, stark kontrollierender Strukturen zugunsten einer Pädagogik, die in konkreten (geplanten, evtl. lehrplanbezogenen) Vorhaben mit den aktuellen sozialen Prozessen (Themen, individuellen und gemeinsamen Impulsen) der Kinder arbeitet. Darin sind Spielräume eige-

ner Entscheidung auch in der Gestaltung der Zusammenarbeit für die Kinder enthalten. Was in der Perspektive des Karrieremodells nur als Verzicht auf Lehrerautorität erscheint, ist ein Gewinn an komplexer nicht-trivialer Kommunikation in der Steuerung der Unterrichtsprozesse.
In diesen Freiräumen stellen sich die Fragen der Integration Stefans in das konkrete Interaktionssystem allerdings auch mit den lebensweltlichen Möglichkeiten der Ablehnung, der Abgrenzung, unter Umständen auch der Ausgrenzung. Nicht-triviale Kommunikation ist nicht per se einem, gar einem einzigen moralischen Wert verpflichtet. Sie ist aber eine Bedingung, in der Koppelung psychischer und sozialer Prozesse die eigenen Erlebens- und gemeinsamen Interaktionsweisen in der konkreten Situation möglichst ohne (psychisch oder sozial erzwungene) Verdrehungen wahrzunehmen, evtl. kommunikativ „durchzuarbeiten" und zu integrieren. Dabei ist der Sinnzusammenhang des Interaktionssystems entscheidend. *Die Einheit von Selbständigkeit und Solidarität läßt neben Formen der Bindung auch bewußte und sinnvolle Formen der Abgrenzung, Lösung und Trennung zu.* Dies zeigt Stefans Bindung an seine Mutter in einer Kombination von Teilprozessen der Lösung und Bindung innerhalb der Entwicklung eines Interaktionssystems.

9

In der kurzen Episode, in der die Lehrerin berichtet, wie eine Schülerin Stefans Versorgung beobachtet, werden unterschwellige soziale Prozesse angedeutet. Die Schülerin ist beeindruckt, anscheinend kann sie ihr Erleben aber nicht differenziert mitteilen. Auch die Lehrerin benennt das Gefühl nicht: Erschrekken, Ekel, Mitleid, Angst? Es ist im Kontext zu vermuten, daß es sich um ein „unerfreuliches" Gefühl handelt. Die Lehrerin läßt der Schülerin Zeit, sie ermuntert aber nicht zur Kommunikation über dieses Erleben. Es bleibt von der öffentlichen schulischen und unterrichtlichen Kommunikation, auch von der des Berichts ausgeschlossen. Dies gehört zum sozialen Phänomen der Behinderung und der Integration Stefans dazu. Es wäre falsch anzunehmen, durch Ausschluß aus der Kommunikation geschähe psychisch und sozial nichts.
Die integrative Kommunikation, die Stefans Behinderung einbezieht, stellt mit diesen Kommunikationsereignissen eine vielschichtige Kombination aus *Reden und (Ver-) Schweigen* dar. Entsprechend sind die Wörter im Gebrauch vielschichtige Konstruktionen aus Symbolisiertem und Desymbolisiertem (Lorenzer 1973, S.106 ff). Inhalte, Erlebnisse, Emotionen können in unterschiedlichem Maß kommunikativ verfügbar oder durch sozio-emotionale Verbote von Kommunikation ausgeschlossen und damit „szenisch" determiniert (funktional in einem nicht-kommunizierbaren Sinn) wirksam eingebunden sein. Die Kommunikation über konkrete Erfahrungen mit Stefans Behinderung kann bestimmte Emotionen ausblenden und klischeehaft werden. Man-

Vorschriften bestimmen, was man („positiv") fühlt/was man nicht fühlt, wie man über Stefans Behinderung „positiv" denkt und fühlt und spricht bzw. wie man mit Stefan „als einem Behinderten" umgeht. Diese *klischeehafte Kommunikation* kann bisher diskursive Kommunikationsweisen unterschiedlicher Perspektiven überformen, wenn das Verleugnete sich durchzusetzen droht. Schwierig für integrative Prozesse wird die „Sprachverwirrung" (Lorenzer 1973, S.126), wenn in scheinbar klaren, direkten Mitteilungen früher Verdrängtes unerkannt mitgemeint und evtl. rationalisierend überformt ist.

Im Bericht der Lehrerin sind solche Prozesse nicht ausreichend zu belegen. Verbirgt sich z.B. in der Verpflichtung zur besonderen Rücksichtnahme auf Stefan eine Reaktionsbildung auf Ablehnung, Überdruß, Abwertung, aggressive Impulse?

Es fällt auf, daß im Bericht der Lehrerin unliebsame Gefühle und Motive der Abwertung, des Neides, der Ablehnung, der Überforderung, der Verletzung von Intimität, der Konkurrenz, des Ekels, des Hasses usw. keine Rolle spielen. Gemeinsamkeit und freundschaftliche Beziehungen werden betont, Abgrenzungen fehlen. Diese Einseitigkeit und das Abbrechen im Bericht über die Schülerin können Hinweise auf solche Prozesse der Desymbolisierung sein (auf welcher Ebene der Schule bzw. des Berichtens auch immer). Dies kann bewußte Abgrenzung zum legitimen Schutz eigener oder fremder Interessen bedeuten, oder partieller Rückzug aus Beziehungen, die nur mit großem Aufwand zur Verdeutlichung eigenen Erlebens möglich wären.

Die Veränderung des Klassenklimas könnte demnach aus unterschiedlichen Prozessen resultieren: aus der Solidarität, die auch Mitschüler mit Behinderungen einschließt, und der klischeehaften Kommunikation, die bestimmte emotionale Erfahrungen verleugnet. Stefans Integration ist dann (in der sozialen Dimension betrachtet) selbst ein Gemisch aus Prozessen erweiterter, nichttrivialer Kommunikation und eingeschränkter Kommunikation, aus der Akzeptanz und der Leugnung unterschiedlicher Perspektiven. Auch die Verpflichtung auf Integration in einem „nur positiven Sinn" kann zur Desymbolisierung, zur klischeehaften Kommunikation beitragen.

Die soziale Struktur integrativer Kommunikation im TZI-Kürzel kann entsprechend ergänzt werden. Sie enthält in der Sozialdimension selbst schon gegenläufige Elemente der Desintegration Stefans, bezogen auf das aktuelle Interaktionssystem Unterricht.

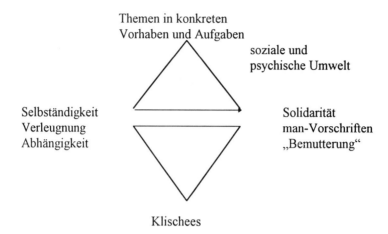

Klischees

Konkrete Integrationsprozesse sind deshalb als *Einheiten aus interdependenten Teilprozessen* der Bindung und Lösung, der Selbständigkeit und Abhängigkeit, thematischer Klarheit und klischeehafter Sprachverwirrung zu verstehen. Interdependenz dieser Teilprozesse heißt, daß sie in konkreten sozialen Systemen nicht so getrennt werden können, daß in ihrer (selbst- und fremdreferentiellen) autopoietischen Rekonstruktion nur eine Seite allein ohne die andere bestehen würde.

10

In der Umwelt des Interaktionssystems sind von Anfang an verschiedene soziale und psychische Systeme wichtig: Stefans Mutter und sein Vater, seine Familie, die Lehrerin, die Schule mit Kollegium und Schulleitung, die Elternschaft, das Schulsystem mit kollegialen Informations-, Beratungs- und Fortbildungsmöglichkeiten und den Rechtsbestimmungen, den Organisationsformen, das Projekt der Universität zur Integration behinderter Schüler/innen usw.
Es gibt in dieser Vielfalt keine „Perspektive der Umwelt": Die Familie gibt dem integrativen schulischen Interaktionssystem in ihren Hoffnungen, Befürchtungen, Anstrengungen, in ihren selbstreferentiellen Interpretationsmustern eine ganz andere Bedeutung, einen anderen Sinn als das Schulsystem oder ein Leser des Aufsatzes oder ein Mitschüler. Die Frage stellt sich deshalb hier primär in einer akzentuierten Weise: Welche Umwelt konstruiert das schulische Interaktionssystem, und in welchen Beziehungen steht es zu seiner Umwelt? In welcher Weise kann es selbstreferentiell fremdreferentiell sein?

Folgende Aspekte scheinen im Vordergrund zu stehen:
- Die ganze Geschichte beginnt mit der Schulpflicht und den Anforderungen der Familie, expliziert durch den Vater. Diese Anforderungen im Sinn „Stefan ist wie alle anderen" definieren die Anfangssituation und werden in der Schule nach eigenen Notwendigkeiten neu interpretiert.
- Die Lehrerin berichtet über regelmäßige und vertrauliche Gespräche mit der Mutter, über aktuell problembezogene Gespräche mit erfahrenen Kolleginnen anderer Schulen - insbesondere einer Schule für Körperbehinderte, mit Ärzten, über längere Zeit mit einem Projektmitarbeiter und in einer Lehrergruppe. Sie sucht aktiv thematisch unterschiedliche Beratungsmöglichkeiten - nach Anlässen und Erfordernissen im Interaktionssystem Unterricht. Besonders die Mutter trägt viel zur schulischen Integration ihres Sohnes bei, indem sie umfangreiche und unterschiedliche Aufgaben im (zeitlichen) Horizont von Schule übernimmt.
- Ein ganzer Fragenkatalog bezieht sich auf Gesichtspunkte der Passung von Interaktionssystem und Schulorganisation.
- Wesentliche Entwicklungen spielen sich in der z.T. außerschulischen Interaktion zwischen Stefan und seinen Mitschülern ab. Es bilden sich z.T. Kinderfreundschaften.
- Für Stefans schulische Integration ist seine medizinische Versorgung wichtig. Informationen der Ärzte und der Krankengymnastin gehen ein in die Unterrichtsplanung und die Gestaltung des Sportunterrichts. Es ist wenig von der konkreten Schule die Rede, gar nicht von den Kollegen und dem Schulleiter.
Der Bericht setzt *zwei Schwerpunkte* in diesen Beziehungen:
- die Umwelt bietet Ressourcen für den Integrationsprozeß (der Bericht stellt besonders die Bedeutung der Mutter heraus)
- in der System/Umwelt-Differenz wird der Integrationsprozeß im Interaktionssystem selbst zum Thema der Kommunikation (dazu ist der Bericht selbst ein Beispiel, aber auch z.B. der Themenkatalog gegenüber der Schulbehörde, die Gespräche in der Lehrergruppe und mit dem Projektmitarbeiter).

Beides kennzeichnet das integrative Interaktionssystem als Ganzes:
- Es ist ein operationell geschlossenes System, das in seinen Organisationsleistungen selbstreferentiell seine Elemente schafft, indem es, offen zur Umwelt, deren Ressourcen nutzt. Diese Beziehung stellt es selbst her. Darin schafft es die Umwelt, die es notwendig braucht, um in seiner eigenen Weise funktionieren zu können. *Seine Abhängigkeit von der Umwelt ist Voraussetzung seiner Selbständigkeit.*
- Integration wird im Interaktionssystem in den konkreten Vorhaben als Sinnhorizont möglicher Problemlösungen eher vorausgesetzt als selbst explizit diskutiert. Sie wird eher in den Umweltbeziehungen (in der Lehrergruppe, in den Gesprächen mit der Mutter, im Bericht an die Schulbehörde oder mit dem Projektmitarbeiter) selbst explizit zum Thema. In diesen Kommunikationspro-

zesse über die Integrationsmaßnahme wird temporär gleichzeitig *die Einheit und die Differenz von System und Umwelt* geschaffen. Die Fragen des Integrationsprozesses werden im bezug auf diese Einheit und gleichzeitig im bezug auf diese Differenz kommuniziert (vgl. Luhmann 1986, S.21 f).

11

Die Lehrerin stellt Differenzen integrativer Unterrichtung zur „Schule" fest, die hier als System/Umwelt-Differenzen verstanden werden. Sie formuliert diese Differenzen als Probleme ihrer Arbeit im Interaktionssystem Unterricht:
- als Problem der Aufsichtspflicht gegenüber der Klasse bei individuellen Aufgaben der pflegerischen Versorgung, der Haftung gegenüber Stefan z.B. bei körperlichen Überforderungen (seiner Belastbarkeit) und gegenüber Mitschülern beim Verlassen der Klasse
- als Problem der schulübergreifenden Kooperation mit der Sonderschule K
- als Problem kompensatorischer Betreuung bei Klassenarbeiten
- als Problem der Leistungsmessung und Notengebung im Sport
- als Problem der Klassengröße.

Diese Probleme werden als Probleme der Organisation definiert und behandelt: Sie entstehen in der Diskrepanz zu bestehenden schulischen Regelungen. Sinnvolle Handlungsweisen sind z.T. längst entwickelt, aber die Probleme sind erst gelöst, wenn mit den jeweils „zuständigen Stellen" Absprachen getroffen sind:
- Mit dem Schulrat werden Aufsichtspflicht und schulübergreifende Kooperation geregelt.
- Mit der Gemeindeunfallversicherung wird die Absicherung des Unfallrisikos geregelt.
Diese Problemdefinition und -regelung in der System/Umwelt-Differenz erstaunt. Was macht das Problem in der Perspektive dieser Unterscheidung aus? Es sind im Bericht gewissermaßen zusätzliche Probleme oder Problemperspektiven, keine originären Probleme in der Interaktion der direkt Beteiligten. Die *Instituierung* der integrativen Interaktion in bestehenden oder zu etablierenden, jedenfalls verallgemeinernden man-Vorschriften (z.B. in Rechtsvorschriften der Notengebung) ist problematisch. Diese Vorschriften werden extern zugeschrieben, sind aber sanktioniert und können nicht einfach ignoriert werden.
Die genannten Probleme bestehen innerhalb dieser Definition der System/Umwelt-Differenz in der Perspektive des Interaktionssytems (der Lehrerin). Die Antworten der „entscheidenden Stellen" führen im Bericht meistens nicht zu beobachtbaren Veränderungen der Kommunikation im Interaktionssystem, sie führen in diesem Sinn meistens nicht zu neuen Lösungen. Sie haben

Bedeutung in der Bestätigung und Absicherung des integrativen Interaktionssystems, indem sie erwartete Probleme in der System/Umwelt-Differenz, speziell mit Rechtsvorschriften regeln.
Dieser Vorgang kann verschieden gesehen werden:
- Das System nutzt seine Abhängigkeit aus, um interne Gewißheit zu schaffen und entwickelte Kommunikationsstrukturen zu festigen
- Systeme in der Umwelt (Administration, Haftungsrecht gegenüber Schülern und Eltern, medizinische Versorgung usw.) sind in Einzelfragen relevant. Dies zeigt sich darin, daß bei entsprechenden Anlässen (z.B. Versetzungsentscheidungen oder Unfällen) Rechtsansprüche gegen die Schule/die Lehrerin geltend gemacht werden können. Daß die Lehrerin direkt mit diesen Systemen der Umwelt des schulischen Systems (z.B. in Gesprächen mit der Gemeinde-Unfallversicherung, dem behandelnden Arzt, der Krankengymnastin) in Kontakt tritt, ist ein Beleg für grundsätzlich symmetrische Kommunikation, keineswegs für asymmetrische Hierarchien.
- Die genannten Probleme (z.B. der Notengebung) setzen im Bericht z.T. die Relevanz einer externen „überlegenen Entscheidungskompetenz", d.h. asymmetrischer, hierarchischer Kommunikationsstrukturen voraus. Das Ergebnis dieser Entscheidungen (und Beratungen) besteht nicht im Festhalten an administrativen Vorschriften in kleinlichen Auslegungen, sondern in der Bestätigung und Absicherung bereits entwickelter Lösungen und im Offenhalten von Freiräumen. Diese Unterstützung und Absicherung ändert nichts an der Asymmetrie der Kommunikation. Sie ist begrenzt auf die Anfragen an die Schulverwaltung und deren Antwort. Die Schulbehörde entscheidet über Ressourcen (z.B. Klassenfrequenz), über Fragen der Zeugnis- und Versetzungsordnung (Klassenarbeiten und Notengebung), über Dienstpflichten (z.B. der Beaufsichtigung und Kooperation).
In der System/Umwelt-Differenz können die genannten Faktoren in ihrem Zusammenhang von Selbst- und Fremdreferenz rekonstruiert werden. Die Organisationsweise pädagogischer Arbeit läßt deren Trennung nicht zu, die Einheit der Fragen von Schul- und Klassengröße, Aufsichtspflicht und Autorität, Benotung, Schulerfolg und Wertschätzung und Förderung eigenständiger Schülerinitiative ist eine wesentliche Bedingung praktischer Arbeit in der Paradoxie der Erziehung. *Erst die Einheit selbst- und fremdreferentieller Zuschreibungen (als einer Leistung des Systems) beschreibt pädagogische Probleme als schulische Systemprobleme.* Der Applaus, den Stefans sportlicher Erfolg in der konkreten Unterrichtssituation erhält, und die Benotung im nächsten Schuljahr hängen in der pädagogischen Arbeit und im Interaktionssystem Unterricht direkt mit der Umwelt des Systems zusammen:
- Wie realistisch ist der Applaus über den „Tellerrand" hinaus gesehen? Wird Stefan in eine gesellschaftlich gesehen unrealistische Scheinwelt eingeführt? Erschwert Integration die „realistische Verarbeitung der Behinderung"?

- Wie setzt sich das schulische System in seinen Strukturen mit „Behinderung" auseinander? Wie wird in der Zeugnis- und Versetzungsordnung bezug genommen auf individuelle Behinderungen, und wie setzt diese Verordnung Schüler und Lehrer in ihrer Kommunikation dadurch in Beziehung zueinander?
- Wie setzt sich das Interaktionssystem Unterricht mit Benotungen auseinander, speziell mit der Benotung Stefans im Sport? Unterscheidet und kommentiert es schulische Benotungen von einem eigenen Standpunkt? Erklärt es die Wirklichkeit der Verordnung zur allein geltenden, auch zur intern gültigen?

Die Fragen der Lehrerin sind ungenügend verstanden, wenn sie nur bei einer externen Adresse abgegeben werden, um von dort deren Entscheidung zu erwarten und entgegenzunehmen. Sie sind zunächst Themen in der eigenen Konstruktion der System/Umwelt-Differenz des konkreten Kommunikationssystems. Sie erfordern deshalb nicht externe Entscheidung, sondern *Beratung in dieser Differenz*. Dazu ist Unterscheidung in der Einheit des Handelns notwendig, die externe Information realistisch gewichtet einbezieht.
Beratung statt rein externer Entscheidung als Konsequenz der Einheit von Selbst- und Fremdreferenz wird an mehreren Stellen des Berichts, bezogen auf die Fragen der Lehrerin, dargestellt:
- Es finden Beratungen mit der Mutter und der Schulleitung statt.
- Die Schulbehörde erklärt sich mit konkreten Regelungen einverstanden, wenn diese auch von den Eltern akzeptiert werden.
- Die Gemeinde-Unfallversicherung akzeptiert Absprachen mit dem behandelnden Facharzt zur Lehrplan- und Unterrichtsgestaltung.
- Die Schulbehörde unterstützt die bereits begonnene Kooperation mit einer Schule für körperbehinderte Schüler.

Die Fragen der Lehrerin weisen über die internen Kommunikationsstrukturen hinaus, grundsätzlich ohne den internen Bezug überhaupt aufgeben zu können. Entscheidungen (z.B. der Schulbehörde) beruhen deshalb auf gemeinsamer Beratung und machen Beratungsergebnisse verbindlich. Sie entlasten und sichern ab, indem sie die Komplexität der Kommunikation in der System/Umwelt-Differenz reduzieren. Im Beispiel: Stefans Benotung ist eine Einheit aus pädagogischen und juristischen Gesichtspunkten, seine Pflege und seine sportliche Belastung sind jeweils eine Einheit aus individuellen und gemeinsamen, pädagogischen und medizinischen Aspekten. Die Fragen der Lehrerin sind systematisch in der Einheit von Selbst- und Fremdreferenz im bezug zur Umwelt zu verstehen, d.h. in der Regel in bezug auf eigenständige Systeme in der Umwelt. Deshalb erfordern sie Beratung.

### 7.2.3 Zur Sachdimension

Wie ist im Bericht der Lehrerin von Integration die Rede?
Die Lehrerin geht nicht von einer Definition aus, von einer Begriffsbestimmung, die sie nur „anwenden" würde. Der Bericht enthält keine Explikation oder Diskussion des Integrationsbegriffs. Er zeigt aber deutlich, wie sich im Laufe des Prozesses implizit das Verständnis vonIntegration verändert. Der Bericht hält genügend thematische Orientierung und Bestimmtheit und genügend Unbestimmtheit bereit, daß die Geschichte in neuen Erfahrungen und neuen Deutungen sinnvoll weitergehen kann. Es geht darum, durch Beobachtung zweiter Ordnung dieses jeweilige Verständnis zu rekonstruieren, in dem der Sinn von „Integration" entwickelt wird. Was ist in den Wechselfällen der Geschichte das Identische/Differente von „Integration".

1

Die ersten Versuche, mit Komplexität und Unbestimmtheit der Anforderungen fertig zu werden, lassen sich als Kreisprozeß darstellen:
Die Eltern informieren die Schule nur über das „Notwendigste", um mögliche negativen Konsequenzen umfassender Information (evtl. Verweigerung der Aufnahme in die Regelschule) zu vermeiden. Von Seiten der Schule wird aus „Rücksicht" auf die Eltern zunächst nicht genauer nachgefragt. Es droht ein Kreisprozeß der Kommunikationsbeschränkung im stillschweigenden Einverständnis zwischen Elternhaus und Schule (vergleichbar dem Nichtwahrhabenwollen und „Schonen" in individuellen Trauerprozessen).

Die knappe Darstellung der Lehrerin läßt viele Vermutungen zu. Ich will nicht auf die möglichen Motive (Sich-durchsetzen, Vertrauen, Ängste, Vorsicht oder Mißtrauen, Rücksichtnahme usw.) der Eltern und Lehrer/innen eingehen. Ich verstehe den *Kreisprozeß des „Nicht-Kommunizierens" als relativ eigenständigen Sinnzusammenhang,* der im Kommunikationsprozeß konstituiert wird (sich möglicherweise in einer bestimmten Weise weiterentwickelt) und als solcher selbst beschreibbar ist. Er stellt Integration als „Normalität" in einem bestimmten Verständnis her:
Schule im gewohnten Sinn wird nicht in Frage gestellt, die „*Normalität des man*" (man tut das so; man erlebt, bewertet, sieht das so) kann erhalten bleiben: Der normale, „instituierte" und ritualisierte Schulanfang wird durch Ignorieren der Behinderung (in diesem Prozeß) ermöglicht.

Da die themenspezifische Komplexität der Eltern (psychisch und kommunikativ, z.B. als Wissen über die Behinderung, die Handlungsanforderungen und -möglichkeiten usw.) nicht in den sozialen Prozeß eingehen kann, orientiert er sich im gewohnten Verweisungszusammenhang „Schule", der den Ereignissen ihren normalen Sinn gibt und damit in *gewohnter Weise handlungs- und kommunikationsfähig* macht. Der Kommunikationszusammenhang beruht nicht auf bewußter Wahrnehmung mit Schwerpunktbildung usw. sondern auf dem Ausblenden (Ignorieren) des „Unpassenden", verglichen mit gewohnter Normalität.

Welche Auswirkungen hat dieses Vorgehen auf die Entwicklung schulischer Strukturen und eines schulischen Verständnisses von Integration? Welche Möglichkeiten entwickelt die uninformierte Lehrerin, wie kommt die Klasse mit der Situation zurecht? Bezeichnenderweise wird in der Klasse ein ähnliches Vorgehen gewählt. Die Lehrerin berichtet „Wie bereits erwähnt, wußte anfangs die Klasse nur andeutungsweise über Stefans Behinderung Bescheid. Ich hatte mir mit meiner umfassenden Aufklärung bewußt Zeit lassen wollen. Der Junge sollte nicht als `Sonderfall' seine Schulzeit beginnen. Da man ihm äußerlich wenig anmerkte, sollte und konnte er sich, genau wie die anderen Kinder, seinen Platz im Klassenverband erwerben".

Hier wird auf den „Klassenverband" bezogen dieselbe Überlegung expliziert, die oben als Interpretation des Schulanfangs vorgeschlagen wird: Die Normalität wird durch Ignorieren erhalten. Auch wenn der eine oder andere etwas weiß, die Kommunikationsstruktur soll normal entwickelt werden, indem die Behinderung innerhalb dieser Struktur möglichst bedeutungslos bleibt. Information über die Behinderung würde bedeuten, sie in die Prozesse eines sich bildenden Sozialsystems einzuführen. Dies soll nicht geschehen, um „normale Klassenstrukturen" zu ermöglichen, in denen der Schüler, wie jeder andere, seinen Platz findet. Es wird im ersten Schritt keine Einigung zwischen Gleichheit und Verschiedenheit angestrebt, Normalität heißt zunächst: *Alle sind gleich*. Die Entwicklung der Schulklasse geht in ihren Binnenstrukturen, in der Kommunikation zwischen Familie und Schule und in der Kopplung mit den psychischen Systemen (Wissen, Verarbeitung der einzelnen) von der Fiktion der Normalität einer homogenen Gruppe aus. Dies entspricht der Homogenitätsannahme des Karrieremodells, nicht aber der Ich-Wir-Differenzierung im TZI-Modell.

Dies führt zu Konsequenzen: Das Verschweigen der Behinderung läßt es nicht zu, in der Organisationsweise pädagogischer Arbeit beide Modelle zu integrieren, wenn in irgendeiner Weise die Behinderung relevant sein könnte. Schulische Kommunikation wird dann auf die Fiktion der Gleichbehandlung („man") reduziert, integrationsfähige soziale Strukturen (der Schule, des Unterrichts ...) können nicht offensichtlich ausgebildet werden. Deshalb bleiben notwendige Problemlösungen als Anpassungsleistungen des Systems an die tatsächlichen

Aufgaben unterdrückt. Da diese Probleme (z.B. Versorgung des Schülers) bestehen bleiben, *werden Lösungen in die Umwelt ausgesondert*: Der Schüler, seine Mutter und die Lehrerin müssen immer wieder persönlich punktuelle Lösungsmöglichkeiten finden und eine „als-ob"-Kommunikation aufrechterhalten. Was das System nicht leistet (beschreibbar als Auseinanderfallen von Karriere- und TZI-Modell in der undialektischen Gleichheitsfiktion), wird zur individuellen Belastung.
Andererseits erscheint das Handeln der Eltern und der Lehrerin durchaus plausibel. Die Integrationsmaßnahme entwickelt sich über Jahre erfolgreich. Es erscheint mir deshalb sinnvoll, zwei Überlegungen miteinander zu verknüpfen:-
*Die Anfangssituation in der Klasse hat ihre eigenen Regeln. Es kann sinnvoll sein, jetzt die Behinderung nicht anzusprechen.- Es wäre wahrscheinlich destruktiv, die Behinderung kontinuierlich zu leugnen.*

Zur ersten These:
Aus gruppendynamischen Trainings ist bekannt, daß die Anfangssituation, in der noch kaum Strukturen entwickelt oder von der Leitung vorgegeben sind, sich turbulent entwickeln können. Dafür gibt Kernberg (1988, S.263) eine Erklärung: „Es gibt überzeugendes klinisches Beweismaterial dafür, daß, ungeachtet des Grades der Reife und der persönlichen Integration des Individuums, kleine, geschlossene, nicht strukturierte Gruppen (ebenso wie große Gruppen mit einer minimalen Struktur und ohne klare Aufgabe, die diese Gruppe in Beziehung zu ihrer Umgebung setzen würde) leicht eine unmittelbare Regression auf die Aktivierung von Abwehrmechanismen und zwischenmenschlichen Prozessen bewirkt, die primitive Objektbeziehungen reflektieren. Mit anderen Worten, jeder von uns hat das Potential, primitive Ebenen des psychischen Funktionierens zu aktivieren, wenn die gewohnte Struktur nicht mehr vorhanden ist, wenn die gewohnten Rollen nicht mehr festgelegt sind und wenn in einer nicht strukturierten Beziehung viele Objekte gleichzeitig anwesend sind (die im zwischenmenschlichen Bereich eine Vielfalt von primitiven intrapsychischen Objektbeziehungen reproduzieren)."
Das Problem besteht also gerade im Mangel tragfähiger sozialer Strukturen. Die Gefahr aggressiver und ablehnender, dissoziierender und symbiotischer Reaktionen ist sicher in wenig strukturierten Situationen größer. Als therapeutisches Setting verstanden können darin eigene Chancen liegen, wenn die Handlungsmöglichkeiten und die übrigen Faktoren des Settings gute Arbeitsbedingungen und hohe Erfolgswahrscheinlichkeiten vermuten lassen.
Das Risiko der Anfangssituation, in der nur ganz unzureichende soziale Strukturen ausgebildet sind, ist also zu bedenken. Oft wird es verringert, indem soziale Strukturen einer Kindergruppe (z.B. aus dem Kindergarten) als Kerne neuer Entwicklung „importiert" werden. Im Falle Stefans, der durch Aussehen, Bewegung und Verhalten kaum auffällt und dann auch gute Schulleistungen

zeigt, kann das vorsichtig abwartende Verhalten angemessen sein, sofern es dem aktiven Aufbau von sozialen Strukturen dient, statt sie dauerhaft zu behindern. Die Begründungen der Eltern und der Lehrerin führen im Falle Stefans dazu, daß er selbst und die Klasse zuerst die Erfahrung eines gelingenden „Zusammenspiels" machen, in dem auch das jeweilige Gegenüber erlebbar und erkennbar ist, bevor differenzierend von Behinderung die Rede ist. Die vorgängige Erfahrung des gelungenen Ganzen kann in den Prozessen differenzierender Strukturbildungen wirksam sein. Entscheidend sind die Einigungen gelungener Interaktion, in denen Selbstbild und Fremdbild, wechselseitige Erwartungen und Muster gemeinsamer Tätigkeit erste Form gewinnen können. Vielleicht gibt es unter solchen Bedingungen eine zeitlich begrenzte Leugnung der Behinderung im Dienste der Integration: Durch ihre Bestätigung der Gleichheit erhält die Lehrerin Zugang zur familiären Kommunikation, und sie öffnet evtl. den Blick auf die Verschiedenheit, ohne in Kämpfe um die Durchsetzung der Familienperspektive verwickelt zu werden (vgl. Selvini Palazzoli 1977, S.65/66).

Zur zweiten These:
Würde das Ignorieren zur beherrschenden Strategie über die Grundschulzeit, müßte schulintern (besonders im Unterricht) notwendigerweise ein zweiter Kreisprozeß etabliert werden. Jede Information über Stefans Behinderung wäre bedrohlich für die unrealistische „Normalität".

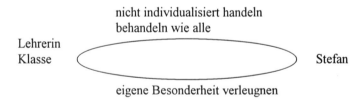

Lehrerin und Schüler müssen so handeln, als ob alles normal wäre. Wenn die Scheuklappen beibehalten werden können, kann dies als scheinbar ideale Form der Integration (der „Normalisierung") erscheinen.
Lernprozesse, die es erlauben würden, die Handlungs- und Kommunikationsmuster, die sonst als man-Vorschriften gelten, zu spezifizieren, zu individualisieren oder sonstwie zu verändern, fänden aber nicht statt. Der Aufbau tragfähiger Kommunikationssysteme im direkten Umgang mit dem behinderten Schüler wäre sehr erschwert, da immer wieder Störungen auftreten müssen, die nicht realistisch wahrgenommen und bearbeitet werden dürfen.
Das „Dazugehören" (emotional und sozial) wäre an die Bedingung der Gleichheit gebunden, das heißt außerhalb der Dialektik von Gleichheit und Verschie-

denheit: an Trivialisierung und „Homogenität" im Karrieremodell. Behinderung als ein Aspekt des Selbst (bei mir und bei anderen) muß ausgeblendet werden. In dieser Hinsicht wird die Paradoxie „Ich bin wie alle"/"Ich bin verschieden" in der Einigung des Dazugehörens geleugnet. Damit wird das *Entwicklungspotential dieser Paradoxie vertan.*

Die Konsequenz für den Schüler wäre zu lernen, die Schein-Normalität des „man" nicht in Frage zu stellen, also seine Besonderheit entweder zu verbergen, zeitweise zu ignorieren oder als Stigma sich selbst anzulasten und seine Umgebung damit zu „verschonen". *Die scheinbare „soziale Integration" könnte nur durch einen individuell mißlungenen Verarbeitungsprozeß des Schülers stabilisiert werden.* Die Erfordernisse der „Normalität des man" im schulischen Kommunikationssystem hätten die pathologische Entwicklung des Schülers zur Voraussetzung.

„Tatsächlich ist nämlich in Systemen mit homöostatischer Tendenz die 'Pathologie' bestimmter Mitglieder die unabdingbare Voraussetzung für das Weiterbestehen des Gleichgewichts" (Selvini-Palazzoli 1978, S.64).
Das soziale System richtet sich unproduktiv ein:

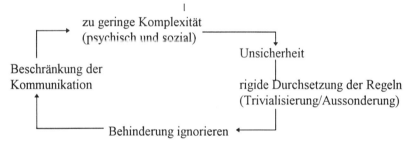

*Die skizzierten Prozesse des Ignorierens zwischen Eltern und Schule bzw. in der Klasse bedingen einander.* Kommunikationsbeschränkungen in dem einen Kommunikationssystem wären auf Dauer nur aufrecht zu erhalten, wenn sie in ähnlicher Weise auch im anderen System gelten. Die Systeme müßten ihre Entwicklungsmöglichkeiten selbst einschränken, um sich zu stabilisieren. Fortschritte sozialer und persönlicher Entwicklung würden erschwert. Von Integration im angestrebten Sinn könnte keine Rede mehr sein. Sie wäre ersetzt durch die Stabilisierung einer Normalität der „man"-Vorschriften und des „Handelns als ob" und durch die einseitige und sich selbst entfremdende Einpassung des Schülers: Du gehörst dazu, und du gehörst doch nicht dazu. Das System erfordert, daß du in einem pathologischen Sinne normal bist.
Sozial und psychisch wäre ein hoher Aufwand an Energie notwendig, um diese Strukturen durchzuhalten. Die Ignoranz führt nicht dazu, Strukturierungsarbeit zu ersparen, sie macht nur andere Strukturierungsarbeit in der System/Umwelt-

Differenz notwendig: Fehlende Differenzierung schulischer Strukturen wird besonders zur familiären und individuell-psychischen Belastung. Sie würde Schüler, Eltern und Lehrern zugemutet (Hausaufgaben, Versagensgefühle, Anpassungsdruck ...). Unrealistische und nicht ausreichend differenzierte Strukturen müssen durch Macht gestützt werden und können zu unterschiedlichen Formen der Gewalt führen.

Das System muß dann zusammenbrechen, wenn sich die Diskrepanzen nicht mehr leugnen lassen, dann massiv in einer Krise aufbrechen, ohne daß annähernd ausreichende Strukturen vorhanden wären. Fehlende interne Strukturierungen machen dann Aussonderung notwendig: Das System bestimmt, was intern möglich ist (evtl. nach außen projiziert als Grenzen einer fiktiven Homogenität der Schülergruppe) bzw. was in Systeme der Umwelt abgegeben wird, weil es intern nicht leistbar ist. Eigene Strukturen aufbauen/die eigene Grenze bestimmen, das ist dieselbe Frage in zwei Perspektiven.

2

Tatsächlich entwickelt die Lehrerin eine Handlungstrategie, die diesen Gefahren entgeht und die sie mehrfach (im Detail variiert) wiederholt. Sie schafft Klarheit in zwei Hinsichten: Stefan ist gleich und verschieden; sie selbst beansprucht die Leitung dieser Klasse, sie ist zuständig, sie muß informiert werden. Beides schafft klare Bedingungen in der Entwicklung des Interaktionssytems allgemein und gerade im Hinblick auf das Dazugehören Stefans.

Anlaß ist jeweils ein Ereignis, das die schulischen Abläufe, besonders das Wohlbefinden des behinderten Schülers in der Schule und seine Teilnahme am Unterricht behindert. Es wird als Störung der unterstellten Normalität wahrgenommen, als Störung, die behoben werden muß. Im Sinne Dörners geht es um Interventionen zur *Wiederherstellung der Normalität im Sinne des „Reparaturdienst-Prinzips".*

Die ersten Abschnitte im Bericht der Lehrerin (S.40) lassen sich leicht in diesem Sinn rekonstruieren:

| | |
|---|---|
| Problem: | körperlichen Belastungen auf dem Schulweg |
| Handlungs-anforderung: | normalen Schulweg ermöglichen (wie alle anderen) |
| Information: | Fußdeformation; schmächtiger, zarter Schüler |
| Eingriff: | Ranzen erleichtern |
| | |
| Problem: | medizinische Versorgung während der Unterrichtszeit |
| Anforderung: | Vereinbarkeit von Unterrichtsnormalität und medizinischer Versorgung in der aktuellen Situation |
| Information: | Geschichte und aktueller Stand der Behinderung |
| Eingriff: | Mutter übernimmt die Versorgung in den Pausen |

Problem: Bauchschmerzen
Information: Stauungen
Anforderung: darauf gefaßt sein; aktuell helfen
Eingriff: dem Schüler beim Durchspülen der Schläuche auf der Toilette helfen

Problem: die Lehrerin hilft Stefan, die Klasse ist nicht beaufsichtigt
Information: Integration entbindet nicht von der Aufsichtspflicht; Abgrenzung von Fahrlässigkeit
Handlungsanforderung: normaler Aufsichtsverpflichtung auch in der Problemsituation gerecht werden
Eingriff: Klassenraum wechseln

Diese Abläufe lassen sich als Handlungsmuster rekonstruieren und schematisch als „lineare Reparaturschleife" darstellen:

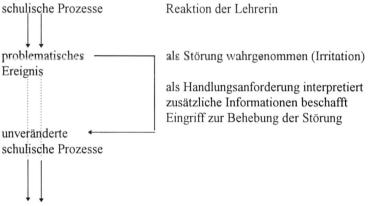

Die Lehrerin bezieht sich eng auf die *aktuellen Anforderungen* und vermeidet damit eskapistische Tendenzen (z.B. durch Banalisierung und ungünstige Attribuierung: „im Grunde ist alles normal, das kann man übersehen"; „bevor ich überhaupt etwas tun kann, muß ...."; „das sind Aufgaben des ...."; „an anderer Stelle werde ich auch gebraucht"). Auf diese Weise wird eine ganze Reihe von Problemen bewältigt. Durch diese Prozesse entwickelt die Lehrerin eigene Kompetenz, die dann wieder den Problemlösungen zugutekommt. *Problemwahrnehmung, Kompetenzentwicklung, Ermutigung und erfolgreiche Problemlösung steigern sich gegenseitig.*

Günstige Bedingungen (s. Dörner) für diese positive Rückkopplung sind oben erwähnt:
- sich offen den Problemen stellen (statt ignorieren)
- sie als Handlungsanfoderungen interpretieren (statt ausweichend delegieren oder leugnen)
- zusätzliche Informationen einholen (statt vertuschen)
- Entscheidungen aktuell treffen und durchführen (statt diffus wursteln oder auf die lange Bank schieben
- im Prozeß schulischer Abläufe bleiben (statt in Sonderbereiche ausweichen)
- Störungen und die Offenheit des nicht vorab Geregelten aushalten und erfolgreich beheben (statt mißerfolgsängstlich vermeiden).

Es ist wichtig, daß dabei nicht irgendwelche beliebigen Lösungen gefunden werden. Die sehr vage Ausgangsidee der Nichtaussonderung wird sinnbestimmend durchgehalten, nicht als Realisierung („Anwendung") einer detaillierten integrativen Konstruktion, sondern als Wiederherstellen von Normalität durch Beheben von Störungen. Da die Lehrerin die Behebung der jeweiligen Störung als Anforderung an ihr eigenes Handeln auffaßt, ist ihre Sinnbestimmung entscheidend für die Auswahl möglicher Lösungen, sie trägt aber auch die ganze Belastung ihrer Realisierung. Deshalb liegen in dieser Organisationsweise pädagogischen Handelns *Chancen der sinnbestimmten Initiative und Grenzen der Verarbeitung von Komplexität und der dauerhaften Belastung.* Überforderung durch diese Organisationsweise pädagogischer Arbeit führt schließlich zu einer qualitativen Veränderung in der Weise, Komplexität zu reduzieren. Solange bleibt das Verständnis von Integration aber an die bisherige Normalität („man") gebunden, die durch Störfälle nicht in Frage gestellt ist, da diese als Angelegenheit der Umwelt und punktueller Reparatur angesehen werden.

## 3

In den beschriebenen Prozessen ist schon ein wichtiger Schritt der weiteren Entwicklung zu einer qualitativ anderen Stufe angelegt: Aus den (z.T. behinderungsspezifischen) Anforderungen in der konkreten Situation drängt sich durch seine Dringlichkeit für den Schüler und seine augenfällige Diskrepanz und seine „kritische Häufigkeit" gegenüber der Normalsituation (in der Interpretation der Lehrerin) der erste *Schwerpunkt „pflegerische Versorgung"* auf.
Es entstehen in der Koppelung individuellen Bewußtseins und schulischer Kommunikation (sinngeleitet) Anfänge eines sozialen Systems, das die problematischen Ereignisse („Störungen") zu integrieren imstande ist, die mit der Behinderung des Schülers in Zusammenhang gebracht werden. Ich versuche diesen Prozeß als Übergang zur Integration in einem autopoietischen System zu rekonstruieren:

1. Die Kommunikation der Beteiligten geht (z.B. im Einschulungsverfahren) von der instituierten Normalität der Schule („Normalität des man") aus. Die Behinderung wird im Kommunikationssystem geleugnet. Kennzeichnend sind das Handeln und Kommunizieren *„als ob alles normal wäre"*. Weder die interne Organisation, noch die Systemgrenzen reagieren auf die komplexeren Anforderungen. Integration wird bestimmt durch das Ignorieren der Behinderung in der „Normalität" des Systems und den Ausschluß der Behinderung als einer Angelegenheit der Umwelt (des Kindes, der Familie, der Mutter).

2. Die Störungen verschaffen sich punktuell Gehör: Sie werden wahrgenommen und einzeln (punktuell) von der Lehrerin in der jeweiligen Situation zu lösen versucht. Es gibt noch kein umfassendes Handlungs- und Kommunikationssystem (Unterricht, Schule), das die notwendigen Teilstrukturen selbstverständlich bereithielte, also im vorhinein für mögliche Problemlösungen zur Verfügung stünde. Das Handeln folgt im Sinne des Reparaturdienst-Prinzips den situativen Anforderungen, abhängig von der individuellen Initiative und situativen Sinnbestimmung der Lehrerin. *Integration besteht weiterhin in der „man"-Normalität mit punktuellen Störfällen und Hilfen. Sie ist persönliche Aufgabe der Lehrerin.* Dies überfordert früher oder später deren Belastbarkeit und führt zu Irritationen im Interaktionssystem (z.B. zu Irritationen der Schülerin, die Stefans Versorgung beobachtet und dann in der Klasse schweigt; vgl. „Fluktuationen" im Sinne Hakens).

3. Das Handeln der Lehrerin in der Klasse und ihre Kommunikation mit den Eltern und mit dem behinderten Schüler zeigt einen Schwerpunkt in einem Problem, das sich durch Dringlichkeit, „kritische Häufigkeit" und Diskrepanz zu instituierten Strukturen der Schule aufdrängt und als Störung (der Normalität) interpretiert wird. Diese *Schwerpunktsetzung* ist ein Schritt, pädagogisches Handeln und die notwendigen Lernprozesse der Lehrerin zu organisieren. Das Problem kann nicht mehr als seltene Ausnahme vernachlässigt werden, es gewinnt als problematische „Standardsituation" strukturelle Bedeutung, die aber als besondere Anforderung an die Lehrerin eingegrenzt wird.

Integration ist eine besondere Gestaltungsaufgabe der Lehrerin, die sich in einem Schwerpunkt konzentriert und die so zu erfüllen ist, daß Schule und Unterricht „normal" bleiben.

4. Die Störung, die durch Häufigkeit und „Lautstärke" im „Rauschen" der Kommunikationsprozesse hervorgetreten ist, bildet einen *„Organisationskern"*, da ihre Bearbeitung emotional, kognitiv, sozial und institutionell relevante Syntheseprozesse hervorbringt und damit eigene Komplexität aufbaut (durch Zuordnung und Interpretation von Ereignissen, Handlungsanforderungen, Lösungen usw.). Beispiele sind die Unterrichtsvorhaben, der Beginn der Kooperationsprozesse, die Information der Klasse.

4.1 Die notwendige Hilfe zur pflegerischen Versorgung des Schülers wird zum Teil von seiner Mutter in der großen Pause übernommen. In einer Nische des schulischen Ablaufs, unter Zentralitätsaspekten eher in einem wenig strukturierten *Randbereich* (aus Perspektive der Institution), „berühren" sich familiäres und schulisches System. In der Familie entwickelte Kompetenz (Komplexität) wird in die Nische des schulischen Ablaufs eingebracht.
4.2 Zunehmend über Notfälle hinaus übernimmt die Lehrerin notwendige Aufgaben pflegerischer Versorgung. Damit sind diese Erfordernisse als (problematische) Standardsituationen im konkreten schulischen System verfügbar. Sie müssen nicht mehr von außen geleistet werden, und sie sind nicht mehr auf Randbereiche (Pausen) begrenzt. Sie erweitern damit die Teilnahmemöglichkeiten des Schülers an schulischen Aktivitäten (Ausflügen, Unterrichtsgängen usw.). *Das schulische System beginnt, in struktureller Koppelung mit der Umwelt in einem für die Integration des Schülers relevanten Problembereich eigene Komplexität aufzubauen.* Zum Beispiel wird die Lehrerrolle entsprechend interpretiert. Integration entwickelt sich in „Organisationskernen".
5. Das schulische System beginnt damit, sich aufgrund der intern als Problem beschriebenen Umweltanforderungen auszudifferenzieren. Im systemtheoretischen Sinn beschreibt der Schwerpunkt nun ein Problem der Organisationsweise pädagogischer Kommunikation in einem neuen (integrativen) Muster, das sich gegen andere Möglichkeiten durchsetzt und an dem sich Lösungsversuche in anderen Fragen orientieren: Es organisiert Kommunikationsmöglichkeiten in einem funktionalen Vergleichsbereich möglicher Lösungen. Integration ist eine *Aufgabe der Organisation notwendiger Hilfen (durch Regelungen) als Funktion der Schule in einem etablierten Muster.*
6. Themenspezifisch wird eine Semantik ausgebildet, die das *Medium* „Kind" bzw. "Schüler/in" z.B. in Fragen der Selbständigkeitsentwicklung um Aspekte körperlicher Behinderung und pflegerischer Versorgung erweitert (s. Paradoxie von Autonomie/Interdependenz; Selbständigkeit/Bindung; Freundschaft, Solidarität und Sorge). Dies ermöglicht auch mit Hilfe von kollegialen Beratungs- und Reflexionsprozessen (z.B. in einer Lehrergruppe) eine *pädagogisch-sinnhafte Interpretation* der notwendigen Strukturen und damit Anschlußfähigkeit *in einem emergenten Sinnganzen.* Integration ist eine pädagogisch sinnvolle Aufgabe von Unterricht und Schule im ganzen.
7. Die erreichten Strukturen behaupten sich auf Dauer im Alltag. Sie werden *institutionell* abgesichert (z.B. mit dem Schulrat) und gewinnen den Charakter von *Regelabläufen*, die zur Grundlage weiterer Entwicklung werden können. Dies kann geschehen, indem sie durch Unstimmigkeiten mit „Nachbarfeldern" (Teilsystemen) schulischer Kommunikation wiederum zu Störungen und damit zum weiteren Durcharbeiten schulischer Strukturen führen. Diesen Anpassungsprozessen in internen Störungen ist die Neuerung auch selbst ausgesetzt.

Integration ist eine *Entwicklungsaufgabe des Schulsystems*. Für den beschriebenen Prozeß gilt grundsätzlich: Diese Strukturen entstehen selbstreferentiell, die Lösungen bleiben „schulische Lösungen". Sie beruhen nicht auf Ignoranz einerseits, noch auf aufgezwungenen fremden Lösungen von außen andererseits. Ihre Anschlußfähigkeit ist dadurch gesichert, gerade weil die Entwicklung angepaßter Strukturen für spezielle Aufgaben nicht in die schulische Umwelt als zusätzliche persönliche Belastungen ausgesondert wird, sondern als Teil schulischer Kommunikation selbstreferentiell verläuft und damit Instituierung und neue Normalität ermöglicht werden, d.h. insgesamt „Organisationsentwicklung".

Der zentrale Aspekt dieses Prozesses ist die „Internalisierung": „Das System kann die unbeobachtbare Einheit der Differenz von System und Umwelt in eine paradoxe, aber intern auflösbare Form bringen. Das unsichtbare Paradox, eben die Einheit der konstitutiven Differenz, wird durch ein sichtbares Paradox ersetzt" (Luhmann 1996 a, S.23). Die Paradoxie von Regelschul-Karriere und Behinderung wird übersetzt in viele Detailprobleme, die in einem Entwicklungsprozeß handhabbar sind.

Der beschriebene Prozeß kann in einem Diagramm dargestellt werden:

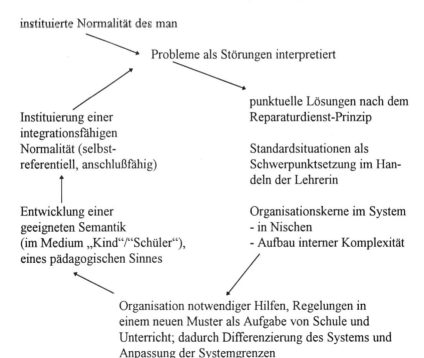

4

Die Rekonstruktion des Themas (des Begriffes) „Integration" im Prozeß täuscht evtl. theoretische Geschlossenheit vor. Tatsächlich werden bewußt mehrfach die Ebenen gewechselt, um handlungs- und systemtheoretische Perspektiven zu nutzen. Für das Gelingen der Integration Stefans kann dies ein entscheidender Punkt sein: Die Koppelung integrationsorientierten Bewußtseins, des persönlichen Engagements der Lehrerin mit der Entwicklung eines schulischen Kommunikationssystems. Für die differenzierte Beschreibung ist es günstig, unterschiedliche Mittel zu benutzen:
Die beschriebene Wahrnehmung der Störung im Kommunikationsprozeß und die beschriebene Auswahl geeigneter Lösungen erfordert schon die Verknüpfung der lebensweltlichen Alltagskompetenz, der instituierten (System-) Normalität des man, des persönlichen Bewußtseins, der Handlungsstrategie im Sinne des Reparaturdienst-Prinzips ...
Im rekonstruierten Kreisprozeß ist die Weiterentwicklung systemischer Strukturen im Falle von Störungen auf den Rückgriff auf lebensweltliche Möglichkeiten der Kommunikation (zwischen Lehrerin und Mutter) angewiesen. Die Beschreibung von handlungsbezogenen Standardsituationen/systembezogenen Organisationskernen definiert darin einen funktionalen Teilbereich, der in der Unterscheidung System/Umwelt Form gewinnt (durch Exklusion, Koppelung, Integration). In diesem entscheidenden Prozeß der „Internalisierung" bestimmt das System seine Elemente selbst durch partielle Regelung, durch Organisation, durch pädagogische Sinngebung. Damit gewinnt es situative und personelle Unabhängigkeit (als Autonomie des Systems), die gleichzeitig als Entfremdung (der Person) erscheinen kann.
Derselbe Prozeß belastet und entlastet: Organisationsleistungen müssen selbst erst geschaffen, dann aber nicht immer wieder punktuell erfunden werden. Der Verzicht auf Systembildung ist nicht möglich, da höhere Integrationsleistungen gefordert sind als dauerhaft individuell durch die Lehrerin jeweils situativ erarbeitet werden können. Die Auflösung instituierter Strukturen mündet deshalb notwendig in die Instituierung neuer (angepaßter, d.h. integrationsfähigerer) Systemstrukturen. Nicht im Verbleib in einer „heilen Lebenswelt" ohne Entfremdung, sondern in der neuen Strukturbildung besteht der Entwicklungsprozeß im Anschluß an die Störungen und punktuellen Lösungen.
Die Systembildung beruht auf den lebensweltlichen Sinnbestimmungen und Lösungsprozessen. Form gewinnt die neue Struktur durch Einigungen zwischen Reproduktion der Lebenswelt und Anschlußfähigkeit im System, Organisation in man-Vorschriften (Normalität von Schule und Unterricht) und Irritation (Behinderung), damit auch zwischen Gleichheit und Verschiedenheit, System und Umwelt (im System). Diese Einigungen werden als Differenzierungen in

der Bewußtsein und Kommunikation umfassenden Frage nach dem Sinn von Integration dargestellt.
So wie in Kernbergs Ich-Kernen eine primitive Codierung mit einfachen Zuordnungsregeln etabliert wird, besteht die Leistung der Organisationskerne (z.B. der pflegerischen Versorgung in Unterrichtsvorhaben) in ersten problembezogenen systeminternen Kommunikationsstrukturen nach selbstreferentiellen „schul-pädagogischen" Sinnbestimmungen. Dies ist in ein und demselben Prozeß eine interne Strukturveränderung und eine Veränderung der Grenze, so daß die Behinderung als Irritation der Umwelt wahrgenommen und als interne Information verarbeitet werden kann. Im Sinne der System/Umwelt-Differenz sind deshalb wahrgenommene Umweltprobleme (z.B. Stefans Fähigkeit, sich selbst zu versorgen) immer verknüpft mit internen Problemen (z.B. mit der Aufsichtspflicht, der Selbständigkeitserziehung). Integration von Behinderung zeigt sich darin, daß Probleme angemessen nur in dieser Form der System/Umwelt-Differenz, d.h. als Einheit von Selbst- und Fremdreferenz beschrieben werden können. Nur so sind sie Probleme der Kommunikation im System, die im System als eigene Leistung die Zuordnung im Sinne der System/Umwelt-Differenz schafft.

5

Grundsätzlich sind während des gesamten Prozesses verschiedene Strategien innerhalb des Systems möglich:
- Die Behinderung wird *ignoriert*. Die zusätzliche Betreuung bleibt als Leistung des Familiensystems der Umwelt zugeschrieben und finden keine Aufnahme in schulische Strukturen.
- Der neue Bereich wird als faktisch vorhanden anerkannt, aber als bedrohlich für die positiv bewerteten aber anfangs noch schwachen schulischen Strukturen eingeschätzt. Es erscheint notwendig, die Chancen selbstreferentieller Entwicklung zu schützen, indem Anforderungen ferngehalten, möglichst der *Umwelt zugeschrieben* wird. Die Grenzziehung („gehört nicht zu den schulischen Aufgaben") verhindert die „Kontamination", indem sie alles, was deutlich mit Behinderung zu tun hat, abspaltet. Diese Spaltung reduziert die Gefährdungen (z.B. durch hohe Komplexität) und verhindert die Entwicklungen, die durch Kontakt innerhalb des Systems möglich wären.
Spaltung als Handhabung interner System/Umwelt-Differnzen um Überforderungen zu vermeiden, kann durchaus eine realistische Strategie sein, wenn die internen Strukturen noch nicht tragfähig genug sind. Wird die Spaltung darüber hinaus beibehalten, nicht relativiert und schließlich durch neue Strukturierungen aufgehoben, behindert sie förderliche Entwicklungsmöglichkeiten. Abweichendes Verhalten im Zusammenhang mit Behinderungen kann in sozialen Prozessen leicht zur Projektionsfläche nach den so entstandenen Notwendig-

keiten des sozialen Systems werden (nämlich die Spaltung aufrecht zu erhalten und scheinbar, z.B. durch Verteufelung, zu legitimieren). Das Struktur- und Verarbeitungsniveau des Kommunikationssystems (Schule, Unterricht ...) mit seinen Abwehrstrategien entscheidet über diese Prozesse. Damit gekoppelte psychische Prozesse der Projektion, aber auch der Reaktionsbildung und besonderen Opferbereitschaft können diese sozialen Abwehrprozesse unterstützen. *Überforderungen durch die Umwelt sind deshalb zum Teil selbst produziert.* Es entsteht ein „soziales Unbewußtes", das für dieses System kennzeichnend und im weiteren Verlauf wirksam ist, weil es nicht sinnvoll in Kommunikationsprozesse einbezogen werden kann. In diesen Prozessen liegen die Ansatzpunkte der „Institutionellen Analyse" (Lapassade 1972; Weigand 1983;1986).

- Integrative „Normalität" ist dann erreicht, wenn auf einem neuen Niveau des Problembereichs Anschlußfähigkeit im System gesichert ist, d.h. wenn *„Lösungen" als Selektionsmöglichkeiten im Ereignishorizont selbstreferentieller Autopoiesis und kontingenter Verknüpfungen liegen.* Für den neuen Normalfall ist das System dann ausreichend komplex strukturiert. Aus dem Instituierenden ist ein Instituiertes geworden, in dem Erwartungen und Ansprüche sinnvoll (kontingent; berechtigt) formuliert werden können, ohne daß dies der individuellen Leistung einer besonderen Person bedürfte. Zwar wäre auch die Institutionalisierung des Opfers, das eine Person erbrächte, als Teil eines sozialen Systems möglich. Die hier beschriebene „Depersonifizierung" (Kernberg 1988, S.31) durch Systembildung erlaubt es aber eher, von Behinderung als einem Bestandteil integrativer schulischer Normalität zu sprechen. Die synthetischen Möglichkeiten des Systems insgesamt sind stärker angesprochen. Depersonifizierung bedeutet eine Verschiebung der pattern variables im Sinne Parsons aus dem Bereich des Individuellen und Emotionalen hin zu allgemeinen, emotional neutralen Strukturen. Schulische Integration ist dann nicht an eine sehr persönliche Familienatmosphäre gebunden. Sie kann (ergänzend in veränderter Akzentsetzung) in Kopplung mit psychischen Prozessen recht nüchterne Organisationsstrukturen entwickeln.

6

Mit der Integration ändert sich gewissermaßen die logische Struktur schulischer Pädagogik. Die ursprünglich vorausgesetzte Unterscheidung des Normalen/des Ignorierten (des nicht Bezeichneten) konnte aufrechterhalten werden, so lange das Ignorierte nicht störte. Als es als Störung wahrgenommen wurde, kam auch die Unterscheidung selbst in den Blick.

Der Anfangsentscheidung, Stefans Behinderung nicht mitzuteilen, und der Strategie der Lehrerin, nach dem Reparaturdienst-Prinzip immer wieder Normalität herzustellen, liegt die Entscheidung für das Gleichheitsprinzip zugrunde: Alle Schüler sind gleich, Stefan ist den anderen gleich und gehört deshalb dazu. Darauf beruht die „Normalität des man". Auf dieser Grundlage erhalten Probleme den Charakter punktueller Störungen, die irgendwie situativ bedingt sind und punktuell behoben werden. Sie brauchen deshalb keine grundsätzlich neue Entscheidungsgrundlage. Ignorieren ist vorgesehen, meist ohne benannt zu werden.

Im Sinne Spencer Browns gerät *diese Entscheidungsgrundlage selbst in den Blick*. Mit der Entscheidung, pflegerische Versorgung als Schwerpunkt zu setzen, wird anerkannt, daß etwas „anders" ist. Damit wird die Entscheidungsgrundlage „Stefan ist wie alle" revidiert. Eine ungünstige Form der Steuerung (nach Dörner) wäre es, ins andere Extrem desselben Musters zu fallen: Entscheidend ist Stefans Verschiedenheit. Stefan ist anders, er gehört zu einer anderen Art von Schülern, er gehört nicht hier her. Im Sinne Spencer Browns wäre damit die logische Form der Unterscheidung gar nicht geändert. Grob konkretisiert wird einmal die Schülerschaft der Regelschule „markiert" als die „Gleichen" oder „Normalen" und im anderen Fall die Schülerschaft der Sonderschulen als die „Behinderten". Die jeweils anderen verbleiben im „unmarked state".

Regelschule: Sonderschule:
Regelschüler (andere) behinderte Schüler (andere)

Tatsächlich verfahren wir sprachlich üblicherweise nach dem zweiten Muster: die Behinderten/die Nicht-Behinderten. Unter allen Menschen werden die „Behinderten" bezeichnet („marked state"), es bleibt ein Rest, der als solcher nur durch Negation der Bezeichnung (durch Nicht-Bezeichnung) irgendwie „benannt", meist nur mit-gemeint ist, genauer: im „unmarked state" verbleibt. Die Form dieser Unterscheidung führt zur Gleichmacherei und zum Aussondern.

Es ist notwendig, diese Form der Unterscheidung im Unterricht mit Stefan grundlegend zu ändern. Damit Stefan dazugehören kann, ist es notwendig, beides, besser: die Einheit der Differenz als „normal" gelten zu lassen: gleich und verschieden zu sein. Die Organisationsweise pädagogischer Interaktion kann nicht mehr von der Normalitätsdefinition ausgehen, alle seien gleich - und manchmal passierten grundsätzlich unbedeutende Unfälle, die einzeln (außerhalb der schulischen Zusammenhänge) repariert werden können. Eine neue Qualität wird erreicht, als die Verschiedenheit als legitim unter den Gleichen wahrgenommen wird, so daß Schwerpunkte gesetzt werden, die Organisationsweise der pädagogischen Interaktion in veränderter Form zu entwickeln. Eine grundsätzliche Reflexion der Zusammenhänge ist im Bericht nicht beschrieben, obwohl der Anfang des Berichts bereits die grundsätzliche Frage stellt: Ist es nicht die Unterscheidung behindert/nicht-behindert, die behindert?

Es ist die zentrale Frage im Sinne des re-entry (Spencer Brown), die am Anfang gestellt und am Ende explizit beantwortet wird: Er gehört dazu. Der Bericht bleibt aber (im Ausgesprochenen) auf der operativen Ebene psychischer und kommunikativer Ereignisse, ohne den Übergang zur „Kybernetik zweiter Ordnung" explizit darzulegen. Implizit wird dieser grundsätzliche Schritt der Integration geleistet. Integration ist nicht eine Weise des Ignorierens der Unterscheidung von behindert und nicht-behindert, sie ist eine Weise der Beobachtung der Unterscheidung von behindert und nicht-behindert, nämlich als Teil von Normalität in der Einheit von Gleichheit und Verschiedenheit.

7

Die Genese des Systems kann als nicht-kausaler Prozeß der „Vernotwendigung" durch eine Folge von Bifurkationen verstanden werden: Frühere Ereignisse (auch im Sinne der Erwartung von Ereignissen) bestimmen - evtl. auch im Sinne „dynamischer Optimierung" - die Kontingenz späterer Ereignisse. Es treten in einem zeitlichen Ablauf Ereignisse auf, die jeweils einen begrenzten Freiraum (Kontingenz) für künftige Ereignisse schaffen.

Dieser Prozeß kann in unterschiedlichen Akzentuierungen dargestellt werden:
- zeitlich (in seinem Ablauf)
- strukturell (als Muster relevanter Probleme und Lösungen)
- dynamisch (als Prozeß im Zusammenspiel unterschiedlicher Kräfte und Faktoren)
- ökonomisch (als Schaffung und Nutzung von Ressourcen, die ihren Preis haben).

Stefans Integration in die Klasse läßt sich als Prozeß dynamischer Optimierung (Klaus/Liebscher 1979, S.190/191) beschreiben. Er erscheint dann als Folge von Entscheidungen nach dem Muster von „Bifurkationen":

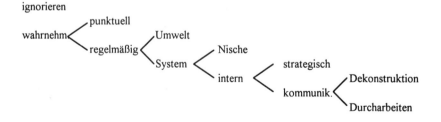

Die einzelnen Schritte lassen sich benennen:
1. Ignorieren/Wahrnehmen
2. Einschätzen des Problems (Schwerpunktbildung)
3. Zuschreiben (Grenze)
4. Ressourcen (Aufbau von Komplexität)
5. Lösungsmodus (Entwicklung des Mediums, der Semantik)
6. Instituieren

Zur Erläuterung:
1. Das Nicht-wahrnehmen am Anfang war von der Hoffnung getragen, übliche Handlungsmuster beizubehalten und so keine Aussonderung zu riskieren. Wenn diese „Normalität des Ignorierens" durchgehalten werden kann, sind vielleicht keine zusätzlichen (persönlichen und institutionellen) Ressourcen notwendig. Wahrnehmung bedeutet, die Phänomene als vorhanden anzuerkennen mit der grundsätzlichen Bereitschaft, sich darauf einzulassen.
2. Um mit begrenzten Mitteln ökonomisch umzugehen, ist es sinnvoll einzuschätzen, ob es sich um schwerwiegende und häufig wiederkehrende oder unbedeutende und seltene Problemfälle handelt. Danach richtet sich die „Investitionsbereitschaft", einen Schwerpunkt einzurichten, der Strukturen im Prozeß schafft.
3. Wird das Problem als schwerwiegend und permanent angesehen, kann die (kosten-) günstigste Strategie für das System darin bestehen, die Aufgabe der Umwelt zuzuordnen. Wenn es diese Zuschreibungsmacht hat, bietet sich der Weg geradezu an, um mit den eigenen beschränkten Mitteln bereits übernommene Aufgaben zu bewältigen. Genauso kann Druck der Umwelt überwiegen, das Problem dem schulischen System zuzuordnen.
Das eigene Selbstverständnis kann die Institution dazu führen, die Unterrichtung behinderter Schüler als eigene Aufgabe anzunehmen. Wenn die Schule der gesellschaftliche Ort ist, an dem sich entwickelnde Menschen ihre Schwierigkeiten, Probleme und Krisen austragen, kann sie diese Probleme nicht anderen übertragen. Lehrer/innen sind dann notwendigerweise Partner/innen dieser Konflikte.
4. Wird das Problem als eigenes identifiziert, müssen geeignete Lösungswege gefunden werden. Reicht die eigene Komplexität nicht aus, muß ein anderes System gefunden werden, das zumindest vorübergehend seine Komplexität zur Verfügung stellt. Ist dies nicht auf Dauer möglich oder wünschenswert, muß eigene Komplexität aufgebaut werden.
5. Eigene Komplexität kann in unterschiedlicher Weise aufgebaut und selektiv verwendet werden. Sie ermöglicht Strategien strikter Durchsetzung eigener Gesichtspunkte genauso wie kommunikative Prozesse des Austauschs mit erweiterten medialen Kommunikationsmöglichkeiten. Von dieser Entscheidung

hängt es ab, ob Mechanismen der Trivialisierung oder eine Semantik kommunikativer Verständigung entwickelt wird.

6. Unstimmigkeiten mit Nachbarfeldern (Teilsystemen) institutioneller Kommunikation erfordern Entscheidungen über Fragen der Instituierung. Dabei werden einerseits bestehende Strukturen der schulischen Kommunikation im Sinne der Integration verändert (durchgearbeitet) und andererseits integrative Bestrebungen im Sinne bestehender Strukturen angepaßt und damit in einem evtl. veränderten Sinn über die Zeit erhalten (dekonstruiert).

Die Entwicklungsprozesse verlaufen selten geradlinig. Sie schlagen in der Regel einen Bogen: Zuerst wird die systemkonservative Alternative erprobt, dann die progressive gewählt.

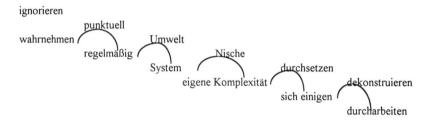

Diese Umwege lassen sich aus der Ungewißheit der jeweils neuen Aufgabe verstehen: Zunächst wird die Alternative gewählt, die weniger eigene Kompetenz/Komplexität und eigene Ressourcen beansprucht. Diese Entscheidung bewährt sich gerade wegen dieser Einschränkung nicht, schafft aber einen zeitlichen Aufschub, der konstruktiv für Lern- und Erprobungsprozesse genutzt werden kann. Damit wird die anspruchsvollere Alternative zugänglich. Distanzierung und Annäherung erlauben schrittweise Fortschritte, die Freiräume kontingenter Möglichkeiten eröffnen: Es wird jeweils ein Handlungs- und Kommunikationsbereich erarbeitet, der Ignorieren und Wahrnehmen umfaßt, punktuelle und regelmäßige Aufgaben, kooperative Zuordnungen zur Umwelt und zum System usw. Bildlich gesprochen: Die alternativen Entscheidungslinien im zeitlich irreversiblen Prozeß eröffnen in der Struktur *Entscheidungsräume, die kombinatorisch Möglichkeiten zwischen beiden Alternativen eröffnen.* Abweichend vom Modell der Bifurkationen bleiben die Spielräume zwischen den Alternativen im System erhalten. Dies entspricht eher dem Bild der Einigungen.

Insgesamt kennzeichnen die Alternativen polarisierend ein Handlungs- und Kommunikationsfeld in mehreren Teilbereichen. Das System baut auf diese Weise aufgabenspezifisch Komplexität auf, über die es dann selektiv verfügen kann. Es kann je nach situativen Anforderungen und eigenem Zustand flexibel (unterschiedlich und differenziert) reagieren. Bei neuen Problemen der Integration sind Lösungskompetenzen verfügbar, die je nach Schwierigkeit auf unterschiedlichem Niveau eingesetzt werden können. Ignorieren, punktuelle Wahrnehmung, Abschieben in Umweltsysteme, Beschränkung auf Nischen oder auf strategische Regelungen, Dekonstruktion integrativer Bestrebungen können im Muster der jeweiligen Bifurkation regressive Lösungen sein, genauso wie z.B. individuelle Schwerpunktbildung im Lehrerhandeln auf der Systemebene eine regressive Lösung darstellen kann, wenn die Instituierung angestrebt wird, aber nicht gelingt.

Die beobachtete Entwicklung kann nicht einseitig nur als „Anwendung" einer allgemeinen gedanklichen Konstruktion, was „Integration" sei, auf den konkreten Fall verstanden werden. Sie besteht im Aufbau von Komplexität (d.h. auch deren Reduzierung durch Strukturierung) im Bearbeiten konkreter Probleme. Sie ist jederzeit eine schöpferische Leistung auf der Grundlage bisheriger (psychischer und sozialer) Ausdifferenzierung.

8

Die Vorgehensweise der thematischen Rekonstruktion folgt einem Muster: Aus der „Praxis" wird auf einen implizierten, funktional selektiven Sinn der Integration geschlossen, der gleichzeitig durch diese Praxis unterminiert wird, obwohl Praxis erst Integration als beobachtbares Phänomen schafft. Integration besteht konkret in der Gestaltung, Lösung, Schaffung und Neuformulierung von Alltagsproblemen - z.B. der pflegerischen Versorgung - im sozialen System. Erst auf den zweiten Blick betrachtet handelt es sich um Fragen der Integration. Je überzeugender diese Sicht ist, um so mehr Fragen schafft sie, indem sie sich ausdifferenziert, und um so mehr verliert sie sich im Unübersichtlichen des Alltäglichen. Explizit thematisiert werden die Fragen des Schulwegs, der Unterrichtsgestaltung, der Notengebung, der Schülerfreundschaften, des Museumsbesuchs usw. Integration ist emergenter Sinn, nicht identisch mit einem dieser Alltagsthemen.

Jedes Teilthema ist deshalb auch Komplikation, Negation, Verfremdung, Verfall, Korrumption des emergenten Sinnes. Gegen die metaphysische Verdoppelung, im Konkreten erscheine das Eigentliche der Integration in unreiner Form, steht die Behauptung, das Konkrete ist die Integration. *Die Praxis konkreter Kommunikation definiert Integration in der Differenz von Teilprozeß und Emergenz*, die sich wechselseitig bewirken. Keines der Teilthemen (z.B. pflegerische Versorgung, Schulweg) „bedeutet", „repräsentiert" die Integration Stefans. Erst die komplexe Verknüpfung der Themen in einem unterscheidenden (deshalb identifizierenden) Sinn macht Integration aus. Das konkrete Ereignis, das Einzelthema ist nur in dieser Differenz „integrativ".

Im konkreten Kommunikationsprozeß sorgt die Thematisierung der Integration in den Außenbeziehungen (besonders der Lehrergruppe) immer wieder für die Reflexion des Sinnes von Integration in integrativen Teilthemen, für die Sinnbestimmung in dieser Differenz.

Mit der Depersonifizierung („Handlungsschwerpunkt"/"Organisationskern" im Kommunikationssystem) ist eine doppelseitige Änderung im Prozeß verbunden:
- integrative Sinngebung gewinnt über das Bewußtsein (Handeln) der Lehrerin hinaus, auch in Abwesenheit der Lehrerin an Geltung
- integrativer Sinn wird im Verweisungszusammenhang des schulisch organisierten Kommunikationssystems definiert, nach dessen Strukturen in größerer Distanz zum individuellen Bewußtsein und zur aktuellen Rede, evtl. als Verzerrung der Rede (vgl. Culler 1988, S.122; Derrida 1974, S.60 ff); er verliert an Geltung.

Insgesamt ist Integration behinderter Menschen an kommunikativen Sinn gebunden. Integratives Bewußtsein ist notwendig, wenn es kommunikativen Sinn vorwegnimmt und in Einigungen zur Entwicklung geeigneter Interaktionsformen beiträgt. Instituierung der Integration gelingt durch Depersonifizierung, weil die thematischen Inhalte des Bewußtseins schon in der Sprache sind, also strukturelle Koppelung mit Kommunikation möglich ist. Integratives Bewußtsein ist Voraussetzung der integrativen Entwicklung (die nach Feuser im Kopf beginnt), sie wird zum „Supplement" (Derrida) integrativer Kommunikation als dem alleinigen „Ort" der Integration von Menschen mit Behinderungen. *Im systemtheoretischen Muster der strukturellen Koppelung entzieht sich Integration der endgültigen Beschreibung (und Zuschreibung), da sie immer angewiesen ist auf Supplemente in einer endlosen Kette der Verweisungszusammenhänge (der Kommunikation im Unterricht, der Familie, der Schule ..., des Bewußtseins der Lehrerin, der Mutter ...), in denen es immer ein notwendiges Anderes (der System/Umwelt-Differenz) gibt.* Didaktische, methodische, diagnostische Konstruktionen im Sinn einer Integrationspädagogik müssen deshalb „das Andere" in den strukturellen Koppelungen zulassen (offen vorsehen), um Einigungen in themenzentrierter Interaktion zu fördern. Diagnostik ist deshalb kooperative Diagnostik, Unterricht ist offener Unterricht (in unterschiedlichen Formen der Leitung), Hilfe ist abgesprochene Hilfe zur Selbsthilfe in den eigenen Umweltbeziehungen.

Themen sind in der Einheit (Differenz) des Eigenen und des Anderen, des Systems und seiner Umwelt zu beschreiben. Lösungen liegen nicht in der Vollständigkeit z.B. von Ausbildungs-Themen, sondern in der Qualität der Grenze: in der Irritierbarkeit durch das Andere, konkret gesprochen im Zuhören; nicht im Vorwegnehmen der Themen (als Form interner Perfektionierung, als Sich-vorsehen vor dem Anderen), sondern in der Sensibilisierung, mit der Irritationen wahrgenommen und thematisch kommuniziert (mitgeteilt und verstanden) werden. Dies erfordert Differenzierung eigener (interner) Strukturen und Differenzierung (externer) relevanter Umweltbeziehungen, kurz: die kommunikative (darin thematische) Ausdifferenzierung einer Relation, der System/Umwelt-Differenz. Dies umfaßt alle Aspekte der Kommunikation: Möglichkeiten der Selbst-Mitteilung, Themen der Verständigung und Abgrenzung, Sensibilität des Verstehens.

9

Die Themen der Kommunikation im Integrationsprozeß machen diesen Prozeß nicht technisch verfügbar. Sie enthalten selbst das, was sie bezeichnen: das Eigene und das Andere, Verstehen und Nichtverstehen, das Vertraute und das Fremde. In der Einheit von Verstehen/Nichtverstehen liegt der sich immer reproduzierende Anlaß für Verstehensprozesse, die wiederum Eigenes/Anderes, Vertrautes/Fremdes in neuer Weise reproduzieren, so daß wiederum Verstehen/Nichtverstehen beginnt usw. Auf diesen zirkulären Prozeß in der Paradoxie von Verstehen/Nichtverstehen reagiert Pädagogik (selbst- und fremdreferentiell), indem sie ihn durch trivialisierende Selektion und Technik verkürzt oder in der Spannung der Nicht-Verfügbarkeit (im „pädagogischen Takt" im Sinne Jakob Muths) aushält und in einer zirkulären, prozeßbestimmten Gestaltung, konkret: in den Einigungen des Interaktionssystems Unterricht austrägt. Diese Zirkularität einer *prozeßbestimmten Gestaltung des Prozesses* (z.B. als „Planung im Prozeß") ist nicht thematisch abzuschließen, sie ist intern unendlich. Jede Frage im Horizont des systemkonstituierenden Sinnes (nach Sinn, Grund oder Ziel) führt zu einer weiteren Frage (nach Sinn, Grund oder Ziel).

Dies konstituiert nicht objektive Wahrheit oder zielerreichendes technisches Wissen oder letzte Begründung sondern einen *konsensuellen Bereich der Verständigung* (in der Kommunikation und der Koppelung des Erlebens). Damit gewinnt Verstehen/Nichtverstehen operative Relevanz sowohl in der pädagogischen Kommunikation, als auch in der individuellen Entwicklung in der Paradoxie von Gleichheit und Verschiedenheit. Die Akzeptanz der *Unverfügbarkeit* integrativer (pädagogischer) Prozesse in der Paradoxie von Verstehen/Nichtverstehen ermöglicht es, *Heterogenität* als Einheit von Gleichheit/Verschieden-heit zur Grundlage pädagogischer Kommunikation zu machen. *Strukturelle Koppelung ist kein Mechanismus des kausalen Bewirkens sondern des Zusammenspiels autopoietischer Systeme.* Die auffällige Betroffenheit der Mitschüler, die gegen die Anforderungen der Integration von Stefan, konkret: z.B. seiner Teilnahme am Museumsbesuch verstoßen, ist zunächst vielleicht ein relativ heteronomes Produkt einer sozialen Bindung. Wenn die Anforderungen zu eigen gemacht werden als Teil der Verständigung in Gleichheit und Verschiedenheit, sind sie Teil eines integrativen Prozesses, der

Selbständigkeit in Interdependenz erlaubt und damit eine zuverlässigere Form der „Äquilibrierung" erreicht.

### 7.2.4 Zur System/Umwelt-Differenz

Die gesamte Geschichte der Integration Stefans ist nur in der Differenz von System und Umwelt zu beschreiben. Jedes der vorhergehenden Teilthemen ist bestimmt durch diese Differenz. Zusätzlich soll die System/Umwelt-Perspektive selbst in einer kurzen Darstellung zum Thema gemacht werden.

1

In der Umwelt des Interaktionssystems „Unterricht" sind von Anfang an verschiedene soziale und psychische Systeme („Personen") wichtig: Stefan, seine Mutter und sein Vater, seine Familie, die Lehrerin, die Schule mit Kollegium und Schulleitung, die Elternschaft, das Schulsystem mit kollegialen Informations-, Beratuns- und Fortbildungsmöglichkeiten und den Rechtsbestimmungen, den Organisationsformen, das Projekt der Universität zur Integration behinderter Schüler/innen usw. Es gibt eine Ausgangssituation, welchen Systemen bestimmte Ereignisse zugeordnet werden, die mit Stefans Behinderung in Zusammenhang gebracht werden.
Es gibt in dieser Vielfalt keine „Perspektive der Umwelt", keine Umwelt als operationsfähige Einheit: Die Familie gibt dem integrativen schulischen Interaktionssystem in ihren Hoffnungen, Befürchtungen, Anstrengungen, in ihren selbstreferentiellen Interpretationsmustern eine ganz andere Bedeutung, einen anderen Sinn als das Schulsystem oder ein Leser des Aufsatzes oder eine Pausenkommunikation unter Mitschülern. Die Frage stellt sich deshalb hier primär in einer akzentuierten Weise: Welche Umwelt konstruiert das schulische Interaktionssystem, in welchen Beziehungen steht es zu seiner Umwelt? In welcher Weise kann es selbstreferentiell fremdreferentiell sein?
Folgende Aspekte scheinen im Vordergrund zu stehen:
- Die ganze Geschichte beginnt mit der Schulpflicht und den Anforderungen der Familie (auf „Normalität der Schule"), expliziert durch den Vater gegenüber der Schulleitung. Diese Anforderungen im Sinn „Stefan ist wie alle anderen" definieren die Anfangssituation und werden in der Schule nach eigenen aktuellen Notwendigkeiten neu interpretiert und verändert. Erst in der System-Umwelt-Einheit dieses Prozesses werden die Anfangsereignisse verständlich.
- Als die Lehrerin Stefans Integration entschieden und offen zu ihrer Aufgabe macht, ändert sie die Ausgangsbedingungen der Systembildung genz entscheidend: Bestimmend ist zunächst eine Koalition durch Absprachen zwischen Schulleitung und Eltern, die Vorgaben für die Arbeit der Lehrerin in der Klasse ohne deren Beteiligung bestimmen: Die Lehrerin soll arbeiten, als ob alles

„normal" wäre, sie muß nicht informiert werden. Die institutionelle Unterscheidung von innen (Schulleitung und Kollegium) und außen (Schule/Familie) ist in diesem Kommunikationsprozeß verwischt. Klare Unterscheidungen und klare Kooperation sind durch unklare Koalitionen für die Lehrerin erschwert. Die Situationsdefinition, die durch die Absprache zwischen Schulleitung und Eltern durchgesetzt werden soll, widerspricht den Alltagserfahrungen der Lehrerin. Ihre Versuche, im Sinne jener Absprache zu arbeiten, führen in Schwierigkeiten und Belastungen (für sie selbst und für Stefan, der „normal" sein muß, auch für die Klasse, die mitspielen soll). Die Konstruktion wird geklärt, als sie die abgesprochene Normalitätsverpflichtung aufkündigt, ihre Wahrnehmung der Situation ernstnimmt und auf dieser Grundlage notwendige und möglichst klare Kommunikationsstrukturen aufbaut.

- Die Lehrerin berichtet über regelmäßige und vertrauensvolle Gespräche mit der Mutter, über aktuell problembezogene Gespräche mit erfahrenen Kolleginnen anderer Schulen - insbesondere einer Schule für Körperbehinderte, mit Ärzten, über längere Zeit mit einem Projektmitarbeiter und mit Kollegen/Kolleginnen in einer Lehrergruppe. Dies beruht auf ihrer problembezogenen Initiative, sie sucht aktiv thematisch unterschiedliche Beratungsmöglichkeiten - nach Anlässen und Erfordernissen im Interaktionssystem Unterricht. Besonders die Mutter trägt viel zur schulischen Integration ihres Sohnes bei, indem sie umfangreiche und unterschiedliche Aufgaben im Horizont von Schule übernimmt.

- Ein ganzer Fragenkatalog bezieht sich auf Gesichtspunkte der Passung von Interaktionssystem und Schulorganisation.

- Wesentliche Entwicklungen spielen sich in der z.T. außerschulischen Interaktion zwischen Stefan und seinen Mitschülern ab. Es bilden sich Kinderfreundschaften, zumindest teilweise durch schulische Anlässe ermöglicht oder provoziert. Die gemeinsame Definition von Autonomie/Interdependenz in der Differenz von individueller Entwicklung und Interaktionssytem (Ich, Wir; Sozialdimension) ist hierzu eine entscheidende Grundlage.

- Für Stefans schulische Integration ist seine medizinische Versorgung wichtig. Informationen der Ärzte und der Krankengymnastin gehen ein in die Unterrichtsplanung und die Gestaltung des Sportunterrichts. Die medizinische Beratung vermittelt individuelle Anforderungen und Lehrplan-Vorschriften. Pflegerische Versorgung erweitert die thematischen Grenzen schulischer Kommunikation.

- Es ist wenig von der konkreten Schule die Rede, von den Kollegen und von der Schulleitung.

Der Bericht setzt zwei Schwerpunkte in diesen Beziehungen:
- das Interaktionssystem beansprucht Ressourcen der Umwelt für den Integrationsprozeß (der Bericht stellt besonders die Initiative und Aktivität der Lehrerin und in vielen Aufgaben die Bedeutung der Mutter heraus)
- der Integrationsprozeß im Interaktionssystem wird erst in den Umweltbeziehungen explizit und zentral zum Thema der Kommunikation (dazu ist der Bericht selbst ein Beispiel, aber auch z.b. der Themenkatalog gegenüber der Schulbehörde, die Gespräche in der Lehrergruppe und mit dem Projektmitarbeiter).

Beides kennzeichnet das integrative Interaktionssystem als Ganzes in seiner System/Umwelt-Differenz:
- Es ist ein operationell geschlossenes System, das in seinen Organisationsleistungen („in seiner Geschichte", konkret berichtet z.B. in den Unterrichtsvorhaben) selbstreferentiell seine Elemente schafft, indem es, offen zur Umwelt, deren Ressourcen (der Beratung, der Mitarbeit) nutzt. Diese Beziehung stellt es selbst her. Darin schafft es die Umwelt, die es problembezogen notwendig braucht, um in seiner eigenen Weise funktionieren zu können. Seine nach eigenen Notwendigkeiten selbst geschaffenen Abhängigkeitsbeziehungen zur Umwelt sind Voraussetzung seiner Selbständigkeit.
- Integration wird im Interaktionssystem in den konkreten Vorhaben des Unterrichts als Sinnhorizont (Verweisungszusammenhang) möglicher Problemlösungen vorausgesetzt, aber nicht selbst explizit diskutiert. Sie wird eher in den Umweltbeziehungen (in der Lehrergruppe, in den Gesprächen mit der Mutter, im Bericht an die Schulbehörde oder mit dem Projektmitarbeiter) selbst explizit zum Thema. Die Anlässe der Gespräche sind Ereignisse, konkrete Probleme und Erfahrungen im Interaktionssystem Unterricht. Diese schaffen Anlaß und Thema und bestimmen (durch Initiative der Lehrerin) auch den Zeitumfang der Gespräche und die Auswahl der jeweiligen Gesprächspartner (Ärzte, Krankengymnastin, Kolleginnen oder die Mutter ...). Das Interaktionssystem Unterricht schafft sich so notwendige Umwelt und bildet mit diesen Beratungsprozessen vorübergehend eine enge, aber differenzierte Einheit, ohne daß die vielfältigen Kommunikationsprozesse in der Umwelt ihrerseits ein System bilden würden. Sie bilden keine umfassende gemeinsame Grenze selbstreferentiellen und emergenten Funktionierens und bleiben deshalb Umwelt des Systems. Beobachtungen in diesem Sinnhorizont beruhen auf der Paradoxie, „daß sie alle Sachverhalte zugleich mit Bezug auf Einheit und mit Bezug auf Differenz, mit Bezug auf die Einheit des ökologischen Zusammenhangs und mit Bezug auf die diesen Zusammenhang zerlegende Differenz von System und Umwelt zu behandeln haben. In der ökologischen Fragestellung wird die Einheit der Differenz von System und Umwelt zum Thema, aber nicht die Einheit eines umfassenden Systems" (Luhmann 1986, S.21).

Die Einheit und die Differenz von System und Umwelt sind Voraussetzung der Thematisierung der Integration, der Erfahrungen und Probleme im Unterricht. Die Fragen des Integrationsprozesses, z.B. der pflegerischen Versorgung, der Belastbarkeit der Lehrerin, werden im bezug auf diese Einheit/diese Differenz kommuniziert. Der Aufbau von Komplexität z.b. zum Thema pflegerischer Versorgung in der Schule ist darauf angewiesen, daß es Erfahrungen außerhalb der Schule gibt, die im Sinne struktureller Koppelung für den selbstreferentiellen Aufbau interner Strukturen zur Verfügung gestellt werden. Darin ist beides notwendig: die Andersartigkeit der Familie, die andere Themen, eine andere Geschichte, andere Grenzen hat, genauso, wie die Koppelung, die Kommunikation ermöglicht. Die Schaffung einer eigenen Umwelt (und die Nutzung ihrer Ressourcen) ermöglicht auf diese Weise Integration, und sie gefährdet Integration, weil sie die Kommunikationsprozesse im Vergleich zum Karrieremodell wesentlich komplexer macht: Das System läßt eine komplexere Umwelt zu, seine *Komplexitätsunterlegenheit* nimmt zu, die Belastung in den vielfältigen Aufgaben, in unterschiedlichen Informationen und Meinungen steigt. Tatsächlich nehmen diese Aufgaben in der Schaffung der Umwelt und im Kontakt zur Umwelt des Interaktionssystems ganz beträchtlichen Raum im Bericht ein. Dies ist ein quantitatives und ein qualitatives Problem der Reproduktion des Systems im Kommunikationsprozeß:
- Erhöhte Komplexität kann *quantitativ „mehr Arbeit"* bedeuten. Sie macht schließlich *qualitativ veränderte Formen der Komplexitätsreduktion* notwendig.
- Das System muß neu bestimmen, wofür es sensibel bzw. indifferent ist, wo Information thematisch sinnvoll und notwendig ist. Durch thematische Erweiterungen muß es Sensibilität und Indifferenz gegenüber der Umwelt steigern. Begriffe (z.B. „Leistung"im Sport) werden komplizierter und brauchen damit auch mehr Abgrenzungen gegenüber Nicht-Gemeintem.
- Gesteigerte Umwelt-Komplexität erhöht die *Unsicherheiten* im System. Das System braucht neue interne Regeln für Verknüpfungen, für die Datenbeschaffung und für Bewertungen z.B. in der Notengebung, um in operationaler Schließung Autonomie zu wahren.
- Zusätzliche Informationen steigern die Komplexität.nicht additiv, sondern zumindest multiplikativ (s. v.Foerster). Dies erfordert neue interne Ordnungsformen.
Häufig sucht die Lehrerin Beratung
- als Zweiergespräche mit der Mutter, dem Arzt, der Kollegin usw.- als wechselseitige Hospitationen mit einer K-Lehrerin
- als gemeinsame Beratung in der Lehrergruppe
- als schulinterne Beratung (mit Schulleitung und Projektmitarbeiter, später mit dem gesamten Kollegium)
- begonnen mit einem schriftlichen Bericht an die Schulbehörde.

So wird Komplexität erhöht, um Komplexität reduzieren zu können. Beratung wird in unterschiedlichen Formen eine Grundfrage des integrativen Unterrichts. Es entsteht eine neue Qualität in der System/Umwelt-Differenz, verglichen mit der Organisationsweise im Modell der Karriere, die mit der Heterogenität der Schüler auch die Notwendigkeit intensiver und differenzierter Umweltkontakte negiert: Alle sind gleich, wozu Beratung? Gespräche dienten dann bestenfalls der Durchsetzung der eigenen Funktionsweise.

Gegenüber der Affirmation der Karriere wird aufgrund der Störung (Negation) gewohnter Abläufe ein Neues zunächst nur in der Kommunikation geschaffen (das die Lehrerin kommunizierend mitschafft und sich danach bewußt aneignet). „Noch bevor vom einzelnen Subjekt eine bestimmte strukturell neue und progressive Form von Problemlösungen (implizit) verstanden werden kann, manifestiert sich diese Form bereits in der Struktur der vom Subjekt selbst in der Kooperation mit anderen Subjekten hervorgebrachten objektiven Problemsituation. Das Neue existiert für das einzelne Subjekt zunächst auf eine abstrakte, undurchschaute Weise in dem, was dem objektiv vorhandenen und zwischen These und Antithese vermittelnden Netz von Problemzusammenhängen seine Kohärenz verleiht" (Miller 1986, S.313). Die Lehrerin sucht Informationen, sie schafft neue Strukturen, eine neue Qualität in der System/Umwelt-Differenz.

Die Kommunikation ist „Subjekt" der neuen Lösungen in der Koppelung mit unterschiedlichen individuell bewußten Problembeschreibungen. In dieser System/Umwelt-Differenz sind neue Problembeschreibungen des Erfahrungsbereichs in einer eigenen Dynamik zwischen System und Umwelt möglich: „Erstens wird dieser Erfahrungsbereich von den Subjekten selbst konstituiert; er läßt sich als das zwischen These und Antithese vermittelnde Netz von Problemzusammenhängen eingrenzen. Zweitens überschreitet dieser Erfahrungsbereich das Wissen der einzelnen Subjekte; er tritt seinen Urhebern als ein autonomer Sinnzusammenhang entgegen, der von ihnen analysiert und zumindest partiell aufgeschlüsselt werden kann. Und drittens besitzt dieser Erfahrungsbereich eine Dynamik, die aus der Wechselwirkung zwischen subjektiven Denkprozessen und objektiven Sinnzusammenhängen resultiert: indem die einzelnen Subjekte innerhalb dieses Erfahrungsbereiches nach einer Auflösung des Widerspruchs zwischen These und Antithese suchen, erzeugen sie eventuell neue Probleme und erweitern damit das ursprüngliche Netz von Problemzusammenhängen; zugleich werden sie jedoch bei der Entdeckung durch das angeleitet, was sie sich bereits an subjektivem Wissen über den von ihnen selbst erzeugten Sinnzusammenhang angeeignet haben" (Miller 1986, S.311). Diese System/Umwelt-Differenz produziert das Neue der Entwicklung in einer neuen Form, die in der Lage ist, die bisherige begrenzte Problembeschreibung selbst zum Thema zu machen (re-entry der Beschreibung in der Beschreibung), d.h. als Reflexion der Reflexion.

2

Die Lehrerin erstellt einen Bericht an die Schulbehörde, in dem sie eine Reihe von Beratungspunkten anspricht:
- Aufsichtspflicht
- Kooperation mit der Sonderschule K
- Betreuung bei Klassenarbeiten
- Notengebung
- Klassengröße.

Dieser Katalog ist in ihrem Bericht nicht deduktiv aus einem Modell abgeleitet. Er kann unsystematisch, einzelheitlich, vielleicht beliebig, willkürlich erscheinen. Die umfassende kognitive Repräsentation schulischer Wirklichkeit ist nicht notwendig. Probleme werden im Unterrichtsalltag konkret handelnd und kommunizierend jeweils hervorgebracht und im aktuellen Zusammenhang verstanden (d.h. in den Verweisungen, die so zum relevanten Zusammenhang erklärt werden, mit Sinn ausgestattet). Die Zirkularität von Handeln und Verstehen, Operation und Beobachtung ist nur auf einem umfangreicheren Hintergrund (z.B. der Lebenswelt) möglich, schafft aber selbst nur *thematisch-partielle Netze*, die in der Lage sind, immer wieder neue Strukturen zu bilden, ohne daß der Prozeß (Anschlußfähigkeit) aufhört.

Nützlicher, als eine umfassende Repräsentation zu entwerfen, erscheint es deshalb, die aufgezählten Probleme jeweils als partielle Konfigurationen zu verstehen, die intern und extern zu selbstorganisierenden Verknüpfungen fähig sind. Entwicklung ist möglich in diesen Netzwerken - als „*bricolage*" in einer unüberschaubaren Vielzahl möglicher Entwicklungslinien (Varela 1991, S.268), die nicht einer zentralen Steuerung unterworfen sind. Der Katalog der Lehrerin läßt sich entsprechend einordnen: Die partiellen Problemlösungen im schulischen Kommunikationssystem (der Klasse) spezifizieren, was in der Umwelt (z.B. der Schulorganisation) verändert, flexibilisiert oder festgelegt werden soll, damit unter diesen veränderten äußeren Bedingungen wieder interne, z.T. schon vollzogene Veränderungen dauerhaft möglich sind. In dieser sukzessiven Wechselwirkung struktureller Koppelung gewinnt das System selbst- und fremdreferentiell seine neue Form.

Nicht Deduktion aus einem umfassenden Allgemeinen, einem Vorgegebenen, sondern die *Selbstorganisation in sich verknüpfenden thematisch-partiellen Netzwerken* („Organisationskernen") im Sinne der Integration Stefans bietet sich an, also eine konnektionistische Auffassung eines evolutionären Prozesses in der System/Umwelt-Differenz. Erst in der Reibung vieler Teilprozesse entsteht die Resonanz zwischen Teilen und emergentem Ganzen in der spezifischen Umwelt, die die Vielzahl möglicher Entwicklungen in Teilprozessen sinnvoll reduziert.

Erste Aufgabe des angesprochenen Schulrates (der den Bericht anforderte) könnte es in diesem Prozeß sein, Beziehung zu gewinnen, um innerhalb der Themen und zwischen den Themen Vernetzungen (Einigungen) zu fördern. Dezentrale parallele Verarbeitung in vielfältigen Abhängigkeitsbeziehungen schafft Dichte, Dynamik, Vielfalt und Viabilität des Prozesses im Kontext. Integration, als emergente Sinnbestimmung des Ganzen, wird erreicht, wenn in diesem „Attraktor" ein befriedigender Systemzustand insgesamt erfahren wird. Dies kann eine zentrale Steuerung nicht bewirken, da sie überfordert wäre, die komplexen, intransparenten, eigendynamischen und interpretativen Veränderungen diagnostisch und operativ, alles planend und stets aktuell, im Blick zu haben. Die entscheidende kognitive und innovative Kompetenz liegt nicht im umfassenden „Wissen über" (als umfassender Repräsentation zur „Belehrung über") sondern im *„in Beziehungen sein"*, d.h. selbst im vielfädigen Prozeß des inter-esse in einer mit anderen geteilten Welt zu sein.

3

Integration geht über die alltäglich gewohnte Form des Bezuges im Modell der Karriere hinaus. In der Beobachtung der Unterscheidung System/Umwelt können die in der Systemkonstruktion implizierten Unterscheidungen selbst in den Blick kommen. Die selbstverständliche Einheit Operation/Beobachtung (in der schulischen Praxis) wird zum Gegenstand der Beobachtung, d.h. die Beobachtung wird im Sinne des re-entry bei Spencer Brown in die Beobachtung wiedereingeführt. Selbstverständliche Phänomene („Behinderung"), die als substanziell identisch erscheinen, werden als Konstruktionen des Systems, d.h. in der zugrunde liegenden System/Umwelt-Differenz bestimmt, sichtbar. Die Anforderung des Vaters, Stefan sei wie alle zu behandeln, wird schulisch im Modell der Karriere verstanden. In dieser Beziehung wird Differenz erfahren und als Behinderung bestimmt. „Behinderung" ist nicht als substanzieller Begriff aus einer identischen Sache, sondern in der Differenz zum „normalen Schüler" im Sinne des Karrieremodells bestimmt. *Innerhalb dieser Unterscheidung ist keine Einigung möglich, die beide Seiten der Unterscheidung (behindert/nichtbehindert) umfassen würde.* Die Einigung wird ermöglicht, wenn die Unterscheidung selbst als Teil der System/Umwelt-Differenz beobachtet wird. Die schulisch bestimmte Differenz behindert/nichtbehindert kann erst bezogen auf die Gleichheit/Verschiedenheit beispielsweise der Entwicklungsanforderungen zwischen Autonomie und Interdependenz Teil von Einigungen werden. Diese umfaßt dann die System/Umwelt-Differenz im Modell der Karriere als Konstruktion des Systems und geht damit über diese Unterscheidung des Systems hinaus. Dies ermöglicht Integration unter Wahrnehmung der Behinderung. Umgekehrt gesehen: Stefans Integration beruht auf der systembildenden Differenz von Gleichheit/Verschiedenheit im Interaktionssy-

stem, wobei Verschiedenheit zwischen behindert/nichtbehindert oder anders gesehen werden kann. In diesem umfassenderen Rahmen sind jeweils die schulisch relevanten (System/Umwelt-) Differenzen als Teilthemen der Einigungen bestimmt.
Konkret geschieht dies in den Kommunikationsprozessen mit Stefan und seinen Mitschülern, mit seinen Eltern, mit Kollegen in der Lehrergruppe, mit Experten usw., in denen das Karrieremodell mit seinen Normalitätsbestimmungen überschritten wird, so daß Verschiedenheit und Gleichheit über dieses Modell hinaus sichtbar werden, d.h. wenn das Kommunikationssystem in seiner Differenz zu seiner Umwelt sich so irritieren läßt, daß es diese Informationen (in der Differenz von Gleichheit/Verschiedenheit) erzeugen kann. Dazu notwendige Aspekte (Zeitlassen/Zeitnehmen usw.) sind oben konkret fallbezogen dargestellt. Wenn es dies kann, hat sich die System/Umwelt-Differenz, d.h. dann hat sich das System verändert. Die Lösung des Problems liegt also in der Vergrößerung des Problems.
In der sozialen Konstruktion der Behinderung erscheint Karriere als Grenzziehung, die zwischen Regelschülern/anderen unterscheidet. Es werden gleichzeitig beide Seiten konstruiert: Anschlußfähigkeit in der Karriere/Aussonderung. Dies bezieht sich auf Innen und Außen: Im Innen schulischer Kommunikation im Modell der Karriere können dauerhaftes Versagen und Behinderung als mangelhafter oder ungenügender Schulerfolg reflektiert werden. Maßstäbe liefern die gestuften Anforderungen der Karriere. Die individuellen Fortschritte, Rückschritte, Stagnationen, „Umwege" können in bezug auf Karriere reflektiert („besprochen") werden, sie stellen aber nicht schon Anschlußfähigkeit im Ablauf der Karriere her. Nicht im individuellen Lern- und Entwicklungsprozeß des Schülers wird über Anschlußfähigkeit des schulisch organisierten pädagogischen Prozesses entschieden sondern in der Erfüllung der einzig relevanten Karriereanforderungen (wodurch umgekehrt der Lern- und Entwicklungsprozeß nur in einer schulisch standardisierten Form wahrgenommen evtl. beschnitten, eingegrenzt oder teilweise forciert wird). Damit bleiben die individuellen Anforderungen von Menschen mit Behinderungen im Außen. Für schulische Entscheidungen (in der operationellen Autonomie des Systems) reicht deshalb die Zuschreibung eines Etikettes in der diagnostischen Unterscheidung „behindert"/"nicht-behindert". Behinderung und Schulversagen sind Phänomene, die durch die Maßgabe der Karriere diagnostisch erst geschaffen, deren Bedingungen („Ursachen", Chancen, „Behandlung" usw.) aber der Umwelt des Systems zugeschrieben werden: den Merkmalen des Schülers, den (versäumten) Aufgaben der Eltern, den therapeutischen Möglichkeiten. Behinderung wird konstruiert als ein Fremdes, das nicht hinreichend differenziert in die Regelform der Karriere eingeordnet werden kann, als Ereignis der Umwelt, für das die Regelschule regulär nicht zuständig, überhaupt unfähig ist. Behinderung ist durch Karriere konstruiert, bleibt aber intern fremd und in die Umwelt

verwiesen. Das System regelt durch diesen Mechanismus seine System/Umwelt-Differenz. Integration bringt diesen Mechanismus als kontingent in den Blick und gefährdet ihn damit.
Stabilität erreicht dieser Mechanismus erst, wenn es gelingt, Teilprozesse „*hyperzyklisch*" (Eigen/Winkler 1985; Eigen 1992; Teubner 1989, 1990) zu verknüpfen. Erst wenn mehrere Zirkel selbst wieder zirkulär verknüpft sind und sich damit gegenseitig und in dieser Einbindung in eine umfassendere System/Umwelt-Differenz stützen, ist die Selbstverständlichkeit alltäglicher Praxis möglich, in der Teilabläufe sich intern wechselseitig begründen. Dieser Prozeß begann in einem nur scheinbar integrativen Sinn, als der Zirkel der Kommunikationsbeschränkung zwischen Eltern und Schule durch einen Zirkel der Normalität des man/der Leugnung von Behinderung im schulischen Interaktionssystem ergänzt werden sollte. Der zweite Zirkel hatte keinen Bestand. In einer neuen Konstruktion von System-Umwelt-Beziehungen konnten zirkulär verknüpfte Zirkel eingerichtet werden, die Integration ermöglichen.

Zum Beispiel sind Unterrichtsvorhaben, Beratung und Schülerinteraktion intern zirkulär konstruiert und untereinander zyklisch verknüpft:

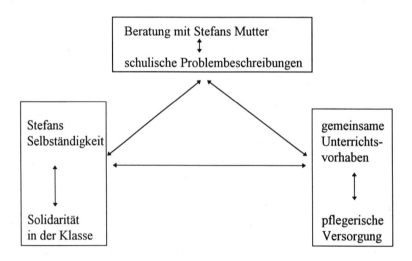

In dieser Weise organisiert sich ein Kommunikationssystem, das Anschlußfähigkeit (damit seine System/Umwelt-Differenz) durch intern bedingte Notwendigkeiten regelt. Es stabilisiert und verselbständigt sich in einer neuen Form interner und externer System/Umwelt-Differenzen.

4

Eine wesentliche Ressource der Trivialisierung ist die Kontrolle über Fremdheit/Vertrautheit nach den Erfordernissen des Systems (Hahn 1994). Rollenhandeln, d.h. Trivialisierung kann durch Vertrautheit, die über unverbindliche Höflichkeit hinausgeht, gestört werden, es erfordert die Konzentration auf das in den Systemabläufen Relevante (auf man-Strukturen) - ohne Ansehen der Person. Deshalb ist Stefans Behinderung in der ganzen Geschichte ein Problem von Fremdheit und Vertrautheit:
- Stefan soll zuerst als Gleicher vertraut sein, bevor das Unvertraute seiner Behinderung zur Sprache kommt
- die Lehrerin wird im Sinne der man-Normalität des Systems unzureichend informiert, sie bemüht sich an vielen Stellen um Auskünfte
- die wechselseitige Information, schließlich die Vertrautheit von Mutter und Lehrerin sind wichtige Aspekte des gesamten Prozesses
- die Lehrerin überlegt, wann und in welchem Umfang sie die Klasse informieren soll
- die Mitschülerin erschrickt, als sie im mittlerweile vertrauten Rahmen der Schule mit dem Unvertrauten der konkreten Behinderung konfrontiert wird
- in den Vorhaben der Klasse machen sich die Schüler mit den konkreten Anforderungen und Handlungsmöglichkeiten in wechselnden Situationen vertraut.

Damit sind zumindest zwei Prozesse verbunden:
- Die Kommunikationsprozesse werden ausgeweitet und verdichtet („personnäher"), und neue Fragen und Wissensstrukturen werden aufgebaut. *Das System wird themenspezifisch sensibler und resonanzfähiger.*
- *Der Umgang mit Unvertrautem, Fremdem wird vertrauter.* Es wird akzeptabel, nicht alles verstanden zu haben, was zur Person, Situation oder Geschichte des anderen (und seiner Behinderung) gehört. Dies geschieht nicht durch Leugnung (mit der Kehrseite selektiver Diagnostik) in der Weise der Trivialisierung, sondern durch Aushalten der Ratlosigkeit und im „Verzicht" auf *zentrale Kontrolle* in den dezentralen Prozessen der Autopoiesis (in der Reproduktion des Interaktionssystems). Kontrolle wird teilweise ersetzt durch *Vertrauen* in Stefans Selbständigkeitsentwicklung, in die Gesprächsbereitschaft, Kompetenz und Vertrauenswürdigkeit der Gesprächspartner, in die soziale Entwicklung der Klasse, in die eigene Belastbarkeit, Kommunikations- und Lernfähigkeit, in die Rechtzeitigkeit, mit der Prozesse und Themen der Entwicklung aktuell erkennbar werden, in die hinreichende Passung individueller und sozialer Entwicklung.

Vertrauen schließt grundsätzlich ein, daß System und Umwelt nicht vorhersagbar, transparent und kontrollierbar sind, daß sie in der Interpretation des Beobachters vertraut und fremd sind - und daß dies ausreicht, besser: daß dies im Sinne nicht-trivialer Pädagogik notwendige Voraussetzung ist, um in der Koppelung kommunikativer und bewußter Prozesse sinnvoll zu handeln.Vertrauen begründet andere Formen der Diagnostik durch Hinhören und Sich-Beraten in pädagogischem Takt (Muth), durch Vertrautheit in Beziehung. Sie macht manche diagnostischen Fragen unnötig, sie ermöglicht andere Themen in der Kommunikation über die bisherigen Grenzen hinaus. Das System steigert einerseits Sensibilität, andererseits „Indifferenz" gegenüber seiner Umwelt.

5

Stefans Integration gelingt im Schema der Freundschaft. Dies legt einseitige Interpretationen nahe: Integration gelingt unter Freunden, wir müssen alle Freunde sein, Integration schließt aggressive Auseinandersetzungen und Gegnerschaft mit behinderten Menschen aus. In Stefans Klasse bleiben evtl. als feindlich zu verstehende Ereignisse sehr problematisch: Stefan anzurempeln - selbst aus beiderseitigem Versehen - bedarf der Versöhnung unter Tränen. Darin zeigt sich auch, daß die Differenz offensichtlich als zweiseitiges Schema wirksam ist: Kommunikation kann (reflektierend, besprechend, bedauernd ...) weitergeführt werden, auch wenn der Negativwert angesprochen ist.
Wesentlich ist die weitere Ausdifferenzierung des Sinnsystems, indem weitere Differenzschemata multiplikativ verwendet werden: Behindert/nicht-behindert, abhängig/selbstän-dig, vertraut/unvertraut, freundschaftlich/feindlich. Das Fremde der Behinderung darf z.B. nicht mit „feindlich" oder gar „böse" identifiziert werden. Mögliche Differenzierungen der Kommunikation wären vermieden, und mystifizierende und projektive Phantasien könnten in der Gleichsetzung fremd/feindlich beginnen: der hinterhältige, versteckt aggressive, der bösartige Krüppel bzw. der gute, tapfere Behinderte als permanentes Opfer in der Größe wahrer Menschlichkeit. Es ist notwendig, das Fremde, Unvertraute auch im Freund und das Vertraute, das Gute auch im Gegner oder im Feind zuzulassen. Sonst steht der integrativen Kommunikation nicht mehr das ganze Spektrum kommunikativer Differenzierung von Nähe und Distanz offen, die Aussonderung verhindert. Gleichheit von Menschen mit bzw. ohne Behinderung besteht nicht in der Egalität der Zuschreibung von Merkmalen, sondern in der offenen *Verfügbarkeit möglicher gesellschaftlicher (seman-tischer) Differenzierungen, d.h. in der offenen Verfügbarkeit der Möglichkeiten, verschieden zu sein.*
Emotional schwierig sind offensichtlich Situationen, in denen das Unvertraute im Vertrauten und das Feindliche im Freundlichen erscheint (unvertraute pflegerische Versorgung im vertrauten Schulalltag bzw. gefährliches Anrem-

peln zwischen Freunden). Hier können die sinn(system)stiftenden Differenzschemata selbst bezweifelt werden, jedenfalls bedürfen sie der Bestätigung als Schema der Kommunikation und der wechselseitigen Relativierung in bezug auf ein und dieselbe Person (oder ein und denselben Prozeß).
Kommunikation kann nicht ohne Verluste geordnet werden, indem (bezogen auf Stefans Freunde oder auf die Befürworter der Integration) die Unterscheidung wir/die anderen gleichgesetzt wird mit gut/böse, Freund/Feind o.ä. Diese Form der Komplexitätsreduktion verzichtet auf interne Komplexitätssteigerung und provoziert damit Ausgrenzung (Spaltung) unter dem hohen moralischen Anspruch der Integration.

6

Die Lehrerin faßt ihre Beobachtungen zusammen, wie sich Stefan in den bisherigen Schuljahren verändert hat: „Anfangs begegnete ich einem recht scheuen Jungen, der vollkommen von seiner Mutter abhing und keinen Schritt ohne sie unternehmen wollte. Er hatte häufig Angst, wenn sie nach dem Windelwechsel gehen wollte; er befürchtete dann auch, ihr könne etwas zustoßen. Heute geht Stefan den Schulweg alleine bzw. mit Nachbarskindern gemeinsam. Er zeigt sich im Unterricht selbstbewußt, erbringt überdurchschnittliche Leistungen und wird von seinen Klassenkameraden voll akzeptiert. Er wartet nicht mehr darauf, daß andere auf ihn zukommen, sondern ist in seinen zwischenmenschlichen Beziehungen spontaner, initiativer, kontaktfreudiger geworden. Äußerungen über seine Behinderung oder über die Vielzahl von Operationen zeigen, daß er zu seiner Behinderung steht. Auch im Sportunterricht, den er besonders liebt, schafft er erstaunliche Leistungen. Ob Rolle vorwärts oder rückwärts, Hockwende über die Langbank bis zu den großen Spielen bewältigt er vieles mit Begeisterung und zeigt viel Ausdauer und Durchhaltevermögen."
Diese Beschreibung der Lehrerin unterscheidet sich grundlegend von einer Darstellung anhand verteilungsbezogener Testwerte oder anhand einer vermuteten Persönlichkeitsdynamik. Sie bleibt konkret, indem sie beobachtete persönliche und situative Aspekte verknüpft. Auch persönliche Entwicklung beschreibt sie in dieser Einheit: Sie zeigt sich nicht isoliert, sondern in Veränderungen des Person/Umwelt-Zusammenhangs.
Es ist nicht möglich, persönliche Autonomie in Stefans Entwicklung in einem strikten Sinn so zu verstehen, als schaffe er seine Persönlichkeit in autarker Weise selbst, als sei sie ausschließlich sein eigenes Produkt. Wenn er selbständiger gegenüber seiner Mutter zu seinen Klassenkameraden sagen kann „Ich fahre mit", gelingt dies gegenüber einem „Du", das fragt, hört und antwortet, es enthält schon das „Wir" und das „Thema" des Sagens und Verstehens. „Ich" sagt er immer schon „in der Sprache", in der er angesprochen wird („im

Wir"), besser: Er ist schon (im Sinne Maturanas) „in der Sprache", wenn er „Ich" sagt. Es gibt keine Autonomie ohne Interdependenz.
Indem das Ich sich von Umwelt unterscheidet, ist es schon selbstbestimmtes (selbst-identifiziertes) Produkt beider - nur in dieser Paradoxie ist es möglich, es *ist* in der Form seiner System/Umwelt-Differenz. Pädagogisch-psychologisch kann Entwicklung in dieser Paradoxie gelingen oder mißlingen. Sie wird sequenziell in thematischen Krisen ausgetragen, die in einem Differenzschema (Vertrauen/Mißtrauen usw. in der System/Umwelt-Differenz) jeweils zu konkreten anschlußfähigen Einigungen und damit zu weiterführenden Krisen in neuen Schemata der System/Umwelt-Differenz führen. Darin gewinnt das Ich in der fortlaufenden Differenzierung seine Form.
Dies ist grundsätzlich verschieden von der Vorstellung, das Ich sei substanziell es selbst, und es *habe* davon getrennt eine substanzielle, unabhängig beschreibbare Umwelt. Es *ist* in der Form seiner System/Umwelt-Differenz, indem es diese Unterscheidung (z.B. in seiner Form von Autonomie/Interdependenz in dieser Gruppe) in jeder Operation selbst macht (Wahrnehmung eingeschlossen) und entsprechende Selektionen, Interpretationen und Attribuierungen selbst vornimmt. Das Ich schafft in seinen Selektionen, Interpretationen und Attribuierungen untrennbar aufeinander bezogen beide Seiten seiner Form der System/Umwelt-Differenz: Ich/Umwelt als Eigenes. Das Vertrauen in die zeitlich überdauernde Anschlußfähigkeit (phänomenologisch: des lebensweltlichen „immer wieder") wird zur Gewißheit eigener Identität in selbst geschaffenen (Selbst/Objekt-) Konstanzen. Diese sind nicht als Abstraktionen ontologischer Entitäten, sondern als Verdichtungen im Prozeß eigener, rekursiv verknüpfter Operationen (als Eigenwerte im Sinne von Berechnungen von Berechnungen von Berechnungen usw.; v.Foerster 1985, S.30f) zu verstehen.
Das Fremde ängstigt und reizt, über den jeweiligen Bereich des Vertrauten und Gewissen hinauszugehen. Für Stefan bietet die Schulumgebung vielfältige Irritationen in dem Zwiespalt zwischen Angst und Verlockung (durch Mitschüler, Abstand zur Mutter, Unternehmungen, Arbeit in Tischgruppen usw.). Was für den sehr auf seine Mutter bezogenen Jungen fremd ist, läßt „die Ahnung aufkommen, es könnte auch anders sein, als es ist" (Erdheim 1988, S.238). Die Einladung der Kindergruppe verlockt zur Überwindung der Angst und zur Lösung von der Mutter und ihrem Bereich. Durch die Relativierung der individuellen Mutter/Kind-Dyade gewinnt die allgemeine Unterscheidung Kinder/Erwachsene an Gewicht. Schule kann nur als etwas Fremdes, Anderes gegenüber Familie oder Kindergarten für Stefan diese Entwicklung zu neuen Kommunikationsmöglichkeiten in einer neuen Form der System/Umwelt-Differenz anregen und begünstigen. Stefans Erfolg wird erleichtert, weil sein Bestreben Partner findet in seinen Mitschülern (individuell und als Gruppe), seiner Lehrerin (die „Schule" gestaltet) und seiner Mutter, die schulische

Veränderungen unterstützt und Stefans Veränderungen mit Stolz und Freude akzeptiert. Stefans persönliche Entwicklung wird im Kommunikationssystem angeregt, unterstützt und „beantwortet". Entwicklung geschieht in dieser wechselseitigen Resonanz in der System/Umwelt-Differenz. Dies ist vielleicht ein ganz wesentlicher Aspekt von Integration: *als ein Anderes in solchen Prozessen resonanzfähig zu sein* erscheint als eine wesentliche integrative Kompetenz von Schule.

7

Die Lehrerin stellt Differenzen integrativer Unterrichtung zur „Schule" fest, also System/Umwelt-Differenzen. Sie formuliert diese Differenzen als Probleme ihrer Arbeit im Interaktionssystem Unterricht:
- als Problem der Aufsichtspflicht gegenüber der Klasse bei individuellen Aufgaben der pflegerischen Versorgung, der Haftung gegenüber Stefan z.B. bei körperlichen Überforderungen
- als Problem der schulübergreifenden Kooperation mit der Sonderschule K
- als Problem kompensatorischer Betreuung bei Klassenarbeiten
- als Problem der Leistungsmessung und Notengebung (im Sport)
- als Problem der Klassengröße.

Diese Probleme werden als Probleme der Organisation definiert und behandelt: Sie entstehen in der Diskrepanz der Aufgaben integrativen Unterrichts zu bestehenden Regelungen schulischer Abläufe. Die Kontakte führen zum Teil zu Veränderungen, sinnvolle Handlungsweisen im Unterricht sind z.T. aber längst entwickelt. Manche Probleme scheinen erst gelöst zu sein, wenn mit den jeweils „zuständigen Stellen" Absprachen getroffen sind:
- Mit dem Schulrat werden Aufsichtspflicht und schulübergreifende Kooperation geregelt.
- Mit der Gemeindeunfallversicherung wird die Absicherung des Unfallrisikos geregelt.
- Mit dem Projektmitarbeiter wird eine Kind-Umfeld-Diagnose erstellt und ein Schwerpunkt „Selbständigkeitserziehung" vereinbart.
- Die ministerielle Kommission für die schulische Integration wird unterrichtet._
- Mit Stefans Arzt wird der Lehrplan im Fach Sport besprochen.

Ein Teil dieser Kommunikationsprozesse wird als unterstützend und weiterführend erlebt, ein Teil der Problemdefinition und -regelung erstaunt: Aufsicht, Klassenarbeiten, Bewertung der Leistungen sind „intern" bereits kompetent und sinnvoll den Aufgaben angepaßt. Was macht das Problem in bezug auf „Schule" aus?

Es sind im Bericht gewissermaßen „notwendige zusätzliche Probleme" (oder Problemperspektiven), die nicht hinreichend als originäre Probleme im Binnenraum der Interaktion der direkt Beteiligten verstanden werden können. Die Instituierung der integrativen Interaktion in bestehenden oder zu etablierenden, jedenfalls verallgemeinernden man-Vorschriften (z.b. in Rechtsvorschriften der Notengebung) ist problematisch. Diese Vorschriften werden extern zugeschrieben, sind aber sanktioniert und können „intern" nicht einfach ignoriert werden. Dieses Verhältnis ist widersprüchlich: Noten werden klassenbezogen vergeben/eine Note ist überhaupt nur durch die Zeugnis- und Versetzungsordnung eine Note.

Die Antworten der „entscheidenden Stellen" führen im Bericht meistens nicht zu Veränderungen der unterrichtsinternen Kommunikation oder zu neuen Lösungen im Interaktionssystem. Sie haben hauptsächlich Bedeutung in der Bestätigung und Absicherung des integrativen Interaktionssystems „in der Schule", indem sie erwartete Probleme in der System/Umwelt-Differenz, speziell mit Rechtsvorschriften regeln.

Dieser Vorgang kann verschieden gesehen werden:
- Das System nutzt seine Abhängigkeit aus, um interne Gewißheit zu schaffen und entwickelte Kommunikationsstrukturen zu festigen.
- Systeme in der Umwelt (Administration, Haftungsrecht gegenüber Schülern und Eltern, medizinische Versorgung usw.) sind in Einzelfragen relevant. Dies zeigt sich darin, daß bei entsprechenden Anlässen (z.B. Versetzungsentscheidungen oder Unfällen) Rechtsansprüche gegen die Schule/die Lehrerin geltend gemacht werden können. Daß die Lehrerin direkt mit diesen Systemen der Umwelt des schulischen Systems (z.B. in Gesprächen mit der Gemeinde-Unfallversicherung, dem behandelnden Arzt, der Krankengymnastin) in Kontakt tritt, ist ein Beleg für grundsätzlich symmetrische Kommunikation, keineswegs für asymmetrische Hierarchien.
- Die genannten Probleme (z.B. der Notengebung) setzen im Bericht z.T. die Relevanz einer externen „überlegenen Entscheidungskompetenz", d.h. asymmetrischer, hierarchischer Kommunikationsstrukturen voraus. Das Ergebnis dieser Entscheidungen (und Beratungen) besteht nicht im Festhalten an administrativen Vorschriften in kleinlichen Auslegungen, sondern in der Bestätigung und Absicherung bereits entwickelter Lösungen und im Offenhalten von Freiräumen. Diese Unterstützung und Absicherung ändert nichts an der Assymetrie der Kommunikation. Sie ist begrenzt auf die Anfragen an die Schulverwaltung und deren Antwort. Die Schulbehörde entscheidet über Ressourcen (z.B. Klassenfrequenz), über Fragen der Zeugnis- und Versetzungsordnung (Klassenarbeiten und Notengebung), über Dienstpflichten (z.B. der Beaufsichtigung und Kooperation).

In der System/Umwelt-Differenz können die genannten Faktoren in ihrem Zusammenhang von Selbst- und Fremdreferenz rekonstruiert werden. Die Organisationsweise pädagogischer Arbeit läßt deren Trennung nicht zu. Die Einheit der Fragen von Schul- und Klassengröße, Aufsichtspflicht und Autorität, Benotung, Schulerfolg und Wertschätzung und Förderung eigenständiger Schülerinitiative ist eine wesentliche Bedingung praktischer Arbeit in der Paradoxie der Erziehung. Erst die Einheit selbst- und fremdreferentieller Zuschreibungen (als einer Leistung des Systems) beschreibt pädagogische Probleme als schulische Systemprobleme. Im Beispiel: Stefans Benotung *ist* eine Einheit aus pädagogischen und juristischen Gesichtspunkten, seine Pflege und seine sportliche Belastung *sind* jeweils eine Einheit aus individuellen und gemeinsamen, pädagogischen und medizinischen Aspekten. Die Fragen der Lehrerin sind systematisch in der Einheit von Selbst- und Fremdreferenz im bezug zur Umwelt zu verstehen. Deshalb erfordern sie Beratung. Der Applaus, den Stefans sportlicher Erfolg in der konkreten Unterrichtssituation erhält, und die Benotung im nächsten Schuljahr hängen in der pädagogischen Arbeit und im Interaktionssystem Unterricht direkt mit der Umwelt des Systems zusammen:
- Wie realistisch ist der Applaus über den „Tellerrand" hinaus gesehen? Wird Stefan in eine gesellschaftlich gesehen unrealistische Scheinwelt eingeführt? Erschwert Integration die „realistische Verarbeitung der Behinderung"?
- Wie setzt sich das schulische System in seinen Strukturen mit „Behinderung" auseinander? Wie wird in der Zeugnis- und Versetzungsordnung bezug genommen auf individuelle Behinderungen, und wie setzt diese Verordnung Schüler und Lehrer in ihrer Kommunikation dadurch in Beziehung zueinander?
- Wie setzt sich das Interaktionssystem Unterricht mit Benotungen auseinander, speziell mit der Benotung Stefans im Sport? Unterscheidet und kommentiert es schulische Benotungen von einem eigenen Standpunkt? Erklärt es die Wirklichkeit der Verordnung zur allein geltenden, auch zur intern gültigen?
Diese Fragen der Lehrerin sind ungenügend verstanden, wenn sie nur bei einer externen Adresse abgegeben werden, um von dort deren Entscheidung zu erwarten und entgegenzunehmen. Sie sind zunächst Themen in der eigenen Konstruktion der System/Umwelt-Differenz des konkreten Kommunikationssystems. Sie erfordern deshalb nicht einfach externe Entscheidung, sondern Beratung in dieser Differenz.
Beratung statt rein externer Entscheidung als Konsequenz der Einheit von Selbst- und Fremdreferenz wird an mehreren Stellen des Berichts, bezogen auf die Fragen der Lehrerin, dargestellt:
- Es finden Beratungen mit der Mutter und der Schulleitung statt.
- Die Schulbehörde erklärt sich mit konkreten Regelungen einverstanden, wenn diese auch von den Eltern akzeptiert werden.

- Die Gemeinde-Unfallversicherung akzeptiert Absprachen mit dem behandelnden Facharzt zur Lehrplan- und Unterrichtsgestaltung.
- Die Schulbehörde unterstützt die bereits begonnene Kooperation mit einer Schule für körperbehinderte Schüler. Diese Kommunikation steht in der Spannung lebensweltlicher und systemischer Schulordnung.

Das personnahe Interaktionssystem Unterricht läßt sich nicht bürokratisch regeln, es kann nur als ein in sich widersprüchlicher Kommunikationsbereich bestehen, in dem Einigungen zwischen lebensweltlichen und systemischen Regeln immer wieder geschaffen werden müssen. Im Sinne von Sozialisation führen diese Einigungen in die Gesellschaft ein. Die Lehrerin formuliert diese Kommunikationsstruktur in Schwerpunkten. Prozeßhaft betrachtet läßt sich der gesamte Ablauf als Selbstorganisationsprozeß sozialer Kommunikation beschreiben, in dem sich aus lebensweltlichen Grundlagen in Kommunikationssystem mittels einer Paradoxie organisiert, als Autopoiesis eines Systems, das seine Elemente und Relationen in Beziehung zur Umwelt selbst schafft.

Durch die Kommunikation mit Verwaltung, Wissenschaft, Versicherung usw. verselbständigen sich Teile der Kommunikation gegenüber allgemeinen lebensweltlichen Normen, gegenüber allgemeinem Erziehungsdenken als Bestandteil von Weltwissen („gesundem Menschenverstand") und gegenüber Ausdrucksformen unspezifischer alltäglicher Vertrautheit. Eine kritische Übergangsschwelle ist erreicht, wenn integrationsbezogene Komponenten des Unterrichts durch (Selbst-) Beschreibung und Selbstkonstitution gegenüber allgemeingesellschaftlicher Interaktion z.B. durch eigene Semantik und interne Verknüpfungsregeln (der Beobachtung, der Kommunikation und Entscheidung) unterschieden werden. Es entstehen in der System/Umwelt-Differenz gemeinsam selbstgeschaffene „sekundäre Normen", die institutionelle Kommunikation in integrativen Aufgaben regeln. Dieser Prozeß (Teubner 1990) verläuft unter relevanten Umweltbedingungen zirkulär, sobald die Selbstbeschreibung „operativ verwendet" und damit „selbstkonstitutiv" wirksam wird:

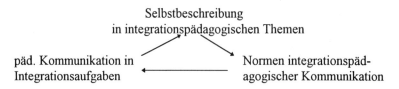

Solche selbstreferentiellen Zirkel laufen auf verschiedenen Ebenen wiederum verknüpft ab, so daß sich bei genügender Kommunikationsdichte z.B. durch Problemdruck zwischen „Praxis", Fachöffentlichkeit (Wissenschaft) und gesetzlichen und administrativen Regelungen die Institutionalisierung integrationspädagogischer Aufgaben möglich wird. Sie wird sich um so stärker verselbständigen („depersonalisieren"), je mehr die Einzelaufgaben und deren Verknüpfungen systemintern geleistet und selbst intern (schließlich operativ nur auf eigene Systemkomponenten bezogen) geregelt werden. Dieser Prozeß kann (hier hypothetisch beschrieben) zur „Autopoiesis" eines Erziehungssystems führen, das als Regelfall behinderte Kinder integriert, ohne beständig auf individuelles Engagement von Eltern und Mitarbeitern außerhalb der Regelstrukturen angewiesen zu sein.

Operative Geschlossenheit dieses Systems ist nur möglich, wenn die individuellen Bedingungen integrationspädagogischer Aufgaben durch ständige Information berücksichtigt werden. Zirkuläre Geschlossenheit der operativen Abläufe würde zum pädagogisch-bürokratischen Leerlauf, wenn sie nicht mit der Offenheit des Systems für Irritationen (Information), für Formen struktureller Koppelung verbunden wäre. Das System bleibt damit in der Spannung zwischen lebensweltlich und systemisch geregelter Kommunikation. Der Bericht kann Teil dieses Prozesses sein.

Teubner sieht den entscheidenden Schritt zum offenen autopoietischen System in der Etablierung eines „Hyperzyklus" (im Sinne Eigens als zyklische Verkettung zyklisch konstituierter Einheiten) in zwei Schritten: „(1) Gesellschaftliche Teilsysteme gewinnen an Autonomie in dem Ausmaß, wie es ihnen gelingt, die Anzahl ihrer Systemkomponenten in selbstreferentiellen Zyklen zu konstituieren. (2) Autopoietische Autonomie erreichen sie erst dann, wenn ihre zyklisch konstituierten Systemkomponenten miteinander zu einem Hyperzyklus verkettet werden" (Teubner 1990, S.232).

Teubners Konstruktion führt zu der Frage nach dem „Organisator" der Entwicklung. Wer verkettet die Systemkomponenten? Piagets Auffassung, ein System setze ein System voraus, bietet gute Grundlagen, diese Entwicklung zu rekonstruieren und den Grundsatz beizubehalten, das emergente System schaffe und organisiere seine Elemente und Relationen selbst. Irritationen durch strukturelle Koppelung in einem Medium, Konstruktion von selbst- und fremdreferentieller Information (auch als Teil einer operativen Selbstbeschreibung), Ausdifferenzierung eigener Strukturen, Organisation in (Teil-)Zirkeln und Verselbständigung in selbstreferentieller Geschlossenheit können nur interne Leistungen eines emergenten funktionalen Systems in seinen eigenen aktuellen selbst- und fremdreferentiellen Notwendigkeiten sein. Selektion durch interne (Sinn-) Konsistenz/Durchsetzung in den Irritationen der Umwelt entscheiden über die sinnvolle Entwicklung des Systems.

Obwohl Luhmann die Annahme einer „partiellen Autonomie als gradualisiertem Begriff" nicht teilt, legt die Unterscheidung der binär codierten Selektion von medialer Koppelung im System der Erziehung es nahe, unterschiedliche Grade autonomer Ausdifferenzierung (gegenüber der Lebenswelt) in verschiedenen Teilbereichen anzunehmen. In den Aufgaben der Selektion im Modell der Karriere hat sich das System verselbständigt, in Aufgaben z.B. der kollegialen Beratung dagegen nicht.

8

Die Lehrerin redet wenig über ihr eigenes Erleben, über Zweifel, Hoffnungen und Befürchtungen, Freude und Belastung. In der ersten Zeit ihrer Arbeit mit Stefan und mit dieser Klasse sollen nach dem Willen aller Beteiligten Schule und Unterricht in der man-Normalität bleiben. Dies widerspricht, wie oben ausführlich dargestellt, den Erfahrungen der Lehrerin. Die Ereignisse, die sich „lautstark" aufdrängen, kann sie dem Zuständigkeitsbereich der Sonderschulen zuordnen, also in die Umwelt verweisen, oder im Kommunikationssystem Unterricht akzeptieren. Als die Lehrerin die Arbeitsgrundlage der „(Schein-)Normalität mit punktuellen Störungen" aufkündigt, ändert sie auch ihre eigene Rolle. Ihre Überzeugung, Stefan soll als behinderter Schüler wahrgenommen und in dieser Klasse unterrichtet werden, ist die Setzung, die andere Aspekte ihrer beruflichen Arbeit zu „Variablen" macht: Unterrichtformen, Notengebung, Schulsaal, Grenzen pädagogischer Betreuung, Zusammenarbeit zwischen Schulen und mit außerschulischen Experten usw. werden in ihrer bisherigen Form als kontingent erfahren und können damit auch anders gestaltet werden. Die Lehrerin löst sich aus üblichen Grenzen der Lehrerrolle und gewinnt Selbständigkeit und Initiative. Sie hebt man-Strukturen auf, indem sie Ereignisse nicht im geläufigen Muster von extern/intern und als „Fall von ..." den immer schon festgelegten Lösungen zuordnet (gehört nicht hierher bzw. wird so gehandhabt), sondern als neu, das heißt außerhalb der üblichen Sinnstrukturen (Sinngrenzen der Karriere) und gleichzeitig als intern berechtigt wahrnimmt. In diese Paradoxie „extern und intern" ist ihre eigene Rolle einbezogen. „Als Lehrerin" ist sie für Aufgaben zuständig, die die Regelschule als externe definiert hat.
Sie beschreibt Probleme ihrer Arbeit selbst, d.h. auch, sie definiert ihre Situation in ihrem Sinne der Integration in den Irritationen, Widersprüchen und ungeklärten Aufgaben, indem sie Ressourcen der Beratung gewinnt und die zuständigen Stellen der Schulverwaltung (im Zusammenhang aktueller innovativer Bestrebungen) anregt, die Voraussetzungen ihrer Arbeit im System Schule zu klären/zu schaffen. Sie stellt sich den neuen Fragen, ohne sie auf die Kommunikationsform der „Praxis" zu reduzieren, in der man sich verständigt, wie man es sieht, wie man handelt. Dies kann ihre *sozio-emotionalen* Bindungen im System Schule gefährden: Sie exponiert sich und gefährdet damit die Gleichheit unter Kollegen, die Abhängigkeit gegenüber Vorgesetzten und damit deren (vermeintliches oder tatsächliches) Wohlwollen und deren Wertschätzung und ihre Sicherheit des Unauffälligen in der Masse, für den gesorgt wird, wie für alle anderen (s. Freud 1993, S.56 ff). Sie handelt anders als gewohnt und kann damit zur Außenseiterin werden, an der die Bindungen im System durch Ausgrenzen (Isolieren, Ignorieren ...) durchgesetzt werden und sich bewähren können.

Die Lockerung solcher Einbindungen - Anlehnung an Kollegen, Abhängigkeit von Vorgesetzten, akzeptierte Routinen, Verständigungsform der „Praxis" - wird in der Regel Angst auslösen, die durch die Exponiertheit des eigenen Tuns und die Ungewißheit des Erfolges gesteigert werden kann. Der Schutz gegen den „Bodensatz von ablehnenden, feindseligen Gefühlen" (Freud 1993, S.63/64), der in jedem längerfristigen Kommunikationssystem vorhanden ist, ist gefährdet. Ich vermute: Die Adressaten eigener Bedürfnisse nach Anerkennung, Unterstützung, nach Schutz und Sich-aufgehoben-fühlen und eigener Ängste und Feindseligkeiten (aktueller und biografischer Genese) waren bisher eingewoben in die gemeinschaftliche Kommunikationsform der „Praxis", man hat sich darin eingerichtet, meistens ohne viel voneinander zu wissen. In der eigenen Exponiertheit wird ihre Distanz deutlich und damit, wie dünn und unerprobt die kollegiale Gemeinsamkeit im „Handeln der Schule" (im Sinne Fends) ist. Deshalb wird sie im Bericht kaum erwähnt. Es läßt sich aber eine zweite Ebene des Textes vermuten, die von Anfang an präsent, aber nur unzureichend zu belegen ist. Das jeweils nicht Genannte, aus dem Bericht Ausgeschlossene ist präsent in der Anforderung, Stefan solle so sein, wie alle anderen, es ist präsent in den umfangreichen Bemühungen um Information, um Legitimation und Absicherung der Veränderungen im Unterricht, in der Vorsicht, pflegerische Versorgung Schritt für Schritt in schulischen Zeitstrukturen zuzulassen. Ich vermute, daß Teile der Emotionalität von Schule dies Ausgeschlossene bilden, insbesondere „negative" Ängste, Beschämungen und Aggressionen (Stefan könne abgelehnt werden; die eigenen Anstrengungen könnten scheitern; die Häme der Kollegen könne siegen; etwas Wichtiges für Stefans Entwicklung könne übersehen werden; unzureichend unterstützt zu werden und am Ende schuld zu sein/blöd dazustehen). Dies ist im einzelnen nicht ausreichend zu belegen. Aber die andauernde und fast ausschließliche Beschreibung der anstrengenden *Erwachsenenseite* (Ich-Leistungen in einem enormen Ausmaß), die im wesentlichen nur die „positiven" Emotionen der Sorge und der Freude zuläßt, wird selbst zum Symptom der Kommunikation. Die Emotionen gehören zur individuellen Persönlichkeit - zur „Persönlichkeit in der Schule", die sich in diesen Kommunikationsprozessen formt und mitteilt.

Die Entwicklung des Integrationsprozesses verläuft positiv, weil die Lehrerin die Paradoxie des Neuen, das dazu gehört und nicht dazu gehört, aushält und Handlungsmöglichkeiten in dieser Paradoxie entwickelt: im Zeitgeben/Zeitnehmen, in Autonomie/Interdependenz, im re-entry der Unterscheidung behindert/nichtbehindert, im Vertrauten/Unvertrauten. Sie entwickelt Möglichkeiten, vorausschauend das nicht berechenbare Andere zuzulassen. Grundlegend geschieht dies durch viele Beratungsprozesse - von denen zu vermuten ist, daß sie über die Informationen auch sozio-emotional wichtig sind. Da diese Arbeit erfolgreich ist, entwickeln sich Zirkel positiver Rückkoppelung zwischen Wohlwollen der Verwaltung, Initiative und Engagement, Ressourcen durch Beratung mit anderen Beteiligten und Experten, Weiterentwicklung im Unterricht.

**9**

Worin besteht Stefans Integration?
Das Interaktionssystem Unterricht richtet sich so ein, daß Stefans Behinderung (am Beispiel der pflegerischen Versorgung dargestellt) einbezogen wird. Sie schließt Stefan nicht von der Kommunikation im System aus, seine Mitteilungen, die Ereignisse, die seiner Behinderung zugeschrieben werden, sind anschlußfähig im Kommunikationssystem. Dies beruht nicht auf der Leugnung seiner Behinderung, sondern im Gegenteil auf der Wahrnehmung und dem bewußten „Rechnen" mit seiner Behinderung. Damit wird die man-Normalität z.T. aufgegeben, in der Zeit-, Themen- und Sozialstrukturen für alle gleich, „ohne Ansehen der Person" geregelt waren. Die Regeln dieser man-Normalität konstruieren schulische Abläufe ohne Selbstbezug (man tut; nicht: ich tue), also Trivialisierung. Nichttrivialisierender Unterricht nimmt die individuelle Behinderung als eine Unterscheidung wahr, die in der Normalität von Gleichheit und Verschiedenheit genauso wie andere Unterscheidungen integriert ist. Nichttrivialisierung ermöglicht so das re-entry der Unterscheidung behindert/nichtbehindert in die Normalität schulischer Gestaltung des Verhältnisses von Individualität und Sozialität.
In der Paradoxie von Verschiedenheit/Gleichheit liegt das Entwicklungspotential des System, das nichttrivialisierende Kommunikationsformen in konkreten Unterrichtsvorhaben und vielen Alltagssituationen konstruieren muß. Darin liegt die emanzipatorische Qualität des re-entry. Durch den „Wiedereintritt" der Unterscheidung in die Unterscheidung (Kybernetik zweiter Ordnung) verliert sie ihre quasi naturwüchsige Selbstverständlichkeit und wird als eigenes Produkt der Kommunikation zugänglich. Diese Überlegungen an einem grundlegenden Punkt Luhmannscher Theoriebildung (im Anschluß an Spencer Brown) lassen sich in einem emanzipatorischen Interesse verstehen. In Beratungsprozessen über schulische Kommunikationsabläufe (konkrete Fragen des Interaktionssystems Unterricht) kann die bisherige Normalität selbst Thema sein und (bewußt) geändert werden. Die funktionale Analyse als Reflexion der eigenen Arbeitsweise und ihrer grundlegenden Unterscheidungen ermöglicht deren (bewußte) Veränderung.
Diese Veränderung besteht in einem nicht-trivialisierenden Verhältnis von Individualität und schulischem Kommunikationssystem, so daß auch die Verschiedenheit von behindert/nicht-behindert die Gleichheit der Anschlußfähigkeit im Kommunikationssystem nicht ausschließt.

## 7.2.5 Zusammenfassung in Schwerpunkten

Der Erfahrungsbericht der Lehrerin wurde in der Zeit-, der Sozial- und der Sachdimension rekonstruiert. Sehr verkürzt lassen sich die wesentlichen Gesichtspunkte in einem Schema darstellen:

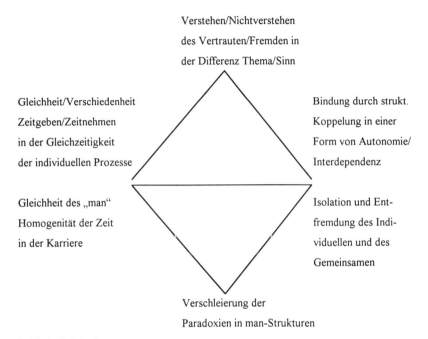

Wie entsteht in diesem Schema integrationsfähige soziale Ordnung? Kommunikation im Zeitgeben/Zeitnehmen, im Verstehen/Nichtverstehen, in struktureller Koppelung und Bindung im Integrationsprozeß macht diesen Prozeß nicht technisch verfügbar. Die grundsätzliche Differenz bleibt, sie definiert den Prozeß als autonom und interdependent. In der Einheit von Verstehen/Nichtverstehen liegt der sich immer reproduzierende Anlaß für Verstehensprozesse, die wiederum Eigenes/Anderes, Vertrautes/Fremdes in neuer Weise reproduzieren, so daß wiederum Verstehen/Nichtverstehen beginnt usw. Auf diesen zirkulären Prozeß in der Paradoxie von Verstehen/Nichtverstehen reagiert Pädagogik (selbst- und fremdreferentiell), indem sie ihn durch trivialisierende Selektion und Technik verkürzt oder in der Spannung der Nicht-Verfügbarkeit aushält und in einer zirkulären, prozeßbestimmten Gestaltung, konkret: in den Einigungen des Interaktionssystems Unterrricht austrägt. Diese Zirkularität einer prozeßbestimmten Gestaltung des Prozesses (z.b. als „Planung im Prozeß") ist nicht thematisch abzuschließen, sie ist intern unendlich. Jede Frage im Horizont des systemkonstituierenden Sinnes (nach Sinn, Grund oder Ziel) führt zu einer weiteren Frage (nach Sinn, Grund oder Ziel). Darin bearbeitet das System intern Probleme, die durch das re-entry der Ausgangsparadoxie in der System/Umwelt-Differenz entstehen, die als Einheit nur für einen Beobachter außerhalb des Systems beobachtbar ist.

Dies konstituiert nicht die Notwendigkeit kausal determinierter Abläufe oder objektive Wahrheit oder zielerreichendes technisches Wissen oder letzte normative Begründung sondern einen konsensuellen Bereich der Verständigung. Damit gewinnt Verstehen/Nicht-verstehen operative Relevanz sowohl in der pädagogischen Kommunikation, als auch in der individuellen Entwicklung in der Paradoxie von Gleichheit und Verschiedenheit. Die Akzeptanz der Unverfügbarkeit integrativer (pädagogischer) Prozesse in der Paradoxie von Verstehen/Nichtverstehen ermöglicht es, Heterogenität als Einheit von Gleichheit/Verschiedenheit zur Grundlage pädagogischer Kommunikation zu machen. Strukturelle Koppelung ist kein Mechanismus des kausalen Bewirkens sondern des Zusammenspiels autopoietischer Systeme - die in operationeller Schließung autonom und in struktureller Koppelung interdependent sind. Integrative Prozesse entziehen sich daher zentraler Steuerung (als Anwendung, Deduktion o.ä.). Sie sind *konstruktive Prozesse im dezentralen Zusammenwirken in relativer Selbständigkeit.* Emergenter Sinn entsteht in der strukturellen Koppelung mit Bewußtsein im Lösen von Alltagsproblemen. *Darin werden Muster etabliert, die wiederum andere Lösungen orientieren und sich dadurch durchsetzen.* Strukturelle Koppelung individueller und sozialer Prozesse bedingt (setzt voraus und schafft) eine Form in der Paradoxie von Autonomie/Interdependenz, die als Bindung (Mutterbindung, Freundschaft o.ä.) erlebt wird. Diese Bindung charakterisiert die konkreten Integrationsprozesse in der Ko-Evolution individueller Erlebens- und Handlungsmöglichkeiten und sozialer Kommunikationsmöglichkeiten. Darin wird auch der Sinn von „Integration" und „Behinderung" bestimmt.

Diese Prozesse setzen Schulstrukturen (z.B. des Anfangens) voraus, und sie widersprechen diesen Strukturen in der zeitlichen Ordnung der Karriere. Sie beanspruchen eigene Zeit, in der sich viele Zeitebenen überlagern. Komplexität erscheint als Gleichzeitigkeit, die im Zeitgeben/Zeitnehmen das Andere vorsieht.und nicht in der Homogenität eines rigide durchgesetzten Standardablaufs unterdrückt. In der Verwirklichung von Integration sind man-Strukturen nicht zu vermeiden, da verläßliche Routinen zur Stabilisierung und Entlastung notwendig sind. Systembildung ist als Depersonifizierung notwendig auch entfremdend.

Der Bericht der Lehrerin wurde in den drei Dimensionen sozialer Systeme und im Hinblick auf die System/Umwelt-Differenz rekonstruiert. In Stichwörtern lassen sich wesentliche Aspekte der Einigungen zwischen Karriere und Erziehung (Trivialisierung und Selbstreferenz) zusammentragen:

Zur Zeitdimension:
- Punktuelle Versorgung außerhalb der unterrichtlichen Zeitstrukturen wird ersetzt durch Integration in die schulischen Zeitstrukturen. Im Davor und Danach entsteht Anschlußfähigkeit. Integration wird erleichtert durch die Akzeptanz der Eigenzeiten unterschiedlicher Prozesse. Unterricht berücksichtigt die Gleichzeitigkeit verschiedener Zeitstrukturen im Unterschied zur „Schul-Zeit". Ereignisse werden in der Einheit der Zeithorizonte interpretiert (Integration in der Biografie, der Geschichte des Systems).
- Die Lehrerin handelt abhängig von diesen Zeitstrukturen aktuell sinnbezogen im Prozeß. Auf dieser Abhängigkeit beruht ihr Einfluß (z.B. auf die jeweils aktuelle Sinndefinition).
- In der Einheit von Zeitlassen/Zeitnehmen, bezogen auf Exklusion/Inklusion, kann Nicht-Verfügbares zugelassen werden (hier: individuelle Behinderung mit ihren psychischen Anteilen im sozialen System). Resonanzfähigkeit, soziale Sensibilität ersetzen trivialisierende Machbarkeit. Ziel ist kein Endzustand der Integration, sondern die Fortführung der Geschichte in Problemen und (sinngeleitet selektiven) Lösungen und damit in neuen Horizonten neuer Probleme.
- Widersprüche werden handhabbar durch Temporalisierung, d.h. durch Einigungen in sequenziellen Aufgaben.
- „Behinderung" wird definiert in der Geschichte, ist selbst Teil der Geschichte (integriert in die Geschichte) der Koppelung selbständiger Problemlösungen und gemeinsamer Solidarität in begrenzten, gemeinsam beratenen Vorhaben.
- Die Wahrnehmung individueller leiblicher Zeit und Einigungen zwischen leiblicher Zeit und sozialer Zeit führen zum integrationsrelevanten Aufbau von Komplexität.
- Die narrativen (Zeit-)Strukturen des Aufsatzes der Klassenlehrerin haben Vorteile gegenüber unpersönlichen Berichten.

Zur Sozialdimension:
- Strukturen freundschaftlicher Beziehungen scheinen ein wichtiger Gesichtspunkt für die Integration zu sein. Persönlich-emotionale Beteiligung wird zum Teil des schulisch organisierten Interaktionssystems Unterricht.
- Das Zusammenwirken von Lehrerin und Klasse ersetzt die Vorstellung, Integration sei pädagogisch machbar. Die Lehrerin beeinflußt die Sinndefinitionen von Ereignissen durch ihr eigenes Handeln, z.B. durch ihre Beteiligung in gemeinsamen Beratungsprozessen.

- Integration ist in unterschiedlichen Formen möglich, die in der Paradoxie Autonomie/Interde pendenz beschrieben werden können. Die gemeinsame Entwicklungsanforderung „Selbständigkeit" läßt in unterschiedlichen Aufgabenstellungen individuelle Verschiedenheit zu. Dies ermöglicht Gleichheit/Verschiedenheit und Geben/Nehmen in der Koppelung gemeinsamer und individueller Prozesse.

Die Form der Zugehörigkeit zur Gruppe wird in der Konkretisierung der Paradoxie von Autonomie/Interdependenz bestimmt. Diese Konkretisierung verändert sich als ganze Form (als Einheit der Differenz) durch Einigungen zwischen Anforderungen der Selbständigkeitsentwicklung und der Sozialentwicklung (der Solidarität). Es wird ein Entwicklungsprozeß der Form der Integration in einer Folge von entwicklungslogisch sinnvollen Konkretisierungen (der Form von Autonomie/Interdepen denz) vermutet.

Themen der Interaktion (z.B. „pflegerische Versorgung" in der Paradoxie Selbständigkeit/Bindung, erlebt in der Spannung zwischen Selbstständigkeit, Abhängigkeit von der Mutter, Bindung an die Gruppe) werden in der jeweiligen Paradoxie der Sozialdimension interpretiert, so daß eine TZI-verwandte Darstellungsweise möglich ist. Diese Darstellungsweise ermöglicht die pädagogische Interpretation integrativer Aufgaben und damit deren Integration in einen schulischen Sinnhorizont (z.B. „pflegerische Versorgung" in einem pädagogischen Verständnis der Entwicklungsaufgabe von Autonomie und Interdependenz).

- Unterrichtsvorhaben lassen Raum für die Themen und Probleme der Schüler/innen, so daß individuelle und gemeinsame Perspektiven relevant für den Prozeß sind. Einigungen setzen individuell selbständige Entscheidungen voraus. Reduzierung der dadurch gesteigerten Komplexität geschieht weniger durch Organisation und Amtsautorität (im Modell der Karriere, des Frontalunterrichts), eher in dezentralen Formen der Kommunikation und Kooperation, der Steuerung durch komplexe nicht-triviale Kommunikationsweisen des Sich-Beratens.

- Integrative Interaktionsprozesse enthalten Teil-Prozesse der Desintegration, da Interdependenz Solidarität und Bindung und trivialisierende man-Vorschriften und überholte Formen der „Bemutterung" umfaßt, da Ich-Kompetenz Selbständigkeit und Verleugnung eigener Anteile und Beharren auf Abhängigkeit bedeuten kann, da klare Themen in konkreten Vorhaben und Aufgaben kaum unterscheidbar Elemente klischeehafter Sprachverwirrung enthalten können.

- Das integrative Interaktionssystem schafft sich seine notwendige Umwelt (Ressourcen unterschiedlicher Art). Integrative Prozesse brauchen die Reflexion in der Einheit der System/Umwelt-Differenz. Erhöhte Komplexität braucht qualitativ andere Formen der Komplexitätsreduktion, besonders durch Beratung.

Zur Sachdimension:
- Es läßt sich ein Entwicklungsprozeß rekonstruieren, der beschreibt, was jeweils unter Integration verstanden wird.
- Integration wird zunächst als Beibehalten unveränderter Normalität verstanden. In einer Pseudo-Einigung wird die Behinderung geleugnet. Es ergibt sich ein Zirkel, der schulische Normalität der „man-Strukturen" mit der Fiktion der Homogenität verknüpft. Der Schüler muß seine Besonderheit leugnen, er müßte eine „als-ob-Identität" (falsches Selbst) entwickeln, um diese Konstruktion zu balancieren.
- Im Sinne des „Reparaturdienst-Prinzips" (Dörner) werden Anforderungen pflegerischer Versorgung als Ausnahmen behandelt, die die „als-ob-Normalität" nicht widerlegen. Das soziale Systeme baut keine geeignete Eigenkomplexität auf. Die Behinderung ist Sache der Familie, besonders der Mutter, die die pflegerische Versorgung in den Pausen übernimmt. Behinderung ist keine Angelegenheit der Schule. Integration bedeutet, die Fiktion aufrecht zuerhalten: Alle sind gleich.
- In Notfällen hilft die Lehrerin. Die Störungen werden wahrgenommen. Die Lehrerin beschafft sich aktiv Informationen. Integration ist eher ihre individuelle, persönliche Aufgabe.
- Die Offenlegung der Behinderung ruft Betroffenheit hervor, ohne daß die Emotionen näher beschrieben werden. Die Behinderung ist Gegenstand der „öffentlichen" Kommunikation im Interaktionssystem, einzelne Ereignisse können verschwiegen werden. Es entsteht mehr Kontakt, der freundschaftliche Strukturen hat. Integration ist eine Angelegenheit aller, des Wir. Sie erfordert Solidarität untereinander, und sie stellt Anforderungen an Stefans Ich-Kompetenz: Er soll Selbständigkeit entwickeln, um sich selbst versorgen zu können und um „zurechnungsfähig" zu sein. Für die Integration ist die Sozialdimension des Systems in der Paradoxie von Autonomie und Interdependenz entscheidend. Integration kann unterschiedliche Formen annehmen, sie wird durch die Möglichkeiten der Koppelung in dieser Paradoxie bestimmt, im Falle Stefans: durch Selbständigkeit/Solidarität (Bindung). Diese Form der Integration rekonstruiert sich in den Gestaltungsmöglichkeiten in konkreten Vorhaben.
- Das Gesamtthema Integration läßt sich als Entscheidungsprozeß in Teilschritten, als Folge von Bifurkationen darstellen: Ignorieren/Wahrnehmen; punktuelle/regelmäßige Aufgabe; Attribuierung: Umwelt/System; Interpenetration/Eigenkomplexität; strategisch trivialisierend/nicht-trivial kommunikativ; dekonstruieren/durcharbeiten. Das Thema wird in dieser Weise immer komplexer konstruiert, gleichzeitig wird Komplexität durch aktuelle Selektionen reduziert. Einigungen erhalten den Spielraum möglicher Lösungen zwischen Affirmation und Veränderung, Komplexität wird aufgebaut und reduziert, aber nicht zerstört.

- Aspekte der schulischen Organisation werden in das Thema der Integration einbezogen und in den Widersprüchen von Karriere und Erziehung beraten.

Zur System/Umwelt-Differenz:
- Behinderung ist durch Karriere konstruiert, bleibt aber intern fremd und in die Umwelt verwiesen. Das System regelt durch diesen Mechanismus seine System/Umwelt-Differenz. Integration bringt diesen Mechnismus als kontingent in den Blick und gefährdet ihn damit.
- Erst in den Umweltbeziehungen wird Integration explizit zum Thema.
- Der Aufbau eigener Komplexität ist auf externe Komplexität in struktureller Koppelung angewiesen.
- Die Steigerung der Komplexität durch Integration erfordert qualitativ veränderte Strategien der Komplexitätsreduktion: Es muß festgelegt werden, wofür das System unter den neuen Bedingungen resonanzfähig/indifferent ist und wie Ereignisse in Beziehung gesetzt werden. Komplexere Beratungsprozesse sind notwendig, um in dieser Weise Komplexität zu reduzieren. Die Kommunikation in diesen Prozessen ist Subjekt neuer Konstruktionen, die auch die bisherigen Unterscheidungen in der umfassenden Einheit von Gleichheit/Verschiedenheit reflektieren können. Entwicklung ist möglich in einem Netzwerk partieller interner Lösungen, die spezifizieren, was in der Umwelt verändert werden soll, damit unter diesen veränderten äußeren Bedingungen wieder interne Veränderungen möglich sind. Dazu wäre eine zentrale Steuerung nicht in der Lage.
- Das System wird gegenüber bisher Fremdem resonanzfähig/Der Umgang mit Unvertrautem wird vertrauter. Kontrolle wird teilweise ersetzt durch Vertrauen aufgrund von Nicht-Verfügbarkeit im ganzen Spektrum von Distanz und Nähe. Schule soll resonanzfähig sein als ein Sozialsystem mit eigenen Möglichkeiten und Anforderungen (verglichen mit Schüler, Familie, Eltern).
- Die Lehrerrolle ist widersprüchlich: Sie umfaßt Aufgaben, die die Regelschule als externe definiert hat. In diesem Widerspruch wird die anstrengende Erwachsenenseite (z.B. der Sorge) besonders betont.
- Nichttrivialisierender Unterricht nimmt die individuelle Behinderung als eine Unterscheidung wahr, die in der Normalität von Gleichheit/Verschiedenheit genauso wie andere Unterscheidungen integriert ist.

## 8. Anregungen zur Gestaltung integrativen Unterrichts

Die Rekonstruktion hatte die „generativen Mechanismen" zum Thema, die das Phänomen der Integration vermutlich hervorbringen können. Sie kann sich als Anregung für konstruktive Überlegungen bewähren, wie die schulische Integration von Schülern mit Behinderungen gefördert werden kann. Dies wird im Sinne Maturanas als dritter Arbeitsschritt versucht. Diese Überlegungen sind in Arbeitszusammenhängen des Landesinstituts für Pädagogik und Medien (LPM Saarbrücken) entwickelt und teilweise erprobt worden. Die Überlegungen konzentrieren sich auf vier Schwerpunkte
- integrative Didaktik und Förderdiagnostik
- Beratung
- Gutachtenerstellung
- Leitungsaufgaben.

Diese Schwerpunkte überlappen sich in der folgenden Darstellung. Zentraler Gedanke ist jeweils die Notwendigkeit von Einigungen in Paradoxien. *Einigungen heben Paradoxien nicht auf, sie entfalten Paradoxien in der Zeit, in der Einheit der Differenz:* Autonomie und Interdependenz ermöglichen immer neue Einigungen, weil sie immer eine paradoxe Einheit in neuen Konkretisierungen derselben Form bleiben, nie den Widerspruch aufheben und nie in einem Kompromiß verschmolzen werden. Beide Seiten der Form entwickeln sich aufeinander bezogen. „Reifere Formen" von Autonomie/Interdependenz beeinhalten in wechselseitiger Abhängigkeit weiter entwickelte Weisen der Selbständigkeit und weiter entwickelte Weisen der Interdependenz. *Beide Seiten der Form bedingen sich wechselseitig und sind nur aufeinander bezogen steigerbar.*

Einigungen sind konkrete Ausformungen einer Paradoxie in einer neuen Problemstellung, die zu neuen Problemstellungen führt usw. Einigungen stellen in diesem Sinne Entwicklungsschritte dar, in denen eine Paradoxie entfaltet wird. Durch diese Konzeption ist es möglich, „die Veränderungsprozesse in kleinen Schritten zu erkennen und zu würdigen, d.h. die inneren Widerstände der Personen ernst zu nehmen und zu akzeptieren. Dies bewahrt vor der Versuchung, andere missionieren zu wollen und absolute Ansprüche zu errichten. So können wir auch in den vielfältigen Annäherungsformen an optimale Bedingungen der Integration die Ansätze von integrativer Erziehung erkennen, sofern dadurch die Dynamik der Verarbeitung in Gang kommt. Aus diesem Grund legen wir die Kriterien für Gelingen oder Mißlingen der integrativen Erziehung in die dabei in Gang gekommenen Prozesse, nicht in bestimmte Verhaltensweisen oder Tätigkeitsformen" (Reiser 1986, S.156).

1

Gegenüber den relativ einfachen Strukturen der Schulkarriere, die auf der Fiktion homogener Gruppen beruhen, erhöht die Integration individueller Behinderungen pädagogische Komplexität ganz erheblich, da Trivialisierung durch Standardverfahren ohne Ansehen der Person nicht ausreicht. Wie entsteht in der Flut neuer Ereignisse (die durch psychische und kommunikative Operationen erst Fragen, Einwände, Zweifel, Eindrücke, Erlebnisse, Gefühle, Aufgaben usw. sind) überhaupt kognitive und kommunikative Ordnung, gewissermaßen kognitive und kommunikative Handhabbarkeit („Viabilität")? Systemtheoretisch läßt sich dies als das grundsätzliche Problem verstehen, „wie es möglich ist, durch Reduktion von Komplexität erfaßbare Komplexität zu steigern. Die Antwort lautet: durch Konditionierung von Kommunikation, das heißt durch Bildung sozialer Systeme" (Luhmann 1984, S.236).
Wie geschieht dies im Falle Stefans?
In der System/Umwelt-Differenz: Das Interaktionssystem Unterricht integriert Stephans Behinderung, indem es sich formt in nicht-trivialisierenden Konditionierungen in den Paradoxien von Gleichheit/Verschiedenheit (von Autonomie/Interdependenz, Verstehen/Nichtverstehen, Zeitgeben/Zeitnehmen) und dabei notwendige Umwelt schafft: Die Lehrerin nimmt Stefans Behinderung nicht als Ausnahme in punktuellen Ereignissen sondern als Normalität von Gleichheit und Verschiedenheit wahr/Sie berät sich mit der Mutter, mit Ärzten usw. Es handelt sich um die beiden Seiten einer entwickelteren Ausformung der System/Umwelt-Differenz schulischer Kommunikation. In der Einheit dieser Differenz wird eine neue Entwicklungsstufe erreicht.
In der Umwelt von Schule etablieren sich kurz- oder längerfristige Kommunikationssysteme (mit bezug auf das Thema der schulischen Integration), deren entscheidendes Merkmal ihre *Differenz* zur (inner-)schulischen Kommunikation ist: In den Beratungen mit der Mutter, mit dem Arzt, mit der Krankengymnastin usw. haben andere als schulpädagogische Aspekte Geltung. Alle Beratungssituationen unterscheiden sich in ihren Regeln der Schaffung und Reduktion von Komplexität von denen des konkreten schulischen Systems. Die Beratung schulischer Integration unterliegt nicht schulischer Systemrationalität (der binären Codierung der Karriere), sie kann diese reflektieren, kommentieren, irritieren, ergänzen, kritisieren. Diese Differenz „transformiert Bindung in Freiheit" (Luhmann 1984, S.570). Im schulischen System muß anerkannt werden, daß Stefans Behinderung es erfordert, andere Aspekte als die gewohnten zu berücksichtigen. Die Bindung an medizinische, sonderpädagogische, krankengymnastische, familiäre, versicherungsrechtliche Aspekte in Beratungsprozessen erweitert den Freiheitsspielraum im schulischen System, gerade wegen der grundlegenden Differenz, also Unverfügbarkeit jener

(fachlichen ...) Regeln der Komplexitätsreduktion. Es sind Einigungen notwendig, die die Unverfügbarkeit „des Anderen" anerkennen. Komplexitätsreduktion durch Trivialisierung wird ersetzt durch Komplexitätsreduktion durch Einigungen, durch Beratung. „Beratung" bezeichnet das Modell einer nichttrivialisierenden Pädagogik (Meister 1992; Krämer/Meister 1993), die die Paradoxie der Erziehung in der System/Umwelt-Differenz bewußt zu ihrer Voraussetzung macht: Nur in der Anerkennung des anderen als eines Nicht-Verfügbaren, in der Anerkennung der eigenen Grenze ist diese Pädagogik möglich. Schule hat die Aufgabe, *intern die Möglichkeit des unverfügbaren Anderen einzurechnen.*
Integrative Prozesse im Interaktionssystem Unterricht, in der Regelschule, im Erziehungssystem, in der Gesellschaft beruhen auf der Differenz von System und Umwelt, sie folgen dem Prinzip der Rekursivität in Differenz-Beziehungen. Kommunikation hat Freiheitsgrade doppelter Kontingenz aufgrund der System/Umwelt-Differenz, weil wechselseitig das jeweils Andere in der eigenen Weise der Komplexitätsreduktion als nicht im voraus berechenbar vorgesehen werden muß. Es kann in doppelt kontingenter Kommunikation befragt werden, es kann verborgen bleiben, es kann in eigener Weise aktiv und initiativ sein, es kann sich selbst verändern, es kann Bindungen eingehen und diese können wieder aufgekündigt werden. „Insofern ist die Rekursivität des Gesellschaftssytems derjenige 'Hyperzyklus' (Eigen), der die Konstitution der Kontingenzen des Interaktionssystems und damit dessen Selbstselektion erst ermöglicht" (Luhmann 1984, S.570). Die Alternative zum Modell der Beratung sind mehr oder weniger klar erkennbare Zustände der „Versklavung durch einen Ordner" im Wechselverhältnis zwischen System und Ereignis (in Hakens Modell des Laserlichts; Haken 1989, S.23; 1991, S.61f) als Mechanismus einer Systembildung stringenter Gleichheit ohne Verschiedenheit.

2

Dies verändert die Kommunikationsform der „Praxis", die in diffuser Weise Übereinstimmung im Lehrerhandeln behauptet und damit Zurechnungsfähigkeit im System konditioniert. Karriere und „Praxis" haben Trivialisierung, d.h. die Leugnung des unterschiedlich Individuellen und des Kontroversen gemeinsam. Wie Innen- und Außenseite korrespondieren sie im Modell der Karriere. „Jedermann wird als dasselbe miterlebend vorausgesetzt in der Leerform eines anderen Ichs, als 'Man" (Luhmann 1968, S.18). Mögliche Komplexität von Welt wird dadurch reduziert auf das als vertraut Unterstellte, das im Verständnis der Unterstellung im anderen nicht wesentlich anders sein kann als im jeweils eigenen Erleben. Was darüber hinausgeht ist Unvernunft, gehört nicht dazu, ist verrückt, unzurechnungsfähig, hat mit Praxis nichts zu tun. „Mit der anonym und latent bleibenden Konstitution von Sinn und Welt wird das volle

Potential der an sich gegebenen Erlebnismöglichkeiten, die extreme Komplexität der Welt, dem Bewußtsein entzogen. Die vertraute Welt ist dann relativ einfach und wird in dieser Einfachheit durch enge Grenzen gesichert. Die Komplexität ihrer Möglichkeiten erscheint gleichwohl, und zwar als Schnitt zwischen dem Vertrauten und dem Unvertrauten, dem Fremden, dem Unheimlichen, das bekämpft oder mystifiziert wird" (Luhmann 1968, S.19) - ebenso: als Schnitt zwischen den Normalen und dem Behinderten, das ausgesondert werden muß.

Genauso korrespondieren die Wahrnehmung der individuellen Behinderungen in der schulischen Normalität und die schulische Kommunikationsform der Beratung, die beide erst notwendig und möglich sind, wenn sich die man-Normalität in Karriere und „Praxis" als unzureichend erwiesen hat, wenn sie ersetzt wird durch die Differenz von Ich, Du und Wir in der themenzentrierten Kommunikation. „Erst in dem Maße, als der andere Mensch nicht nur als Gegenstand in der Welt, sondern als alter ego ins Bewußtsein tritt, als Freiheit, die Dinge anders zu sehen und sich anders zu verhalten, wird die traditionelle Selbstverständlichkeit der Welt erschüttert, wird ihre Komplexität in einer ganz neuen Dimension sichtbar, für die vorerst keine angemessenen Formen der Erfassung und Absorption Verfügung stehen" (Luhmann 1968, S.19). *Die Konstruktion einer nicht-trivialen Welt* schulischer Kommunikation, in der individuelle Behinderungen integriert werden können, zur erfordert Kommunikation im Sinne von *Beratung*, in der das Andere anders sein kann und nicht auf Eigenes reduziert wird. Dies führt in der Reflexion dazu, das Fremde im Eigenen zu entdecken.

Der Wechsel zu nicht-trivialisierender Pädagogik hat grundsätzliche Auswirkungen auf das Verständnis der Lehrerrolle: „Nehmen wir das transitive Verbum `organisieren' und setzen wir eine Welt, in der der Organisator und seine Organisation so fundamental voneinander getrennt sind wie die Formen des Aktivs und die des Passivs; es handelt sich um die Welt der Organisation des anderen, die Welt des Gebots: `Du sollst ...!'Wenn wir andererseits die Organisation einer Organisation betrachten, so daß die eine in die andere hineinschlüpft, d.h. also `Selbstorganisation' entsteht, dann setzen wir eine Welt, in der ein Akteur letztendlich immer mit Bezug auf sich selbst handelt, denn er ist in seine Organisation eingeschlossen; es handelt sich um die Welt, in der man sich selbst organisiert, die Welt des Gebots: `Ich soll ...!'" (v. Foerster 1993, S.239/240).

In anderer Sprechweise: Es handelt sich um die Welt, in der Menschen sich autonom und interdependet verbindlich organisieren, indem sie für sich Verantwortung übernehmen im Ganzen der Gruppe und des globe. Dies ist möglich in Formen gemeinsamer Beratung, die grundsätzliche Gemeinsamkeiten mit TZI haben. Für die Arbeit in integrativen Klassen haben sich Formen der begleitenden kollegialen Beratung z.B. im Sinne von Raguse-Stauffer/Raguse

(1990) als Bestandteil der Lehrerfortbildung bewährt - auch unter den Gesichtspunkten, andere als anders gelten zu lassen und Fremdes im Eigenen zu entdecken.
Die Konsequenzen, die v.Foerster für betriebliches Management zieht, entsprechen wesentlichen Bestimmungen der Leitung von TZI-Gruppen:
- Selbstorganisation impliziert, „daß ein Manager selbst Element des Systems ist, das er leitet" (v. Foerster 1993, 234).
- Manager sind keine „Macher und Befehlsgeber, sondern Katalysatoren und Pfleger eines sich selbst organisierenden Systems in einer sich fortentwickelnden Umwelt" (v.Foerster zitiert v.Hajek; v.Foerster 1993, S.234).
- „In einem sich selbst organisierenden Managementsystem ist jeder Beteiligte auch ein Manager des Systems" (v.Foerster 1993, S,243).
- Manager schaffen Interaktionsstrukturen, die Kommunikation erleichtern. „Es scheint, daß zirkuläre, rekursive Interaktionsmuster Störungen gegenüber hochstabil bleiben. Wichtig hierbei ist jedoch, daß diese Stabilität sich nicht aus Aktionen gegen die störenden Kräfte ergibt, sondern dadurch, daß man eben diese als Quellen der Kreativität nutzt" (v.Foerster 1993, S.266).
Dieses Muster der Leitung in einer Gruppe von Menschen beschreibt evtl. die produktiven Arbeitsformen der Lehrerin im Umgang mit ihrer Klasse. Deshalb kann es vielleicht Anregung für die Leitung integrativer Klassen im Sinne nicht-trivialisierender Pädagogik sein.

3

Nach dem Bericht der Klassenlehrerin wird Integration in ihrer Klasse nicht durch moralische Anweisungen sondern durch die Gestaltung von Interaktionsprozessen im Unterricht (Koppelungen in der Dynamik des Interaktionssystems) gelernt. Die Lehrerin belehrt nicht über Integration, sie verbietet/befiehlt nicht besonderes Verhalten, sondern gestaltet mit den Schülern in gemeinsamer Beratung Interaktionsanforderungen in konkreten Unterrichtsvorhaben mit Stefan zusammen. Die Zielsetzung „Integration" ist dabei wirksam als selbstverständliche Voraussetzung. Soziales Lernen geschieht in diesem umfassenderen Rahmen des konkreten Interaktionssystems auch aufgrund der Didaktik des Unterrichts im Sinne der Lehrerin, die dabei Integration als selbstverständliche Voraussetzung unterstellt. *Diese Sinnunterstellung in konkreten Unterrichtsaufgaben bestimmt das gemeinsame Problemlösen.*
Dies stimmt mit Beobachtungen anderer Autoren (z.B. Kounin 1976) überein, daß Schülerverhalten weniger durch die Vielzahl von Zurechtweisungen als durch das unterrichtliche Geschick des Lehrers beeinflußt wird, der das Interaktionssystem Unterricht überblickt. Markowitz macht den Unterschied durch den Vergleich mit kompetenten/inkompetenten Beobachtern deutlich: Die Aufmerksamkeit und die Reaktionen des inkompetenten Beobachters werden

durch den häufig wechselnden Brennpunkt des gerade aktuellen Geschehens bestimmt; er reagiert außengesteuert und hektisch wechselnd. Der kompetente Beobachter strukturiert in größeren Abläufen, erkennt Muster und strukturiert aktiv das Geschehen nach eigenen Gesichtspunkten bezogen auf systemrelevante Prozesse (Markowitz 1986, S.302). Dies stimmt mit den eingangs referierten Untersuchungen Dörners überein.

Daraus folgt die Kritik, (Fach-) Didaktik konstruiere lediglich künstlich reduzierte Bezüge, sie leugne das konkrete Sozialsystem Unterricht und die Umweltbezüge der Schüler, sie unterstelle oft die unrealistische Situation des „pädagogischen Bezugs", d.h. isolierte Schüler lernten häppchenweise den Stoff in individueller Bindung an den Lehrer. Beispielhaft auf Aebli bezogen: „Zwar versucht er mit seinem von Jean Piaget beeinflußten Programm der sogenannten operativen Didaktik kognitive Prozesse auf pragmatische zu fundieren. Aber die pragmatischen Kontexte, aus denen die Begriffe als kognitive Effekte resultieren, sind ausnahmslos indifferent gesetzt gegenüber dem Sozialsystem Unterricht und seiner Epigrammatik" (Markowitz 1986, S.138). Es dämmert eine alte Tradition: Das transzendentale Erkenntnissubjekt steht allein dem Gegenstand gegenüber, konkrete Individualität wird nur als fehlerhafte Abweichung erkennbar; da die wahre Erkenntnis für alle gleich ist und so von allen als dieselbe erworben werden muß, sind Individualität und Kommunikation zwischen Lernenden unwesentlich.

Die soziale Konstitution von Entwicklungsprozessen aufgrund von Widersprüchen - als Widersprechen in der Diskussion - wird nicht berücksichtigt. Wo beim frühen Piaget kognitive Entwicklung aufgrund der konkreten Kommunikationsprozesse der Diskussion, der Begründung, der Kritik und des Widerspruchs erklärt wird (Piaget 1972, S.246; zuerst 1924), reduziert sich der Zusammenhang beim späten Piaget auf innerpsychische Widersprüche, die zunehmend bewußt werden. Dadurch geht in der Folge die Koppelung psychischer und sozialer Prozesse in der Didaktik (des Rechenunterrichts) verloren oder bleibt verborgen. Sie mußte erst wiederentdeckt werden z.B. unter dem Stichwort „kollektiver Lernprozesse": „Erst wenn die intramentalen Reflexionsprozesse der einzelnen Subjekte als integrierte Bestandteile des intermentalen Prozesses einer kollektiven Argumentation aufgefaßt werden, wird verständlich, erstens: wie das einzelne Subjekt empirische Erfahrungen machen kann, die sein bereits existierendes Wissen in struktureller Hinsicht systematisch transzendieren, und zweitens: daß das einzelne Subjekt einen 'strukturellen Widerspruch' zwischen kognitiven Schematisierungen der Wirklichkeit erfahren kann, noch bevor es das übergeordnete kognitive System entwickelt hat, in dessen Rahmen eine systematische Auflösung dieses Widerspruchs und damit die Realisierung des strukturell 'Neuen' in der Entwicklung möglich wird. Die für fundamentales Lernen konstitutive Konstruktion von Negationen setzt kollektive Argumentationsprozesse voraus" (Miller 1986,

S.303/304). Diese Überlegungen zur Koppelung psychischer und sozialer Prozesse in der Paradoxie der Erziehung können als ein Grundsatz der Didaktik integrativen Unterrichts verstanden werden: *Das Neue individueller Entwicklung geschieht in der konkreten Kommunikation in gemeinsamen themenzentrierten Unterrichtsprozessen, die von der Verschiedenheit der Personen und ihrer Beiträge, also der Verschiedenheit der Mitteilungen, der Informationen und Verstehensprozesse - z.B. in kontroverser Argumentation - profitiert.* Individualität der Konstruktionen („Erfindungen" im Sinne von Le Bohec) und Vielfalt (Heterogenität) in der Kommunikation ermöglichen fruchtbare Lernprozesse. „Viel hängt von der Sensibilität und Bereitschaft des Lehrers ab, den einzelnen Schüler auf seine Weise denken zu lassen und, wo immer möglich, die restliche Klasse daran zu beteiligen und mit ihr den besonderen Denkweg zu diskutieren" (Glasersfeld 1996, S.294). Integrationsorientierte Didaktik braucht den Bezug auf konkrete gemeinsame Lernprozesse in der heterogenen Gruppe. Dies ist nur in den Einigungen eines Interaktionssytems möglich, das Gleichheit und Verschiedenheit anerkennt. Das Verständnis von Gleichheit und Verschiedenheit entscheidet über die didaktischen und gruppendynamischen Kommunikationsmöglichkeiten.

Bezogen auf schulische Interaktion handelt es sich in der Didaktik im wesentlichen um die Paradoxie von „Führen und Wachsenlassen" (Th.Litt): Lehrplan und offener Unterricht, zieldifferente Integration, Regulierung/Deregulierung (Luhmann 1996, S.33). Einigungen sind möglich, wenn wir - wie Piaget - davon ausgehen, „daß Lernende `es in sich haben´, jedoch als Fähigkeit der Konstruktion, nicht als vorgeformte angeborene Idee" (Glasersfeld 1996, S.291). Lehrer sollen bezogen auf die Konstruktionsprozesse der Schüler kommunikationsfähig sein. „Begriffe müssen von jedem Lerner für sich aufgebaut werden, doch ist es Aufgabe der Lehrer, die Konstruktionsprozesse ihrer Schüler zu orientieren. Es ist natürlich leichter, Schüler auf einen bestimmten Bereich der begrifflichen Konstruktion hinzulenken, wenn man eine gewisse Vorstellung von den begrifflichen Strukturen hat, mit denen sie gerade arbeiten. Mit anderen Worten, um das Denken der Schüler zu verändern, braucht der Lehrer ein Modell ihres Denkens. Da man nicht in die Köpfe der Mitmenschen hineinschauen kann, bleiben solche Modelle immer hypothetisch" (Glasersfeld 1996, S.300). Für die Erprobung dieses Gedankens bietet Kutzers Didaktik des Mathematik-Unterrichts gute Grundlagen, wenn sie bewußt als (Kommunikations-) Hilfe für Lehrer und nicht als Vorschriftenapparat für Schüler verstanden wird.

Die Komplexitätsreduktion im Unterricht beruht im Sinne Kutzers auf den Dimensionen Komplexität der Lernanforderungen (Struktur des thematisierten Lerngegenstandes), Niveau der Verarbeitung (Lernvoraussetzungen des Schülers) und Lernarten. Bereits die systematischen Differenzierungsmöglichkeiten nach Komplexität und Niveau empfehlen diese Didaktik nachdrücklich für

integrativen Unterricht (unter dem Gesichtspunkt innerer Differenzierung auf der Grundlage handelnden Lernens, das bis zu formalen Operationen in Gruppierungen weitergeführt wird und das individuell und kommunikativ beweglich über alle Niveaustufen bleibt). In einem Projekt des LPM-Saarbrücken (Saarland im Druck) wurden diese Möglichkeiten für „zieldifferenten Mathematik-Unterricht" (bzw. „handelnden Mathematik-Unterricht") in einer Arbeitsgruppe zusammen mit Prof. Kutzer unter Mitarbeit von Dr. Zwack-Stier theoretisch und praktisch genutzt, um nichttrivialisierende Kommunikationsmöglichkeiten von Lehrern mit Schülern, konkret und differenziert auf Lernprozesse bezogen, zu entwickeln. Eng miteinander verknüpft - oft sind die Aufgaben identisch, wurden didaktische und diagnostische Aspekte der Lehrer-Schüler-Kommunikation beispielhaft ausgearbeitet. Die Vorschläge sind konkret und einfach und deshalb alltagstauglich und variationsfähig. Auch wenn die Ausarbeitung des Modells eindeutige Schwerpunkte zeigt - im Lernstrukturgitter wird die Differenzierung nach Komplexität x Niveau systematisch angeleitet, begründen die Möglichkeiten des Modells eine systematisch differenzierte Lernorganisation in allen drei Dimensionen. Nichttrivialisierende Unterrichtsformen werden in diesem Modell begünstigt durch
- die Reduktion und Erhaltung der Komplexität in einem dreidimensionalen Modell (fokussiert in einem zweidimensionalen Strukturgitter), das didaktisch und diagnostisch differenzierte Kommunikationsmöglichkeiten anbietet; dies ermöglicht die konsequente *Ausrichtung an der Unterschiedlichkeit von Lernprozessen in einem gemeinsamen themenzentrierten Bezugsrahmen* (also auch Einigungen mit Karriereanforderungen des Lehrplans bzw. Möglichkeiten entsprechender Umgestaltung von Lehrplänen);
der Aufbau in Niveau- und Komplexitätsstufen erlaubt es im Streitfall, Aufgaben (strukturbezogen) sinnvoll zu variieren, z.B. die Komplexität einer Aufgabe strukturell sinnvoll zu reduzieren, und die Flexibilität zwischen den Stufen fördern
- *Fundierung der Lernprozesse im Handeln*, so daß Streitfälle argumentierend gemeinsam und selbständig (mit Lehrer/ohne Lehrer) mit konkretem Material überprüft werden können
- *Verinnerlichung in handlungsbezogenen Vorstellungen* als eigenen Konstruktionen (statt starrer Konfigurationen z.B. von Zahlbildern), die zunehmend reversibel durchlaufen werden können
- *Entwicklung formaler Operationen in Gruppierungen*, die durch operationale Verknüpfungen bewegliches Denken statt starrer Abläufe fördern und damit Kommunikation auf unterschiedlichen „Abstraktionsstufen" ermöglichen
- Konzentration auf jeweils ein einfaches Handlungsmodell, an dem *themenspezifische Elementarerfahrungen* möglich sind, die dann anhand anderer Modelle generalisiert werden; damit sind vielfältige *Variationsmöglichkeiten im selben Thema auf einer gemeinsamen Grundlage* möglich

- *Differenzierung und Individualisierung möglicher Zielsetzungen* in einem gemeinsamen Theorierahmen, so daß es nicht notwendig ist, an einer für alle einheitlichen Definition von „Schulerfolg" oder „Schulversagen" festzuhalten
- die Vermeidung von Verbalismen, die selbständiges Denken verhindern; die Anleitungen zum *handlungsbegleitenden Sprechen im Dialog* und die Befähigung der Lehrer, *Dialogpartner nach den Möglichkeiten der Schüler* zu sein; dies gilt auch für schwierige Lernsituationen
- den Grundsatz, daß *Schüler verstehen, was sie tun*; daraus resultierend die systematische Forderung, Lösungen von den Schülern begründen zu lassen (formal oder mit Bezug auf konkrete Handlungen bzw. Vorstellungen)
- die pädagogisch begründete grundsätzliche Ablehnung trivialisierenden Lernens, das Anpassung auf Kosten von Spontaneität, Selbstbewußtsein und Kreativität fordert.

Wichtig ist die *konstruktivistische Funktion des Materials*: „Aus konstruktivistischer Perspektive sind Begriffe nicht in den Dingen enthalten, sondern müssen durch reflexive Abstraktion von jedem Individuum aufgebaut werden. Und reflexive Abstraktion besteht nicht allein im genauen Hinschauen, sondern in mentalen Operationen, die mit dem verfügbaren Wahrnehmungsmaterial kompatibel sind. Die praktischen Lehrmittel sind daher in der Tat nützlich, sie müssen aber als Mittel genutzt werden, um Gelegenheiten zum Reflektieren und Abstrahieren zu schaffen, nicht als aus sich selbst verständliche Manifestationen der gewünschten Begriffe. Zahlenstäbe (etwa von Cuisenaire) verkörpern keine Zahlen, ihre materiellen Eigenschaften aber ermutigen zur Konstruktion von Einheiten und zur Iteration der Aufmerksamkeit" zwischen verschiedenen Ebenen (Glasersfeld 1996, S.296) - zum Aufbau von Operationen aus Handlungen. Ausgehend von Piaget oder von der Aneignungstheorie kann dieser Grundgedanke differenziert werden.

Der Aufbau vom konkreten Handeln zu formalen Schemata kann verknüpft werden mit Überlegungen, Alltagserfahrungen mit ihren unterschiedlichen Lern- und Lösungsstrategien (Carraher 1985 a,b; Saxe/Maryl 1988) und „freie Texte" (Le Bohec 1994) einzubeziehen, die Stufen der Generalisierung können von unterschiedlichen Arbeitsformen und Arbeitsmitteln profitieren (Lorenz 1992; Lorenz/Raddatz 1993; Müller/Wittmann 1995), auch wenn sie von den Aufgaben Kutzers ausgehen, die sich oft zunächst im Sinne der mathematischen Struktur stark reduzierter Materialien bedienen..

Fachdidaktik und Entwicklungspsychologie wissen aber immer noch wenig Konkretes über Möglichkeiten, die Lebensumstände differenziert in Betracht zu ziehen: „Despite considerable interest in the issue, developmental psychology still lacks an adequate theoretical framework for relating concepts to the cicumstances in which learning takes place" (Carraher 1988, S.71). So wird es verständlich, daß es beträchtliche Unterschiede zwischen Alltagskompetenzen und schulischem Erfolg (z.B. im Rechnen) geben kann. Die genannten Autoren

beobachteten, daß Kinder, die in Brasilien vom Straßenhandel lebten, in ihren pragmatischen Rechenverfahren zuverlässig Aufgaben lösten, die sie nach Schulmustern nicht lösen konnten. Gut ausgebildete Erwachsene in Kalifornien lösten Rechenaufgaben im Supermarkt besser als im Rechentest (Carraher 1988, S.72).
Dies ist ganz im Sinne der System/Umwelt-Differenz von Unterricht zu verstehen: Verarmung der Umweltbezüge (des Unterrichts) ist gleichzeitig eine Verarmung der „inneren Differenzierung" in bezug auf ein Thema. Es sind zwei Seiten einer Sache: welche Emotionen, Kognitionen und Motive uns in Beziehung setzen/was uns in unserer Umwelt anspricht; wie differenziert Unterricht ist/welche Umwelt Unterricht zuläßt. „In this view, we need to broaden our conception of what mathematical thinking in general is all about. Mathematical thinking is more than strategies, knowledge, and procedures... Contrary to the information-processing theorists, intellectual activity is not primarily the operation of procedural and declarative knowledge. Instead, at least in those suffering from learning difficulties - and who does not in some degree?- mathematical thinking is in significant measure the operation of beliefs, feelings, motives, and the like. ...The students whom we investigated did not seem to suffer from basic intellectual deficiencies that could explain their learning problems. Instead, their intellectual performance was influenced by a number of strictly noncognitive factors. Anxiety depresses performance; rigidity prevents learning; beliefs inhibit exploration and hence learning. At the same time, the direction of causality is not clear: thus anxiety promotes avoidance, but avoidance produces poor performance, which in turn promotes anxiety. In brief, mathematical performance is composed of noncognitive factors, is influenced by them, and influences them" (Ginsburg/Asmussen 1988, S.107/108). Kutzers dritte Dimension mathematischen Lernens erhält durch diese Überlegungen besondere Bedeutung. Sie verdient eine differenzierte Darstellung innerhalb des Modells.
Nicht-trivialisierende Kommunikation im (Mathematik-)Unterricht verstehe ich als themenzentrierte Kommunikation in einer Lerngruppe, die konkret bezogen bleibt auf die vielfältig unterschiedlichen Personen dieses Interaktionssystems, statt Individualität in einer Fiktion der Homogenität (eines transzendentalen Erkenntnissubjekts oder eines Durchschnittsschülers) zu leugnen. In der thematisch vermittelten Koppelung gemeinsamer und individueller Prozesse (in Autonomie und Interdependenz) liegt die Aufgabe integrativer Unterrichtsgestaltung. Es ist deutlich, daß Nichttrivialisierung im integrativen Unterricht bedeutet, *die Ganzheit der TZI-Struktur zu wahren*: Themenbezug (in der Sachdimension) und Beziehungsebene zwischen konkreten individuellen Personen (in der Sozialdimension) in einem eigendynamischen Interaktionssystem (in der Zeitdimension) ermöglichen gemeinsame und individuelle (Lern-)Entwicklung. Die Bedeutung des globe (der System/Umwelt-Differenz) soll

auch unter dem Gesichtspunkt „innerer Differenzierung" (s.o.) nicht unterschätzt werden: Der Unterricht von Frau Rothkamp war erfolgreich im Lösen konkreter Probleme in gemeinsamen Unterrichtsvorhaben. In diesen Prozessen konnten Schüler ihr Alltagswissen themenspezifisch sinnvoll einsetzen und themenspezifisch Komplexität aufbauen.
In Übereinstimmung mit einschlägigen Untersuchungen zur Didaktik des Grundschulrechnens läßt sich vermuten: „that thinking sustained by daily human sense can be - in the same subject - at a higher level than thinking out of the context" (Carraher et al. 1985, S.27). Einschränkend gilt aber auch, daß mathematisches Lernen nicht auf den Kontext „Alltagswissen" beschränkt sein kann: „Schüler würden nicht so häufig eine Abneigung gegen Mathematik und logisches Denken entwickeln, wenn sie früh genug Gelegenheit bekämen, zu begreifen, daß es sich dabei um mentale Operationen und Abstraktionen handelt und nicht um Handlungen und Gegenstände der Alltagswelt" (Glasersfeld 1996, S.297). Gerade unter diesem Gesichtspunkt läßt sich die Didaktik Kutzers auf die aktuelle Konstruktivismus-Diskussion in der amerikanischen Mathematikdidaktik beziehen. Im Hinblick auf diese Diskussion betont Glasersfeld, „daß die Mathematik und in der Tat die Wissenschaft im allgemeinen nicht darauf angelegt ist, die Realität zu beschreiben, sondern daß sie ein System bereitstellen soll, mit dem wir unsere Erfahrungen organisieren können" (Glasersfeld 1996, S.299).

## 4

Die Einheit von Didaktik und Diagnostik im Modell der Karriere erscheint als Selektion und Trivialisierung insbesondere in der Leistungsthematik.
*Selektion macht Trivialisierung notwendig* - Trivialisierung ist Bedingung personunabhängiger („objektiver") Bewertung im binären Code besser/schlechter. *Trivialisierung macht Selektion notwendig* als Bedingung personunabhängiger Organisation eines pädagogischen Programms in der Karriere homogener Gruppen. Beide bedingen sich wechselseitig. Es ist gezeigt worden, daß Selektion als grundlegende Funktion in der Ausdifferenzierung des Erziehungssystems die Ausbildung einer Karriere im Code besser/schlechter (bezogen auf Lebenschancen) erfordert. Diese Karriere ordnet schulische Ereignisse in einer zeitlichen Abfolge, so daß Schülerleistungen linear geordnet werden können und vergleichbar sind. Diese Organisationsweise funktioniert durch Trivialisierung der Lernprozesse, die ihren Sinn nicht im Bezug zum individuellen Selbst sondern zum Aufbau der Karriere haben. Selektion erfordert Trivialisierung, um diagnostisch „objektiv" gerechtfertigt zu werden, Trivialisierung erfordert Selektion, um in der Fiktion der homogenen Gruppe legimiert zu werden. Im Zirkel von Selektion (mittels Diagnostik) und Trivialisierung (mittels Didaktik) erzeugt sich Karriere fortlaufend selbst.

Förderungsbezogene Diagnostik schafft den Zusammenhang „geeigneter Schüler" und „geeigneter Lernanforderungen" - Gleichheit ohne Verschiedenheit in Regel- und Sonderkarrieren.
Dieser Zirkel von Diagnostik und Didaktik im Sinne von Selektion/ Trivialisierung schließt Integration aus. Er kann als Zirkel einer nichttrivialisierenden Koppelung sozialer und individueller Lern- und Entwicklungsprozesse rekonstruiert werden, wenn die Form der Koppelung (speziell aufgrund der Unterscheidung behindert/nicht-behindert) selbst Teil der Diagnostik und Didaktik ist, also im Sinne des re-entry emanzipatorisch reflektiert wird. Im Sinne Kornmanns (im Druck) muß das Unterrichtskonzept, besonders im Hinblick auf die Frage nach der Form der Koppelung, in die Diagnostik einbezogen werden. In Stefans Geschichte geschieht dies beim Wechsel von der Leugnung („Stefan ist wie alle") zur Wahrnehmung der Behinderung unter der Maxime „Stefan gehört zu uns": Die Lehrerin ändert Bedingungen des Interaktionssystems Unterricht; sie besorgt sich aktiv die dazu notwendigen Informationen und ändert dabei bestehende Strukturen in der System/Umwelt-Differenz (wie oben dargestellt). Zumindest fünf wesentliche Aspekte betreffen die Frage nach der *Diagnostik in einer nicht-trivialisierenden Pädagogik*:
- Die Lehrerin lernt die individuelle Behinderung in der Biografie und in der aktuellen Situation Stefans kennen - Stefan wird nicht auf eine nichtssagende Standardbiografie und man-Vorschriften reduziert, sondern individuell wahrgenommen.
- Die Beschaffung und Verarbeitung diagnostischer Informationen geschieht primär durch Beratungsprozesse - die Unterschiedlichkeit individueller (subjektiver) Perspektiven und Kompetenzen wird in der sprachlichen Einheit von Mitteilung, Information und Verstehen in den Prozeß einbezogen. Informationen und Beratungen sind notwendig bezogen auf konkrete gemeinsame Vorhaben - nicht primär bezogen auf Karriere. Sie sind sprachlich, nicht in einem internen Kommunikationsmedium vermittelt.
- Stefans Selbständigkeitsentwicklung wird bewußt angeregt und unterstützt - er ist Akteur eigener Entwicklung in Interdependenz mit Interaktionssystemen und kann deshalb eigene Bedürfnisse und Grenzen nennen
- Die Klasse (einschließlich Stefan) wird an den Beratungen über Unterrichtsvorhaben unter dem Grundsatz, daß Stefan selbstverständlich dazugehört, aktiv beteiligt - es werden Kommunikationsformen entwickelt, unterschiedliche Subjekte explizit zu beteiligen.
- Die individuelle Notwendigkeit pflegerischer Versorgung wird ein selbstverständlicher Bestandteil der gemeinsamen Beratungen (Planung und Vorbereitung) - die Unterschiedlichkeit der Individuen und ihrer Bedürfnisse wird akzeptiert.

*Die Frage nach der Koppelung individueller Aktivität und individueller Notwendigkeiten und gemeinsamer Unterrichtsvorhaben (in gemeinsamer Beratung) ist damit wesentlicher Bestandteil des Zirkels Diagnostik-Unterrichtsgestaltung.* Die Form dieser Koppelung entscheidet über die Integration Stefans. Sie sollte Teil der Diagnostik und der bewußten pädagogischen Gestaltung in Beratungsprozessen sein.

5

In derselben Weise, wie oben die Konstruktion des Neuen individueller kognitiver Entwicklung in der Koppelung psychischer und sozialer Prozesse verstanden wird, läßt sich die integrative Entwicklung im Interaktionssystem in dieser Koppelung beschreiben. Die Anforderungen der Eltern an die Schule und die Sinnbestimmung der Lehrerin werden systemintern als zeitlich überdauernde Orientierungen interpretiert. Sie gehen in Planungen ein, die im übrigen den aktuellen Anforderungen folgen. Dies kennzeichnet *Planung im Prozeß*: Sie schafft in der Einheit aus grundlegender Sinnorientierung und aktueller Entscheidung den „roten Faden" der Entwicklung im Konkreten. Die Sinnbestimmung ist aktuell und konkret, sie ist lebendig wirksam, sie ist erfahrbar als gültig in der selbstreferentiellen Entwicklung des Interaktionssystems. Sie ist eher wirksame Verdichtung von Erfahrung („Tradition", „Geist", „Gruppen-Selbst") als Zielsetzung oder Abstraktion. Die Kunst der Leitung, z.B. durch Explikation von Themen im Prozeß, folgt diesem Prozeß und formuliert die aktuelle Thematik in einer Form, die Erfahrung aufnimmt und die anschließende Gestaltung des Neuen anregt. Sie kann diese Weiterentwicklung nicht selbst für das Interaktionssystem leisten, aber sie kann mit Gespür für den aktuellen Prozeß Aufmerksamkeit und Aktivität im Thema fokusieren.
Diese Form der Planung gilt ganz offensichtlich für die gruppendynamische Entwicklung der Integration Stefans. Sie wird berichtet in der Planung von Unterrichtsvorhaben: Die Lehrerin benennt deutlich das *konkrete aktuelle Thema*, z.B. wie der Museumsbesuch mit Stefan zusammen möglich sei, ob seine Mutter mitfahren müsse usw.; die Klasse berät dieses Thema und entwickelt in der Beratung und in der Durchführung des Vorhabens ihre integrative Form weiter. „Ihre integrative Form" ist die selbst- und fremdreferentielle Einheit aus Sinnorientierung und aktueller Aufgabe in der Geschichte aus Problem - Lösung - Problem - Lösung usw. in der gemeinsamen Beratung.
Planung im Prozeß gilt ebenso als Muster für Kutzers Didaktik. Der Prozeß konkret dieser Schulklasse und dieses Schülers, Mathematik zu entdecken und zu verstehen, entscheidet darüber, was aktuell Thema ist und wie dieses Thema formuliert wird. Das ist der Sinn des Strukturgitters. Das Neue der Entwicklung der Klasse/des Schülers ist in der Koppelung von psychischen und kommunikativen Systemen möglich, wenn diese Koppelung im Thema gelingt. Dies

setzt variable Formen der Unterrichtsgestaltung voraus, die unterschiedliches Zeitnehmen/Zeitgeben in variablen sozialen und thematischen Strukturen ermöglichen. Die Funktion des Strukturgitters ist in diesem Prozeß eine völlig andere als die des Lehrplans im traditionellen Verständnis der Karriere. Das Strukturgitter ist eine Hilfe, die konkreten Entwicklungs- und Lernprozesse dieser Klasse und dieses Schülers wahrzunehmen und für diesen Prozeß die aktuellen Themen zu formulieren und aktuell geeignete Formen der Bearbeitung in der Koppelung kommunikativer und psychischer Prozesse vorzuschlagen. Es ist eine Hilfe für den Lehrer, den Prozeß/die Prozesse der Schüler wahrzunehmen und bezogen auf diesen Prozeß/diese Prozesse (d.h. ihre Koppelung) zu arbeiten. In dieser Weise sind Einigungen mit Lehrplananforderungen möglich; umgekehrt können Lehrpläne auf die Notwendigkeit solcher Einigungen hin entworfen werden. (Dies wurde im LPM und mit Mitgliedern der Landesfachkonferenz Mathematik auch bezogen auf Fragen einer Regelung besprochen, die zusätzliche Förderstunden bei Lernschwierigkeiten legitimieren könnte. Diese Aspekte des Mathematik-Projekts wurden aber nicht realisiert.)

Die Produktivität der Entwicklung kann im TZI-Dreieck beschrieben werden: Die Unterschiedlichkeit der Schüler erlaubt die Unterscheidung von Ich (des jeweils einzelnen Schülers in seiner individuellen Entwicklung und aktuellen Situation) und Wir (im gemeinsamen Prozeß der Kommunikation) bezogen auf das Thema der Kommunikation (in seiner strukturellen Entfaltung). Sie ist Voraussetzung der Dynamik „kollektiver Lernprozesse" in der Koppelung psychischer und sozialer Prozesse. Aufgabe der Unterrichtsgestaltung ist es, intensive Kommunikationsprozesse durch individuelle Beteiligung, thematische Fokussierung, gemeinsame Dynamik anzuregen, so daß in der Koppelung Neues konstruiert werden kann. in diesen Prozessen ist es kaum möglich, einen allgemeinen cut-off-Wert der Integration zu bestimmen. Integration findet in den unterschiedlichen Aspekten kognitiv-thematischer, sozial-emotionaler und handelnd-interaktiver Koppelung statt. Sie umfaßt nicht in allen Ereignissen und zu allen Zeiten und zwischen allen Beteiligten alle Aspekte in voller Tiefe. In der Einheit der Kommunikation ist in den drei Dimensionen ein individuelles Profil im Einzelfall zu vermuten, in dem manche Aspekte stärker, andere schwächer ausgeprägt sind und über die Zeit variieren. Integration im Interaktionssystem Unterricht befriedigt sicher nicht alle Bedürfnisse, es enthält wohl in der Regel auch Aspekte der Isolation. Es ist eine Frage gemeinsamer Einschätzung und Bewertung vieler Gesichtspunkte, ob die integrative Koppelung in einer wechselseitig förderlichen Form einer Geschichte der Lösungen und Probleme weiterläuft oder nicht.

6

Beratungsprozesse werden in Stefans Integration zunächst vermieden - alles soll „normal" sein. Dann spielen sie eine entscheidende Rolle. Sie sind notwendig von dem Zeitpunkt an, als Stefan individuell mit seiner Behinderung und als dazugehörig (als verschieden und als gleich) wahrgenommen wird. Das nicht-trivialisierende Interaktionssystem Unterricht ist auf genaues Hinsehen und Hinhören angewiesen, auf Sich-Beraten, da es nicht reicht, ein allgemeines, vorbestimmtes (Regel- oder Sonder-) Programm abzuarbeiten.
Die Erziehung konstituierende Paradoxie von Autonomie und Interdependenz wird im Muster von Beratungsprozessen (des Sich-beratens) handhabbar.
Aufeinander bezogen sind interne Beratungen notwendig und Irritationen durch begleitende Beratungsprozesse, in denen Komplexität der Kommunikation in anderer Weise aufgebaut und reduziert wird. Durch die Beteiligung relevanter Personen und Institutionen konstruieren diese Prozesse relevante und tragfähige gemeinsame Wirklichkeit in der Koppelung psychischer und kommunikativer Prozesse.
Eine konstruktivistische Auffassung kann nachträgliche Trivialisierung durch die Beratung durch Experten vermeiden, die außerhalb der Situation sagen, „wie es ist", „wie das geht", „worauf es ankommt", „was effektiv ist". Insbesondere von Wissenschaft wird erwartet, daß sie Sicherheit durch allgemeine Erkenntnis schafft und Ungewißheit und Risiko vermindert. Die Behauptung, gemeinsame Beratung konstruiere gemeinsame Wirklichkeit in Beziehung, kann in Thesen entfaltet werden:
- Schulische Kommunikation schafft ihre Welt selektiver Verständigungsmöglichkeiten, in der sie thematisch, sozial und zeitlich geordnet weitergeht. An dieser Ordnung (z.B. musterhafter Abläufe im Unterricht) orientieren sich mögliche Beiträge. In dieser eigenen Welt ist Kommunikation anschlußfähig, d.h. auch sie bestimmt die Grenze zum Fremden und zum nicht kommunizierbaren Unbewußten oder „Verrückten". Diese Grenze ist ein Produkt des jeweiligen Kommunikationssystems und deshalb veränderbar.
Gemeinsame Beratung im Sinne der Integration schafft als Koppelung von Kommunikation und Bewußtsein „ihre Welt", in der persönliche Mitteilungen, thematische Strukturierungen und Verstehensprozesse anschlußfähig sind, ohne daß schulische Vorentscheidungen und Implikationen fraglos gelten müssen. Beratungsprozesse über die üblichen institutionellen Grenzen von Schule hinweg bieten die Chance, Abgrenzungen zu relativieren und *erweiterte Kommunikationsmöglichkeiten* zu schaffen. Genau dies sind Anforderungen integrativer Prozesse.
- In eingespielten Kommunikationsprozessen schotten operationelle Zirkel aus Beobachtung (Diagnosen, Gutachten) und Operation (Didaktik, Karriere-Entscheidungen) pädagogisch-institutionelle Routinen ab gegen Kritik und

Veränderung. Sie verfestigen sich in regelhaften Mustern und werden immunisiert, indem sie bestimmen, welche Informationen möglich (relevant) sind, was überhaupt innerhalb der Konstruktion Information sein kann, was Faktum ist, und tradieren sich damit als Teil von „Welt". Regelmäßigkeiten und daraus abgeleitete Hypothesen oder Erwartungen, Prognosen sind unsere Konstruktionen, die innerhalb unserer Welt - z.B. des Schulbetriebs - sinnvoll sind und sich bewähren können.

Neue, in irgendeiner Weise erweiterte, veränderte Konstruktionen durch Beratungsprozesse können diese Kommunikationsstrukturen stören, Selbstverständlichkeiten in Frage stellen und durch Irritationen und „Turbulenzen" Entwicklung ermöglichen. Sie können auch die Konstruktionsprozesse (z.B. schulischer Karriere) und ihre Implikationen als blinde Flecken der alltäglichen Kommunikation selbst thematisieren. Dies ist konkret auf den einzelnen Fall oder auf das Schulsystem bezogen möglich, so daß neue Entscheidungen möglich sind und Anschlußfähigkeit in veränderter Weise erhalten bleiben kann.

- Die Konstruktionen schulischer Kommunikation beruhen auf der Paradoxie der Erziehung. Sie sind
a) individuell und sozial in einer bestimmten Welt (aktuell oder vergangen) geschaffen worden und haben darin einen verstehbaren Sinn
b) als Teile von aktuellen, eigendynamischen institutionellen Kommunikationsprozessen kontingent und vielfältig selektiv verknüpft
c) in ihrer Komplexität hochgradig intransparent und vielen Perspektiven zugänglich
d) zirkulär miteinander verknüpft und deshalb nicht linear auflösbar
e) in der Koppelung psychischer und sozialer Prozesse motivational relevant und emotional besetzt und deshalb oft widerständig.

Beratungsprozesse, die bisherige Grenzen in Frage stellen, setzen sich diesen Aspekten psychosozialer Konstruktionen in den Zusammenhängen des sich entwickelnden Systems aus. Diese Konstruktionen sind nie in sich vollkommen, stringent und widerspruchsfrei. Sie produzieren blinde Flecken, Probleme und Konflikte. Sie sind ein Teil des Problems, das Gegenstand der Beratung wird. Sie produzieren mit anderen Faktoren das jeweilige Problem. Dieses produzierte Problem ist *das Konkrete*, nicht „die Sache an sich".

- Veränderung ist durch gemeinsame Beratung als Re-Konstruktion möglich. Rekonstruktionen in der Beratung nutzen konstruktivistische Perspektiven der „Umdeutung", des „zirkulären Fragens", der Unterschiedlichkeit persönlicher und institutioneller Zugänge in probeweisen Identifikationen usw. Sie können unterschiedlich begründet sein:

a) Die Veränderungen bisheriger *Umwelt-Kontexte* können durch Irritationen im System die Reflexion bisheriger Konstruktionen, ihrer Bedingungen und ihrer Grenzen anregen. Kritik kann Bezugspunkte außerhalb der bisher gültigen Argumernte verwenden.
Bsp.: Die externe Beratung mit medizinischen, sonderpädagogischen Experten usw. schafft Freiräume schulischer Kommunikation. Die bisherige Welt der Regelpädagogik ist in Frage gestellt
b) In der *Eigendynamik des Systems*, in veränderten (z.B. thematisch erweiterten) Kommunikationsprozessen wird die Kontingenz, die Unzulänglichkeit oder interne Widersprüchlichkeit selektiver Komplexitätsverarbeitung in aktuellen Konstruktionen (evtl. durch „décalages" thematischer, zeitlicher und sozialer Entwicklungsaspekte) sichtbar und läßt nach neuen Konstruktionen suchen. Die Eigendynamik des Systems erfordert gemeinsame Beratung des Prozesses.
Bsp.: Jede Lösung führt zu differenzierteren Problemen: Stefans Integration wird nach und nach in verschiedenen Teilbereichen der schulischen Kommunikation und Beratung zum Thema;
c) Die „Sache an sich" kann aufgrund der Unerschöpflichkeit selektiver Verknüpfungsmöglichkeiten in der Konstruktion von Welt andere Sichtweisen und damit Kritik nicht verhindern. Die *Intransparenz und Begrenztheit bisheriger Konstruktionen* läßt nach umfassenderen (z.B. pädagogisch psychologisch soziologischen) Konstruktionen in neuen Entwicklungen suchen. Bisher intransparente Bereiche können transparent werden.
Bsp.: Die Begrenzung auf die man-Normalität wird aufgegeben ; die Pädagogik wird um Aspekte von Behinderung, Pflege, Selbständigkeit/Interdependenz usw. erweitert.
d) Neue Konstruktionen entstehen aufgrund der *Verknüpfung verschiedener Ebenen*, die neue Zirkel der Ermöglichung emergenter Qualitäten/der Erzeugung von Ereignissen (Elementen, Relationen) im System eröffnen (Bsp.: Körperlichkeit, leibliche Zeit, individuelle Biografie, Zeitstrukturen im Interaktionssystem können über bisherige Grenzen hinweg in die schulische Kommunikation integriert werden).
Neue zirkuläre Verknüpfungen sind auch selbstreflexiv möglich als *re-entry* der Beobachtung in die Beobachtung (oder „Kybernetik zweiter Ordnung"). Beratung als pädagogische oder soziologische Aufklärung bisheriger Implikationen erhält dann einen emanzipatorischen Sinn.
e) Persönliche Sinn- und Zielsetzungen und Erfahrungen können anders bewertet und in neuen Zusammenhängen verändert interpretiert werden. Sie können in der *Koppelung psychischer und sozialer Prozesse* gemeinsame Klärungs- und Veränderungsprozesse notwendig machen und das *Medium* der Kommunikation thematisch verändern.

- Es ist unmöglich, die Komplexität nicht-trivialer Kommunikationsprozesse in einem pädagogischen System so zu reduzieren, daß zielerreichende Techniken möglich wären. Die *Form der Reduktion von Komplexität* in Beratungsprozessen unterscheidet sich grundsätzlich von trivialisierenden zentralen Steuerungstechniken, indem sie die Paradoxie von Steuerung und Autopoiesis institutionalisiert:
a) Beratung in einem Interaktionssystem (z.B. Unterricht) ist *dezentral*, sie beteiligt unterschiedliche Personen mit ihren Perspektiven und Kompetenzen der Erarbeitung und Reduktion von Komplexität
b) in die kommunikative Konstruktion von Welt in der System/Umwelt-Differenz können schon am Anfang die internen und externen Faktoren (Personen, Institutionen) einbezogen werden, die über die Dauer des Prozesses vermutlich *relevant für die Gestaltung* der Abläufe und Bedingungen sein werden; System/Umwelt-Differenz, Möglichkeiten der Attribuierung und ihrer internen Rekonstruktion als Einheit dienen zur Komplexitätsreduktion
c) die unterschiedlichen relevanten fachlichen, institutionellen und persönlichen Kompetenzen können *in Beziehung zueinander (nicht additiv)* genutzt werden; der multiplikativen Verknüpfung von Faktoren der Komplexitätssteigerung steht ein ebenfalls multiplikatives (zirkuläres) Verhältnis der Reduktionsfaktoren gegenüber; an die Stelle der reduktiven Simplifizierung des Themas tritt die Intensivierung und Verdichtung des Beratungsprozesses
d) der vieldimensionale und multikontextuelle Beratungsprozeß kann prozeßbegleitend über die Zeit organisiert werden, so daß immer wieder Beobachtungen, Überprüfungen und Initiativen zur Änderung möglich sind; die *Zeitstrukturen* (Erfahrungen aus der Vergangenheit und Bezug auf die Zukunft) ermöglichen Veränderungen in der Beratung
e) die *Verbindlichkeit* der Beratung kann zur verbindlichen Beteiligung in der Gestaltung von Abläufen und ihrer Bedingungen im Prozeß werden.
- Beratungsprozesse sind an Interaktionssysteme gebunden, sie schaffen nicht die Sicherheit, ein Thema wissenschaftlich-analytisch oder technisch exakt abzuhandeln. *Gewißheiten* können entstehen, wenn die beteiligten Personen für das einstehen, was sie sagen, wenn der Prozeß stimmig ist, wenn sich Kompetenzunterstellungen und Erfolgserwartungen als realistisch bewähren. Ein entscheidendes Kriterium integrativer Beratung ist die Frage, ob veränderte Konstruktionen förderlichen Kontakt (mit sich und anderen) in der Koppelung psychischer und kommunikativer Prozesse ermöglichen. Darin entsteht Gewißheit, auf einem Weg zu sein, der weiterführende Entwicklungen ermöglicht. Verhaltenssicherheit kann unterstützt werden, indem neue Kommunikationsmöglichkeiten durchgespielt, erprobt und geübt werden. Im Laufe des Prozesses kann gemeinsame Sicherheit als Ganzheit emotionaler, kognitiver, sozialer, beruflicher Entwicklung mit neuen Perspektiven entstehen. Es paßt in neuer Weise zusammen: individuelle und interaktive Stimmigkeit, Gewißheit und

Verläßlichkeit in den alltäglichen Aufgaben, Autonomie und Solidarität aufgrund sensibler Wahrnehmung dessen, was erfahrbar „gut für uns" ist. Kollegiale Beratung im Sinne von Raguse-Stauffer/Raguse hat sich in vielen Fällen als Teil begleitender Lehrerfortbildung bewährt. Der Fallbericht wird als Ausgangstext „polykontexural" in vielen Perspektiven rekonstruiert, nicht im Hinblick auf Normen und Werte „des einzig richtigen pädagogischen Handelns". Mit dem Bericht wird der Berichtende in die Beobachtung einbezogen, damit erscheint jener aufgrund der Unterscheidung von Mitteilung und Information als persönliche Konstruktion grundsätzlich kontingent innerhalb vieler Möglichkeiten. Rekonstruktion in der Beratung schafft so einen erweiterten Möglichkeitsraum des Falles in der Kommunikation, damit gekoppelt neue Möglichkeiten sowohl für die Wahrnehmung, als auch für das Handeln. Methodisch ist die Koppelung von individuellen psychischen Prozessen und Kommunikationsprozessen bezogen auf das Thema (den Text) entscheidend:
- der Text koppelt individuelles Erleben und gemeinsames Beraten
- die erspürten, erinnerten individuellen Kon-Texte werden zu möglichen Facetten des Falles; durch ihre Mitteilung (nicht durch bloße Information) entsteht der gemeinsame Fall in der Komunikation
- individuelles Sich-einlassen auf den Text (Was fällt mir auf? Was erinnere ich? Was spüre ich? ...) und die Dynamik der Kommunikation sind gekoppelte Prozesse; „Dichte" entsteht im Prozeß zwischen Regulation (durch das Thema) und Deregulation (bezogen auf kontrollierende Vorschriften z.B. betont erwachsener oder systemrationaler schulischer Kommunikation)
- der Berichtende und jeder andereTeilnehmer setzt sich dieser erweiternden Kommunikation aus, läßt sich irritieren und rekonstruiert seinen Fall, indem er neue Möglichkeiten wahrnimmt
- Handlungsmöglichkeiten werden in der Vielfalt der Kontexte entworfen und in der individuellen Konstruktion wahrgenommen
- die Aufgaben der Leitung beziehen sich vorwiegend auf diese Aspekte der Koppelung, die in dieser Weise nur in einem besonderen Kommunikationssystem in Differenz zu seiner Umwelt möglich sind.

6

Wie gewinnt (integrations-) pädagogisches Wissen in der Erstellung von Gutachten seine Form?
Diagnostik soll nicht der Verschleierung der systemischer Prozesse durch einseitige Vermessung der Schüler dienen (s. Foucaults Beshreibung der Fallgeschichten). Ausgangspunkt der Überlegungen ist die System/Umwelt-Differenz, wie sie das System in den konkreten Prozessen handhabt: „Das System kann die unbeobachtbare Einheit der Differenz von System und Umwelt in eine paradoxe, aber intern auflösbare Form bringen. Das unsichtbare

Paradox, eben die Einheit der konstitutiven Differenz, wird durch ein sichtbares Paradox ersetzt. Und damit kann man umgehen" (Luhmann 1996, S.23). Wie arbeitet das System mit seiner Ausgangsparadoxie? Die konstruktive Entfaltung der Ausgangsparadoxie als System ist analytisch dadurch umkehrbar, „daß alle Konstruktionen in die durch sie verdeckten Paradoxien aufgelöst, das eben heißt: dekonstruiert werden können" (Luhmann 1996, S.18). Diagnostik kann auf die analytische Arbeit der Dekonstruktion aufbauen.
Die Diagnostik kann auf Annahmen über den Konstruktionsprozeß beruhen, , die themenspezifisch theoriegeleitet den Prozeß beschreiben, in dem das System seine Paradoxie entfaltet: Im diffusen Rauschen aller Ereignisse gibt es keine Beobachtung, keine System/Umwelt-Differenz. Es braucht den Eingriff der *Unterscheidung und Bezeichnung*: „Draw a distinction!" (Spencer Brown). Im Raum der Ereignisse wird unterschieden im Sinne des Beobachters (des Systems), nicht aus „ontologischer" Notwendigkeit „in der Sache". Durch Bezeichnung wird ein Teilbereich gekennzeichnet: „behindert". Durch die Form dieser Unterscheidung wird der Gesamtbereich möglicher Ereignisse bestimmt, von unendlich vielen möglichen Formen (alt/nicht-alt; Schüler/Schülerin; ...) wird eine kontingente Form ausgewählt: „behindert"/"nichtbehindert", und der unterschiedene Bereich wird durch ein Merkmal („mark of distinction") im Sinn der Unterscheidung markiert. Der Ereignisbereich und der Name für ihn sind strikt zu unterscheiden: Landschaft und Landkarte, Speisen und Speisekarte sind nicht dasselbe. Die kontingenten Unterscheidungen legen aber die Struktur fest, in der über die Landschaft gedacht und gesprochen werden kann, so daß die internen Strukturen des Handelns, Erkennens und Kommunizierens einerseits und unsere Strukurierungen (zugeschriebenen Merkmale) der Welt zwei Seiten eines Prozesses sind. Sie sind sinnvoll nur in wechselseitiger Abhängigkeit zu beschreiben. „Jede Erkenntnis, jede menschliche Erfahrung ist an Handlungen, an charakteristische Verhaltenweisen gebunden. Und je nachdem, welche Operationen ein Mensch vollzieht, formt sich seine Erfahrung und Erkenntnis" (Simon 1993, S.43).
Auf der ersten Ebene der Unterscheidung und Bezeichnung (Beobachtung) im alltäglichen Unterricht wird dieser Prozeß nicht bedacht. Dieser Schüler ist (!) behindert, jener ist es nicht. Behinderung ist ein Merkmal bestimmter Menschen. Mehr wird nicht gewußt.
Die besondere Chance der Gutachtenerstellung gegenüber der alltäglichen Praxis besteht im „*re-entry*" dieser vorhergehenden konstitutiven Grundlagen konkreter Unterrichtspraxis in die Beobachtung. Konkrete Handlungsmöglichkeiten hierzu schlägt Kornmann (Kornmann im Druck) vor. Aufgrund eines Berichts des Lehrers und anschließender Befragung und Beobachtung ist die gemeinsame Rekonstruktion wichtiger Strukturen des konkreten Kommunikationssystems möglich. Im emanzipatorischen Erkenntnisinteresse verfügt

gemeinsame Beratung dieser Grundlagen über Möglichkeiten grundlegender Veränderungen. Im Sinne dieser Rekonstruktion sind Hypothesen über konkrete Zusammenhänge möglich, Beobachtungen konkreter Prozesse in Bedingungs-/Wirkungsver-mutungen, in individuellen/gemeinsamen Interpretationen, evtl. im Hinblick auf Veränderungen. Sie sollen die Reproduktion der paradoxen Problemstellungen in der Koppelung sozialer und individueller Prozesse so unterstützen, daß individuelle und gemeinsame Lern- und Entwicklungsprozesse gefördert werden.

Die Erstellung von Gutachten als einer Entscheidungsgrundlage über die Einrichtung und Gestaltung integrativen Unterrichts erfordert, daß schulische Prozesse in der Paradoxie beider Modelle beschrieben werden. Sie kann deshalb (auch im Sinne einer Arbeitsgruppe des LPM-Saarbrücken mit Prof.Dr. Kornmann) als Summe der bisherigen Gesichtspunkte beschrieben werden:
- *Grundlage* der Gutachtenerstellung ist der bisherige Prozeß in den Perspektiven der Beteiligten. Zentrale Instrumente sind deshalb geeignete Formen der Explikation, der Befragung und der gemeinsamen Beratung. Konkrete Erfahrungen und die implizierten Sinnorientierungen, besonders das implizierte Verständnis von Integration sollen expliziert werden.
*Zentraler Gegenstand* der Untersuchung ist die Koppelung kommunikativer Prozesse im Interaktionssystem und individueller (Entwicklungs-) Prozesse der beteiligten Personen, besonders des behinderten Schülers. Form und Mechanismen der Koppelung können beschrieben werden in bezug auf die Zeit (in der Paradoxie von Zeitlassen/Zeitnehmen bezogen auf leibliche Zeit/soziale Zeit), bezogen auf Themen (in der Paradoxie von Verstehen/Nicht-Verstehen), auf die Beziehungsebene zwischen Ich, Du und Wir (in der Paradoxie von Autonomie/Interdependenz) und in der System/Umwelt-Differenz (in der Paradoxie der Erziehung).
- Erhebungen über bisherige Lern- und Entwicklungsverläufe (Arbeitsprodukte, Noten usw.) sollen im Sinne der Karriere (klassenbezogen, im Sinne der Zeugnis- und Versetzungsordnung) bewertet werden und bezogen auf Entwicklungsmöglichkeiten der Koppelung im Interaktionssystem als einer sinnorientiert fortdauernden Geschichte von Problemen und Lösungen. Das Gutachten soll Schwerpunkte setzen, die sich an den aktuellen Problemen der Koppelung individueller und sozialer Prozesse in wechselseitig förderlicher Entwicklung orientieren. Ziel ist die sinnorientierte Beschreibung und Bearbeitung von *Problemschwerpunkten im Prozeß*.
- Im Prozeß der Gutachtenerstellung werden selbst Formen der Koppelung angeregt, teilweise erprobt, die in der System/Umwelt-Differenz des Interaktionssystems Unterricht wichtig sind, um Integration zu unterstützen. Dieser System/Umwelt-Zusammenhang kann bewußt gestaltet und reflektiert in das Gutachten einbezogen werden.

- Die Funktion des Gutachtens im Erziehungssystem verändert sich. Es wird zu einem Hilfsmittel, einen „konsensuellen Bereich" der *Verständigung über Wirklichkeit* herzustellen. Im Sinne dieser Aufgabe stellt es Wahrheit fest: als Beschreibung, die für unterschiedliche Kommunikationspartner nachvollziehbar und konsensfähig ist. Die Gutachtenerstelung soll von Anfang an Teil eines Kommunikationsprozesses sein, in dem Schüler, Eltern, Lehrer und Schulbehörde sich über Fragen der Integration und der Förderung verständigen. Dazu gehören auch Konflikte unterschiedlicher Auffassungen.
- Die Gutachtenerstellung als Kommunikationsprozeß kann niemals die höhere Komplexität der Umwelt „abbilden". Sie arbeitet deshalb (wie jedes Kommunikationssystem) mit begrenzter Information in einem höheren Grad selbst geschaffener Ordnung. Sie *konstruiert* intern in dieser Ordnung den *Sinnzusammenhang der Daten*, die zur Arbeitsgrundlage aller späteren Prozesse werden. Die innere Ordnung der Verarbeitung tritt an die Stelle einer umweltbezogenen Begründung der „objektiven Richtigkeit" der Komplexitätsreduktion als „Abbildung" (Luhmann 1968, S.28). Es ist deshalb notwendig, den Prozeß der Gutachtenerstellung selbst von den Ausgangsfragen an über alle Arbeitsschritte *nachvollziehbar* zu machen.
- Auch in den Konstruktionen des Gutachtens bleibt die Frage nach dem *unverfügbaren Anderen*, das nicht auf das Eigene reduziert und damit kontrolliert und trivialisiert, sondern in Beratungsprozesse einbezogen werden soll. Dies gilt auch für die Komplexitätsreduktion durch die Konstruktion von Wissen in Erhebungen, in Tests, in Beobachtungen oder Befragungen, die Raum lassen müssen für die Selbstexplikation des Anderen, das aber auch durch Explikation nicht verfügbar wird sondern selbständig bleibt.

Unter Gesichtspunkten schulischer Integration muß das Interaktionssystem *Unterricht Gegenstand der Diagnostik* sein (zum politischen Aspekt vgl. Foucaults Kritik; s.S.10). Aus den Überlegungen insgesamt ergeben sich mögliche Fragen, die aber nur Anregungen für evtl. förderliche Fragestellungen für die weitere Entwicklung im Einzelfall sein können:
- Welche Erfolge, welche Schwierigkeiten werden bezogen auf Anforderungen der „Karriere" berichtet? Lassen sich diese Angaben belegen, differenzieren, in Strukturen und Prozessen begründen?
- Wie werden im Unterricht Koppelungen psychischer und kommunikativer Prozesse ermöglicht? Ermöglicht die Unterrichtsgestaltung gemeinsames themenzentriertes Lernen in einer heterogenen Lerngruppe? In welchen Formen der Differenzierung thematischer Bezüge, zeitlicher und sozialer Ordnung nach Komplexität, Niveau und Lernarten ist die Klasse kompetent? Wie setzt die Unterrichtsgestaltung (mit ihren Methoden des Rechnenlernens, des Lesen- und Schreibenlernens ...) die Schüler in themenzentrierten Lernprozessen in Beziehung zueinander? Werden man-Strukturen aufgelöst und TZI-verwandte

Formen nicht-trivialisierender Lern- und Kommunikationsformen entwickelt, die Ich, Du, Wir im Bezug auf das Thema unterscheiden? Welche lern- und entwicklungsrelevanten Erfahrungen ermöglicht sie in der Kommunikation behinderter/nichtbehinderter Schüler?
- Welches Verständnis von Integration (zwischen Karrieremodell und TZI) liegt der konkreten Unterrichtsgestaltung zugrunde? Wie erleben Schüler ihre Integration im konkreten Unterricht, wie sind sie an der Gestaltung und Durchführung von Unterricht beteiligt? Wie können sie miteinander konkrete Interaktionskompetenz entwickeln?
- In welcher Weise wird Integration (Behinderung) Bestandteil eines eigenständigen Interaktionssystems (in einem Prozeß individueller Wahrnehmung und gemeinsamer Bindung mit eigenen Routinen, Ritualen und Regeln)? In welcher Weise sind darin Autonomie und Interdependenz in Beziehung gesetzt? Entwickeln sich komplexe Interaktionsmuster (Bindungen z.B. in Anlehnung an „Freundschaft")? Entwickeln sich Klischees?
- In welcher Weise nimmt der Lehrer/die Lehrerin Leitungsfunktion wahr? In welcher Weise hat er/sie Kommunikationsmöglichkeiten mit individuellen Schülern und mit der Klasse, mit Eltern, mit der Schulbehörde entwickelt? Nutzt er/sie diese Störungen, um die Möglichkeiten schulischer Kommunikation auszuweiten? Werden durch die Beziehung interner und externer Prozesse Freiräume der Gestaltung erarbeitet?
- Kann die Unterscheidung behindert/nicht-behindert mit ihren Folgen in der Geschichte der Koppelungen selbst wieder in der Paradoxie von Gleichheit/Verschiedenheit reflektiert werden (z.B. konkret bezogen auf unterschiedliche Lernprozesse im Strukturgitter)? Welche Instrumente der emanzipatorischen Reflexion sind entwickelt? (z.B. Pädagogisches Tagebuch, gemeinsame Beratung, Strukturgitter; eine konkrete und praktikable Anleitung wurde in einer Arbeitsgruppe des LPM mit Prof.Dr.Kornmann entwickelt. Sie liegt einem Papier des saarländischen Bildungsministeriums zugrunde)

8

Einen guten Einstieg in den diagnostischen Prozeß bietet Kornmanns Vorschlag, die diagnostische Arbeit mit einer Problemdarstellung durch den Klassenlehrer und mit dessen Fragen zu beginnen. Dies läßt sich mehrfach begründen:
- Die Probleme sind Teil des Kommunikationssystems in der Sicht des Lehrers. Dieser (veränderbare) konstruktive Zusammenhang ist konstitutiver Teil des Problems und möglicher Lösungen.
- Es ist ein gemeinsamer Bearbeitungs- und Lösungsprozeß notwendig, der auf die aktive Beteiligung des Klassenlehrers angewiesen ist. Es ist ungünstig

anzunehmen, der Klassenlehrer habe mit der Meldung das Problem abgegeben, er sei jetzt nur noch fremdbestimmtes Objekt des Prozesses.
- Es wird eine Form der System/Umwelt-Differenz (Unterricht/Diagnostik) bestimmt, die für den gesamten Prozeß fruchtbar sein soll. Es ist sicher günstiger, diese Differenz im Sinne von Beratung zu verstehen als im Sinne administrativer Kontrolle. Sie betont Zusammenarbeit und - wie jede Explikation - Vertrauen: Der Zuhörende vertraut der Wahrhaftigkeit der Mitteilung, die nur gemacht wird im Vertrauen, richtig verstanden und nicht diffamiert oder denunziert zu werden. Beides beruht unter Bedingungen begrenzter Information (Intransparenz) und beständiger Veränderung (Eigendynamik) auf dem Vertrauen in die Verläßlichkeit der Personen oder von Systemen über die Zeit.

„Die allgemeine, anonym konstituierte Vertrautheit der Lebenswelt, Natur und menschliche Beziehungen eingeschlossen, ist und bleibt die selbstverständliche Daseinsgrundlage, die jeweilige Basis für alle spezifischen, thematisch zugreifenden Intentionen" (Luhmann 1968 S.22). Es wird damit eine Verbindung geschaffen zwischen „lebensweltlicher Reproduktion" und „diagnostischer Rationalität", pointiert in Bezügen dieser Arbeit: zwischen der Verständigungsform der „Praxis" und der wissenschaftlich analytischen Form testdiagnostischen Vorgehens, zwischen Beratung und System-Rationalität, zwischen TZI und Karriere.

Mit entsprechenden Spezifikationen gelten diese Überlegungen auch für die Beteiligung der Schüler und Eltern am diagnostischen Prozeß. Die Falldarstellung der Kollegin belegt die Wichtigkeit dieser Beratungsprozesse. Ein wichtiger Aspekt ist das Vertrauen als notwendiger Voraussetzung und als „Nebenprodukt" der gemeinsamen Beratung und jeder Pädagogik in diesem Verständnis. Es bezieht sich auf Personen in ihren Systemzusammenhängen, denen diese sich nicht entziehen, sondern die sie verstehen und verantworten. Bezogen auf Schule (Unterricht und Diagnostik) ist es das Vertrauen in die Person und in die (integrative, fachliche und humane) Kompetenz im Erziehungssystem. Dies ist kein spannungsfreies Verhältnis:

- Vertrauen ist eine Vorleistung über die verfügbaren Informationen hinaus. Sie verläßt sich auf die Verantwortlichkeit des anderen in lebensweltlichen und systemischen Strukturen (Verpflichtungen zur Wahrhaftigkeit, Solidarität; Strafbarkeit); sie kann enttäuscht werden, sie kann von Zweifeln, Mißtrauen und Vorsicht begleitet sein.

- Sie bezieht sich auf die Kommunikation mit einem konkreten Menschen, der aber als letztes Glied in einem immer diffuser werdenden, gar nicht überschaubaren Netz funktionaler Differenzierungen und Abhängigkeiten erscheint. Die implizierten fachlichen Fragen und Vorannahmen, die schulinternen Abläufe, rechtliche Bestimmungen, vermutete Absprachen entziehen sich oft externer Beobachtung. Hinter der Person können intransparente Systemstrukturen vermutet werden.

- Vertrauen hat Grenzen, wenn eigene Verantwortlichkeit einem Kind gegenüber erhöhte Aufmerksamkeit und Sorgfalt gegenüber Risiken fordert. Der gemeinsamen solidarischen Verantwortung gegenüber einem Kind kann die Loyalität in schulischen oder familiären Strukturen widersprechen (Klassengröße, Erhalt der Schule, Summe der Belastungen in der Schule bzw. in der Familie usw.). Hinter der Person können Interessen vermutet werden, die nicht offengelegt werden.

Die Kommunikation kann paradox werden: Die Unverfügbarkeit des anderen wird geachtet, und es werden strategische Ziele verfolgt; die Kommunikation ist offen für unterschiedliche Möglichkeiten, und die eigene Bewertung des Systems läuft ständig mit. Sie beruht auf Vertrauen in die Wahrhaftigkeit der Äußerungen und auf der Vermutung verborgener Interessen.

Es wäre naiv zu übersehen, daß im Vorfeld integrativer Beratung zwischen Eltern und Schule jeweils interne Beratungsprozesse ablaufen, um eigene Klarheit zu erreichen und für die Durchsetzung eigener Interessen in der gemeinsamen Beratung vorbereitet (gerüstet) zu sein. Vorsicht zwischen Vertrauen und Mißtrauen scheint ein wesentliches Element in Beratungsprozessen zwischen Eltern und Schule zu sein. An dieser Stelle schließt sich der übergreifende Zirkel im Sinne der Paradoxie der Erziehung: Kontrolle durch Trivialisierung/Vertrauen in autopoietische Entwicklung erscheinen als paradoxe Einheit schulischer Kommunikation. Diese Paradoxie kann nicht einseitig ein für alle Mal entschieden werden. Sie wird institutionalisiert im Modell gemeinsamer Beratung, das in der Paradoxie von freier Äußerung und Lenkung des Prozesses hinreichend funktioniert und immer wieder Lösungen und damit neue Aufgaben und Probleme und die Möglichkeit der Reflexion der Kommunikation schafft.

## 9. Einige Erfahrungen

1. Zu Beginn der Arbeit erschien es einleuchtend, die Schwierigkeiten von Lehrern/Lehrerinnen im integrativen Unterricht aus der Aufgabe zu erklären, Komplexität durch Komplexitätssteigerung zu reduzieren. Diese berichteten Schwierigkeiten mit Hilfe der abstrakten und sehr allgemeinenTheorie sozialer Systeme zu verstehen erschien ähnlich schwierig: Gelingt es hinreichend mit Hilfe dieser allgemeinen Theorie, Komplexität zum Verständnis der konkreten Erfahrungen in dem berichteten Integrationsprozeß des Schülers Stephan aufzubauen?

Als Ausgangspunkt zum Aufbau spezifischer Komplexität hat sich die Paradoxie der Erziehung bewährt: Wie geht Gesellschaft mit der Paradoxie um, daß Erziehung funktional notwendig und als Technik unmöglich ist? Die Umformulierung der Paradoxie in Wie-Fragen erweist sich als fruchtbar: In welcher Weise wird Komplexität in Eigenwerten der Kommunikation, im Medium der Erziehung, in (Zeit-)Strukturen der Karriere, in Themen des Lehrplans, in der Organisation von Schule usw. aufgebaut?

Auch die Integration von Schülern mit Behinderungen läßt sich als Umgang mit einem selbstgeschaffenen Problem, dem der Behinderung, also im System schulischer Kommunikation beschreiben. Der Gewinn liegt im Systembezug: Integration ist ein Thema der Gestaltung schulischer Kommunikationsstrukturen in der System/Umwelt-Differenz, z.B. der Didaktik, der Diagnostik, der Beratung usw., verstanden als Teile schulischer Kommunikation. Dazu können Vorschläge gemacht werden, die erprobt werden können; Berichte einer veränderten Praxis können wiederum rekonstruiert werden usw. Dies ist selbst ein Prozeß des re-entry, in dem das Erziehungssystem im Zirkel von Beobachtung und Operation die eigene Entwicklung betreibt. Dies ist eine Aufgabe des Systems, nicht des einzelnen Lehrers.

Das Auflösungs- und Rekombinationsvermögen der Theorie sozialer Systeme ist so groß, daß es nicht durch Mängel der Analyse, sondern durch seine Komplexität vor Probleme stellt. Trotzdem erscheinen zur Bearbeitung pädagogisch-didaktischer Fragen Anknüpfungen an konstruktivistische Theorien (autopoietischer Prozesse) günstiger, die sich deutlich von Luhmann unterscheiden. Glasersfeld argumentiert in erziehungswissenschaftlichen Fragen konstruktivistisch, aber nicht innerhalb einer strikten Theorie emergenter sozialer Systeme: Individuelle Subjekte konstruieren ihre kognitiven Strukturen und ihre gemeinsame Welt. Dies läßt sich im Anschluß an Piaget leichter in pädagogische Programme umsetzen. Diese Ergänzung erscheint gerechtfertigt, wenn die Differenz kommunikativer und psychischer Prozesse und deren Koppelung beachtet werden.

2. Rationalität bleibt als Systemrationalität begrenzt.
Die Anleihen dieser Arbeit bei Habermas belegen das Erstaunen, daß es nicht nur Gegensätze sondern evtl. auch Möglichkeiten der Kombination zwischen beiden Autoren gibt. Die theoretisch vertiefte Analyse dieses Erstaunens wird aber an keiner Stelle geleistet. Deshalb bleiben manche Verbindungen „unbegründet": Was ist jeweils mit Aufklärung, was ist mit Rationalität, mit Lebenswelt, mit Sinn, mit System bezeichnet?
Der Sinnbezug einer funktionalen Analyse unterscheidet sich auch in der Erweiterung durch Luhmann von einer kritischen Analyse in der Absicht kommunikativer, emanzipatorischer Verständigung, die sich diskursiv am „guten Leben" orientiert. Lebenswelt muß nicht auf das jeweils Vertraute reduziert werden. Aufklärung kann über die Möglichkeiten der Sinnbestimmungen funktionaler Differenzierung hinausgehen. Aber Apels Forderung (im unabgeschlossenen Projekt der Moderne) bleibt auf absehbare Zeit uneingelöst: „Dieses Bestehen auf *universalen Geltungsansprüchen, die mit der konsensual-kommunikativen Rationalität eines argumentativen Diskurses* verknüpft sind, bedeutet keineswegs, daß wir auf *die funktional-rationalen Errungenschaften einer Reduktion von Komplexität verzichten* könnten. ... Was erreicht werden muß, ist in der Tat eine *Vermittlung* zwischen der konsensual-kommunikativen Diskursrationalität und der funktionalen Systemrationalität" (Apel 1996, S.39; Hervorhebungen im Original). Ein Verzicht auf funktionale Analyse könnte ethische Maximen in einer gutgemeinten Pädagogik (z.B. der Integration behinderter Schüler) in zerstörerische Interventionen ummünzen. Rationalität im Sinne des Systems (in funktionaler Differenzierung) braucht allerdings diese Einbindung nicht, wenn es kein widerständiges Individuum gibt, von dem Luhmann sagt, es sei keine Trivialmaschine, es werde nur so behandelt und das evtl. Trivialisierung (in bewußter Koppelung und Verantwortung übernehmend) im re-entry unterläuft. Die Figur des re-entry bietet (wie oben dargestellt) am ehesten einen Ansatz, system-funktionale Beobachtung selbst zum Gegenstand emanzipatorischer Reflexion zu machen.

Muß Luhmanns Theorie affirmativ verstanden werden?
Der Theorie sozialer Systeme hängt die Tradition des Bestandsfunktionalismus an. Der umfassendere Sinnbezug schafft keine Kritk gesellschaftlicher Verhältnisse. Trotzdem ergeben sich Ansätze einer möglicherweise kritischen Reflexion:
- Bezogen auf die Ausgangsparadoxie der Erziehung kann die Frage nach der Funktion von semantischen Überhöhungen, Verleugnungen und Vernebelungen durchaus kritische Funktion haben.
- Die Einführung des „Mediums Kind" läßt eine Reduzierung pädagogischer Kommunikation auf entsprachlichte Medien nicht zu. Das Medium ermöglicht

sprachliche Verständigungsprozesse auch über generalisierte Kommunikationsmedien.
- Der Beobachter erscheint als Teil der Beobachtung, als Konstrukteur der Konstruktion in der Beschreibung. Im re-entry latenter Strukturen kann ein Ansatzpunkt kritischer Reflexion liegen (zur „Erziehung der Erziehung"), wenn ein eigendynamischer Prozeß entsteht, der nicht an die bisherigen operationellen Grenzen des Systems gebunden ist, sondern sie jeweils in die Reflexion und Veränderung einbezieht. Dies ist nicht kurzschlüssig „aus der Praxis für die Praxis" und nicht selbstgenügsam l'art pour l'art in der Theorie möglich.
- Das System reproduziert sich in den Zirkeln aus Beobachtung und Operation (in operationeller Schließung), irritiert durch seine Umwelt. Diese Zirkel verfestigen sich in umfassender Rekursivität (letztlich der Gesellschaft in Leistungen und Funktionen). Die Rationalität dieser Strukturen wird zum Mythos, wenn sie als Perfektion bestandssichernder Absicherung des gegenwärtigen Zustands in Systemen „ontologisiert" wird. Soziale Systeme sind Konditionierungen der Anschlußfähigkeit höchst kurzlebiger - d.h. stets anderer Ereignisse. Sie bleiben dieselben und sind stets andere (identisch und different). Die Offenheit und Resonanzfähigkeit von Systemen in sich verändernden Umwelten ist ebenso Bedingung ihres sinnvollen Funktionierens wie ihre Selbstreferenz.

Die differenztheoretische Konstruktion ermöglicht Querverbindungen besonders zur zeitgenössischen französischen Philosophie. Zwischen amerikanischem Konstruktivismus und französischer Dekonstruktion bieten sich Möglichkeiten der Theoriediskussion und -konstruktion, die evtl. in ihren kombinatorischen Gewinnen interessant sind. Der erziehungswissenschaftliche Blick für eigene Prozesse der Konstruktion und Dekonstruktion in Paradoxien, die keine statische Lösung zulassen, könnte geschärft werden. Verschleierungen der „selbstverständlichen" Trivialisierung und „Versachlichung" in „Notwendigkeiten" können auf den zweiten Blick selbst Gegenstand der Beobachtung werden.

Die Betonung dieser „kritischen Elemente" in Luhmanns Theorie und ihre partielle Verknüpfung mit Habermas verändert die Theorie „im Gebrauch". Sie macht soziale Tatsachen selbst als kontingente, d.h. in dieser Sichtweise als grundsätzlich (aber nicht beliebig) veränderliche Konstruktionen der Reflexion und Kommunikation zugänglich.

3. Luhmanns Unterscheidung von Selektion und Erziehung zur Beschreibung des Erziehungssystems, die in dieser Arbeit zur Unterscheidung von Karriere und TZI-Strukturen führt, bewährt sich im Verstehen der widersprüchlichen Schulwirklichkeit und in der Möglichkeit, Entwicklung in Einigungen zu beschreiben. Die TZI-Struktur läßt sich mit den Dimensionen sozialer Systeme vereinbaren: In der System/Umwelt-Differenz zwischen Interaktionssystem und globe werden Ich und Wir in der Sozialdimension, das Thema in der Sachdimension und die Eigendynamik der Gruppe in der Zeitdimension be-

240

schrieben. Diese strukturelle Gemeinsamkeit ermöglicht Fruchtbarkeit in der Differenz: Cohn betont das bewußte und verantwortliche Ich in der Dynamik der Gruppe - in der Paradoxie von Autonomie und Interdependenz, Luhmann betont die Emergenz des Kommunikationssystems - in der Paradoxie von Identität und Differenz, von operationeller Geschlossenheit als Autonomie einerseits und Offenheit in der absolut notwendigen Koppelung mit psychischen Systemen (Bewußtsein) andererseits.

In der Entfaltung der Differenz von Karriere und TZI-Modell liegen die Gestaltungsmöglichkeiten der Integration behinderter Schüler im Erziehungssystem. Einigungen müssen die Widersprüche (zumindest in den Verpflichtungen der Lehrer) zwischen Anforderungen und Möglichkeiten der Karriere und Anforderungen und Möglichkeiten des themenzentrierten Interaktionssystems nutzen (s. Leistungsmessung, Zeugnis- und Versetzungsordnung usw.). In diesen Widersprüchen besteht fortdauernder Bedarf, konkrete Probleme zu formulieren und Lösungen zu suchen. Dabei bestehen Lösungen darin, die Paradoxie der Erziehung in neuen Problemstellungen (z.B. Lehreraufgaben) zu entfalten, so daß der Reformbedarf erhalten bleibt. Die Forderung nach Entrivialisierung muß nicht aus Werten abgeleitet werden. Sie entspricht der Wirklichkeit des Individuums, das auch für Luhmann nicht trivial funktioniert, sondern lediglich so behandelt wird.

1. Die Rekonstruktion eines Erfahrungsberichts aus der Innenperspektive der beteiligten (betroffenen) Lehrerin gewinnt eigene Möglichkeiten, wenn nicht angestrebt wird, das Berichtete aus dem „Innen" zu verstehen, sondern wenn bewußt in der Distanz einer allgemeinen Theorie sozialer Systeme versucht wird, Strukturen der Kommunikation zu rekonstruieren. Die Theorie sozialer Systeme ermöglicht eine Analyse *schulisch organisierter pädagogischer Interaktion*. Gerade die Einheit dieser Differenz, die erst schulische Praxis ausmacht und in den Widersprüchen der Lehrerarbeit erfahrbar ist, wird erziehungswissenschaftlich wenig berücksichtigt. Ihre Rekonstruktion ermöglicht Vorschläge zur Gestaltung schulischer Kommunikation im umfassenden Bezugsrahmen mit der Möglichkeit, neue Erfahrungen zu machen. Dies setzt Theorie und Praxis in anderer Weise in Beziehung.

Damit sind themenspezifische Ergänzungen im Schema der System/Umwelt-Differenz keineswegs ausgeschlossen. Die Perspektive kann wechseln: Auch Systeme in der Umwelt von Schule können „markiert" und Zentrum der (pädagogischen, psychologischen, psychoanalytischen ...) Beobachtung werden. Medium und Koppelung pädagogischer Interaktion, außerschulische Integration von Kindern und Jugendlichen, persönlich-berufliche Entwicklung von Lehrern, Prozesse der Abwehr und des Unbewußten in individuellen und kulturellen Phänomenen usw. können im Mittelpunkt von Untersuchungen stehen. Im Vergleich zur Familientherapie und ihren Theorien sind Schultheorien unterentwickelt.

5. Die Analyse im Rahmen einer Theorie funktionaler Differenzierung reflektiert nicht, wie die Leitdifferenz „guter/schlechter Lebenschancen" im gesellschaftlichen Gesamtzusammenhang von ökonomischen Verwertungsinteressen und Aspekten kapitalistischer Produktivitätsentfaltung bestimmt wird. Wieso gibt es „Lernbehinderte", aber keine „musi-kalisch Behinderten"? Wieso haben Fächer unterschiedliches Gewicht im Kanon der Schulen? Wieso sind Lehrer für Fächer, aber nicht im selben Maße für die persönliche, psychosoziale Entwicklung besserer Lebenschancen ausgebildet?

Die Analyse beschreibt eher die Innenansicht eines technischen Apparates, der so oder auch anders eingesetzt werden kann. Autonomie als operationelle Schließung betrifft nur diese Funktionsweise, nicht die Fragen autonomer Wertentscheidungen. Das „Wozu" des Funktionierens wird im „Leistungstransfer" zwischen den Systmen bestimmt. Die Wertungen „guter/schlechter Lebenschancen" können dadurch trivialisierend vorgegeben sein, wesentlich ist lediglich, *funktional äquivalente* Bestimmungsstücke im Funktionieren des Systems so einzusetzen, daß Anschlußentscheidungen im Sinne der Karriere möglich sind.

Luhmann widmet der Analyse des „Programms" schulischer Systeme im Zusammenhang funktionaler Differenzierung wenig Interesse. Er räumt aber ein, daß dies der Bereich ist, in dem Gesichtspunkte der System-Umwelt (unbeschadet der Autopoiesis in binärer Codierung) geltend gemacht werden. Aber worin ist die „Notwendigkeit" begründet, daß das Erziehungssystem seine Leitdifferenz programmatisch weitgehend im Sinn von Erfordernissen der beruflichen Karriere interpretiert und sich selbst in diesen Leistungen instrumentalisiert und trivialisiert. Auch diese Selbstverständlichkeiten bedürfen der Erklärung.

# Literatur

Apel, K.-O.: Die Vernunftfunktion der kommunikativen Rationalität. Zum Verhältnis von konsensual-kommunikativer Rationalität, strategischer Rationalität und Systemrationalität, in Apel/Kettner 1996, 17-41

Apel, K.-O./M.Kettner (Hrsg.): Die eine Vernunft und die vielen Rationalitäten. Frankfurt 1996

Baecker, D./J. Markowitz/R. Stichweh/H. Tyrell/H. Willke (Hrsg.): Theorie als Passion. Niklas Luhmann zum 60. Geburtstag, Frankfurt am Main 1987

Baecker, D. (Hrsg.): Kalkül der Form, Frankfurt 1993

Baecker, D. (Hrsg.): Probleme der Form, Frankfurt 1993

Berg, H.de/M.Prangel (Hrsg.): Differenzen: Systemtheorie zwischen Dekonstruktion und Konstruktivismus, Tübingen 1995

Berger, P./Th.Luckmann: Die gesellschaftliche Konstruktion der Wirklichkeit, Frankfurt 1974

Bergmann, W.: Die Zeitstrukturen sozialer Systeme: Eine systemtheoretische Analyse, Berlin 1981

Bielefeld, U. (Hrsg.): Das Eigene und das Fremde - Neuer Rassismus in der alten Welt? Hamburg (2.Aufl.) 1992

Boscolo, L./P. Betrando: Die Zeiten der Zeit. Eine neue Perspektive in systemischer Therapie und Konsultation, Heidelberg 1994

Bourdieu, P.: Sozialer Sinn. Kritik der theoretischen Vernunft, Frankfurt 1993

Buber, M.: Das dialogische Prinzip, Darmstadt 1994 (7.Aufl.)

Carraher, T.N./A.D.Schliemann: Computation routines prescriped by schools: help or hinderance? in: Journal for research in mathematics education 16 (1985 a), No.1, 37-44

Carraher, T.N., D.W.Carraher,A.D.Schliemann: Mathematics in the Streets and in Schools, in: British Journal of Developmental Psychology (1985 b), 3, 21-29

Carraher T.N., A.D. Schliemann, D.W. Carraher: Mathematical concepts in everyday life, in: Saxe/Maryl (ed.) 1988, 71-88

Cohn, R.: Von der Psychoanalyse zur themenzentrierten Interaktion Von der Behandlung einzelner zur Pädagogik für alle, Stuttgart 1978

Culler, J.: Dekonstruktion. Derrida und die poststrukturalistische Literaturtheorie, Reinbek 1988

Daser, E.: Der Integrationsbegriff in der Psychoanalyse, in: Forum der Psychoanalyse 1 1991, 98-110

Dash, U.N./J.P.Das: Development of concrete operational thought and information coding in schooled and unschooled children, in: British Journal of Developmental Psychology (1984), 2, 63-72

Deppe-Wolfinger, H., Prengel, A., Reiser H.: Integrative Pädagogik in der Grundschule. Bilanz und Perspektiven der Integration behinderter Kinder in der Bundesrepublik Deutschland 1976-1988. München 1990

Diederich, J.: Didaktisches Denken. Eine Einführung in Anspruch und Aufgabe, Möglichkeiten und Grenzen der Allgemeinen Didaktik, Weinheim und München 1988

Dörner D.: Problemlösen als Informationsverarbeitung, Stuttgart 1976

Dörner, D.: Mängel menschlichen Denkens beim Umgang mit sehr komplexen Systemen, in Dörner, D., H.Kreuzig, Th. Stäudel 1979, S.34-57
Dörner, D.: Aufbau und Gebrauch semantischer Netze bei der Steuerung sehr komplexer Systeme, in Dörner, D., H.Kreuzig, Th.Stäudel, 1979, S.58
Dörner, D., H.Kreuzig, Th. Stäudel: Lohhausen, 2. Bericht (DFG-Bericht), Gießen 1979
Dörner D., H.Kreuzig, F.Reither, Th.Stäudel (Hrsg.): Lohhausen: Vom Umgang mit Unbestimmtheit und Komplexität, Bern 1983
Dörner D., Th.Stäudel: Planen und Entscheiden in sehr kompexen Systemen, in: Dörner D., H.Kreuzig, Th.Stäudel 1979, S.1-16
Dreeben R., Was wir in der Schule lernen, Frankfurt 1980
Dress, A., H. Hendrichs, G.Küppers: Selbstorganisation. Die Entstehung von Ordnung in Natur und Gesellschaft, München 1986
Dumke, D.: Soziale Kontakte behinderter Schüler in Integrationsklassen. Heilpädagogische Forschung 27 (1991) 1, S.21-26
Dupuy J.-P./F.Varela: Kreative Zirkelschlüsse: Zum Verständnis der Ursprünge, in Watzlawick/Krieg (Hrsg.) 1991, S.247-275
Eberwein, H.(Hrsg.): Fremdverstehen sozialer Randgruppen. Ethnographische Feldforschung in der Sonder- und Sozialpädagogik. Grundfragen, Methoden, Anwendungsbeispiele, Berlin 1987
Eberwein, H. (Hrsg.): Behinderte und Nichtbehinderte lernen gemeinsam. Handbuch der Integrationspädagogik, Weinheim 1988
Eigen M.: Stufen zum Leben. Die frühe Evolution im Visier der Molekularbiologie, München 1992
Eigen M./R.Winkler: Das Spiel. Naturgesetze steuern den Zufall, München 1985
Erdheim, M.: Das Eigene und das Fremde. Über ethnische Idenität, in Psyche 46(1992), S.730-
Erdheim, M.: Die gesellschaftliche Produktion von Unbewußtheit. Eine Einführung in den ethnopsychoanalytischen Prozeß, Frankfurt 1984
Erdheim, M.: Psychoanalyse und Unbewußtheit in der Kultur. Aufsätze 1980-1987, Frankfurt 1988
Erikson, E.: Kindheit und Gesellschaft, Stuttgart 1961
Feuser, G., Meyer, H.: Integrativer Unterricht in der Grunschule, Oberbiel 1987
Feuser, G.: Behinderte Kinder und Jugendliche. Zwischen Integration und Aussonderung, Darmstadt 1995
Foerster, H.v.: Entdecken oder Erfinden. Wie läßt sich Verstehen verstehen? in: Gumin H./H.Meier (Hrsg.) 1985; 27-68
Foerster, H.v.: Sicht und Einsicht. Versuche zu einer operativen Erkenntnistheorie, Braunschweig 1985 b
Foerster, H.v.: Wissen und Gewissen. Versuch einer Brücke, Frankfurt 1993
Foucault, M.: Überwachen und Strafen. Die Geburt des Gefängnisses, Frankfurt 1994
Freud, S.: Massenpsychologie und Ich-Analyse. Die Zukunft einer Illusion, Frankfurt 1993
Fuchs P./A.Göbel (Hrsg.): Der Mensch- das Medium der Gesellschaft? Frankfurt 1994
Gehlen, A.: Der Mensch. Seine Natur und seine Stellung in der Welt, Wiesbaden 1976 (11.Aufl.)
Ginsburg, H.P./K.A.Asmussen: Hot Mathematics, in: Saxe/Maryl (ed.) 1988, 89-112

Glaser B.G./A.L.Strauss: Die Entdeckung gegenstandsbezogener Theorie:
Eine Grundstrategie qualitativer Sozialforschung, in: Hopf.C./E.Weingarten
(Hrsg.): Qualitative Sozialforschung, Stuttgart 1979, S.91-111
Glasersfeld, E.v.: Radikaler Konstruktivismus. Ideen, Ergebnisse, Probleme.
Frankfurt 1996
Gripp. H.: Jürgen Habermas. Und es gibt sie doch - Zur kommunikationstheoretischen
Begründung von Vernunft bei Jürgen Habermas, Paderborn 1984
Günther, G.: Beiträge zur Grundlegung einer operationsfähigen Dialektik,
Hamburg 1976
Gumin, H./H. Meier (Hrsg.): Einführung in den Konstruktivismus, München/Zürich 1992
Habermas, J.: Theorie und Praxis. Sozialphilosophische Studien, Frankfurt 1971
Habermas, J.: Erkenntnis und Interesse, Frankfurt 1977 (4.Aufl.)
Habermas, J.: Zur Logik der Sozialwissenschaften, Frankfurt 1982 (5., erweiterte Aufl.)
Habermas, J.: Theorie des kommunikativen Handelns, Frankfurt 1981
Habermas, J.: Vorstudien und Ergänzungen zur Theorie des kommunikativen Handelns,
Frankfurt 1984
Habermas, J./N.Luhmann: Theorie der Gesellschaft oder Sozialtechnologie - Was leistet
die Systemforschung, Frankfurt 1971
Haferkamp, H./M.Schmid (Hrsg.): Sinn, Kommunikation und soziale Differenzierung.
Beiträge zu Luhmanns Theorie sozialer Systeme, Frankfurt 1987
Haeberlin, U./G.Bless/U.Moser/R.Klaghofer: Die Integration von Lernbehinderten.
Versuche, Theorien, Forschungen, Enttäuschungen, Hoffnungen, Bern 1990
Hahn, A.: Die soziale Konstruktion des Fremden, in: Sprondel, W.M. 1994, S. 140-163
Haken, H.: Erfolgsgeheimnisse der Natur: Synergetik: die Lehre vom Zusammenwirken,
Frankfurt 1991 (2.Aufl.)
Heyer, P.: Welche Lehrerbildung braucht die integrative Grundschule?,
in Grundschule 1989, H.9 S.24-26
Heyer, P., Korfmacher, E., Podlesch, W., Preuss-Lausitz, U., Sebold, L. (Hrsg.): Zehn
Jahre wohnortnahe Integration. Behinderte und nichtbehinderte Kinder gemein-
sam an ihrer Grundschule (Beiträge zur Reform der Grundschule - Bd. 88/89)
Frankfurt 1993 (2. überarbeitete Aufl. 1994)
Hildeschmidt, A./A.Sander: Kind-Umfeld-Diagnose - ein ökosystemischer Ansatz. Mit
Anregungen für die diagnostische Praxis, Saarbrücken 1993
Honneth, A.: Desintegration. Bruchstücke einer soziologischen Zeitdiagnose,
Frankfurt 1994
Kegan, R.: Die Entwicklungsstufen des Selbst. Fortschritte und Krisen im menschlichen
Leben, München 1986
Kernberg, O.F.: Objektbeziehungen und Praxis der Psychoanalyse,
Stuttgart 3.Auflage 1988
Klaus, G./H.Liebscher (Hrsg.): Wörterbuch der Kybernetik, Frankfurt 1979
Klein, G., G.Kreie, M.Kron, H.Reiser: Integrative Prozesse in Kindergartengruppen.
Über die gemeinsame Erziehung von behinderten und nichtbehinderten Kindern,
München 1987
Klimpel, Andreas/Georg de Carnee: Systemtheoretische Weltbilder. Zur Gesellschafts-
theorie bei Parsons und Luhmann Berlin 1983 (Soziologische Forschung H.9,
Institut für Soziologie der TU Berlin)

Kornmann, R.: Diagnostik bei Lernbehinderten, Heidelberg 1981 (4.Aufl.)
Kornmann, R.: Erkenntnisse aus förderungsbezogenen Fallstudien, in VHN 57 (1988)
Kornmann R., H.Meister, J.Schlee (Hrsg.): Förderungsdiagnostik. Konzept und Realisierungsmöglichkeiten, Heidelberg 1994 (3., erweiterte Auflage)
Kounin, J.S.: Techniken der Klassenführung, Bern 1976
Krawietz, W./M.Welker (Hrsg.): Kritik der Theorie sozialer Systeme. Auseinandersetzungen mit Luhmanns Hauptwerk, Frankfurt 1992
Krämer, H., H. Meister, R. Reiche: Themenzentrierte Analyse des Fortbildungsbedarfs von Erzieher/innen, in: Meister/Sander (Hrsg.) 1993, S.125-180
Kreuzig, H.W.: Möglichkeiten der Prognose der Güte komplexer geistiger Abläufe, in: Dörner, D., H.Kreuzig, Th.Stäudel 1979, S.17-33
Krohn, W./G.Küppers (Hrsg.): Selbstorganisation. Aspekte einer wissenschaftlichen Revolution, Braunschweig 1990
Kron, M.: Kindliche Entwicklung und die Erfahrung von Behinderung. Eine Analyse der Fremdwahrnehmung von Behinderung und ihre psychische Verarbeitung bei Kindergartenkindern, Frankfurt 1988
Krüssel, H.: Konstruktivistische Unterrichtsforschung. Der Beitrag des Wissenschaftlichen Konstruktivismus und der Theorie der persönliche Konstrukte für die Lehr-Lern-Forschung (Europäische Hochschulschriften Reihe XI, Bd.524), Frankfurt
Kutzer, R.: Mathematik entdecken und verstehen, Frankfurt 1991
Lappasade, G., Gruppen, Organisationen, Institutionen, Stuttgart 1972
Leber, A.: Psychoanalyse im pädagogischen Alltag. Vom szenischen Verstehen zum Handeln im Unterricht. WPB 1986, 11, 15-19
Le Bohec, P.: Verstehen heißt Wiedererfinden. Natürliche Methode und Mathematik, Bremen 1994
Lorenz, J.H.: Anschauung und Veranschaulichungsmittel im Mathematikunterricht, Göttingen 1992
Lorenz, J.H./H.Radatz: Handbuch des Förderns im Mathematikunterricht, Göttingen 1993
Lorenzer, A.: Zur Begründung einer materialistischen Sozialisationstheorie, Frankfurt 1972
Lorenzer, A.: Sprachzerstörung und Rekonstruktion. Vorarbeiten zu einer Metatheorie der Psychoanalyse Frankfurt 1973
Ludewig, K.: Systemische Therapie. Grundlagen klinischer Therapie und Praxis, Stuttgart (1995, 3.Aufl.)
Luhmann, N.: Vertrauen. Ein Mechanismus der Reduktion sozialer Komplexität, Stuttgart 1968 (zitiert: 1989, 3., durchgesehene Auflage
Luhmann, N.: Funktionale Methode und Systemtheorie, in: Lumann, N.: Soziologische Aufklärung 1. Aufsätze zur Theorie sozialer Systeme, Opladen 1970, S.31-53
Luhmann, N.: Reflexive Mechanismen, in: Luhmann, N.: Soziologische Aufklärung 1 , Opladen 197o (4.Aufl. 1974), S.92-112
Luhmann, N.: Interaktion, Organisation, Gesellschaft. Anwendungen der Systemtheorie, in: Luhmann, N.: Soziologische Aufklärung 2, Opladen 1975, S.9-20

Luhmann, N.: Identitätsgebrauch in selbstsubstitutiven Ordnungen, besonders Gesellschaften, in: Luhmann, N.: Soziologische Aufklärung 3. Soziales System, Gesellschaft, Organisation, Opladen 1981, S.198-227
Luhmann; N.: Liebe als Passion. Zur Codierung von Intimität, Frankfurt 1982
Luhmann, N.: Autopoiesis, Handlung und kommunikative Verständigung, in: Zeitschrift für Soziologie 11 (1982 b) S.366-379
Luhmann, N.: Soziale Systeme. Grundriß einer allgemeinen Theorie, Frankfurt 1984
Luhmann, N.: Erziehender Untericht als Interaktionssystem, In: Diederich, J. (Hrsg.): Erziehender Unterricht - Fiktion und Faktum? Bericht über die Jahrestagung 1984 der Gesellschaft zur Förderung Pädagogischer Forschung. GFPF-Materialien Nr.17, Frankfurt 1985
Luhmann, N.: Autopoiesis des Bewußtseins, in: Soziale Welt 36 (1985 b), 4o2-446
Luhmann, N.: Ökologische Kommunikation. Kann die moderne Gesellschaft sich auf ökologische Gefährdungen einstellen? Opladen 1986
Luhmann, N.: Codierung und Programmierung. Bildung und Selektion im Erziehungswesen, in: Tenorth, H.-E. (Hrsg.): Allgmeine Bildung. Analysen zu ihrer Wirklichkeit, Versuche über ihre Zukunft, Weinheim 1986 (b), 154-182
Luhmann, N,: Die Lebenswelt - nach Rücksprache mit Phänomenologen, in: Archiv für Rechts- und Sozialphilosophie 72 (1986 c) 176-194
Luhmann, N.: Systeme verstehen Systeme, in: Luhmann, N./K.E.Schorr (Hrsg.): Zwischen Intransparenz und Verstehen. Fragen an die Pädagogik, Frankfurt 1986 (d)
Luhmann, N.: Strukturelle Defizite. Bemerkungen zur systemtheoretischen Analyse des Erziehungswesens, in Oelkers/Tenorth (Hrsg.) 1987, S.57-75
Luhmann, N.: Codierung und Programmierung. Bildung und Selektion im Erziehungswesen, in: Luhmann, N.: Soziologische Aufklärung 4. Beiträge zur funktionalen Differenzierung der Gesellschaft, Opladen 1987 (b), S.182-201
Luhmann, N.: Sozialisation und Erziehung, in: Luhmann, N.: Soziologische Aufklärung 4 Beiträge zur funktionale Differenzierung der Gesellschaft, Opladen 1987 (c), S.173-181
Luhmann, N.: Gesellschaftsstruktur und Semantik. Studien zur Wissenssoziologie Bd.3, Frankfurt 1989
Luhmann; N.: Die Wissenschaft der Gesellschaft, Frankfurt 1990
Luhmann, N.: Das Erkenntnisprogramm des Konstruktivismus und die unbekannt bleibende Realität, in: Luhmann, N.: Soziologische Aufklärung 5. Konstruktivistische Perspektiven, Opladen 1990 (b), S.31-58
Luhmann, N.: Sthenographie, in: Luhmann, N., H.Maturana, M.Namiki, V.Redder, F.Varela: Beobachter. Konvergenz der Erkenntistheorien?, München 1990 (c), 119-138
Luhmann, N.: Das Kind als Medium der Erziehung, in Zeitschrift für Pädagogik 37 (1991), S.19-40
Luhmann, N.: Dekonstruktion als Beobachtung zweiter Ordnung, in: Berg/Prangel (Hrsg.) 1995, S.9-36
Luhmann, N.: Das Erziehungssystem und die Systeme seiner Umwelt, in Luhmann/Schorr (Hrsg.) 1996, S.14-52
Luhmann, N./K.E. Schorr: Reflexionsprobleme im Erziehungssystem, Stuttgart 1979

Luhmann, N./K.E. Schorr: Das Technologiedefizit der Erziehung und die Pädagogik, in Zeitschrift für Pädagogik 25 (1979 b) S.346-375
Luhmann, N./K.E. Schorr: Strukturelle Bedingungen der Reformpädagogik. Soziologische Analysen zur Pädagogik der Moderne. Zeitschrift für Pädagogik 34 (1988), 4, 463-480
Luhmann, N./K.E. Schorr (Hrsg.): Zwischen System und Umwelt. Fragen an die Pädagogik, Frankfurt 1996
Madden N.A./R.E. Salvin: Mainstreaming students with mild handicaps: academic and social outcomes, in: Review of educational research 53 (1983), 4, 519-569
Marcks,M.: Krümm dich beizeiten, Reinbek bei Hamburg 1981
Markowitz, J.: Verhalten im Systemkontext. Zum Begriff des sozialen Epigramms, Frankfurt 1986
Maturana, H.R.: Erkennen: Die Organisation und Verkörperung von Wirklichkeit. Ausgewählte Arbeiten zur biologischen Epistemologie, Braunschweig 1982
Maturana, H.R./F.J.Varela: Der Baum der Erkennntis. Die biologischen Wurzeln des menschlichen Erkennens. Goldmann 1984
Maturana, H.: Wissenschaft und Alltag. Die Ontologie wissenschaftlicher Erklärungen, in: Watzlawick P./P.Krieg 1991, S.167-208
McCarthy, : Kritik der Verständigungsverhältnisse. Zur Theorie von Jürgen Habermas, Frankfurt 198o
Meier-Koll, A.: Chronobiologie. Zeitstrukturen des Lebens. München 1995
Meister, H., Einzeldiagnose und Einzelförderung. In: Klauer K.J., A.Reinartz (Hg.): Sonderpädagogik in allgemeinen Schulen (Handbuch der Sonderpädagogik Bd.9), Berlin 1978
Meister, H. (Hrsg.): Gemeinsamer Kindergarten für nichtbehinderte und behinderte Kinder, St.Ingbert 1991
Meister, H.: Guter Rat ist teuer. Anmerkungen zu einem pädagogischen Thema in: Pädagogische Notizen (hrsg. v. Landesinstitut für Pädagogik und Medien, Saarbrücken 1992, Nr.1, S.6-7)
Meister, H.: Modelle der Supervision und der kollegialen Beratung, Orientierungshilfen und Arbeitsmaterialien für Angehörige pädagogischer und sozialer Berufe (Arbeitsberichte aus der Fachrichtung Erziehungswissenschaft, Universität des Saarlandes, Arbeitseinheit Sonderpädagogik) Saarbrücken 1993
Meister, H./H. Krämer: Innovation als Aufgabe, Voraussetzung und Wirkung integrativer Pädagogik, in Eberwein (Hg.) 1988, 320-326
Meister, H./H.Krämer: Qualitative Methoden in kooperativen Beratungsprozessen, in Eberwein H.(Hrsg.) 1987, S.238-258
Meister, H., A. Sander (Hrsg.): Qualifizierung für Integration. Pädagogische Kompetenzen für gemeinsame Erziehung und integrativen Unterricht behinderter und nicht behinderter Kinder, St.Ingbert 1993
Mentzos, St.: Interpersonale und institutionalisierte Abwehr, Frankfurt 1977 (2.Auflage)
Mentzos, St.: Neurotische Konfliktverarbeitung, Einführung in die psychoanalytische Neurosenlehre unter Berücksichtigung neuer Perspektiven. München 1982
Michie, S.: Why preschoolers are reluctant to count spontaneously, in: British Journal of Developmental Psychology (1984), 2, 347-358
Miller, A.: Am Anfang war Erziehung, Frankfurt 1983

Miller, M.:Kollektive Lernprozesse. Studien zur Grundlagung einer soziologischen Lerntheorie, Frankfurt 1986

Müller, G.N./E.Ch.Wittmann (Hrsg.): Mit Kindern rechnen (Beiträge zur Reform der Grundschule-Bd.16), Frankfurt 1995

Mussil, St.: Wahrheit oder Methode. Zur Anwendung der systemtheoretischen und dekonstruktiven Differenzlehren in der Literaturwissenschaft, in Berg/Prangel (Hrsg.) 1995, S.61-90

Muth, J.: Zehn Thesen zur Integration von behinderten Kindern VHN 60 (1991), S.1-5

Nassehi, A.: Der Fremde als Vertrauter. Soziologische Betrachtungen zur Konstruktion von Identitäten und Differenzen, in Kölner Zeitschrift für Soziologie und Sozialpsychologie 47 (1995), H.3 S.443-463

Niederberger, J.M.: Organisationssoziologie der Schule. Motivation, Verwaltung, Differenzierung, Stuttgart 1984

Oelkers, J./H.-E. Tenorth (Hrsg.): Pädagogik, Erziehungswissenschaft und Systemtheorie, Weinheim 1987

Parsons, T.: Toward a General Theory of Action, New York 1951

Piaget, J.: Urteil und Denkprozeß des Kindes, Düsseldorf 1972

Prange, K.: Reduktion und Respezifikation - Der systemtheoretische Beitrag zu einer Anthropologie des Lernens, in: Oelkers/Tenorth 1987, S.202-215

Probst, G.J.B.: Selbstorganisation. Ordnungsprozesse in sozialen Systemen aus ganzheitlicher Sicht, Berlin 1987

Prengel. A.: Pädagogik der Vielfalt. Verschiedenheit und Gleichberechtigung in Interkultureller, Feministischer und Integrativer Pädagogik, Opladen 1993

Raguse-Stauffer, B./H. Raguse: Ein TZI-Modell der Supervision, Gruppenpsychotherapie und Gruppendynamik 15 (1990), 78-90

Reimann, B.W.: Der Gesellschaftsbezug der Psychoanalyse. Zur gesellschafts- und wissenschaftstheoretischen Debatte in der Psychoanalyse, Darmstadt 1991

Reiser, H.: Zur Balance von Gleichheit und Differenz im integrativen Unterricht. In: Zeitschrift für Pädagogik 1991

Reiser, H.: Wege und Irrwege zur Integration. In: Sander, A., Raidt, P. (Hrsg.): Integration und Sonderpädagogik. Referate der 27. Dozententagung für Sonderpädagogik in deutschsprachigen Ländern im Oktober 1990 in Saarbrücken, St.Ingbert 1991, S.13-33

Reiser H., G.Klein, M.Kron: Integration als Prozeß, in: Sonderpädagogik 16 (1986), H.3 S.115-122

Reiser,H., Deppe-Wolfinger,H., Loeken,H., Andrzejewski,Th., Krämer,B., Hoffmann T.: Soziale Integration von SchülerInnen mit sonderpädagogischem Förderbedarf, in: Behindertenpädagogik 33 (1994), 289-312

Roberts, D.: Die Paradoxie der Form in der Literatur, in: Baecker (Hrsg.) 1993, S.22-44

Rothkamp, U.: Stefan - einer von uns. Integration eines körperbehinderten Jungen in der Eingangsstufe - ein Erfahrungsbericht. Grundschule 1987, H.6, 4o-43

Rubner, E. (Hg.): Störung als Beitrag zum Gruppengeschehen. Zum Verständnis des Störungspostulats der TZI in Gruppen, Mainz 1992

Rusch,G./S.J.Schmidt (Hrsg.): Piaget und der radikale Konstruktivismus. Frankfurt 1994

Rutschky, K. (Hrsg.): Die schwarze Pädagogik, Berlin 1977

Salzinger, S./J. Antrobus/J. Glick (Ed.): The Ecosystem of the „Sick" Child,
    New York 1980
Sander, A.: Zum Problem der Klassifikationen in der Sonderpädagogik:
    Ein ökologischer Ansatz. In: VHN 54 (1985) 1, 15-31
Saxe, G.B./G.Maryl (ed.): Children's Mathematics, San Francisco 1988
Schöler, J.: Integrative Schulen - integrativer Unterricht. Ratgeber für Eltern und Lehrer;
    Reinbek bei Hamburg 1993
Schley, W., I.Boban, A.Hinz (Hrsg): Integrationsklassen in Hamburger Gesamtschulen,
    Hamburg 1989
Schmahl, K.: Industrielle Zeitstruktur und technisierte Lebensweise,
    in Zoll (1988), S.344-370
Schmidt, S.J. Hrsg.): Der Diskurs des Radikalen Konstruktivismus, Frankfurt 1987
Schmidt, S.J.: Der Radikale Konstruktivismus: Ein neues Paradigma im interdisziplinären
    Diskurs, in: Schmidt (Hrsg.) 1987, S.11-88
Schneider, H.: Auf dem Weg zu einem neuen Verständnis des psychotherapeutischen
    Prozesses. Bern 1983
Schütz, A./Th.Luckmann: Strukturen der Lebenswelt, Neuwied/Darmstadt 1975
Selvini Palazzoli, M./L.Boscolo/G.Cecchin/G.Prata: Paradoxon und Gegenparadoxon.:
    Ein neues Therapiemodell für die Familie mit schizophrener Störung,
    Stuttgart 1977
Selvini Palazzoli, M., S.Cirilla, L.D'Ettore, M.Garbellini, D.Ghezzi, M.Lucchini,
    C.Martino, G.Mazzoni, F.Mazzucchelli, M.Nichele: Der entzauberte Magier. Zur
    paradoxen Situation des Schulpsychologen, Stuttgart 1978
Simmel, G.: Der Fremde, in: Simmel,G.:Das individuelle Gesetz. Philosophische Exkurse,
    Neuausgabe Frankfurt 1987, S.63-70
Simon, F.: Unterschiede, die Unterschiede machen. Klinische Epistemologie: Grundlage
    einer systemischen Psychiatrie und Psychosomatik, Frankfurt 1993
Simon, F.: Die Form der Psyche. Psychoanalyse und neure Systemtheorie,
    in: Psyche (48) 1994, S.50-79
Sloterdijk, P.: Kritik der zynischen Vernunft, Fankfurt 1983
Spencer Brown, G.: Laws of Form, New York 1972
Spitz, R.: Die Entstehung der ersten Objektbeziehungen, Stuttgart 1988, 4.Aufl.
Sprondel, W.M. (Hrsg.): Die Objektivität der Ordnungen und ihre kommunikative Konstruktion. Für Thomas Luckmann, Frankfurt 1994
Stierlin, H.: Individuation und Familie. Studien zur Theorie und therapeutischen Praxis,
    Frankfurt 1994
Strobel-Eisele, G.: Schule und soziale Evolution. System- und evolutionstheoretische
    Untersuchungen zur Entstehung und Entwicklung der Schule, Weinheim 1992
Suhrweier, H./R.Hetzer: Förderdiagnostik für Kinder mit Behinderungen, Neuwied 1993
Terhardt, E.: Organisation und Erziehung. Neue Zugangsweisen zu einem alten Dilemma
    Zeitschrift für Pädagogik (32) 1986, H.2  S.205-223
Teubner, G.: Recht als autopoietisches System, Frankfurt 1989
Teubner, G.: Hyperzyklus in Recht und Organisation. Zum Verhältnis von Selbstbeobachtung, Selbstkonstitution und Autopoiese,
    in: Krohn/Küppers (Hrsg.) 1990, S.231-263
Trescher, H.-G.: Theorie und Praxis der Psychoanalytischen Pädagogik, Frankfurt 1985

Türk, K.: Soziologie der Organisation: eine Einführung; Stuttgart 1978
Türk, K.: Neuere Entwicklungen in der Organisationsforschung: ein Trend Report; Stuttgart 1989
Uhle, R.: Verstehen und Verständigung im Unterricht. Hermeneutische Interpretationen, München 1978
Varela, F.J.: Kognitionswissenschaft - Kognitionstechnik. Eine Skizze aktueller Perspektiven, Frankfurt 1990
Varela, F.J., Thompson, E., Rosch, E.: Der mittlere Weg der Erkenntnis. Der Brückenschlag zwischen wissenschaftlicher Theorie und menschlicher Erfahrung, München 1995
Wagner, G.: Am Ende der systemtheoretischen Soziologie. Niklas Luhmann und die Dialektik, Zeitschrift für Soziologie 23 (1994), 275-291
Watzlawick P./P.Krieg (Hrsg.): Das Auge des Betrachters. Beiträge zum Konstruktivismus. Festschrift für Heinz von Foerster, München 1991
Weigand, G.: Erziehung trotz Institutionen? Die pedagogie institutionelle in Frankreich, Würzburg 1983
Weigand, G./R. H./G. Prein (Hrsg.): Institutionelle Analyse Theorie und Praxis, Franfurt am Main 1986
Wellendorf, F.: Schulische Sozialisation und Identität. Zur Sozialpsychologie der Schule als Institution, Weinheim 1974 (2.Aufl.)
Wocken, H., G.Antor, A.Hinz: Integrationsklassen in Hamburger Grundschulen. Bilanz eines Modellversuchs, Hamburg 1988
Youniss, J.: Soziale Konstruktion und psychische Entwicklung. Frankfurt am Main 1994
Ziemke, A.: System und Subjekt. Biosystemforschung und Radikaler Konstruktivismus im Lichte der Hegelschen Logik, Braunschweig 1992
Zoll, R. (Hrsg.): Zerstörung und Wiederaneignung von Zeit Franfurt 1988
Zoll, R.: Zeiterfahrung und Gesellschaftsform, in Zoll, Rainer (Hrsg.), 72-88